AVEC

PRÉFACE

DU

Cte Goblet d'Alviella

Président de la Société Royale Belge de Géographie

Enrichi d'un Portrait à l'eau-forte, d'une Carte itinéraire

ET DE

150 DESSINS ORIGINAUX

Signés: Abry, Bertrand, Broerman, Courtens, Dell'Aqua, Dieriokx O. et J., Dillens, De Rudder, Duyck, Farasyn, Frédéric, Heins, Herbo, Houben, Hubert, Lagae, Lambeaux, Lamorinière, Mols, Portaels, Serrure, Simons, Smits, Vanaise, Van Camp, Van Engelen, Van Kuyck, Van Leemputten, Verhaert, Verlat, Verstraete et Wytsman

DEUXIÈME ÉDITION

TOME II

J. LEBÈGUE & Cie, ÉDITEURS

25, Rue de Lille, 25 | 46, Rue de la Madeleine, 46
PARIS | BRUXELLES

1887

LA VIE EN AFRIQUE

Impr. et Lith. Ad. MERTENS,
rue d'Or, 12, Bruxelles, et rue des Archives, 5, Paris.

LA
VIE EN AFRIQUE

OU

TROIS ANS DANS L'AFRIQUE CENTRALE

PAR

JEROME BECKER

Lieutenant du 5e Rég. d'Artillerie de Belgique

avec Préface du Cte GOBLET D'ALVIELLA

Président de la Société royale belge de Géographie

ET APPENDICES

COMPRENANT : UN PROJET DE GYMNASES D'EXPLORATION ET DE COLONISATION; UN VADE-MECUM DU VOYAGEUR EN AFRIQUE ; LES RÉSUMÉS DES CONFÉRENCES DONNÉES , SUR LA RÉGION DU TANGANIKA, par les Capitaines CAMBIER et STORMS ; ainsi que les voyages, séjours etc., de MM. CRESPEL, MAES, WAUTIER, DUTRIEUX, POPELIN, VAN DEN HEUVEL, BURDO ET ROGER d'après les documents les plus authentiques et les plus récents.

DEUX VOLUMES

Enrichis d'un FRONTISPICE de J. DILLENS ; d'un PORTRAIT A L'EAU-FORTE par GUSTAVE VANAISE ; d'une PHOTOGRAVURE, d'après un portrait de LÉON HERBO; d'une CARTE-ITINÉRAIRE, dressée par le capitaine L. VAN DE VELDE,

ET DE

150 DESSINS ORIGINAUX

SIGNÉS : ABRY, BERTRAND, BROERMAN, COURTENS, DELL'ACQUA, DIERICKX, O. et J. DILLENS, DE RUDDER, DUYCK, FARASYN, FRÉDÉRIC, HRINS, HERBO, HOUBEN, HUBERT, LAGAE, LAMBEAUX, LAMORINIÈRE, MOLS, PORTAELS, SERRURE, SIMONS, SMITS, VANAISE, VAN CAMP, VAN ENGELEN, VAN KUYCK, VAN LEEMPUTTEN, VERHAERT, VERLAT, VERSTRAETE et WYTSMAN.

TOME II

J. LEBÈGUE & Cie, ÉDITEURS

PARIS | BRUXELLES
25, RUE DE LILLE, 25 | 46, RUE DE LA MADELEINE, 46

1887

PORTRAIT DE L'AUTEUR EN COSTUME DE STATION.
(Photogravure, d'après un portrait de LÉON HERBO.)

LA VIE EN AFRIQUE

CHAPITRE XXII

Déconvenue! — *All's well that ends well!* — La revanche de M. Sergère. — Les Pères de la Mission Algérienne. — La tombe d'Albert de Leu au cimetière européen de Tabora. — Tchiano et Songoro, le Balafré. — Capitani et Férouzi. — Je vais habiter le tembé de M. Sergère. — Départ du docteur Van den Heuvel.— Double disparition. — L'âne retrouvé. — *Sikoukou*, ou jour d'étrennes. — Barouti. — Un homme libre pour 75 francs ! — Mon personnel. — Bien-être.— L'inventaire. — Héros et mendiant. — Détails de ménage. — Les odeurs de Tabora.— Désordre.— *Similla ! Similléni!* — Le marché Phœnix.— Cuisine.— Les Oua-Nyamouézis chez eux.— Patte de velours.— *Lété kahaoua !* — Soultan Bin Ali, l'ancien.— Me voilà médecin.— Zeid bin Djouma, le riche marchand. — Salim bin Sef, l'amphytrion.— Les ânes. — Arabes et Européens. — Les deux bouillons.— Un revenant et un argument.

    Le docteur est venu à ma rencontre, vêtu, comme un garibaldien, d'un gilet de flanelle rouge. Je le trouve fort engraissé depuis notre passage. Lorsque nous étions arrivés ici, une longue indisposition, des ennuis et des soucis de toutes sortes lui avaient fait perdre un peu de sa sérénité d'âme. Mais la perspective d'un retour à la Côte, si longtemps différé, la lui a rendue tout entière. Il rit, il plaisante. Le voyage ne l'effraie pas plus qu'une simple partie de campagne. « Il me semble, dit-il, que j'irai à Zanzibar en me promenant. » Il en est toujours ainsi lorsqu'il s'agit de regagner la Côte. Nègres et blancs se sentent pousser aux pieds les ailes symboliques du pédase mercurien.

    Je suis fort impatient de voir le beau tembé, annoncé par le docteur. C'est, en effet, une habitation princière, pour le pays, bien située, spacieuse et commode. M. Van den Heuvel me la fait admirer en détail et écoute, en souriant, mes projets d'emménagement et de transformation. Puis, quand je me suis bien emballé, comme on dit vulgairement :

— Belle cage, n'est-ce pas ?
— Magnifique, et quand ça sera un peu mieux arrangé !...
— Bah ! C'est affaire aux nouveaux propriétaires.
— Comment aux nouveaux ?...
— Mais, oui ! Je viens de vendre aux Pères Algériens.
— Vendre ! Quoi vendre ? *Mon* Tembé ?... »
— Parfaitement, et au prix coûtant encore.
— Mais c'est abominable !... Où logerai-je, moi ?
— Où tu pourras.
— Mais pourquoi avoir vendu ?
— Ah ! voilà. ! Parce que j'ai reçu l'ordre... Des deux choses l'une, ou tu n'obtiendras pas plus de concession que moi-même, et tu ne resteras pas longtemps ici ; ou tu en décrocheras une, et bâtiras dessus à ta guise... J'avais cru pouvoir profiter d'une occasion exceptionnelle... L'Association doit avoir le projet de supprimer la Station et les Pères se sont présentés juste à point. « *All's well that ends well!* »

Je suis on ne peut plus contrarié, car me voilà avec un nouvel emménagement sur les bras ! Du moins ne fallait-il pas me faire venir l'eau à la bouche ! Toutefois, en attendant son départ et la prise de possession du fameux tembé par la Mission française. M. Van den Heuvel a continué à y demeurer et je m'y installe provisoirement. Et comme, en ce bas monde, il faut prendre son parti de tout, je finis par rire tout le premier de ma déconvenue.

Dîner excellent, mais pas une goutte de vin. En revanche, du Pombé fraîchement brassé.

— M. Sergère a mis sa menace à exécution. Le Gouverneur Abdallah bin Nassib s'est vu intimer l'ordre de se rendre à Zanzibar. Ce rappel a causé dans la Colonie Arabe une grande sensation. En effet, une pareille mesure ne s'applique que dans des cas graves, et, jusqu'ici, jamais les Sultans de Zanzibar n'en avaient usé. Abdallah, quelque habitué qu'il fût à substituer ses propres convenances aux ordres de son souverain, s'est exécuté immédiatement et est parti presque en même temps que Roger, en installant son frère, comme Gouverneur intérimaire. C'était, d'ailleurs, le meilleur parti qu'il eût à prendre. En cas de résistance de sa part, les Arabes influents de la localité se seraient empressés de le déposséder, tellement est ancré dans leurs mœurs le respect de l'autorité dynastique, tandis qu'en maintenant Skeik bin Nassib au poste, qu'il espère bien reprendre, après avoir coloré sa conduite de semblants de fidélité, il maintient dans l'ordre des ambitions, habilement bridées, pendant sa longue et despotique régence.

Au dessert, nous recevons la visite des Pères de la Mission française, venant de Mdabourou, et qui occupent notre ancien tembé de *Barein*. Ils ne sont que deux, MM. Guillet et Blanc, assistés d'un auxiliaire laïque, du nom de Visscher, hollandais de naissance et ancien zouave pontifical, envoyé ici par Monseigneur de la Vigerie. Avant d'être dirigés vers l'Afrique centrale, ils ont passé par le stage de la Maison Carrée d'Alger, où tous les missionnaires doivent, d'abord, recevoir leur instruction théorique et pratique.

Les Missionnaires de Mdabourou avaient des lettres de recommandation du Saïd pour Mounié Mtoina, qui les logea pendant quelques jours dans son propre Tembé. On se rappelle que les Arabes ne pronostiquaient rien de bon de cet établissement, au sein d'une contrée, récemment ravagée par la guerre et menacée de dangereuses représailles, de la part des vaincus encore réfugiés dans le Pori. Nos nouveaux amis ont fait là un rude apprentissage. Dès l'abord, ils se sont vus obligés de se ravitailler à Tabora, car il n'a pas été question de récolte pour cette partie de l'Ou-Gogo. Ils avaient cru pouvoir emménager dans un tembé abandonné, situé à quelques minutes du Boma de Mounié Mtoina, mais au lieu des anciens habitants, qu'ils espéraient évangéliser, ce sont les Rougas-Rougas de Nyoungou qui sont venus, assiégeant leur demeure. Ils ont dû retourner précipitamment au village et bâtir une habitation moins exposée à de semblables visites. A ce que je crois comprendre, la Mission de Mdabourou ne serait conservée que comme simple Station en rapport avec celle de Tabora, voire définitivement supprimée, au profit d'établissements plus pratiques. Tous les sujets de Mounié Mtoina étant musulmans, faute de population indigène, le but des Pères est nécessairement manqué.

MM. Guillet et Blanc se proposent d'étudier le terrain pour tâcher d'établir d'autres Missions dans l'Ou-Nyaniembé, et surtout dans le Massanzé. En venant ici, ils ont rencontré le Gouverneur, pour lequel ils portaient des lettres expresses du Saïd Bargash. Abdallah bin Nassib s'est contenté de leur dire, qu'allant régler quelques questions d'intérêt avec M. Sergère, il les adressait en *toute confiance* à son digne parent. Celui-ci, de son côté, leur a promis des enfants par centaines, naturellement moyennant finances. Aussi les Pères ont-ils accepté avec empressement les ouvertures du docteur Van den Heuvel. De fait, 5000 francs pour une pareille construction, entourée de près de deux arpents de terrain, c'est donné ! Ils vont immédiatement y fonder un Orphelinat, à l'instar des Missionnaires de Bagamoyo, avec adjonction d'une forge et d'un atelier de charpente, pour offrir à leurs pupilles futurs une double éducation morale et professionnelle. Ils essaieront aussi d'obtenir une concession pour étendre leurs cultures.

M. Guillet offre le vrai type du missionnaire français. J'ai rarement rencontré un homme plus affable, plus instruit et plus virilement attaché à ses convictions. De taille moyenne et portant entière une belle barbe noire, il ne doit avoir guères plus d'une quarantaine d'années. Quoique fait de longue date aux voyages, et ayant débuté dans la carrière par des tournées dans le Sahara, et au Cap de Bonne-Espérance, il paie, comme tous, son tribut aux influences climatériques. Mais déjà il commence à se remettre. Je me promets de lier avec lui des rapports suivis, car il m'a réellement tenu sous le charme de ses manières exquises et de son inaltérable cordialité. Le clergé français s'entend à choisir ses hommes. C'est moins de théologiens et d'exaltés qu'on a besoin ici, que de patients apôtres et de... charmeurs.

Le Père Blanc fait contraste avec M. Guillet, en même temps qu'il le complète. Sans comparaison impertinente, je dirai volontiers que l'un représente, plus particulièrement, la tête de la Mission, et l'autre le bras. Grand et fort, blond comme un Allemand des bords du Rhin, M. Blanc est expert dans plusieurs métiers. Il excelle, surtout, dans la construction et dans la charpente. C'est lui qui fera, des jeunes Africains évangélisés par son camarade, des ouvriers et des agriculteurs.

Le tembé du docteur Van den Heuvel. (Dessin de A. Heins.)

Tous deux ne portent la soutane qu'exceptionnellement, dans l'exercice du Culte et dans les rapports officiels avec la Colonie Arabe qui les voit de bon œil. Il serait difficile de tenir rigueur à de pareils voisins, réservés, obligeants, inoffensifs et... ne manifestant aucune velléité commerciale.

MM. Guillet et Blanc parlent parfaitement l'Arabe. Ils commencent à se mettre au courant du Ki-Souahili.

Une nouvelle que j'ignorais entièrement, c'est celle du massacre, dans l'Ou-Roundi, de deux Pères Algériens et d'un de nos compatriotes, M. Félix d'Hoop de Gand, ancien zouave pontifical, comme la plupart des auxiliaires laïques attachés aux Missions Africaines. Quoique ce lamentable événement se soit passé le 5 mai, à l'époque de mon départ, nous n'en étions pas encore informés, à Karéma, et j'en tiens les premiers détails de la bouche de MM. Blanc et Guillet.

Cinq Missionnaires français, les Pères Deniaud, Dromaux, Baumeister et Augier, s'étaient établis, avec M. d'Hoop, sur la rive orientale du Lac, dans une tribu de Oua-Roumoungués, et y avaient déjà formé un vaste établissement, pourvu de nombreux pupilles.

A plusieurs reprises, des envoyés du Sultan Bikari étaient venus les engager à se fixer sur son territoire, ce qu'ils avaient dû refuser, à cause de l'insalubrité notoire de cette région marécageuse. Il en était résulté une hostilité, d'abord sourde, puis bientôt déclarée. Les Oua-Bikaris voulurent s'opposer à la vente d'enfants, aux Pères Algériens, et allèrent jusqu'à capturer ceux de leurs élèves qui s'aventuraient un peu loin de la Mission.

Toutefois, comme il était impossible de prouver ces méfaits, les Pères durent se contenter de faire meilleure garde.

Enfin, un petit nègre fut volé, dans des circonstances telles qu'aucun doute ne pouvait subsister. L'enfant, vainement réclamé à plusieurs reprises, les Missionnaires, soutenus par les indigènes, manifestèrent l'intention de le reprendre de vive force. Aussitôt les Oua-Bikaris, qui ne demandaient qu'un prétexte, prirent les armes et marchèrent en masse contre la maison de ceux qui n'avaient pas voulu devenir leurs hôtes. Les Pères Deniaud et Augier, ainsi que M. d'Hoop, sortis les premiers, tombèrent percés de flèches et leurs compagnons ne purent recueillir que leur dernier souffle. Cependant, les assassins s'étant retirés sans faire mine de renouveler leur attaque, quelques jours après, les Pères Dromeaux et Baumeister purent s'embarquer avec tous leurs pupilles sur des barques que les Missionnaires, établis au Massanzé, de l'autre côté du Lac, leur avaient envoyées à la hâte.

Jusqu'à ce jour, l'odieux massacre, commis par une poignée de bandits, n'a reçu aucun châtiment. Voilà comment les Blancs n'ont pas même ici le prestige du plus misérable Sultan indigène!

— A un quart de lieue de Tchem-Tchem, sur le versant occidental des hauteurs qui regardent Tabora, se trouve le tombeau du lieutenant Albert de Leu. Dès le lendemain de mon arrivée, je m'y rends en pèlerinage avec le docteur. Une simple croix de bois noir indique la place où repose notre pauvre et regretté compagnon. La fosse, quoique jonchée de rocailles, parait avoir été visitée par les animaux nécrophages, aussi me proposé-je de l'entourer d'une palissade.

Les tombes, au nombre de cinq, des Pères Algériens, morts à Tabora, sont creusées à quelque distance.

— Le docteur a à son service deux petits boys, qui lui ont été donnés par les Arabes. Tchiano, jeune vaurien d'une quinzaine d'années, né dans l'Ou-Emba, et déjà fort au courant de sa besogne de page, suivra son maître à Zanzibar.

Quant à Songoro, qui n'a guères plus de douze ans, il restera acquis à mon personnel. L'un et l'autre commencent à cuisiner. Malheureusement, le dernier ne paie pas de mine, horriblement défiguré, qu'il a été, par les griffes d'une hyène, dans un Cambi, sur la route de l'Ou-Emba à Tabora. Tous deux, gentils, éveillés et intelligents, n'ont pas droit à la solde. Ils sont nourris de la desserte et habillés aux frais du maître. L'annonce de leur séparation prochaine parait les affecter beaucoup. J'engage aussi, dès le lendemain, comme domestiques, deux anciens courriers, Capitani, ainsi nommé parce qu'il a voyagé avec le capitaine Carter, et Férouzi, ou pierre précieuse. Décidément l'Afrique est semée de diamants!

— La question de mon logement futur est tranchée plus tôt

que je ne croyais. Un certain Sef bin Saad, marchand arabe, représentant de M. Sergère et chargé de sa liquidation, est venu me présenter le tembé de Tchem-Tchem, abandonné par ce dernier, mais lui appartenant toujours.

Bâti par un des fondateurs de la Colonie, près de la source qui a donné son nom au village indigène, ce tembé est certainement un des plus considérables de l'agglomération. Je l'arrête à raison de 3 pièces d'étoffe par mois, soit 18 dollars.

La porte d'entrée, magnifiquement sculptée, est précédée d'un Barza extérieur, communiquant avec le Barza intérieur par plusieurs fenêtres. Magasins, contenant encore quelques marchandises de M. Sergère, cuisines, écuries, poulaillers, closet... plus ou moins water, rien n'y manque. Au fond de la vaste cour, s'étendent plusieurs pièces spacieuses et commodes, servant aux logements particuliers. Ils sont meublés, à l'européenne, de lits, de chaises et de tables, mais sans luxe aucun. Le strict nécessaire.

Les armoires, condamnées ici à cause des fourmis, sont remplacées par des niches ogivales, creusées à hauteur convenable, dans les épaisses murailles, plaquées d'une terre ocreuse. L'aire battue est recouverte de nattes blanches, tressées d'herbes sèches, par les indigènes.

Autour du bâtiment, s'étend un terrain d'une cinquantaine de toises carrées, entouré de haies d'euphorbe. Quelques voisins pratiques se sont empressés de le transformer, à leur profit, en champs de manioc.

Plus tard, j'y ménagerai un jardin potager, grâce aux semences que me laisse le docteur. Des limoniers, des orangers, des manguiers et deux dattiers, mâle et femelle, me donneront du fruit.

Le seul défaut de ce tembé, c'est qu'il est situé dans une espèce de bas-fond qui le rendrait d'un séjour malsain, pendant la saison des pluies. Mais je pourrai toujours y renoncer en cas de circonstances majeures.

Pendant que je m'installe, Sef bin Saad fait enlever, pour les envoyer à la Côte, les dents d'ivoire qui y sont demeurées.

— Les Askaris de l'escorte, conduits par Forhan, retournent à Tabora après deux jours de repos. Quant aux porteurs, ils ont été congédiés immédiatement.

J'étais parti de Karéma le jour même de l'ouverture du Ramazan, M. Van den Heuvel partira le 26 août, profitant de la fin du jeûne, marqué par une lune nouvelle.

Sa gaieté a quelque chose de féroce à mon égard, mais je la comprends jusqu'à un certain point. Il est heureux de fuir un district où il s'est heurté, pendant si longtemps, contre l'hostilité cauteleuse, non point de la population, mais des autorités arabes. Cependant les choses ont bien changé de face. « Sois diplomate, me dit-il, avec le vieux Sheik et avec son ivrogne de Sultan. Plus ils te mettront des bâtons dans les roues et plus il faudra leur faire bon visage. Grâce à mes propres échecs, mais surtout au rappel du Gouverneur, la poire me semble mûre. Tu finiras bien par leur arracher une concession. »

Le Gouverneur intérimaire est venu le voir, la veille de son départ, la mine confite en sourires et la bouche prodigue en regrets hypocrites. Nous l'avons payé de la même monnaie.

En retour des avis du docteur, je lui ai donné quelques renseignements sur les Hongos de la route. Il emportera surtout du Satini et seulement seize pièces de Mérikani, avec quelques ballots d'étoffes de couleur et un peu d'ivoire. Quinze porteurs, armés de fusils, et quatre Akidas lui suffiront, ainsi que trois petits nègres. Comme je l'ai dit, Tchiano l'accompagnera à la Côte. Il me laisse son petit balafré de Songoro.

Les adieux des deux négrillons sont déchirants !

— Enfin le grand jour a lui, et M. Van den Heuvel, que quelques Arabes sont venus saluer, part, monté sur un âne. Je l'accompagne pendant quelques lieues et, pour causer plus à l'aise, il daigne descendre de sa monture. Mais celle-ci, confiée à la garde de Tchiano, en profite pour se sauver. Le petit nègre se précipite sur ses traces, et nous faisons une courte halte pour lui permettre de revenir. Mais rien ne paraît. Une heure après, seulement, un des Akidas ramène l'animal. De Tchiano, pas de nouvelles. M. Van den Heuvel craint qu'il n'ait été capturé par quelque voleur d'enfants. C'est, en effet, un métier assez recherché que celui-là. Il ne manque pas de rôdeurs s'embusquant aux environs mêmes des grands centres habités pour guetter les négrillons imprudents, qu'ils vont revendre quelques villages plus loin. Comme il n'y a pas moyen de s'arrêter, le docteur me

CHAPITRE XXII

prie de faire quelques recherches et, après un dernier adieu, une dernière poignée de mains, je regagne assez tristement ma nouvelle demeure.

— Le lendemain, 27 août, premier du mois de Schaoual, ou Sikou-kou, grand jour, tout Tabora est en liesse. Esclaves et indigènes parcourent les rues en tirant des coups de feu. Le Pombé fait des siennes et des rixes nombreuses s'engagent. C'est la saison des étrennes. Les Arabes se rendent cérémonieusement visite et échangent des cadeaux, parfois de grande valeur. Séki m'envoie un bouvillon, que je partage entre les gens de ma maisonnée. Je lui offre, en retour, quelques bouteilles de son nectar favori, reste de la provision de M. Sergère, et que je me procure à grands frais chez Sef bin Saad.

— Un Arabe, courtier marron d'esclaves, est venu me proposer un petit nègre d'une dizaine d'années, ancien sujet de Mtéça et qui justifie à merveille son nom de Barouti. Vif comme la poudre, il est encore noir comme la poix, mais joli, avenant, et désirant de toute son âme servir un maître européen. J'ai pitié du petit diable, qui tourne vers moi des regards suppliants, et d'ailleurs, convient admirablement à mon service. Soixante yards de Mérikani (à peu près 75 francs) en font un homme libre, enchaîné par la seule reconnaissance, et dont je ferai, je l'espère, du moins, un bon ouvrier et un honnête serviteur.

Je crois avoir eu la main heureuse dans le choix de mes gens. Capitani, mon homme de confiance, me plaît beaucoup. Plein d'ordre, de zèle et de mémoire, il semble parfaitement au courant de sa besogne. Le capitaine Carter, d'ailleurs, a eu tout le temps de l'y dresser. Capitani, fervent musulman, a amené de la Côte, sa femme, Zanzibarite comme lui-même, et qui habite le tembé. Ils n'ont pas d'enfant. Son seul défaut consiste dans une passion immodérée pour le tabac en poudre. Il ne dit pas un mot sans le ponctuer de deux ou trois prises. Avec cela, le ton grave et doctoral comme un maître d'école. Il ne me parle que la tête respectueusement baissée, et relevant, seulement par instant, vers moi, ses yeux où brille la franchise.

Férouzi, ancien boy du capitaine Cambier, qui l'a mis au pas, est également fort intelligent, mais il faut le tenir. Maigre et nerveux, il joint la force à l'adresse. Je l'ai pris pour valet de chambre. C'est un coureur émérite, mais sachant pourtant respecter une consigne. Par exemple, il ne supporte pas la boisson. Dernièrement, ivre de Pombé, il s'est pris de querelle avec l'esclave d'un Arabe du voisinage, et a fait feu sur lui. Heureusement la balle, quoique tirée à bout portant, a dévié de son but. Je lui ai arraché des mains son fusil encore fumant et lui en ai cassé la crosse sur le dos. Depuis cette correction nécessaire, il s'observe. Je n'ai plus à me plaindre de lui, mais je le surveillerai. Du reste, prévenant, dévoué et fort jaloux de mon prestige.

Il a conservé de M. Cambier un souvenir enthousiaste. — « Sévère dit-il, mais juste et bon ! »

Un fait à remarquer, c'est que les hommes libres, dès qu'ils ont servi des Européens, éprouvent de la répugnance pour tout autre métier. Férouzi, réduit à la profession de courrier, a accepté mes offres avec empressement. Bien payé, traité avec bienveillance, l'Africain sent se développer en lui l'instinct de la dignité humaine, qu'il ne s'agit que d'éveiller. Les Arabes, quoique paternels et prévoyants, laissent trop percer l'intérêt personnel. « Ils prélèvent leurs commissions sur tout, assure Férouzi, tandis que l'Homme Blanc ne réclame de ses serviteurs que la somme de travail stipulée, et leur abandonne, sans restriction, tout ce qu'ils peuvent gagner en plus. » L'intérêt, dit Beaumarchais, pesez tout à cette balance !....

Férouzi et Capitani sont engagés à raison de cinq dollars par mois, plus une chouka de Mérikani, comme Posho, pour 7 jours de nourriture.

— Depuis que je suis arrivé à Tabora, je jouis d'un bien-être dont je ne me rends pas bien compte. Pas un seul petit accès de fièvre. On prétend que ce séjour est plus malsain que bien d'autres, réputés pour leur insalubrité. Je ne m'en aperçois guères. L'eau qu'on recueille en abondance, à moins d'un quart de lieue, est excellente. Elle n'a pas la teinte blanche et le goût saumâtre qu'elle affecte, à peu près partout ailleurs, dans cette partie de l'Afrique. D'un autre côté, Tabora offre des ressources alimentaires qui font complètement défaut à Karéma.

Il est vrai que je suis ici un régime très hygiènique. Levé dès l'aube, je vais, après avoir pris mon bain, faire des excursions dans les villages avoisinants. Le vallon fertile de Kouyara,

Ou-Ganga, entouré de rochers bruns clairs, Itourou, où le père et le frère du célèbre Tipo-Tipo sont établis, me voient, le fusil à l'épaule et le carnet à la main, fournir de longues traites, aux cours desquelles je ramasse et rapporte gaiement force petit gibier, observations ethnographiques et robuste appétit. Puis, après la prière de l'Allah Siri, c'est-à-dire, à trois heures de relevée, ce sont des visites chez Séki, chez Sheik bin Nassib et chez quelques Arabes influents dont j'ai fait la connaissance. Le reste du temps est pris par les travaux d'installation.

— Les trésors, délaissés par l'ami Van den Heuvel, et dont je m'occupe à dresser l'inventaire, ne me feraient pas aller bien loin, si je ne pouvais me procurer à Tabora à peu près tout ce qui se vend à Zanzibar. Inutile de dire que le peu de marchandises que j'avais emportées de Karéma ont fondu en route. Je suis arrivé ici sans une chouka de Satini.

Ici, il ne reste plus en magasins que 10 pièces de Mérikani, une frasilah (36 livres) de perles rouges, dites Samé-Samé, un Kikoï, ou pagne frangé, un Djoho noir, un Djoho rouge et une pièce de flanelle. En fait de munitions, par exemple, je suis fourni au delà de mes besoins, puisque mon personnel, purement domestique, ne se compose que de deux noirs et de deux négrillons. Indépendamment du matériel, déposé chez Zeid bin Djouma, et que j'espère bien parvenir à faire retirer, j'ai trouvé 43 fusils Makoas et 8 Springfield, dont un, sans crosse, avec deux caisses de munitions, pour ces derniers : 12 barillets de poudre, de 10 livres chacun ; 11 caisses de cartouches, format de celles de Karéma (mais dont 4 entamées); 7 de cartouches de chasse et 1 de cartouches pour revolver. Je ferai vendre les fusils à canon lisse et j'enverrai le reste, par la première occasion, à M. Ramaeckers, car à Tabora, entouré d'Arabes, inutile de se tenir sur pied de guerre. Je n'ai point un soldat et c'est à peine si je trouverai l'occasion de me servir de mon matériel de chasse.

Presque plus de conserves. Je note, seulement, 2 caisses de lait condensé, 12 boîtes de haricots verts, 5 de fines macédoines, pour la soupe, 6 de sardines, et 4 de thon mariné. J'ai encore 7 boîtes de thé comprimé, 3 paquets de thé ordinaire et 5 de café, plus une petite caisse de sauce anglaise, du carry, du poivre, de la moutarde, etc. etc. mais plus une goutte de vin.

En revanche, force médicaments : sulfate de plomb et de quinine, tanin, émétique, cantharides, chlorodine, acide citrique, sel d'Epsom, aloès, benzine, gousses de séné, rhubarbe, kermès etc. Il reste 5 bouteilles d'élixir de Warburg, d'un usage fréquent, de l'élixir arabe, dit du Missionnaire, inventé par l'abbé Loyet, du papier rigollot et de la charpie, plus l'attirail des poisons, auquel je me garderai bien de toucher.

Des allumettes en abondance, mais seulement 2 livres de tabac.... et 2 autres, d'observations météorologiques. Puis, ce qui n'est pas à dédaigner, 4 boîtes de poudre insecticide !

Ajoutons à ces richesses, 35 paquets de bougies, une très petite provision de pétrole, des couvertures, des semences, quelques articles de mercerie et de brosserie, un assortiment d'outils, une papeterie, etc., etc. et vous aurez une idée de mes ressources présentes.

— J'ai reçu, ces jours derniers, une singulière visite. Il s'agit d'un certain Magohé, fils d'un Mtémi de l'Ou-Soukouma et ancien Nyampara de Mirambo. A la suite de je ne sais quel méfait, ce dernier avait ordonné son supplice. Magohé réussit à fuir et à se réfugier chez Séki, dont il est devenu le plus redoutable capitaine. Sa bravoure, à la guerre, égale sa férocité, et Mirambo, auquel il était autrefois fanatiquement dévoué, ne compte pas aujourd'hui de plus mortel adversaire. Jusqu'à ce jour, toutes les guerres, auxquelles il a pris part, ont réussi. Habitant avec quelques Oua-Gaoués, ou guerriers nobles, un petit village situé à une demi-lieue de Tchem-Tchem, il porte, comme eux, en souvenir de ses exploits, des bracelets de perles, de fer et de cuivre, dont chaque grain représente une victime. J'en ai compté une dizaine, garnis chacun d'une quarantaine de perles. Arabes et indigènes nourrissent pour lui une crainte superstitieuse, dont il abuse en allant effrontément leur demander ce dont il a besoin. Ce qu'il y a de plus étonnant encore, c'est que personne ne lui refuse.

Magohé, désirant quelques bouteilles de cognac, a cru pouvoir tirer à vue sur ma cave. Il paraît fort scandalisé lorsque je lui apprends que je n'en ai plus. « D'ailleurs, ajouté-je, je ne vois pas à quel titre on lèverait ainsi tribut sur une générosité mal placée. J'ai des présents pour mes amis, et rien du tout pour les gens que je ne connais pas. » Il aurait fallu voir la figure du brigand ! Peu s'en fallait qu'il ne sortît en se trompant de porte, comme le féroce Aman, dans l'*Esther* de Racine.

1er septembre. — Les Pères algériens sont complètement installés dans leur tembé et ont acheté déjà plusieurs enfants. Je leur ai cédé quelques effets neufs, délaissés par le lieutenant de Leu.

On se procure ici du beurre chez les Mtousis (pasteurs) qui le colportent de maison en maison, frais et débité, comme au marché, par petites coquilles. Il a assez bon goût, mais, vendu à grande mesure, dans des linndos, il rancit rapidement et exhale une odeur étrange. On prétend que, pour le pétrir, les bergers emploient de l'urine de vache! Aussi, lorsque je me vois obligé d'en acheter pour la cuisine, le fais-je laver à grande eau. Je fais aussi accord pour mon lait. Chaque matin, on m'en apporte un peu plus d'un litre, à raison d'un doti de Mérikani, par mois (5 francs). Le Mtousi, chargé de ce service, a accroché, pour s'y reconnaître, à la muraille de mon tembé, une planchette qu'il entaille d'une coche, en se retirant. Rien de nouveau sous le Soleil.

Je me suis fait parfaitement au Pombé, qui constitue une boisson agréable, rafraîchissante, et d'une facile digestion. C'est à tort que certains voyageurs lui attribuent un goût fade et répugnant.

Pris en quantité modérée, le Pombé équivaut à une bière légère et tonique, qu'en tout état de cause, il faut préférer au vin, trop échauffant pour le climat, et à l'eau, même renforcée d'alcool. Tous les jours on en brasse du frais chez quelques indigènes, qui en ont la spécialité et vont le vendre au Soko de Tabora. Dans les tembés arabes, la fabrication de la bière ne se fait que le samedi, ordinairement par les femmes, et à la suite des deux jours de repos de la semaine musulmane.

C'est Férouzi qui va au marché, établi près de la source de Tchem-Tchem, sur une grande place brûlée du Soleil. Denrées et marchandises sont proprement étalées sous des abris, en forme d'échopes, formant rues, comme dans nos foires de village. Les bouchers se tiennent à part, abattant et dépeçant, *coram populo*, le bétail amené de grand matin. Les quartiers de viande, déposés sur des branchages verts, sont préservés des insectes par des enfants chasse-mouches, et les morceaux de rebut, détaillés et cuits avec du riz, se vendent tout chauds aux consommateurs indigènes, accroupis à l'ombre des triperies en plein vent. Quantité de poules et d'œufs, mangés sans dégoût par les naturels, en rapport constant avec les esclaves musulmans, mais fort peu de chèvres et pas de gibier. En revanche, force poisson sec apporté de l'Ougalla et même des rives du Tanganika. Les céréales, riz, froment, sorgho, aux grains perlés, jaunes ou rouges (ces derniers moins estimés), emplissent de grandes mannes. Il n'y a pas encore de maïs, dont on mange, frais ou grillé, les épis à chair laiteuse. Force oignons, plus doux que chez nous, et qui offrent une nourriture très saine, des aulx, des patates douces, séchées et coupées en dés, des tomates, des piments, etc., etc. A côté des mangues, cotelées et massives, comme de jeunes tortues, et dont le fruit, à la fois acidulé et sucré, conserve un petit goût de térébenthine, s'amoncellent les régimes de bananes, dorés par le Soleil, ou cueillis verts, pour être bouillis et frits, en guise de légumes.

C'est également au Soko qu'on achète le chanvre opiacé, et le tabac de l'Ou-Soukouma, pilé dans un mortier, comprimé et coupé en petits cubes du poids de 15 à 20 grammes. Ils se paient à raison d'un kété le morceau, c'est-à-dire, ici, d'un double rang de perles, long comme un écart de main et correspondant à un sou de notre monnaie. A Zanzibar, le kété mesure une demi-aune. 10 makétés font un *foundo*, 5 foundos valent une chouka ou un *oupandé* et 10 un doti. La valeur nominale de la chouka est, à Tabora, de 2 francs 50 centimes.

Les environs de Tabora étant dépourvus de forêts, les indigènes vont couper du bois à quelque distance et le vendent tout débité au marché. Puis ce sont les échopes, où l'on tient les étoffes et les objets de toilette : Satini et Mérikani, venus de la Côte et coupés en menus fragments, tissus, grossiers et lourds, d'écorce de Miombo, révélant déjà une certaine industrie, Oukayas, voiles arabes à mentonnières, faits de laine jaune, rouge, noire, etc., bracelets de fil de laiton aplati, croisé ou travaillé au burin, savon de Zanzibar, etc. etc.

Autour de la place s'élèvent les huttes, où les marchands, établis à poste fixe, remisent leurs denrées nouvelles ou invendues.

Ce marché, qui se tient tous les jours, est d'une animation extraordinaire. On y abat, on y taille, on y cuit, on y coupe, on y mesure au milieu d'un brouhaha étourdissant. Les odeurs de

Le cimetière Européen a Tabora.
(Dessin de A. Heins.)

sang répandu, de friture, de poisson sec, de fruits écrasés, s'y combinent, empestant les alentours. Plus que chez nous, on marchande et l'on se dispute. Ce sont des clameurs et des vociférations à faire croire à une émeute. Sur tous les points des attroupements se forment, dispersés dès qu'un Arabe passe, monté sur sa mule richement caparaçonnée et précédé d'une masse d'esclaves, criant à tue-tête « *Similla! Similléni!* » Ecarte-toi! Ecartez-vous! Mais à peine le cortège a-t-il disparu, que les groupes se reforment, plus âpres et plus batailleurs qu'auparavant. Il arrive, parfois, qu'une étincelle, échappée du fourneau d'une triperie, met le feu aux échopes plus sèches que de l'amadou. Tout flambe, pendant que vendeurs et acheteurs se dispersent comme un essaim de mouches, car, faute d'eau et de moyens de sauvetage, il n'y a qu'à laisser faire l'incendie. Mais c'est l'histoire d'une couple de jours, au bout desquels le marché s'installe sous des abris de bois neuf, condamnés, comme leurs devanciers, à une destruction plus ou moins rapprochée.

Chaque jour il me faut, pour mon ménage, un oupandé de viande de boucherie et 3 makétés de bois à brûler. Les négrillons, seuls, profitent de la desserte, car mes hommes ont leur Posho pour faire cuisine à part. J'achète le riz par 5 pichis, valant un doti, les oignons, au même prix, pour 6 livres, et les poules à raison de 3 ou 4 par chouka. Toutefois, ces cotes varient ou plutôt n'existent pas. C'est affaire à mon pourvoyeur de s'escrimer contre l'avidité des marchands.

Les perles, me faisant défaut, pour les achats de minime importance, j'ai été obligé d'acheter une frasilah de Samé-Samé (35 livres) à un Arabe, du nom de Mohamed Souafi, contre un bon de 100 francs payable à la Côte.

Ma table est abondante et variée. Tantôt c'est un roastbeef, ou un beefsteak, une étuvée ou un hachis relevé d'œufs et d'oignons, ou encore une volaille au riz et au carry. Ce dernier ingrédient devient ici de toute nécessité. Il stimule l'appétit et aide puissamment à la digestion.

Chaque jour, j'ai du pain frais, en faisant lever, au moyen de Pombé, le froment pilé, d'après les procédés indigènes, et en cuisant la pâte, à l'étouffée, dans une casserole.

Les fruits à pulpes et crémeux ne manquent pas. Parmi ces derniers je citerai surtout ceux du Mstoélier.

Je trouve, chez les Arabes, des raisins secs et des dattes pour mes pouddings. Mais mon grand luxe est un café délicieux, que je paie à raison de vingt piastres la frasilah.

— Mes visites aux environs et surtout au marché, où souvent j'accompagne Férouzi, m'ont permis de recueillir quelques observations anthropologiques. Le corps bien proportionné, quoique sec et osseux, les Oua-Nyamouézis ont le teint d'un noir brun et la tête ovale, le nez droit et fortement prononcé, les lèvres minces et les yeux largement fendus. Leurs bras sont malheureusement un peu grêles, ainsi que leurs jambes, signes caractéristiques, d'après Herbert Spencer, des types humains inférieurs. On reconnaît nettement en eux une origine abyssinienne. Ils ont conservé l'habitude de se limer en pointes les deux incisives du haut, et s'épilent soigneusement. Beaucoup se rasent les cheveux. Mais il y a ici une telle quantité d'esclaves de l'Ou-Emba et du Maroungou, qu'il devient difficile, à moins d'une longue expérience, de distinguer les hommes de race pure.

— Comme le docteur Van den Heuvel, qui m'a légué le bénéfice de ses précieuses relations, je suis en excellents termes avec les Arabes influents de Tabora.

Sheik bin Nassib fait l'agréable et l'empressé, depuis que son frère a été rappelé à la Côte. Lui, non plus, n'a pas la conscience bien nette à l'endroit des Européens. Les deux loups cerviers, habitués à faire sans contrôle leurs quatre volontés, se flattaient d'interpréter favorablement la manière scandaleuse dont ils se sont défaits de M. Sergère. Malgré les firmans précis du Sultan de Zanzibar, ils avaient cru s'y dérober, comme à bien d'autres. La Côte est si loin, et comment le Saïd aurait-il prêté l'oreille aux réclamations d'un Djiaour, lorsque eux, ses fidèles ministres, rejetaient toute responsabilité sur l'imbécile Séki?

Il se trouve, par raccroc, qu'en ruinant le commerce de l'entreprenant Marseillais, ce sont les intérêts mêmes du Sultan dont ils ont fait imprudemment litière.

Epouvantés du pouvoir de leur victime, et de la réalisation de ses menaces, traitées par eux de fanfaronnades, ils supposent à tous les Européens un crédit égal.

Sheik bin Nassib, ne pouvant plus mordre, fait patte de velours. Désespérant, probablement, de sauver son frère, il tâche de se mettre du moins dans ses souliers, en conservant, pour lui-même, les fonctions d'Ouali, dont il fait l'intérim. Jamais sa face équivoque n'a rayonné de plus de sourires, cachant une angoisse réelle. « *Lété Kahaoua!* » (apportez le café) s'écrie-t-il, sitôt qu'il m'aperçoit. « *Lété Mazioua* » (apportez le lait). Et les *Yambo! Yambo Sana!* d'aller leur train. Il en entrelarde ses discours et interrompt grotesquement les conversations les plus sérieuses de saluts hors de propos. A l'en croire, je suis son ami le plus cher, l'Européen pour lequel il ait jamais éprouvé une sympathie complète. Il entre dans mon jeu de paraître accepter pour sincères ses protestations de dévouement, mais je crains bien que nous ne nous abusions, ni l'un ni l'autre, sur la nature de nos sentiments respectifs.

Où je me trouve dans une atmosphère franchement cordiale, c'est chez le vieux Soultan bin Ali, le seul Arabe survivant de ceux qui, il y a plus de 70 ans, fondèrent la colonie de Tabora. Ce vénérable patriarche, décoré du titre de *Mkoa* (grand) avait pour M. Van den Heuvel une affection basée sur les soins tout désintéressés de ce dernier. Notre ami l'a, en effet, tiré deux ou trois fois d'affaire, au cours de légères indispositions que la médecine locale se déclarait impuissante à soulager. Soultan bin Ali était fort préoccupé de savoir si, le cas échéant, je lui rendrais les mêmes services. De compétence, il n'en est pas question, tous les Blancs possédant la science infuse.

Pour capter ma bienveillance, le digne homme m'a fait offrir, dès mon arrivée, force mets, sortant tout chauds de sa cuisine, des confitures, des gâteaux et des fruits. Et comme M. Van den Heuvel m'a préparé quelques recettes, j'ai pu assurer à Soultan bin Ali qu'il ne s'apercevrait pas de la différence. Aussi ne se sent-il pas de joie!

Nul Arabe ne jouit de plus de considération et de respect. Trônant sur une peau de léopard, dont il ne peut se lever sans le secours de deux esclaves, il sert d'arbitre dans les affaires judiciaires, comme dans les questions de politique locale; et ses avis font loi. Je me tiens souvent plusieurs heures de suite à son divan, admirant la lucidité parfaite et la surprenante mémoire de ce magistrat presque centenaire. Soultan bin Ali n'a que deux enfants, un fils d'Arabe, blanc comme lui-même, et un métis de femme indigène, fruit de sa verte vieillesse. La tendresse qu'il nourrit pour ce dernier, d'ailleurs fort affectueux, m'a fait songer plusieurs fois à l'amour de Jacob pour l'innocent Benjamin.

Après Bin Ali, le personnage le plus important et le plus riche de la colonie, c'est Zeid bin Djouma, chez lequel l'adroit Gouverneur a fait déposer les armes et les munitions, à nous envoyées par le Sultan de Zanzibar. C'est un homme charmant, plein de dignité et de bienveillance, généreux et hospitalier, instruit, tolérant, sans préjugés de race et curieux de tout ce qui regarde la civilisation européenne. Avec cela, fort beau de visage et d'une noble stature. Son principal commerce, et celui qui lui rapporte les plus gros bénéfices, consiste dans l'achat d'ivoire, échangé contre étoffes ou contre munitions par les chasseurs, venus tout exprès pour traiter avec lui, d'Oudjiji, de Nyangoué, de l'Ou-Ganda et de l'Ou-Fipa. Il se charge aussi, moyennant commission, d'envoyer à la Côte, par ses caravanes, l'ivoire destiné au marché de Zanzibar. Les Arabes, faisant la navette entre Tabora et Bagamoyo, trouvent chez lui le placement assuré de leurs étoffes, achetées en bloc, ce qui leur permet d'abréger leur séjour et de retourner immédiatement à la Côte. Les magasins de Zeid bin Djouma sont immenses et sa loyauté en affaires, devenue proverbiale, lui a valu, comme à Soultan bin Ali, la qualité d'arbitre, équivalant à nos fonctions de juge de paix. Sa popularité, qui ne fait que grandir, lui a pourtant attiré quelques inimitiés, entre autres celle d'un certain Brahimo bin Abdallah, qui, il y a quelques semaines, a été conduit à Zanzibar, à la suite d'une attaque à main armée dirigée contre le tembé du riche marchand.

Zeid bin Djouma, qui a plusieurs femmes dans son harem, habite un tembé, situé en plein centre de Tabora et mène un fort grand train de maison. Je vais le voir fréquemment et toujours il m'accueille avec un empressement flatteur. Il serait facile de s'entendre avec les Arabes si tous étaient taillés sur ce patron.

Salim bin Sef, grand propriétaire d'esclaves et cultivant d'immenses plantations de manioc et de froment, ne fait pas le commerce. Ses richesses, quoique moins considérables que celles de Zeid bin Djouma, lui permettent cependant de lutter avec lui de magnificence. C'est l'homme de bonne compagnie et l'amphitryon de la Colonie. Il tient table ouverte, et son Barza est orné des plus magnifiques tapis. On a plaisir à s'étendre sur ses coussins moelleux, venus à grands frais de la Côte, pendant qu'un personnel nombreux s'empresse pour servir le café de Moka et les délicieuses confitures dont les Arabes ont le secret. Le maître de ces lieux enchanteurs, cherche à déguiser, par sa démarche fière et l'élégance de ses manières, une obésité précoce. Quoique entretenant un harem complet de 12 femmes, il n'a que deux enfants, des fils comme Soultan bin Ali. Je suis reçu, là aussi, en hôte de distinction.

Cinq ou six autres habitants notables ont reçu ma visite et me comblent d'attentions. Tous ces Arabes, qui ont dans leurs écuries des ânes magnifiques, superbement harnachés, ne sortent jamais qu'escortés de nombreux esclaves. Pour ne pas avoir tout à fait l'air d'un parent pauvre, j'ai été obligé d'acheter au moins un bourriquet. C'est comme si, en Europe, je montais un cheval de race.

Je ne me suis jamais rendu mieux compte, que pendant mes visites à Tabora, des contrastes, grands et petits, élevant entre l'Européen et le sectateur de l'Islam une barrière presque infranchissable. « Mettez bouillir, pendant trois jours, dans la même marmite, un Franc et un Arabe, et vous obtiendrez deux bouillons séparés. » Rien de vrai, dans sa trivialité, comme ce mot d'un voyageur français.

D'abord, nous nous vantons de croire à la Providence. L'Arabe, lui, est fataliste. Les plus grands revers, il les subit avec l'impassibilité de Job sur son fumier : *Hakoun Erbi!* se contente-t-il de dire. « Ordre de Dieu! » Nos jeûnes sont doux et les siens fort rudes. Nous nous inquiétons de tout. Il ne s'inquiète de rien. Nous nous faisons un point d'honneur de ne pas reculer d'une semelle dans la bataille. L'Arabe prend la fuite, sans encourir le reproche de lâcheté. Nos gouvernements appointent leurs fonctionnaires. Les chefs arabes achètent leurs fonctions, dont ils s'entendent, d'ailleurs, à tirer profit. Autant notre justice est boiteuse, et embarrassée de formules et de formalités, autant les jugements des cadis sont simples et expéditifs.

Dans la famille européenne, les filles sont chéries à l'égal des fils. Dans la famille arabe, seuls, les garçons sont pris au sérieux. Nous avons généralement un faible pour nos Benjamins, tandis que les Jacobs maures ne s'attachent qu'à l'aîné. Nous traitons familièrement nos parents et les tutoyons le plus souvent. L'Arabe considère son père comme un véritable souverain et lui prodigue les marques du plus humble respect. Il lui est interdit de s'asseoir et même de prendre la parole en sa présence sans y être directement invité. Qui plus est, une partie de ces hommages restent acquis à l'aîné, de la part des cadets.

Nous enfermons nos fous et rions de leurs étrangetés. L'Arabe les laisse en liberté et les considère comme des êtres, en quelque sorte marqués du sceau de Dieu.

Nous aimons les voyages d'agrément. L'Arabe ne se déplace que pour des raisons de famille ou d'intérêt. Nous sommes curieux et avides de nouvelles. L'Arabe affecte l'indifférence pour tout ce qui ne regarde pas sa tribu. Nous parlons beaucoup, avec force gestes et quelquefois tous ensemble. L'Arabe s'exprime posément, écoute sans interrompre et tient ses mains au repos. Nous plaisantons volontiers. Il ne se départ jamais de sa gravité.

Nous disons qu'il faut avoir les pieds chauds et la tête froide. L'Arabe, sentencieux, vante la tête chaude et les pieds froids.

Enfin, pour compléter ce curieux parallèle, déjà fait maintes fois, nous buvons fréquemment en mangeant, et il ne boit qu'une fois après avoir mangé ; nous saluons en ôtant notre chapeau et lui, en renfonçant sur la tête, son fez ou son turban.

— Voilà qu'un beau matin, je vois entrer chez moi le jeune Tchiano, maigre comme un chien et fort dépenaillé.

Il s'est longtemps dérobé à mes questions, mais mis au pied du mur, a fini par avouer que, ne pouvant se résoudre à quitter son pays Songoro, il avait profité de la fugue de l'âne de M. Van den Heuvel pour se cacher. Ce n'est qu'au bout de 8 jours que, certain du départ du docteur, il s'est risqué à reparaître. Comment le petit malheureux a-t-il vécu pendant ce temps-là ? De rapines, je le crains. Impossible maintenant de l'expédier à la Côte. Je le garderai donc. Après une verte admonestation, qu'il feint d'écouter piteusement, je l'envoie se refaire à la cuisine et lui taille un pagne de Satini. Cinq minutes après, je l'entends rire aux éclats et jouer avec son ami, comme si de rien n'était.

CHAPITRE XXII

Lorsque je lui reproche à nouveau sa conduite, il me répond par un argument qui m'aplatit. « Vous dites que lorsque nous servons les blancs, nous sommes libres. Eh bien ! j'ai fait comme un homme libre. Je me suis sauvé. »

Les petits sont ici plus malins que les grands. Je me souviendrai de celle-là !

CHAPITRE XXIII

Hamed bin Hamed. — Un héros de légende. — Visite de Tipo Tipo. — Deux mille dents d'ivoire. — Guerre à l'Ou-Roundi ! — Caméron et Stanley. — Le bout de l'oreille. — Je vends mes 40 mousquetons. — Le commerce des armes. — Simplement gâcheurs de poudre. — Le Boma de *Souétou*. — Chez le père de Tipo Tipo. — Mohamed Massoudi.— Emancipées du harem.— Sur l'esclavage, la liberté, la traite, la domesticité et bien d'autres choses encore. — Le dîner. — Pratiques musulmanes. — Sur l'Association Internationale Africaine. — Hommage au Roi des Belges. — Deux chèvres et... une femme de charge.— Envoi d'un revolver. — Médecine de cognac. — Chassé-croisé de fusils. — Je suis maître d'école. — *Ba, Bé, Bi, Bo... Bou !* — Le Ki-Souahili et les langues Bantoues. — Noms, verbes et proverbes. — Les trois couleurs.

En parlant de mes promenades à Itourou, où demeurent le père et le frère de Tipo Tipo, je ne m'attendais guères à faire sitôt connaissance avec l'important personnage sur lequel la plupart des voyageurs en pays africain se sont si longuement étendus.

Hamed bin Hamed — surnommé Tipo Tipo, à cause du clignement d'yeux qui altère la sérénité de son imposante physionomie — vient d'arriver à Tabora avec une forte caravane d'ivoire, en destination de la Côte.

Fils d'un Arabe de Zanzibar et d'une femme de la Mrima (territoire de Bagamoyo), Tipo Tipo habite depuis dix ans le Manyéma, où il jouit d'une popularité immense, non seulement sur tout le territoire soumis à son autorité, mais encore sur les peuplades limitrophes, qui le savent homme à ne laisser passer aucun acte de mauvais voisinage.

Par ses immenses plantations, auxquelles sont attachés des milliers d'esclaves, fanatiquement dévoués au Maître, non moins que par le commerce de l'ivoire, dont il a su monopoliser toutes les sources, ce marchand, doublé de conquérant et d'organisateur, a su se tailler, au centre de l'Afrique, un véritable empire où, bien que vassal nominal du Saïd Bargash, il règne en maître absolu.

Chez Tipo Tipo, en dépit du mélange de sang, le caractère arabe l'emporte, et se traduit par l'exercice, à la fois instinctif

CHAPITRE XXIII

et raisonné, de vertus patriarcales. Son empire sur lui-même, son courage indomptable, son intelligence des affaires, la profondeur de ses vues et la rapidité de ses décisions, le succès constant, enfin, de ses entreprises, joints à un côté vraiment chevaleresque, qui lui sied à merveille, en font avec Mirambo, une espèce de héros, célébré par tous les noirs rapsodes de l'Afrique Orientale.

Dédaigneux du luxe, tout extérieur, affecté à Tabora, où les plus fastueux marchands, malgré leurs ressources toujours renouvelées, se trouvent souvent à court d'argent par suite de dépenses inconsidérées, Tipo Tipo est modestement logé à Itourou, où son vieux père et son frère Mohamed Massoudi, enrichis, comme lui, par le commerce, vivent à l'écart de toutes intrigues politiques et marchandes, comme de toute vaniteuse ostentation.

Apprenant qu'un nouvel Européen s'est fixé à Tchem-Tchem, Tipo Tipo s'empresse de venir me rendre visite, en compagnie de deux Akidas et d'une dizaine d'esclaves armés de fusils. Une grande rumeur, s'élevant au dehors, m'avertit de l'approche de ce grand personnage.

Montés sur des ânes magnifiques, venus en droite ligne de Mascate, Hamed bin Hamed et ses lieutenants, cheminent au milieu d'une foule nombreuse qui les salue de clameurs enthousiastes.

Tipo Tipo, âgé d'une quarantaine d'années, grand, souple, robuste et se présentant avec une dignité suprême, unit au teint noir de l'Africain, la régularité et la noblesse du type arabe. C'est un grand seigneur, dans la plus haute acception du mot. Son vêtement se compose d'un ample Djoho jaune, brodé d'or fin, et d'une chemise d'une éclatante blancheur. La coiffure se borne au fez blanc, d'étoffe piquée, sur laquelle les hommes libres, qui en ont la spécialité, excellent à dessiner, à l'aiguille, des versets entiers du Coran, mêlés à d'élégantes arabesques. Un Djembia, au manche constellé de pierreries, est passé à sa ceinture. Les Akidas vont revêtus d'étoffes blanches. Quant aux soldats, ils se distinguent par leurs allures martiales, empreintes à la fois de respect et de confiance. On voit que Tipo Tipo s'entend à discipliner ses hommes et à s'attirer leur affection.

Un pareil visiteur mérite des égards particuliers. Je lui fais un accueil empressé, en lui témoignant la vive sympathie que lui valent, en Europe, son caractère et sa haute valeur ; et cette flatterie, du reste toute spontanée de ma part, ne semble pas lui causer du déplaisir.

Assis sur le Barza intérieur, nous prenons le café traditionnel et la conversation s'engage.

Tipo Tipo me dit qu'il est parti du Manyéma avec mille Askaris et deux mille porteurs, ces derniers chargés, chacun, d'une défense d'éléphant.

Un pareil déploiement de forces, et cette énorme quantité d'ivoire, destinée aux marchés de la Côte, sont le résultat d'un travail de huit ans, pendant lesquels, le seul produit des cultures de cet homme d'initiative a suffi à lui constituer une situation princière.

Hamed bin Hamed a perdu beaucoup d'hommes sur la route, par suite de la famine, résultat habituel des guerres suivant immédiatement la récolte.

Rendu prudent, par la nouvelle du massacre des Pères Algériens, il ne s'est aventuré dans l'Ou-Roundi qu'avec une faible partie de ses marchandises ; et bien lui en a pris, car les tribus pillardes de ce district n'ont pas manqué d'exiger de lui des hongos ruineux. Il a aussitôt envoyé un courrier au gros de la caravane, resté à Oudjiji, pour lui enjoindre d'attendre sa venue. Malheureusement, les Oua-Roundis disposent, seuls, des barques qui servent à passer le Malagarazi, et cotent leurs services horriblement cher. Tipo Tipo est bien résolu à se soustraire aux exigences des bandits, auxquels il a feint de souscrire momentanément. « Les Arabes, dit-il, doivent en finir, avec les misérables qui ont lâchement massacré *nos frères d'Europe.* » Grâce à ses soins, il s'est organisé, en ce moment même, à Oudjiji une levée de boucliers qui va débarrasser la voie et lui permettre de faire passer son ivoire sans bourse délier. Quel serait l'attrait de la justice, s'il ne s'y mêlait un peu d'intérêt personnel ? Et tant mieux, si ces intérêts empêchent le renouvellement d'abominables meurtres, restés impunis, faute de troupes européennes en mesure de les prévenir et de les venger !

Tipo Tipo a connu beaucoup d'explorateurs blancs et s'est intéressé grandement à leurs entreprises. Après avoir détourné le lieutenant Caméron de tenter la dangereuse navigation du

Loualaba, on se rappelle qu'il accorda, moyennant finances, son concours à Stanley, lorsque, arrivé à Nyangoué, le reporter américain se trouva, à son tour, dans l'impossibilité de se procurer des canots. « Les gens de son escorte, dit Hamed bin Hamed, se refusant positivement à l'accompagner plus loin, Stanley se voyait sur le point de devoir renoncer à sa téméraire entreprise, couronnée, par la suite, d'un succès éclatant. Dans cette situation critique, je lui suis venu en aide. Non seulement je l'ai accompagné, moi-même, avec mes soldats, pendant de longues journées de marche, à travers des forêts presque impénétrables, mais encore conduit, par des chemins détournés, sur le point du Loualaba, en aval de Nyangoué, où il pût s'embarquer, pendant que sur la rive, je menaçais de tuer ceux de ses hommes qui auraient fait mine de déserter. »

Tipo Tipo sait que Stanley est en train de remonter le Congo. Peut-être sa détermination de vendre, en bloc, à la Côte, son formidable stock d'ivoire, n'est-elle inspirée que par cette nouvelle, et craint-il que les Européens ne lui enlèvent le monopole de son commerce en s'adressant directement aux indigènes et aux chasseurs. Ce qui me le ferait croire, c'est l'espèce de rancune avec laquelle il parle de Stanley, qu'il représente comme un homme aigri, entier dans ses mesures, et ne se faisant obéir de ses Africains qu'en les jetant dans des aventures périlleuses où il leur devient impossible de reculer.

— « Nous autres Arabes, dit-il, nous n'agissons pas ainsi avec nos esclaves. » Naturellement, je me tiens sur mes gardes, car j'ai affaire à un fin diplomate, qui voudrait peut-être simplement me faire causer, et je n'accorde pas, non plus, une foi entière à des appréciations, en dehors de tout contrôle. La preuve que Stanley avait raison de persister et de déployer toute son énergie, c'est qu'il a passé là où Tipo Tipo, malgré son intrépidité et sa connaissance relative du pays, lui prédisait une fin tragique.

A nos échanges de politesses, d'amitiés et de nouvelles, vient se mêler une question de négoce. Hamed bin Hamed a entendu dire que j'avais des fusils lisses, dont je voulais me défaire, et il m'offre de les acheter pour les soldats de son escorte. Je lui cède volontiers mes 40 mousquetons, ayant servi, autrefois, chez nous, à l'armement de la cavalerie légère, et qui, vendus en bloc par les usines liégeoises, ne reviennent pas à plus de

5 francs. Tipo Tipo me les paie à raison de 40 diorahs de Satini, dont la valeur nominale est ici de 8 dollars, mais à la Côte seulement de 6, ce qui les met à 30 francs pièce, prix suffisant, même étant donné les taux énormes du fret et du transport à dos de Pagazis.

Après m'avoir fait promettre de lui rendre sa visite à Itourou, Hamed bin Hamed prend congé et se retire, dans le même apparat, suivi de la foule qui, pendant deux heures, a stationné patiemment devant mon tembé pour guetter sa sortie.

Il se fait à Tabora un assez grand commerce de fusils et de munitions, et l'on est amené à se demander, si la possession, par les indigènes, d'armes perfectionnées, ne serait pas de nature à créer dans l'avenir un danger sérieux pour les Européens établis en Afrique.

Les nègres, aimant passionnément le bruit des détonations, et s'en régalant, sous le moindre prétexte, jusqu'à extinction de cartouches, on pourrait craindre que, possédant des fusils rayés, et ayant épuisé en un rien de temps leur poudre, ils ne soient violemment incités, pour s'en procurer de nouvelle, à piller les caravanes et les dépôts européens. Mais, actuellement, les étoffes et les munitions ordinaires n'attisent-elles pas leur convoitise à un égal degré?

De toute façon, nous avons à veiller sur notre bien. Quant à la justesse de tir plus grande qu'offrent les derniers systèmes, il n'y a rien à craindre de ce côté. L'Africain, répétons-le, à de rares exceptions près, n'épaule ni ne vise. Il tient son fusil horizontalement, les bras ballants, à la hauteur du ventre, lâche son coup au hasard et se pâme de joie si l'arme donne un fort recul. Pour lui, le meilleur fusil, c'est celui qui le jette les quatre fers en l'air. Afin de se procurer cette rare jouissance, l'heureux possesseur d'un mousqueton de réforme, en charge parfois le canon jusqu'à la gueule, ce qu'il ne pourrait se permettre avec des fusils ne portant qu'une cartouche.

Non seulement, les armes rayées ne sont nullement du goût des indigènes, mais à l'encontre de ce que je croyais autrefois, il n'y a relativement que fort peu d'Arabes possédant des Winchester. Les fusils un peu compliqués, se détraquent d'ailleurs promptement entre leurs mains, et leurs ouvriers ne savent pas même les réparer. Les plus adroits Foundis forgent bien un ressort pour fusil, à canon lisse, mais c'est le *summum* de leur industrie. Tous les Winchester de la localité ont passé par mon établi, car c'est à moi qu'on s'adresse, en cas de détérioration accidentelle.

Cependant, quelques intelligents chefs de caravane, comme Tipo Tipo, sachant que, dans les fusils rayés, la force de résistance du métal est plus grande, et les risques d'éclatement moins à redouter qu'avec les canons lisses, expriment le désir de se procurer des fusils perfectionnés, d'un mécanisme moins délicat, mais seulement, afin d'en armer leurs esclaves de confiance. Je crois que les Remington et les Comblain trouveraient ici acheteurs. On en obtiendrait facilement 30 piastres, si pas plus, et le prix de 20 piastres les 1000 cartouches ne semblerait point exagéré. Un baril de poudre, de 20 livres pesant, ne donnant pas plus de 1000 charges, vu la quantité employée, coûte, en effet ici, 24 piastres. Il y aurait donc économie de ce côté-là.

Une arme que les Arabes estimeraient au-dessus de toute autre, serait le Remington à deux coups, dont sont armés les Pères français. Ce fusil, qui ne doit pas être d'un prix fort élevé, se vendrait certainement de 60 à 70 piastres. Je crois même pouvoir m'avancer jusqu'à dire que ces prix pourraient être atteints à la Côte même. J'ai vu, entre les mains des Arabes, des armes lisses, à deux coups, dont certainement je n'oserais me servir pour mon usage personnel, payées 70 piastres, à Zanzibar et à Bagamoyo. Ce qui fait atteindre à ces fusils, en somme détestables, leur plus-value, c'est le luxe tout superficiel de leur facture. On les considère plutôt comme des objets de parade, exhibés seulement dans les grandes occasions. Si nos fabricants étaient disposés à envoyer des fusils dans ces parages — et la chose est à essayer — je leur conseillerais d'en soigner surtout la façon extérieure. Un métal bien luisant et une forme élégante, séduisent les Arabes bien autrement que les qualités de justesse et de résistance, mises chez nous en première ligne.

Mais il s'agit encore de se conformer à certaines traditions, qui, ici, font loi. Par exemple, lorsqu'on a affaire aux sectateurs de l'Islam, se bien garder d'introduire la figure humaine dans les ornements de la crosse et alléger, autant que possible, le poids du fusil, tout en conservant au canon une grande longueur, à l'instar des classiques mousquets à rouets et à mèches.

Les Arabes attribuent aux canons à section polygonale, des qualités de résistance qu'ils contestent aux canons cylindriques et les armes à deux coups les gênent, tant à cause du grain de mire médian qu'en raison de leur poids presque doublé, rendant trop pénible, dans les fantasias, le tir à bras tendu.

Jamais l'usage de nos *hausses* géométriques, ne sera familier aux Arabes et aux Béloutchis, très jaloux de leur virtuosité de tireurs, mais parfaitement dédaigneux des règles du pointage moderne, graduant les dites hausses, d'après la profondeur des colonnes et les distances auxquelles on ouvre le feu. Aussi s'empressent-ils de limer immédiatement les *assises* de leurs fusils. Le belligérant oriental est simplement tirailleur, abattant son homme comme nos chasseurs une pièce de gibier. Toute méthode scientifique — qu'on me permette ce mauvais calembour — le désorienterait complètement.

Une chose qui m'a toujours humilié, depuis Zanzibar jusqu'à Tabora, c'est l'effacement complet de notre industrie armurière, à la fois exploitée et discréditée par les fournisseurs britanniques. Sur tout fusil belge, consciencieusement fabriqué, on peut être certain de trouver l'estampille anglaise. En revanche, les mauvaises armes, à crosses grossièrement peinturlurées de rouge, établies au rabais et qui souvent éclatent au premier coup de feu, nous sont reconnues sans conteste. On dirait vraiment que les armuriers anglais, tout en s'attribuant le mérite de nos fusils perfectionnés — au prix de revient desquels ils ne sauraient atteindre — nous commandent de la camelote dans le seul but de nous couler à l'étranger. Tout fusil qui résiste, est un *Ingrézi* ; tout fusil qui éclate est un *Belgi*. Et cependant tous les deux ont la même provenance, attendu que les hauts barons de l'industrie britannique, gardant pour eux les riches commandes, sont obligés, en fait d'articles courants, de recourir journellement aux syndicats liégeois. Mais y a-t-il même des fusils Ingrézi en Afrique? Peut-être. Pour ma part, je n'en ai vu que sur l'épaule des résidents attachés aux Missions.

Les tribus africaines, chasseresses ou guerrières, pouvant acheter des armes, se divisent en trois grandes sections : Les Oua-Ngouanas, gentlemen de la Côte, parmi lesquels se recrutent, on le sait, le personnel ordinaire des caravanes, les Makoas, tireurs d'éléphants, et les Oua-Chenzis ou sauvages, confinés dans leurs districts.

Tipo Tipo, au marché de Tabora. (Dessin de A. Heins.)

A l'encontre des Arabes, l'Askari Mgouana est armé de fusils à canons courts, provenant généralement de la mise à la réforme de nos mousquets de cavalerie. Au cours de mes différents itinéraires, j'ai remarqué que lorsqu'on armait les soldats nègres de fusils à longs canons, ils les coupaient invariablement jusqu'à ras du bois. Un petit fusil trouverait, j'en suis persuadé, facilement acquéreur chez les Hindis, organisateurs d'escortes, mais toujours à condition d'être de bonne fabrication et peu coûteux. En ayant à Zanzibar un représentant sérieux, associé avec un homme du pays, nous pourrions ouvrir à nos usines de fructueux débouchés et faire, enfin, primer, sans concurrence possible, les marques belges émancipées de tout usuraire et compromettant courtage.

Les chasseurs Makoas, eux, ne se servent que de lourds fusils, à silex et à bassinet, bourrés de balles ; je crois cependant qu'ils abandonneraient ces armes, pour d'autres, à capsules, établies sur un modèle spécial. Quant aux Oua-Chenzis, ils prennent tout, mais là encore, un petit fusil bon marché, à capsule, pourrait trouver un écoulement illimité, attendu qu'on commence à se défier partout des armes de rebut dont les ravages sont incroyables.

Somme toute, d'ici à peu de temps, il en sera en Afrique des mauvais fusils comme du satini, autrefois employé presque seul dans les échanges et que le Mérikani, plus résistant, commence à supplanter.

Je le répète, il importe de relever ici le prestige de nos industries et on n'y parviendra qu'en se refusant résolument aux fabrications dérisoires, représentés par les Anglais comme le *summum* de l'armurerie belge.

J'en pourrais dire davantage sur un sujet, pour nous, d'un intérêt si grand, mais ces développements, trop spéciaux, ne cadreraient guères avec le caractère de cette relation de voyage. D'ailleurs, je me tiens prêt à fournir à nos fabricants tous les détails complémentaires, de nature à leur faciliter de nouveaux débouchés et à leur préciser les types d'armes qui rencontreraient en Afrique un succès certain et durable.

10 septembre. — C'est aujourd'hui que je me décide à aller voir Tipo Tipo, dans son tembé d'Itourou.

Capitani et deux de ses amis, recrutés pour la circonstance, m'accompagnent. Comme le riche marchand d'ivoire, je suis fièrement monté sur mon âne, mais, je l'avoue à ma honte, notre mesquin cortège n'attire pas le moindre concours de population.

Nous dépassons le Boma, entouré d'euphorbe, où commande Souétou, soupçonné d'intentions régicides et fratricides, par suite de la conspiration tramée contre son ami Sergère. Quoiqu'on représente ce chef, comme particulièrement intelligent et sympathique aux Européens, je n'ai eu garde d'aller lui tirer ma révérence. On n'aurait qu'à m'accuser, moi aussi, de vouloir empoisonner Séki !

Itourou, situé non loin de Kasoé, dans la plaine ondulée et fertile, où tranchent quelques blocs de granit noir, ressemblant à des dos d'hippopotames émergeant de flots limoneux, est sous l'obédience d'un Moinangou. C'est toujours le même type de village, entouré d'une palissade, et aux propriétés encloses d'arbustes vénéneux. Tipo Tipo, descendu chez son père, habite un tembé profond, mais peu élevé, précédé d'une véranda. Je le trouve sur le tapis de réception du Barza, en compagnie de son père, vieillard assez taciturne, à barbe blanche, et de son frère Mohamed Massoudi, qui a longtemps, lui aussi, fait commerce d'ivoire dans le Manyéma. Ils trafiquent bien encore quelque peu, mais en se tenant, comme je l'ai dit, le plus possible, en dehors du mouvement arabe de Tabora.

Mohamed Massoudi, peut-être en vertu de cette réserve, qui lui permet de traiter de maître à maître avec ses anciens congénères, jouit d'une grande influence. Etant en quelque sorte à cheval sur l'élément arabe et la population africaine, il ne se laisse influencer par aucun préjugé de race. On le dit sage, prudent, et d'excellent conseil. Même en la craignant, on est obligé d'user de sa médiation.

Tipo Tipo, qui revient assez souvent à Tabora, ne loge jamais ailleurs. Il s'est fait accompagner, cette fois-ci, par un de ses fils, jeune homme d'une vingtaine d'années, noir comme lui, et comme lui, enfant de mère africaine.

La réception est cordiale. Lait et café circulent à la ronde. Les nombreuses femmes rassemblées dans le tembé, ne vivent pas renfermées comme les Sourias de Zanzibar et de Tabora. Elles vont et viennent, en parfaite intelligence, et ne faisant pas preuve de moins de discrétion et de retenue que les malheureuses cloîtrées par la jalousie arabe.

CHAPITRE XXIII

Cette fois, c'est l'esclavage qui fait les frais de la conversation.

— « Les hommes blancs, dit Tipo Tipo, se font des idées bien fausses sur nos coutumes et sur nos mœurs. Tout ce qui n'existe plus chez eux — même de date récente — ils ont la prétention de l'abolir immédiatement chez les autres ! J'ai entendu dire qu'il y a quelques années encore, dans un grand pays nommé la Russie, l'esclavage existait parfaitement sous un nom d'emprunt, et que sa suppression a entraîné des misères sans nombre. Dans le fait, quelle différence y a-t-il entre un esclave et un domestique ? Ce dernier est libre et quitte son maître quand il lui plaît. Mes esclaves, eux, n'auraient garde de me quitter. Ils sont trop contents de leur sort ! Si j'étais injuste à leur égard, ils fuiraient peut-être... Mais à quoi cela leur servirait-il ? A retomber sous la domination de leurs pareils, à être vendus de nouveau, maltraités, tués peut-être et à devoir travailler deux fois plus qu'auparavant. »

Je fais valoir, naturellement, les questions de dignité et de fraternité humaines, les côtés immoraux d'un trafic, assimilant une créature de Dieu à une vulgaire tête de bétail, l'arbitraire d'une sujétion absolue, enfin les cruautés entraînées par la Chasse à l'Homme, si justement flétrie par nos philanthropes.

— « Il n'y a pas de manque de dignité, me répond Tipo Tipo, à passer, du joug abominable d'un tyran nègre, sous la tutelle protectrice d'un Arabe, auquel sa religion commande la bienveillance et la justice. Nous sommes très fraternels pour les nègres, puisque nous élevons nos enfants avec les leurs, et plus paternels, assurément, que vous autres avec vos laquais ! Je n'oserais jamais traiter un nègre, comme j'ai vu certains voyageurs corriger leurs compagnons blancs. Si nous achetons des hommes, c'est qu'on offre de nous les vendre et que nous ne pourrions pas nous les procurer autrement. Et il vaut beaucoup mieux pour eux, qu'ils tombent entre nos mains, qu'entre celles de tribus ennemies — toutes le sont — qui les massacrent, les épuisent et les abrutissent. Si vous appelez sujétion arbitraire, l'obligation de travailler pour le nègre, naturellement fainéant, et qui préfère voler son pain à le gagner honorablement, je me permettrai de demander où vous placez votre moralité ? Je sais fort bien qu'on a fait, et qu'on fera encore longtemps la Chasse à l'Homme. Mais si tous les sauvages et les cannibales de l'Afrique pouvaient être réduits en esclavage, leurs enfants constitueraient plus tard une Nation, et nous béniraient de les avoir tirés d'un état véritablement dégradant de férocité et d'incurie.»

Et comme je voulais discuter : — « On a arraché, reprit Tipo Tipo, à Bargash, l'abolition de la traite, qu'il est absolument impuissant à interdire vingt lieues plus loin que Bagamoyo. La traite existe toujours à l'intérieur, et c'est l'Africain, même, qui ne veut pas qu'on la supprime. Il se vendrait lui-même, si on l'émancipait! L'indépendance, pour lui, n'est autre chose que la licence, le vol, le brigandage, la débauche, la folie et aussi la misère la plus invétérée. Nous ne nous entendrons jamais sur cette question-là. Vous êtes venus ici, avec vos nouveaux principes d'Europe, et moi je ne considère que les faits, toujours actuels. Dans quelques années, vous verriez la moisson qu'aurait produit votre semence, si elle avait eu jamais la moindre chance de s'acclimater ! »

Le père et le frère de Tipo Tipo, approuvant ce discours de hochements de tête, je jugeai maladroit de soutenir plus longtemps une discussion pour laquelle, en vérité, les arguments me faisaient défaut. Entre les esclaves heureux, fidèles et dévoués de Tipo Tipo et les misérables coupeurs de têtes et voleurs de bétail, rencontrés à l'état libre, il n'y a pas de comparaison à établir. Dans la balance, où, d'un côté penchait le travail, l'ordre et la moralité, opposés au pillage, à la destruction et à la bestiale luxure, je n'aurais pu jeter qu'un mot : Liberté.

Et ce mot-là, en Afrique, il n'y a pas un seul nègre qui en saisirait le véritable sens.

Mes hôtes ont fait préparer, en mon honneur, un grand repas composé de bœuf, de viande de chèvre, cuite au riz, de hachis de volailles et surtout de pâtisseries en quantité. Fidèles observateurs du Coran, ils en exécutent les prescriptions sans fausse honte, ni concessions timorées. Aux heures de la prière, leurs esclaves viennent verser, en plein Barza, sur leurs pieds déchaussés, l'eau courante imposée par le Prophète.

Tipo Tipo, qui semble m'avoir pris en amitié, parle longuement du Manyéma, pays fertile, à grandes ressources, riche en bétail, en ivoire, en or (?) et en gemmes précieuses. Et, à brûle-pourpoint, il offre de m'emmener, me promettant une concession de terrain *immédiate*. Qui sait! C'est à examiner et à proposer?...

CHAPITRE XXIII

Puis il me demande des éclaircissements sur la Société Internationale Africaine, et écoute avec une attention profonde mes explications. But, tendances, moyens, il trouve tout digne des plus grands éloges.

— Mais, ajoute-t-il avec un sourire un peu narquois, les Arabes ne font pas autre chose depuis cent ans !

— Oui ! répondis-je, impatienté cette fois, pour le plus grand bien de leur commerce particulier et de leurs plantations, mais nullement par l'ambition d'ouvrir au monde civilisé un Continent abondant en richesses inconnues, et de tirer des ténèbres de l'ignorance une race considérée, par vous, comme seul agent de production.

Tipo Tipo sourit encore et ne répond pas, comme dédaignant de prouver la légitimité de l'intérêt personnel, primordial... chez les Arabes.

— Stanley est donc au service de la Belgique ? me demande-il.

— Non, mais de l'Association Internationale Africaine, patronnée par notre Souverain.

— C'est la même chose, surtout si c'est la Belgique qui paie.

— Jusqu'à présent, Léopold II a soutenu, seul, les frais énormes de l'œuvre de civilisation et de fraternité universelle.

— La Belgique doit être bien riche, si son Roi suffit à de pareils sacrifices, sans espoir, ni désir d'en retirer quelque profit !

— La Belgique est, au contraire, un des plus petits pays de l'Europe, mais son Roi un de ses princes les plus éclairés.

— Si toutes les nations chrétiennes en faisaient autant, les Arabes n'auraient qu'à bien se tenir !

— Pourquoi cela, puisque nous prétendons vivre ici en paix avec tout le monde ? Le sol africain est assez grand pour admettre le concours de tous les dévouements et de toutes les énergies.

Et les questions de se succéder encore ! Tipo Tipo semble de plus en plus satisfait. Peut-être, en son for intérieur, nous prend-il seulement pour des visionnaires, faisant de la civilisation en amateurs !

Mais la journée est déjà fort avancée. Vers quatre heures, j'exprime l'intention de reprendre le chemin de Tabora.

Tipo Tipo m'offre deux belles chèvres du Manyéma et y joint une esclave pour tenir mon ménage de garçon.

— « Vos petits domestiques, dit-il, ne savent pas faire le café et vous devez manger fort mal. Risiki cuisine à merveille et s'entend à la lessive. N'étant pas encore mariée, elle n'aura pas d'enfants qui la distraient de son service. Dans une maison bien tenue, il faut des femmes. Esclave ou servante, celle-ci fera tout marcher chez vous d'une façon régulière. »

Ma foi, j'accepte, car nous avons vécu un peu, jusqu'ici, comme à la caserne. Mais en vérité, je suis confus de la richesse d'un pareil cadeau ! Une esclave femme vaut ici beaucoup d'argent, et c'est ce qui m'avait empêché de m'en procurer une, plus tôt. Voilà donc mon personnel complet, ou à peu près.

Le lendemain, j'envoie à Tipo Tipo un grand revolver Colt et deux cents cartouches. Depuis, nous nous visitons régulièrement, et chaque fois qu'il pousse jusqu'à Tabora, il ne manque pas de passer une ou deux heures dans mon tembé où je le traite de mon mieux. Toujours il me renouvelle sa promesse de concession et d'alliance, si j'obtenais l'autorisation de m'établir *à poste fixe*, dans le Manyéma. Son fils, aussi, arrive de temps à autre, mais pour un tout autre but que de parler politique, civilisation et philosophie. C'est mon cognac qui l'attire. Et à peine m'en reste-t-il une couple de bouteilles. Je ne lui en verse pas toujours, et jamais plus qu'un petit verre. — « Que dirait ton père, s'il apprenait que je t'aide à enfreindre les lois du Coran ? » Le jeune Hamed ne me répond pas précisément, comme l'Ali Bajou du *Caïd*, que le prophète, en défendant le vin, autorise parfaitement « le kirsch, le rhum et l'anisette, » mais son excuse ne vaut guères mieux. — « J'ai mal au ventre, dit-il, et si je te demande du brandy, ce n'est pas en qualité de liqueur, mais comme médicament (Daoua). »

Au fait, l'alcool est d'étymologie arabe, mais je ne sais trop quel rapprochement on pourrait établir entre le collyre de ce nom, et l'esprit-de-vin ou de céréales d'Arnauld de Villeneuve.

— Un courrier d'Europe m'a apporté plusieurs lettres de ma famille et de mes amis. J'ai renvoyé à M. Ramaeckers les communications du bureau de Bruxelles, en chargeant les 4 facteurs de porter à Karéma autant de fusils rayés. Ils laissent ici leurs

CHAPITRE XXIII

mousquetons, qu'ils reprendront pour retourner à la Côte. Quant aux fusils lisses que leur confiera mon chef, je les écoulerai au fur et à mesure. De la sorte, j'enverrai insensiblement et sans frais, au fort Léopold, d'excellentes armes de guerre, qui ici me sont complètement inutiles, et le débarrasserai de son trop-plein de camelote, préférée par les indigènes aux fusils les plus perfectionnés.

Risiki, ma femme de charge.
(Dessin de A. Heins.)

Dans l'intervalle, je suis devenu maître d'école. Deux jeunes gens, d'une vingtaine d'années, fils de chefs de l'Empereur Mtéça, sont arrivés ici, à leurs frais, avec une caravane chargée d'ivoire. Comme ils se proposent, sinon de s'établir, du moins de passer quelques temps à Tabora, ils se sont fait indiquer quelqu'un qui pût leur enseigner à lire et à écrire le Ki-Souahili, au moyen de nos lettres, bien moins compliquées que les caractères arabes et popularisées en Afrique par les missionnaires anglais. Naturellement, on les a envoyés chez moi. S'ils étaient restés au pays, un clergyman du nom de Mac Kay, leur aurait donné, à ce qu'ils disent, d'excellentes leçons. Il s'agit donc de ne pas rester au-dessous de mon collègue britannique.

Dans ce but, j'ai confectionné un grand tableau, sur lequel j'ai rangé à part voyelles et consonnes. Mes disciples s'attachent à imiter les caractères. Puis je leur fais des combinaisons de lettres.

Ils chantent et écrivent parfaitement déjà, depuis Ba, Bé, Bi, Bo, Bu (Bou) jusqu'à Za, Zé, Zi, Zo, Zou. On peut aisément figurer ainsi tous les sons des langues Bantoues.

Mes élèves prennent leçon tous les jours. Ils liront et écriront bientôt sans hésitation. En dépit du préjugé, niant l'esprit et le cœur de la race nègre, ils se montrent aussi intelligents que pleins de gratitude.

Il est de la plus grande importance, pour le voyageur, en destination de l'Afrique centrale, de se familiariser promptement avec le Ki-Souahili, idiome tout à fait indispensable, dominant tout le groupe des langues Bantoues.

Non seulement, on ne parle guères autre chose à Zanzibar, et sur toute la Côte Arabe, mais dans le moindre village du Centre, quelque dialecte qui y soit en usage, l'Européen est certain de trouver toujours quelques indigènes connaissant le Ki-Souahili, et avec lesquels il y a moyen de s'entendre.

Feu Edward Steere, ancien Evêque évangéliste au Zanguebar, a laissé une excellente grammaire intitulée : *A Handbook of the soahili language*. Je ne saurais assez recommander cet ouvrage, admirablement divisé, et qui m'a été du meilleur secours. Bishop Steere a publié encore un curieux recueil de fables souahilies, sous le titre de *Hadithi za Kiungoundia* (contes de Zanzibar). On lui doit, de plus, les glossaires de plusieurs langues parlées dans l'intérieur.

Le capitaine Popelin se servait constamment de son interprète Boniface, ancien pupille de la Mission du Saint-Esprit de Bagamoyo.

Or, règle générale, le voyageur qui s'attache un interprète officiel, ne comprendra jamais qu'imparfaitement la langue du pays qu'il visite. Roger qui, comme moi, a eu le bon esprit de prendre le taureau par les cornes, se tirait beaucoup mieux d'affaire, au bout de huit mois, que notre regretté camarade, voyageant depuis deux ans, en Afrique, avec son trucheman attitré.

L'inconvénient des interprètes indigènes, est qu'ils ne vous donnent jamais des réponses exactes. Pour se mettre bien avec vous, ils travestiront les faits, plutôt que de vous *chagriner* par de fâcheuses, mais urgentes nouvelles. Il faut toujours savoir contrôler leurs assertions, et c'est à quoi notre trop confiant ami n'était jamais parvenu.

Ne s'embarrassant point de subtilités philosophiques, en dehors de sa portée, le nègre africain est pourtant né observateur. Avant que vous ayez pu distinguer encore, sur sa face noire, aucune marque d'intelligence, de sympathie ou d'éloignement, il a déjà étudié votre caractère, dont il connaît le fort et le faible. Et c'est pourquoi il importe de le déconcerter, en imitant son impassibilité et en affectant une égalité d'humeur, toujours empreinte de calme énergie. Lui adressez-vous une question, il cherchera à deviner le sentiment qui vous guide et à modeler ses réponses sur vos secrets désirs. Vingt fois, j'ai voulu savoir la distance qui nous séparait de certains campements, toujours, il m'a été répondu que c'était *tout près, tout près*. Et le chemin de s'allonger à plaisir. Ce n'est qu'en affectant l'indifférence, mais surtout en s'assimilant la langue du pays, qu'on obtient un renseignement à peu près exact.

Nos joyeux et fréquents devis avec les dames d'honneur de la Sultane de Konko, nos rapports, de plus en plus intimes, avec les indigènes, nos conversations avec les hommes de l'escorte et nos études, facilitées par le secours immédiat de nos grooms, érigés en professeurs de langues, m'ont rendu d'une jolie force en dialecte Ki-Souahili. Déjà je n'ai plus besoin d'interprète. L'Africain, d'ailleurs, se contente d'un choix très restreint de vocables. Trois ou quatre cents mots forment son glossaire usuel. Aucun terme abstrait, aucune tournure littéraire, aucun synonyme. La phrase s'énonce mathématiquement. Quant aux plantes et animaux, variant partout, ils ne sont désignés que sur les lieux mêmes où on les rencontre. Aussi, l'Européen attentif, en tenant compte de la faune et de la flore de toutes les régions, ne tarde pas à être infiniment plus fort que n'importe quel indigène, confiné sur son territoire.

Le pluriel des noms, leurs variantes d'attribution, les temps et les personnes mêmes des verbes, s'indiquent au moyen de particules, préfixes, affixes, suffixes ou infixes, ajoutées à des racines invariables.

La seule difficulté réside, peut-être, dans les nombreuses classes de noms et dans leur accord avec des prépositions variables, selon la classe à laquelle ils se rapportent.

La préfixe *U* ou plutôt *Ou* — pour conserver la prononciation française, comme je l'ai fait dans tout le cours de cette relation de voyage — la préfixe *Ou*, indique toujours qu'il s'agit d'un territoire déterminé.

Exemples : *Ou-Sagara, Ou-Nyamouézi* (pays de la tribu des Sagaras, des Nyamouézis.)

La préfixe *M* marque qu'il s'agit d'un être humain.

Exemples : *M-Souahili, M-Gogo, M-Sagara, M-Nyamouézi*. (Indigène de race Souahilie, habitant de l'Ou-Gogo, de l'Ou-Sagara, de l'Ou-Nyamouézi.)

Le pluriel se forme en remplaçant *M* par *Wa* ou *Oua* :

Exemples : *Oua-Kaouendis, Oua-Fipas, Oua-Roungous* (habitants de l'Ou-Kaouendi, de l'Ou-Fipa, de l'Ou-Roungou.)

La préfixe *Ki*, placée devant un nom de pays ou de province, montre qu'il s'agit d'un dialecte ou d'un diminutif de nom commun.

Exemples : *Ki-Kamba, Ki-Bouzi*, langue de l'Ou-Kamba, petite chèvre.

Les conjugaisons, en apparence compliquées, sont en réalité également fort simples.

Prenons, par exemple, le verbe composé *Aller se promener* dont la première personne du pluriel de l'indicatif présent s'énonce de la manière suivante : *Tounakouenda Koutembéa.*

Tou-(nous) *na*-(forme de l'indicatif) *Kouenda* (infinitif d'aller.)

Kou (précédant tous les verbes à l'infinitif et, comme le *to* anglais, supprimé pour les autres temps), *tembéa* (promener.)

Il suffit de modifier la préfixe pronominale — superflue à la première personne — pour conjuguer tous les temps des verbes avec une égale facilité.

Exemple — *Indicatif présent :*

Je — (manque)
Tu — *Ou*
Il — *A*
Nous — *Tou*   *Nakouenda Koutembéa*
Vous — *Mou*   (vais, vas, va, allons, allez, vont se promener.)
Ils — *Oua*

Au *Passé défini*, le *na*, forme de l'Indicatif, est remplacé par LI.

Exemple :

Tou—LI—*Kouenda Koutembéa.*

Nous allâmes nous promener.

(Les préfixes pronominales, invariablement comme plus haut.)

Au *Passé indéfini*, et à l'*Imparfait,* le *na* se change en MÉ.
Exemple :

Tou—MÉ—*Kouenda Koutembéa.*

Nous avons été nous promener.

Au Futur, le *na* se change en TA :

Tou—TA—*kouenda Koutembéa.*

Nous irons nous promener.

Au *Conditionnel,* le *na* devient NGA :

Tou—NGA—*kouenda Koutembéa.*

Au *Conditionnel passé*, la marque du temps est NGALI :

Tou—NGNALI—*kouenda Koutembéa.*

Nous aurions été nous promener.

Au *Mode impératif :*

Tou—ENDA—*Koutembéa.*

Allons nous promener.

Au *Subjonctif présent* (forme polie), l'*a* de l'impératif est remplacé par E:

Tou—ENDÉ—*Koutembéa.*

Que nous allions nous promener.

Il est à remarquer que le vous majestatique n'existe pas en Souahili. L'Africain n'a que le tutoiement, lorsqu'il s'adresse à une seule personne.

Comme on le voit, c'est tout ce qu'il y a de plus élémentaire. Une ou deux journées suffisent pour se mettre au courant. Quant aux racines des verbes mêmes, fort peu nombreux, pure question de mémoire et d'usage.

Le Ki-Souahili est une langue très euphonique, qui a emprunté, en en adoucissant la prononciation, force mots à l'Arabe, au Portugais, au Français et à l'Anglais.

Exemples :

Arabe — *Khabar* (nouvelle) devenu *Kabari.*

Ouakt (temps.) — En Souahili, *Ouakati.*

Kbabr, (tombeau) — *Kabouri*, etc.
Portugais — *Caxa* (caisse), **Kasha**.
Vinho (vin) — *Ouigno*, etc.
Français — Boîte, *Boëta*.
Du vin, *Divaï*, etc.
Anglais — *Man of war* (navire de guerre), *Manouari*, etc.

Il n'entre pas dans mon programme de donner ici un cours complet de Ki-Souahili ou d'Arabe. Je me contenterai de mentionner quelques-unes des locutions les plus répandues et les plus fréquemment employées.

D'abord, quelques formules sacrées musulmanes, connues de toute la population libre ou esclave de Zanzibar et des colonies Arabes.

La Allah! illa Allah! Mohamed! Roussoul Allah!
Pas de Dieu en dehors d'Allah! Mahomet envoyé par Dieu!
Allahoua akbahr!
Dieu est le plus grand!
Bi soumi Allahi!
A la grâce de Dieu!
Bismillahi Ramann Rahim! Aousbillahi miné à Chiétano Régina!
Que Dieu me bénisse! Et qu'il me préserve du règne du Mauvais Esprit.

Le rituel de politesse est important à connaître et à observer, les Arabes étant fort chatouilleux, sous le rapport de l'étiquette.

Lorsqu'ils s'abordent, Arabes et Hindis échangent les saluts suivants :

— *Salaam* (Paix!)
— *Salaam Aleik* (Que la paix soit avec toi.)
— *Aleïkoum Salaam!* (Et qu'elle soit avec toi.)
Lorsqu'on se rencontre le matin :
— *Soubahk Allah Bilkheir!* dont on a fait, par contraction, *Sabalkheir!* (Que Dieu t'accorde une bonne matinée. — Bon matin.)
Lorsqu'on se rencontre le soir :
— *Mousah Allah Bilkheir!* Et par contraction *Masikelkheir!* (Que Dieu t'accorde une bonne soirée! — Bonsoir!)

CHAPITRE XXIII

Il est inconvenant de pénétrer dans une habitation sans crier *Hôdi?* (Peut-on entrer?)

La personne que l'on visite répond invariablement, de l'intérieur : *Karib! Karib!* (Approchez-vous). Ces deux syllabes,

La végétation a Tabora.
(Dessin de R. Wytsman.)

prononcées d'un ton engageant, ont un sens encore plus étendu. Elles signifient littéralement : « Viens, et assieds-toi près de moi. »

Lorsqu'à votre approche, un Arabe veut se lever, il faut s'écrier avec empressement : *Staréhé!* (Ne vous dérangez pas.)

Ce qui n'empêche jamais, d'ailleurs, votre hôte de venir à votre rencontre pour vous rendre hommage.

Le mot Ki-Souahili, *Achsanti* (je vous remercie) s'emploie fréquemment comme simple compliment.

Deux hommes, de condition égale se rencontrent :

— *Yambo!* dit le premier (Comment va ?) Et l'autre de répondre *Yambo Sana* (Va bien). On multiplie souvent ces salutations avec une persistance plaisante : *Yambo Sana! Yambo Sana! Sana! Sana!.... Sana! Sana!*

Il est plus correct, pourtant, de demander *Houdjambo?* (Es-tu bien) et de répondre à cette interrogation : *Si Yambo!* (Je vais bien).

On dit aussi parfois : *Ouhali gani?* (Quel est l'état de ta santé?) A quoi l'on répond : *Ndjéma! Hamdo ul Illahi!* (Bon! Dieu en soit loué!)

A la demande : « Comment te portes-tu ? » il importe de répondre affirmativement. On se trouverait ruiné à plate couture, on aurait perdu femme et enfants, qu'il faudrait encore se féliciter de l'état des choses. Ce n'est que, lorsque l'échange des politesses routinières est épuisé, qu'on en vient aux mauvaises nouvelles. Rien ne faisait plus enrager le pauvre Popelin que ces assurances de parfait contentement, démenties un instant après par les plus sinistres confidences. Je l'ai vu se fâcher tout rouge contre de malheureux courriers, qui n'en pouvaient mais.

Par parenthèses, il n'est pas poli de s'informer des affaires particulières de quelqu'un, et surtout de son ménage. Cela n'est permis qu'entre amis intimes.

Quant un personnage influent sort de chez lui, à dos de bourriquet, il se fait précéder de deux hommes criant à tue-tête pour écarter la foule : *Similié, Similla!* (Hors du chemin). Ce cri vient de l'exclamation *Bismillah!* (Au nom du Seigneur!)

Une esclave qui salue un Arabe, un Blanc ou même un Homme Libre, lui dit respectueusement : *Sikamo,* contraction de la phrase *Nashika Migouo* (J'embrasse tes pieds). La réponse est : *Marhaba!* (Je vous remercie, soyez la bien-venue).

Pour marquer son empressement à exécuter un ordre, ou à faire une chose urgente, le serviteur libre ou esclave s'écrie : *Ewallah Bouana!* (J'y suis, maître! A vos ordres, maître!)

J'ai dit qu'il est de bon goût de roter à la fin d'un repas, afin de prouver à son hôte que sa chère est de bonne digestion. (Pardon de ces détails, mais la vérité avant tout). Le rot s'opère sur les mots *Kef Halleik?* (Quelle nouvelle?) Et l'on ajoute avec componction : *Ell hambdou Allahi!* (Grâce en soit rendue au Seigneur !)

Vous apprend-on un fait à sensation, vite exprimez-en votre étonnement : *Stafr-Allahi !* (Mon Dieu, quel évènement !) La surprise est-elle à son comble, il suffit d'une onomatopée, prolongée à proportion de l'impression ressentie : *Lo-o-o-o-o-o !* Plus il y a d'O, et plus on paraît étonné.

La douleur, les déceptions, la consternation se trahissent par l'exclamation *Olé !* chantée sur un ton plaintif. *Olé* (malheur à nous, ou à moi).

Vite ! Allons ! se traduisent par les cris de *Haya ! Haya !*

Il y a un salut particulier pour le passage ou l'arrivée d'une embarcation. *Héria ! Héria !* correspond au Hourrah anglais.

Barraba indique une chose juste, exacte, réglée : *All right*.

Deux termes de comparaison, fréquemment usités, sont ceux-ci : *Kama loulou* (comme une perle) et *Kama Maridjani* (comme du corail).

Les indigènes se servent volontiers de proverbes. *Oulimi haïna mfoupa*, disent-ils, « la langue n'a pas d'os, » voulant faire entendre, par là, qu'étant souple, elle peut aller indifféremment de droite et de gauche, se prêtant, par conséquent, au mensonge.

Quelques-uns de leurs dictons favoris trouvent, en français, de frappants équivalents. En voici plusieurs échantillons que je trouve consignés dans mes carnets.

Haraka, haïna Baraka. (La grande hâte n'apporte pas de bénédictions).

Rien ne sert de courir, il faut partir à point.

Hakouna Msiba, asikoua na Mouenzioué. (Pas de douleur sans compagne).

Un malheur n'arrive jamais seul.

Oudongo oupaté ouli Madji. (Travaille l'argile lorsqu'elle est mouillée).

Il faut battre le fer pendant qu'il est chaud.

Bovou oua-ouili ouakisongana, zioumiza Nyika. (Lorsque deux éléphants se battent, c'est le gazon qui souffre).

Les petits ont toujours pâti des sottises des grands.

Abadi, Abadi, Kamba ouatinda Djioué. (Par la patience une corde finit par couper une pierre).

Une goutte d'eau, retombant toujours, finit par creuser le roc.

Et cet axiome d'une application universelle :

Mlévi na Mvinyo houlévouka, Mlévi oua Mali halivouki.

Un homme ivre de vin se dégrise, un homme ivre de richesses ne se dégrise jamais.

L'Africain a aussi ses énigmes. En voilà deux, assez puériles :

Nyoumba yangou kouba, haïna mlango ? — *Yayi.*

Ma maison n'est pas grande. Elle n'a pas de portes ?—Un œuf.

Haousimiki, haousimama? — *Mkoufou.*

Elle ne se dresse pas, elle ne reste pas debout ? — Une chaîne.

Non seulement, il n'existe pas en Ki-Souahili de mots pour exprimer des idées abstraites, mais les termes affectueux sont assez rares. Le verbe *aimer* comprend toutes nos nuances. « Amitié, tendresse, sympathie, bienveillance, amabilité, galanterie, dévouement, etc., etc. »

Trois couleurs, sans plus : le noir, le blanc et le rouge. Les autres teintes ne sont pas classées. Ainsi, le jaune est la « couleur d'orpiment » le vert, la « couleur des plantes. » Je crois même que le bleu est rangé parmi les noirs.

Le mot de *Madjani*, désigne toutes les herbes, comme celui de *Maboga*, tous les légumes.

Mais en voilà assez, je pense. Le reste dans les manuels de conversation, à l'usage des voyageurs pour l'Afrique centrale.

CHAPITRE XXIV

Tout un matériel de guerre sans emploi. — Arrivée du seigneur Double-Face. — *Ante margaritas*. — M. Stokes, résident de la Mission anglaise. — *Ouyouy*. Les deux courriers. — Pensionnaires nouveaux. — Un cordon... noir. — Engagement de porteurs pour l'Expédition Allemande. — Ethnographie. — Bilan du mois. — L'autruche.— Dix mètres de corde dans le jabot ! — Demi-civilisation et sauvagerie. — Est-ce un Claude ? — Levain de révolte. — Belles promesses ! — Lettre du docteur.— Complément de la ménagerie. — Le voleur de chiens.— Les Pères Algériens vengés ! —Deux émules de Vert-Vert — Horloger et armurier. — Le Kyste.— Je passe chirurgien. — L'enfant abandonné. —A Ouyouy.— Singeries et coup de Soleil. — Stations anglaises et Missions catholiques. — Chez M. Stokes. — Le Sultan d'Ouyouy. — L'homme à l'oreille cassée.—Roger s'ennuie ! — Fabrication de savon.— Les mendiants.—Mirambo menace Karéma. — Achat de bétail.

Zeid bin Djouma continue à être le gardien fidèle et obstiné du matériel de guerre, destiné par Saïd Bargash au Fort Léopold, et arrêté arbitrairement par le Gouverneur. En voici un relevé, qui fera juger de son importance :

« 1 canon ; 1 mitrailleuse ; 438 barils de poudre allemande, de 10 livres chaque ; 39 caisses de poudre anglaise (environ 30 kilos par caisse) ; 148 frasilahs de plomb et de balles (5180 livres) ; 79 caisses de boulets pour le canon ; 5 caisses de cartouches pour la mitrailleuse ; 250,000 étoupilles. »

Attendant d'un jour à l'autre l'arrivée de la grande caravane de ravitaillement, je désirerais fort y joindre cet important renfort d'armes et de munitions de siège. Mais Zeid bin Djouma est inflexible. Il lui faut l'ordre exprès du Sultan, du Gouverneur actuellement à la Côte, ou bien de Sheik bin Nassib. Or, ce dernier rejette toute responsabilité sur son frère. On s'entend positivement à nous renvoyer d'Hérode à Pilate et il doit y avoir là un dessous de cartes que nous ne connaîtrons peut-être jamais. A tout hasard, j'ai écrit à M. Van den Heuvel pour l'informer de l'insuccès de mes instances et pour le prier de voir, à ce sujet, Saïd Bargash lui-même.

L'attitude de Zeid bin Djouma se comprend, d'ailleurs, les Arabes apportant la plus désespérante lenteur à leurs moindres décisions. On a beau leur écrire lettres sur lettres, à propos de choses résolues en principe, et à réclamer des Chaouris, rien ne se fait. En voici un nouvel exemple.

Tout courrier, venant de la Côte, est porteur d'un bon pour deux diorahs d'étoffe, délivrées par Séwa ou par son homme d'affaires, et payable chez un Arabe de la localité. Ne croyez pas que ce dernier s'exécute. Il lui faut un ordre écrit par moi. J'ai beau lui dire que ce service ne nous concerne plus, qu'il n'y a rien à craindre, etc. Les Arabes n'ont aucune confiance dans les Hindis, alors qu'ils sont prêts à payer n'importe quelle somme sur la signature d'un Européen.

Forcément, je dois intervenir là où je n'ai que faire, car si les gens du courrier n'étaient pas payés, ils vendraient sans hésitation leurs fusils, laisseraient, n'importe où, leurs lettres, et retourneraient tranquillement à la Côte, armés d'une simple lance.

Or, ces courriers ne sont déjà que trop enclins à négliger leur service. Celui, expédié avec une caisse de pièces de rechange, pour notre Steam-Launch, n'est allé que jusqu'à Karimba; et si je ne m'étais pas trouvé à Tabora, il s'y débarrassait sans façon de sa charge.

— Vendu à Tipo Tipo 8 barillets de poudre, de 10 livres chacun, à raison de 10 piastres, pièce, cote actuelle de Tabora.

On se rappelle que j'avais commis le seigneur Boniface à la garde des bagages, laissés en souffrance à Ohanda. Lorsque les porteurs de M. Van den Heuvel vinrent me tirer de peine, je laissai à Simba le dolent interprète, qui s'était déclaré incapable de suivre plus longtemps, à cause de ses blessures. Il m'est arrivé hier, parfaitement guéri et dispos, avec une petite caravane nègre de l'Ou-Fipa, chargée d'ivoire. En attendant l'occasion de le renvoyer à la Côte, je l'emploie à quelques menus usages, entre autres à enfiler des perles en makétés. Tous les matins, il reçoit un demi-litre de Samé-Samé et une petite provision de fil gris, à charge de m'en rendre bon compte. Seulement, il se trouve, qu'enfilées, en doubles rangées, les dites perles diminuent du quart, au lieu d'augmenter en volume. Double-Face explique ce singulier phénomène au rebours de l'ordre naturel des choses. Il prétend qu'en chapelets, les perles se tassent plus facilement. Pour contre-balancer ses voleries, je lui coupe son Posho, puis la besogne même dont il s'acquitte si mal, ou plutôt si bien, au point de vue de ses intérêts. Le drôle se pose en victime.

— Visite de M. Stokes, Irlandais protestant et résident laïque de la Station établie à Ouyouy par la Church Missionary Society. Il s'est rendu à Tabora pour renouveler sa petite provision d'étoffes. Je le conduis chez Zeid bin Djouma, qui lui vend une certaine quantité de Mérikani.

Il s'accommode aussi de quelques boîtes de conserves, laissées

M. STOKES, DE LA CHURCH MISSIONARY SOCIETY.
(Dessin de A. HEINS.)

ici par M. Sergère et que je lui cède, contre un bon sur la Côte, que je ferai tenir à ce dernier.

M. Stokes, qui m'engage à aller le voir, se charge de faire expédier mes lettres pour l'Association et pour mes parents et amis d'Europe, par le courrier anglais, justement sur le point de repartir.

Il y a deux courriers, faisant le service entre la Côte et les stations du Lac. L'un, partant de Sadani, un peu au-dessus de Bagamoyo, dessert toutes les stations anglaises, Mpouapoua, Ouyouy, Ourambo et Oudjiji ; l'autre, envoyé par M. Greffuhle et l'indispensable Séwa, reste affecté principalement au service de l'Association Internationale. Mais le courrier anglais fait le trajet bien plus rapidement. D'Ouyouy à la Côte, il ne met que

22 jours, tandis que le nôtre en prend au moins 40. La raison de cet écart réside dans une organisation beaucoup plus pratique. En effet, pendant que nos hommes fournissent tout le trajet, et, accablés de fatigue, se trouvent obligés de prolonger leurs haltes, le courrier anglais est réparti par relais et par étapes. Il se compose de 3 brigades de 4 hommes, dont la première, faisant la navette entre Sadani et Mpouapoua, la deuxième entre Mpouapoua et Ourambo et la troisième entre Ourambo et Oudjiji. Il serait désirable, pour nous, d'adopter le même système. Nous pourrions même supprimer complètement notre courrier, en nous entendant avec les résidents anglais qui feraient prendre nos lettres et se chargeraient de nous les faire distribuer. Les frais en seraient réduits d'autant, et le service y gagnerait notablement en célérité.

—Ma maison s'est augmentée de deux nouveaux pensionnaires, deux singes aboyeurs, d'un gris fauve, achetés à un indigène. Attachés par une chaînette, à un pilier de la cour, ils nous divertissent par leurs cabrioles. Pas farouches, d'ailleurs, se laissant caresser volontiers, surtout par mes petits boys, et vivant comme eux de la desserte de ma table.

Je suis décidément enchanté de ma cuisinière. C'est à elle, désormais, que revient le soin de broyer le froment, dont j'ai fait provision, et de me cuire mon pain.

Depuis qu'elle a mis la main à la pâte, tout marche chez moi à souhait. Propre, active et empressée, couvrant ma table d'un linge éblouissant, lavant, fricotant, s'occupant sans relâche, Risiki, plus avisée que le Maître Jacques de Molière, possède le secret de me faire faire bonne chère avec peu d'argent.

Son chef-d'œuvre, en fait de cuisine, c'est un certain poulet, désossé, je ne sais comment, et cuit à l'étouffée avec une farce d'œuf, de beurre, d'oignons, de tomates, de piment, de gimgembre, de curcuma, etc. Un restaurant parisien ferait sa fortune, rien qu'avec ce plat d'une saveur exquise.

Elle excelle aussi dans le riz au carry, dans les rôtis de chèvre aux limons, et dans les ragoûts de gazelles et de lapins sauvages, assez abondants par ici.

Voici comment se règlent nos repas :

Vers 9 heures, au retour de mes excursions matinales, déjeuner chaud à la fourchette. A midi, collation de pain et de viande froide. Dîner à 6 heures.—Ces détails n'ont certainement rien de fort intéressant, mais je les donne à l'intention des voyageurs, comme conformes aux lois de l'hygiène locale. Pour boissons, peu d'eau, sinon mélangée de café, du thé et du Pombé. Avec ce régime-là, on se porte comme un charme.

23 septembre. — Lettre de Kakoma. M. Böhm, qui a l'intention de se rendre au Lac avec M. Kaizer, me prie de lui engager ici vingt-six porteurs. Aussitôt, je fais répandre, par mes hommes, le bruit que je désire des Pagazis. Le 29, j'en ai déjà une vingtaine, auxquels je remets — comme arrhes, à me rembourser par l'expédition allemande, — quelques brasses d'étoffes et que j'envoie à nos amis.

Ma petite collection ethnographique s'est renforcée d'un bouclier de l'Ou-Ganda, de lances, d'arcs, de flèches et d'étoffes indigènes. J'ai acheté, aussi, à mes deux écoliers, quelques instruments de musique de leur pays.

30 septembre. — Mes dépenses domestiques se sont montées ce mois-ci à 63 piastres : 18 pour le loyer du tembé, 30 pour la table et l'entretien, et 15 pour solde et Posho de mes hommes, soit 315 francs. Notez qu'actuellement j'ai 2 domestiques, 1 cuisinière, 4 négrillons, un âne et 2 singes. J'allais oublier une autruche privée, dont m'a fait cadeau le vieux Soultan bin Ali. Je la laisse courir dans la cour du tembé et chaque jour Tchiano est chargé de la mener à la promenade. Le petit vaurien, auquel cette corvée ne semble aller que tout juste, l'allège en enfourchant le gigantesque oiseau, à la façon des nègres nubides. Elle va souvent se baigner à la source de Tchem-Tchem.

La voracité de ces animaux n'a point été surfaite. Indépendamment du manioc, dont je lui fais ample ration, elle engloutit sur son passage les objets les moins comestibles, os, cailloux, morceaux de vieux fer, etc.

Un jour, elle s'en est prise à une corde, longue de dix mètres, attachée à un pilier de la cour. Mes négrillons l'avaient laissé faire, pour voir comment finirait l'aventure. La sotte bête se trouva bientôt le bec rivé au poteau, et ne sachant comment se tirer d'affaire. Ce que voyant, Tchiano se mit à lui retirer tout bonnement la corde, dont l'extrémité était déjà à moitié digérée. Toute ma maisonnée était accourue pour jouir de ce spectacle véritablement comique, et qui, pendant une demi-heure, a provoqué des éclats de rire homériques.

— Le Tembé du Ouali entoure celui du Sultan indigène, bel et bien embastillé, sous prétexte d'honneur grand et de fidélité à sa personne.

Lorsqu'on rend visite au premier, c'est à se croire dans un pays semi-civilisé. Les pièces meublées, avec un certain luxe, abritent un personnel convenablement vêtu, plein d'affabilité et de prévenances ; les visiteurs sont reçus dans toutes les règles d'un pompeux cérémonial. Il n'y a pas mieux à Zanzibar. Mais si de là vous êtes admis au quartier impérial, changement à vue. Vous tombez dans la sauvagerie en plein.

Sur la balustrade, entourant les grossiers bâtiments — d'un type absolument différent des constructions arabes — grimacent et se dessèchent des crânes d'hommes et d'animaux. Un fouillis de noirs, aux dents limées et à la chevelure poissant de graisse, vêtus de peaux d'animaux et de sales guenilles, s'agite dans des cases et dans des cours exhalant une odeur infecte. Les Sultans de l'intérieur, traitant d'égal à égal avec les Arabes, ont moins d'obstination que ce monarque réfractaire à toute culture intellectuelle.

Des représentants du Saïd Bargash, exploitant son abjection, il n'accepte que la perfide et humiliante tutelle ; des Européens, lui rendant des hommages dérisoires, que l'alcool plus ou moins frelaté qu'il mendie humblement et dont il se gorge avec délices.

Il faut dire que les Arabes, si fins et si patients, dans l'éducation des esclaves, bientôt inféodés à leur système, ne font rien pour rendre quelque dignité au royal fétiche dont ils trouvent plus commode d'escamoter le pouvoir. Qui a jamais pu aimer sa dupe ?

A Tabora, la colonie musulmane et la race indigène coexistent sans se mélanger. Il y a entre elles des abîmes qu'a dédaigné de combler la politique cupide, égoïste et absorbante d'Abdallah bin Nassib, reculant, au lieu de la rapprocher, la

La Cour du Tembé de Tchem-Tchem. (Dessin de A. Heins.)

reconnaissance de la suzeraineté arabe, jusqu'à présent exercée sous le manteau.

Car Séki, tout dégradé qu'il soit, n'a rien perdu de son prestige, aux yeux des populations fanatiques, dévouées à leurs Souverains. Pour elles, il est toujours le Grand Sultan, et la seule conscience de sa subjection ferait se lever tous les villages de l'Ou-Nyaniembé, interprétant naïvement la réclusion royale, comme une marque de respect et de dévouement à sa personne.

Que se passe-t-il, pourtant, dans l'âme de ce despote vinculé, protestant par le choix même de son entourage immédiat, contre les empiètements de l'Islam ? Il ne faut pas se le dissimuler, cette cour africaine, tenue en charte privée, de par l'inertie volontaire ou forcée de son chef, sent fermenter en elle un indomptable levain d'indépendance et de révolte. S'agit-il seulement d'un misérable idiot, comme les Arabes feignent de le croire, ou bien d'un Claude, jouant la stupidité ? Dans le premier cas, pourquoi des précautions si grandes et une si jalouse surveillance ? Dans le second, pourquoi cette sécurité dans le maintien d'une situation équivoque ? Je ne puis me défaire de l'idée que les grands tambours de guerre, depuis si longtemps réduits au silence, n'attendent que le moment propice pour donner le signal de quelques sanglantes vêpres africaines. Dompté par la terreur, Séki guette peut-être l'heure où son peuple possèdera enfin, assez d'armes et de poudre pour avoir raison d'insolents usurpateurs, endormis dans une paix trompeuse.

Cette heure sonnera-t-elle jamais ? Dans tous les cas, elle est à prévoir. Il n'y a qu'un renfort croissant de population étrangère, musulmane et chrétienne, qui puisse conjurer la terrible échéance. La conquête morale de ce pays est encore à faire, et pour atteindre à un résultat durable, la politique arabe devrait, ce me semble, n'être plus abandonnée aux inspirations d'un fonctionnaire, soucieux seulement de ses intérêts personnels.

Impossible ici aux Européens de passer des contrats pour l'obtention du moindre terrain. Pas une parcelle dont la suzeraineté ne soit revendiquée par 5 ou 6 principicules. Quant aux Arabes, ils ne céderaient point un pouce du sol, dont ils ont acquis la jouissance, avec le pouvoir d'en empêcher l'arbitraire revendication.

Contrats et traités sont, d'ailleurs, lettres mortes ici, sans la force pour les faire respecter. A son défaut, quelle sanction légale pourrait-on invoquer? Un chef quelconque concluera parfaitement avec moi, acceptera mes cadeaux et exigera de son terrain dix fois plus qu'il ne vaut en réalité. Mais il aura eu beau s'engager par les plus terribles serments, si demain son fétiche, son Mouzimou, sa femme, son voisin, ou son esclave le poussent à me trahir, il le fera sans hésiter.

Ce qu'il me faut, c'est une concession garantie par Séki et par Sheik bin Nassib. Mais, malgré ses protestations de bonne volonté, le Vice-Gouverneur fait la sourde oreille à mes demandes réitérées, et Séki, que je vais voir presque tous les jours à ce sujet, me remet indéfiniment. Ce que M. Van den Heuvel a sollicité en vain pendant trois ans, j'espère l'obtenir, cependant, grâce au rappel inquiétant du Gouverneur et à l'influence qu'on me suppose. Seulement, l'impatience compromettrait tout. Il faut lutter, avec mes coriaces adversaires, de bonne humeur et d'opiniâtre courtoisie.

M. Ramaeckers m'avait chargé, aussi, de tâcher de lui envoyer du bétail. Jusqu'à présent, je n'ai pu aboutir. Sheik bin Nassib me berce de belles promesses. Il verra, il tâchera... Je sais pourtant de bonne source qu'il possède personnellement de nombreux troupeaux, et que rien ne lui serait plus facile que de me céder quelques vaches.

— Courrier de la Côte, mais pas de lettres d'Europe à mon adresse.

M. Van den Heuvel m'écrit de Mdéboué, à la date du 27 septembre, que le capitaine Hanssens doit arriver à Zanzibar pour y reprendre la direction des affaires.

Les renseignements que j'avais donnés à notre ami, par rapport au Hongo, se trouvent démentis par l'avidité croissante des chefs indigènes. Tous les Sultans réclament 7, 8 et même 10 dotis, avec force houes. Sans étoffes de couleur, il n'y a pas moyen d'obtenir des chèvres ou des moutons.

« Il m'a fallu aussi me procurer du tabac pour *acheter de l'eau* et de vieilles pioches à échanger contre des vivres. Quand vous retournerez, m'écrit-il, n'accueillez jamais dans votre caravane des hommes chargés d'ivoire. C'est un embarras et rien de plus. Mais emportez une cinquantaine de pioches, au moins, et 20 ballots d'étoffes fines. Il faut de toute nécessité vous pourvoir

CHAPITRE XXIV

de 16 pièces de Mérikani. Les 11 ou 12 pièces, auxquelles je m'étais borné, sur votre avis, ne suffisent pas, et faute du reste, je me suis trouvé dans l'embarras. »

La santé du docteur est excellente, mais il se déclare éreinté. Il a été obligé de se battre dans l'Ou-Gogo, pour continuer sa route. Un coup de revolver a heureusement fait fuir les indigènes, qui lui barraient le chemin en exigeant un Hongo supplémentaire.

Le lendemain, je renvoie les courriers à Karéma, en les chargeant de nouveaux Remington.

— Mon autruche a une compagne ou un compagnon, Salim bin Saad s'étant chargé de compléter la paire. C'est plaisir de les voir se promener superbement dans la cour, portant sur leur dos Tchiano et Songoro, dont les jambes noires tranchent sur le blanc des larges plumes. Elles viennent familièrement manger dans la main et s'avancent à la rencontre des visiteurs.

Ma ménagerie s'est renforcée, d'autre part, d'un chien, probablement volé, que m'est venu proposer un ancien Rouga-Rouga, rôdant dans les environs de Tchem-Tchem et qui vit on ne sait comment. Ses méfaits demeurant secrets, ou s'accomplissant en dehors du territoire, on le laisse vaguer librement, sans s'informer d'où il vient.

Personne ne pourrait dire où il demeure. Singulier type, qui tient à la fois du Berbère et du Kalmouck.

J'imagine que sa mauvaise réputation et l'effroi qu'il inspire sont dus beaucoup à ses longues moustaches noires. C'est, en effet, un ornement assez rare, dans ces régions où la plupart des hommes restent complètement imberbes.

— Nos cuvettes en caoutchouc, quoique pratiques et commodes, manquent de consistance. Elles sont hors de service après un an d'usage et il faudrait, pour ne pas se trouver pris au dépourvu, en emporter au moins deux ou trois par voyageur.

Je m'en ferai envoyer de rechange, si possible, à la première occasion.

— Le courrier d'Oudjiji nous apporte la nouvelle que l'Ou-

Roundi, première résidence des Missionnaires français — qui y ont laissé trois victimes — vient d'être complètement ravagé et pillé par les Arabes, assistés par une troupe de 300 Oua-Ngouanas d'Oudjiji.

C'est, du reste, ce que Tipo Tipo m'avait fait prévoir.

Le Sultan Bikari, auquel ses sorciers avaient prédit la victoire, en lui assurant que les balles de ses ennemis se changeraient en eau, a été tué avec tous les hommes de sa tribu.

On l'a proprement dépecé, empalé son corps, abandonné sur place, et sa tête, fichée au bout d'une lance, a été portée en triomphe au gouverneur d'Oudjiji. Le butin se compose de 1,000 têtes de bétail et de 400 esclaves.

A l'encontre des Sultans indigènes, — dédaignant de faire des prisonniers, et se contentant d'enlever les femmes et les enfants, — les Arabes se montrent très friands de captifs nubiles, pour renforcer leur personnel agricole.

La chasse à l'Homme, interdite par les traités, s'est, comme l'a parfaitement dit Tipo Tipo — qui maintenant va pouvoir faire passer son ivoire, — exercée de complicité avec les tribus elles-mêmes, mortellement jalouses les unes des autres. Mais cette fois, les Arabes peuvent alléguer un motif acceptable.

La campagne, à laquelle les hommes de Hamed bin Hamed doivent avoir pris une large part, a eu pour but avoué de tirer vengeance du massacre des Pères algériens et de notre malheureux compatriote. Il s'y est certes mêlé un intérêt, moins chevaleresque que la solidarité entre musulmans et chrétiens, mais au point de vue de la sécurité commune, de semblables représailles s'imposent malheureusement. Cette fois, elles auront pour résultat de rendre libre une route barrée par des hordes insatiables. Si on laissait sans répression les attentats des chefs indigènes, leur avide férocité croîtrait avec le sentiment de notre impuissance, et ni Arabes ni Blancs n'oseraient plus s'aventurer dans le pays.

Il est à remarquer, d'ailleurs, que ces exécutions, loin d'attirer aux vainqueurs la haine des populations châtiées, leur valent, au contraire, leur admiration et leur respect. Qui plus est, immédiatement des offres d'alliance se produisent de la part des tribus voisines. Le sang, versé impunément, fait se lever une moisson de lâches massacres, tandis que l'impitoyable application de la loi du talion n'engendre que sécurité. Rien de légitime, après tout, comme de pareils *casus belli*. Lorsqu'en pleine civilisation chrétienne, les peuples se ruent les uns contre les autres pour venger des griefs souvent périmés, il serait absurde d'invoquer les lois d'une philanthropie imprévoyante, au bénéfice de démons ligués contre la seule faiblesse. Ici, le rameau d'olivier n'est respecté qu'au bout d'un canon de fusil. Réservons donc notre sentimentalité pour les maux entraînés par nos propres guerres. En Afrique, il s'agit de ne pas prêter, en moutons candides, la gorge au couteau de noirs bouchers.

— Acheté deux perroquets, parlant le Ki-Souahili et auxquels je suis en train d'apprendre..... le flamand. Il me paraît plaisant, dans ces régions tropicales, d'éveiller les échos lointains du brumeux Scaldis. Par exemple, mes perroquets sont fort mal élevés. Comme Vert-Vert, ils ont dû hanter une société peu choisie. Ce ne sont pas « les B.. et les F.. qui voltigent sur leur bec, » mais les *Kouma-Nyoko*, les *Kouma-Mamayo*, les *Kouma-Nina*, toutes expressions dont je n'essaierai pas même de donner des équivalents adoucis.

Mes élèves — pas les perroquets, mais les jeunes sujets du Roi Mtéça, — ont apporté de leur pays quelques curiosités dont je fais mon profit. Il m'ont cédé, pour deux dotis de cotonnade, une harpe de l'Ou-Ganda, d'un galbe presque moresque, et des étoffes d'écorces battues, d'un brun jaunâtre, sèches et spongieuses comme de l'amadou. J'ai acheté aussi à un Akida de Tipo Tipo, un vase en ivoire sculpté, ayant appartenu à un ancien Sultan du Manyéma. Il est d'un travail curieux, tout orné de figures de crocodiles, gravées au burin et naïvement pointillées.

— Comme me l'avait prédit M. Van den Heuvel, ma réputation de Foundi m'attire de nombreuses commandes, et il ne tiendrait qu'à moi de m'établir armurier et horloger. De partout il m'arrive des coucous invalides et des fusils détraqués. Comme je n'accepte aucune rétribution, que je ne me charge que des travaux, réellement au-dessus de la compétence des artisans indigènes, et seulement pour obliger mes amis les Arabes, mon prestige n'en subit aucune atteinte. Je ne dédaigne point, cependant, de donner des conseils aux Foundis de la localité, qui ont fait déjà, sous ma direction, de notables progrès.

— Le courrier de Karéma m'apprend que les travaux, organisés spécialement sous ma direction, se poursuivent avec activité. Forhan et Mohamed Maskam, parfaitement mis au courant de la manœuvre, conservent fidèlement mes traditions. Si j'obtenais enfin, cette concession obstinément différée, avec quel plaisir je reprendrais ici la tâche si heureusement commencée là-bas !

— Sur la foi de ma grande réputation, comme médecin, un Mtousi, du village de Souétou, est venu me demander de lui amputer un kyste monstrueux qui le défigure. N'osant point assumer la responsabilité d'une semblable opération, je l'avais renvoyé, avec quelques bonnes paroles; mais il est revenu le même jour en m'offrant une chèvre. J'ai fait de nouveau la sourde oreille et, feignant de croire à un simple marché, lui ai payé en étoffe l'animal à sa valeur. Mais mon homme n'a pas voulu en avoir le démenti. Le lendemain, il reparaissait, cette fois, conduisant un bœuf. Pendant une heure il m'a supplié de le débarrasser d'une incommodité qui lui rendait l'existence insupportable.

— « Mais sais-tu bien » lui dis-je « que tu peux mourir de l'opération ? » — « Cela m'est indifférent » m'a-t-il répondu. « Si vous ne voulez pas vous en charger, je la ferai moi-même, et alors, très certainement, je mourrai. »

Cette dernière considération a vaincu mes scrupules et, tout en continuant à le raisonner, j'ai préparé tout ce que je croyais nécessaire : perchlorure de fer, pour empêcher l'hémorrhagie, charpie, eau phéniquée etc. Capitani m'assistait et tout mon personnel est accouru pour juger de mon savoir-faire. La main me tremblait bien un peu, mais je suis bravement allé jusqu'au bout. Après avoir pratiqué une incision, dans le sens du maxillaire inférieur, j'ai retroussé la peau et enlevé assez adroitement le kyste en quelques coups de bistouri. Il n'est presque pas venu de sang. Puis j'ai proprement lavé la plaie au **phénol** et recousu l'épiderme au moyen de fil blanc. Pendant **toute** l'opération, qui n'a pas dû être bien douloureuse, le patient n'a pas proféré une plainte ni fait un mouvement. Il est parti enchanté. Je l'ai fait revenir pendant quelques jours, pour renouveler son pansement et prévenir une ulcération probable. En fin de compte, il s'est trouvé radicalement guéri. Malgré ses instances, je lui ai payé son bœuf, comme je lui avais payé **sa** chèvre, et mes hommes s'en sont fait des conserves sèches. Cette cure a fait ici un bruit du diable.

Par reconnaissance, mon Mtousi m'envoie, depuis, tous ses amis et connaissances, et avec les malades de la localité, je me trouve avoir une clientèle aussi nombreuse que gratuite. Plaies, bosses, coups de couteau ou coups de feu, le moindre bobo est de mon ressort. Ce matin encore, j'ai recousu l'oreille d'une femme de Soultan bin Ali, qui s'était crêpé le chignon avec une de ses compagnes de harem. La hardiesse me venant avec le succès, j'y vais bon jeu, bon argent, et commence à croire que j'ai manqué ma vocation. .

— Une femme de Tchem-Tchem vient d'accoucher de deux jumeaux. Selon l'usage absurde et barbare de ce pays, elle a exposé l'un des enfants dans la forêt la plus proche, où il est devenu la proie des hyènes. Si j'avais été informé à temps de la chose, j'aurais certainement fait des démarches pour obtenir le petit malheureux, que j'aurais élevé... au biberon.

— Une station de la Church Missionary Society de Londres — la seconde depuis Mpouapoua — est établie à Ouyouy, petit village distant de 8 lieues à peine de Tchem-Tchem et situé dans la direction N.-N.-Est. Fondée, il y une couple d'années, par M. Copplestone, membre laïque de la Société, cette station a passé sous la direction de M. Stokes. Je m'y suis rendu par 38 degrés de chaleur, accompagné de Férouzi et de mes boys, portant, à tour de rôle, un grand panier de fruits mûrs.

Chemins tortueux et brûlés de Soleil. A mi-route, de grands rochers nous prêtent leur ombre pour une halte de quelques instants. Un peu plus loin, aux bords d'une mare à moitié desséchée, cabriolent de nombreux cynocéphales. Mes hommes, mourant de soif après une course de plus de sept heures, leur disputent avidement une eau croupie, chargée de longs poils fauves. Nos singes, dérangés dans leurs ébats, se groupent, à quelque distance, sur les blocs de granit semés aux alentours, et nous regarà avec des yeux pétillant de curiosité et de malice.

Je fais mine d'épauler, mais pas un ne bouge. Heureuse ignorance des effets d'une arme à feu! Je n'ai pas le courage de troubler une si flatteuse quiétude.

Pendant ce temps, Tchiano, accablé par la chaleur, s'est

endormi au bord de l'eau. Lorsque je le réveille, sa face congestionnée me le montre sous le coup d'une insolation bien caractérisée, et c'est en geignant qu'il se remet en marche.

M. Stokes fait excellent accueil à mes mangues, tout en se récriant contre la nécessité d'un présent, entre résidents européens.

Le village d'Ouyouy faisait partie, naguères, d'un district considérable. Mais Séki et Mirambo l'ont si bien rogné qu'il se trouve réduit aujourd'hui à sa plus simple expression. Amolli par une indomptable passion pour les femmes, le jeune chef, insensiblement dépossédé de presque tout son territoire, a pu conserver toutefois le titre de Sultan indépendant. M. Stokes le représente comme un homme de mœurs paisibles, se laissant volontiers influencer par les Européens qui savent par quel bout le prendre. C'est à quoi M. Copplestone avait particulièrement réussi, et son successeur suit heureusement son excellente tactique.

Ni l'un ni l'autre ne sont dans les ordres. La Missionary Society préfère envoyer des voyageurs laïques en éclaireurs. Ce n'est que lorsque les stations existent depuis quelque temps, qu'elle y installe des révérends, parfaitement dressés au point de vue évangélique, mais bien moins aptes que les religieux romains à faire œuvre de colons.

De ce côté, les Missions catholiques seront toujours supérieures à celles de l'Eglise réformée. Disposant de ressources restreintes, les premières ne tardent pas à étendre leurs établissements primitifs et à vivre sur leur propre fonds, tandis que les secondes ne peuvent se passer de continuels envois d'argent.

Le peuple anglais, cela est incontestable, ne le cède à aucun autre sous le rapport des sentiments religieux, et l'on pourrait même affirmer que le culte fait chez lui partie intégrante de son développement social. Mais ses véritables missionnaires ne sont pas toujours ceux qui sortent des écoles de théologie. Justement à cause de la sollicitude, déployée par la nation anglaise, à l'égard de ses clergymen, envoyés en pays idolâtre, la question de vocation n'est pas strictement indispensable.

Un Livingstone, guidé par la triple abnégation de la science, de l'humanité et de la foi, n'aurait pas besoin d'ordination et peut-être même de gros subsides, pour accomplir sa tâche grandiose, tandis que le rôle de missionnaire anglais à poste fixe, bien rétribué, rendu facile par le concours actif de l'élément laïque et les aises d'une installation déjà faite, entouré de sécurité et d'avantages de toute espèce, devient une position flatteuse et enviable. Le pasteur anglican n'est jamais perdu de vue par ses mandants et — comme pour les soldats, les mois de campagne — les années passées, par lui, à l'étranger, comptent double en fait d'avancement. Les missionnaires romains sont loin d'avoir la partie aussi belle. Ce n'est pas à les soutenir que s'épuise l'immense budget, absorbé en Europe par les pompes de

POUR QUARANTE AUNES DE COTONNADE.
(Dessin de A. Heins.)

l'Eglise, l'entretien des prélats et surtout par l'ingérence fatale du haut clergé en matière politique, où il s'agit, pour lui, d'une question de vie ou de mort. Le prêtre catholique qui s'expatrie pour aller porter la Bonne Nouvelle aux peuplades barbares, sait qu'il n'a guères à attendre de secours que de sa propre industrie. Son dévouement ne lui sera jamais compté dans aucune Feuille à bénéfices. C'est donc bien la seule vocation qui l'enflamme et lui fait enfanter des prodiges. Il n'a pas seulement qu'à emporter sa Bible et son bréviaire, mais à y joindre la charrue du paysan, la hache du pionnier, la scie du constructeur et le marteau du mécanicien. Etant donné le fond véritablement religieux des mœurs anglaises, tout citoyen de la Grande-Bretagne pourrait évangéliser, mais bien peu de ministres protestants apporteraient un concours effectif à l'œuvre, toute matérielle, accomplie à son intention par des mains profanes. Le missionnaire catholique, ayant tout à créer, triomphe de tout. Pour les uns, c'est le repos et la contemplation, pour l'autre, l'organisation et la lutte. Plus la tâche est rude, compliquée et dangereuse, plus, naturellement, elle réclame des têtes énergiques et des corps vigoureusement trempés. Il ne peut pas y avoir de non-valeurs dans les Missions romaines. Les Missions protestantes, admettant les deux éléments, civil et religieux, ce dernier peut devenir d'autant plus effacé que, sous le rapport des conversions, les résultats obtenus par n'importe quelle Église chrétienne, sont et resteront probablement illusoires en Afrique.

Mais cette digression m'a conduit un peu loin de la Station anglaise d'Ouyouy, encore pour le quart d'heure privée de Révérends.

M. Stokes y habite, avec un personnel de huit serviteurs, un fort confortable cottage, entouré de terres non cultivées. Ni commerce, ni agriculture. Pas de bétail non plus. Et cependant, l'abondance y règne, entretenue par l'inépuisable générosité de la Société britannique, indifférente à tout résultat matériel. Le peuple anglais a de ces superbes antithèses. Très serré dans toutes les questions de négoce, on le voit, en fait de propagande religieuse, prodiguer l'or sans compter. C'est sa grande représentation morale; et je dirai presque son dilettantisme philosophique.

M. Stokes voyage en Afrique depuis cinq ans. Mais son rôle va finir, car l'installation des futurs missionnaires ne laisse plus rien à désirer.

Il a connu Carter et Cadenhead, lorsqu'ils ont passé par ici, avec leurs éléphants, et parle avec affection de MM. Cambier et Popelin.

La mort foudroyante de ce dernier l'a frappé de surprise. « Je le croyais, dit-il, bâti à chaux et à sable! » Le robuste Irlandais a résisté, pour sa part, à toutes les atteintes du climat africain.

J'ai reçu l'hospitalité dans une des meilleures chambres du cottage et suis resté quatre jours entiers à Ouyouy. M. Stokes m'a fait les honneurs de la localité.

CHAPITRE XXIV

Le Kouïkourou du Sultan est situé à une centaine de mètres de la Mission. On y arrive par un côteau en pente douce. La campagne, fort bien cultivée, se renfle en certains endroits de tertres peu élevés, couverts de bois et de massifs rocheux.

Nous rendons visite au jeune Chef, qui nous reçoit sur son Barza. C'est un nègre svelte et bien découplé, dont les plus virils exploits se bornent, paraît-il, à rosser après boire ses nombreuses odalisques. Un alanguissement précoce accable ce gommeux de l'Afrique moderne, trop nonchalant pour devenir dangereux. En retour de son gracieux accueil, il me demande à brûle-pourpoint de lui recoudre son oreille, déchirée, sans doute, dans quelque galant tournoi.

— « C'est, me dit M. Stokes, la prière qu'il adresse à tout Européen. »

Je m'excuse, en promettant de revenir, avec les instruments nécessités par une pareille opération. Comme il aurait été impoli d'arriver les mains vides, j'ai emprunté quelques mètres d'étoffe rouge à mon nouvel ami. Ce petit présent me vaut l'octroi d'une chèvre, que je distribue à mes domestiques.

— 21 octobre. — Courrier de Zanzibar. Roger est arrivé à bon port. Mais déjà il recommence à avoir la nostalgie des longues étapes et des chasses en pleines jungles. Son plus grand désir est de s'embarquer immédiatement pour le Haut-Congo.

Comme le savon rouge, venant de la Côte, se vend fort cher au marché et que, grâce à la propreté hollandaise de ma ménagère, nous en usons en quantité, j'essaie d'en fabriquer à ma façon. Après avoir fait brûler des écorces de bananes et des tiges de maïs, qui contiennent de la potasse, j'en fais une lessive que je mets bouillir pendant quelques jours avec de la graisse de bœuf. Mon tembé empeste, mais j'obtiens un excellent savon noir, qui fait l'admiration de mes gens. Capitani et Férouzi, qui se fournissent au Soko, me demandent de leur céder quelque peu de la précieuse denrée, ce que je leur accorde fastueusement, à titre gratuit.

Il y a ici un Arabe qui fait également du savon. Mais il n'a garde de livrer son secret, dont je n'ai pas besoin, d'ailleurs, car mon produit est supérieur au sien.

— On ne voit de pauvres en Afrique que dans les centres

quelque peu civilisés. Partout ailleurs, la glèbe produit, presque sans travail, de quoi nourrir ses fils imprévoyants. Cependant, ce ne sont guères que les infirmes et les vieillards qui mendient. Le tembé du Mouzoungou reçoit particulièrement leur visite. Les malheureux sont certains d'y obtenir toujours quelques makétés de perles.

1er novembre. — Le matin, Sheik bin Nassib m'a fait appeler, pour me communiquer de graves événements.

Mirambo vient de rentrer en campagne, emportant avec lui deux canons, et, cette fois, c'est contre Simba, son ancien allié, qu'il marche, à la tête de forces imposantes.

On ignore au juste la cause de la brouille. Peut-être Simba a-t-il voulu trop tirer la couverture de son côté. Mirambo, plus conquérant qu'avide de butin, et dont le caractère ne manque pas, du reste, d'une certaine grandeur, ne peut voir d'un bon œil les menées simplement pillardes de son compromettant associé. D'après les Arabes, qui sont revenus avec cette nouvelle à sensation, les habitants de Mpimboué, menacés par Simba, auraient imploré et obtenu contre lui la protection du Mouami. Mais un autre motif guiderait ce dernier. Ne pouvant faire venir de la poudre de Zanzibar, il se serait décidé à s'en procurer en pillant toute la contrée située entre Tabora et Karéma. Après avoir détruit le Kouïkourou de Simba, il viendrait faire le siège de la Station Belge, en invoquant, comme *casus belli*, la méconnaissance obstinée de sa suzeraineté par les insolents Oua-Zoungous !

Je suis littéralement atterré de ces communications alarmantes et certes, si je pouvais rassembler quelques hommes résolus, j'essayerais de gagner immédiatement Karéma en traversant les lignes ennemies. Mais à ce qu'affirme Sheik bin Nassib, je ne trouverai personne. Le seul nom de Mirambo fait trembler les Askaris, qui lâcheraient pied à la première alerte, si par extraordinaire je réussissais à en déterminer quelques-uns à m'accompagner. Forcément, il faut que j'attende ici les événements.

Ainsi donc, l'alternative, depuis longtemps prévue par M. Ramaeckers, est sur le point de se présenter? Faute d'une démarche auprès du Bonaparte noir, celui-ci a étendu le cercle de ses rancunes aux Européens dont, ignorant les intentions pacifiques, il n'a pu voir que l'altière résistance à une domination reconnue par presque tous les Sultans de cette partie de l'Afrique? M. Ramaeckers fera certes vaillamment son devoir. Mais qu'importe l'héroïsme de la résistance, s'il ne conjure point l'anéantissement d'une œuvre en pleine voie de développement !

Ce qui diminue un peu mes appréhensions, c'est une ouverture inattendue de Sheik bin Nassib. On se rappelle quelle fin de non-recevoir cet énigmatique personnage avait opposée à ma demande d'achat de bétail pour compte de M. Ramaeckers. Or, aujourd'hui il se ravise et me propose les 13 vaches et les taureaux de son parc de Gongoué. Je présume bien qu'il craint de les voir tomber entre les mains de Mirambo, mais n'a-t-il pas forcé un peu la note pour me vendre, à prix fort, un ravitaillement favorable à ses intérêts ? Quoi qu'il en soit, je ne laisserai point échapper cette bonne fortune. Assiégé ou non, Karéma se trouvera à merveille de ces nouvelles et importantes ressources alimentaires. Après de longs marchandages, comme toujours, je conclus, à raison de 267 piastres, pour les 21 têtes de bétail ; et le Gouverneur par intérim fait partir aussitôt, à marches forcées, dix hommes pour mettre le troupeau en sûreté dans les étables du Fort Léopold. Je les charge aussi d'un courrier pour M. Ramaeckers dont j'attends la réponse avec anxiété.

CHAPITRE XXV

M. Hutley de la London Missionary Society.— Assani.— Le Jeu de Bao.— Travaux au potager.— Quand le chat est sorti les souris dansent.— Vendetta d'esclaves. — La déclaration de guerre.— Le combat.— Résistance héroïque.— Brûlés vifs.— Les blessés. — Consternation générale.— Nouvelles de la caravane de ravitaillement. — Renfort pour la Mission Française.— Simba est battu. — Ruse de guerre. — Les trésors d'ivoire. — Travaux de défense. — A chacun son étoile.— Un avertissement.—Les Oua-Gaoués de Séki. — Lettres de Karéma.—Nouveaux détails sur l'affaire de Simba. — Serons-nous assiégés ? — La fête de Léopold II à Karéma. — Une accalmie. — Réconciliation de Séki et de Souétou. — Une visite de ce dernier. — Encore un homme intelligent. — Les gardiens des Moissons. — Arrivée de M. Reichard. — Les massacres de Gonda. — Mme Barbe-Bleue. — Investiture sanglante.— Seconde déconvenue de Magohé. — Sans rancune.— Trop d'alcool !— Pour chauffer la situation. — Le 1er janvier 1882.— Visites. — Retour des Pères Blanc et Ménard. — Nouvel aménagement. — La caravane de ravitaillement.

M. Hutley, voyageur laïque de la London Missionary Society, vient d'arriver à Tabora, via Oudjiji et Ourambo.

Il a terminé sa mission à Mtoa et retourne en Europe, après quatre ans de séjour. Comme nous, il a appris l'entrée en campagne de Mirambo, mais les détails lui manquent.

Connaissant la façon expéditive du terrible Mouami, il estime que nous serons bientôt fixés à cet égard et que les événements se précipiteront.

M. Hutley, qui a fort bien résisté au climat, me parle du capitaine Popelin, aux funérailles duquel il a présidé. Je lui annonce que Roger est arrivé à la Côte, mais qu'il n'est pas certain de le voir rester longtemps à Zanzibar. En toute éventualité, je recommande à M. Hutley d'aller voir le docteur.

— Le nombre de mes hommes devient trop restreint, car tout doit se faire à domicile, si l'on ne veut dépenser le double. Je vais avoir, de plus, à ensemencer mon potager à l'aide des graines laissées par le docteur. Un Mgouana, du nom d'Assani, qui a servi chez des voyageurs anglais, se présente. Je l'engage immédiatement.

Il m'accompagnera dans mes visites, car ici on ne pourrait se présenter seul, quelque part, sans déroger gravement au cérémonial. Assani est esclave, et son maître habite Zanzibar.

Pour la même raison d'étiquette, je suis obligé de faire garder constamment ma porte ; aussi mes hommes se relayent-ils, deux par deux, sur le Barza. Afin de tromper leurs loisirs, ils s'y défient au *Bao*, jeu très commun parmi les indigènes. Il se compose ordinairement d'une planche, où 32 creux se trouvent ménagés à intervalles symétriques, et se joue au moyen de balles à fusil, en guise de pions. Stanley l'assimile à notre trictrac, mais j'ignore jusqu'à quel point se justifie cette comparaison. Faute de planche préparée, mes hommes se contentent de creuser la terre et se servent, pour engager la partie, de cailloux ronds.

— Mon potager n'a pas moins de 150 mètres carrés, car j'ai envoyé mes indiscrets voisins planter leur manioc ailleurs. J'y ferai semer des radis, des raves, des salades, des oignons, des carottes et des choux d'Europe, en mettant à profit les excellents enseignements de Roger.

Pour cette besogne, j'ai engagé deux nègres de l'Ou-Soukouma qui travaillent sous ma direction. La saison des pluies va bientôt commencer. En attendant l'instant des semailles, on laboure le sol au moyen de houes.

—Quand le chat est parti, les souris dansent! Nous avons eu ici une sanglante levée de boucliers, qui a tenu, toute une journée, en émoi, la population composite de Tchem-Tchem.

C'était le 29 novembre, vers 10 heures du matin. Zeid bin Djouma était venu me rendre visite, lorsqu'en rentrant chez lui il se vit assaillir par les esclaves d'un de ses ennemis, Brahimo bin Abdallah, conduit enchaîné à Zanzibar pour ses actes d'hostilité envers mon riche et puissant ami.

Le Gouverneur n'étant plus là pour protéger son féal, les nègres de l'Arabe emprisonné avaient résolu de venger le maître absent, en faisant le sacrifice de leur propre existence.

Zeid bin Djouma, ne croyant point à la possibilité d'une pareille et folle agression, marchait sans armes. Mais quoique attaqué à l'improviste, il fut assez heureux pour parer, de la main, deux coups de lance du chef des nègres révoltés, et put prendre la fuite sous une grêle de balles. Spectateur de l'attentat qui se commit à vingt pas de moi, je n'aurais pu intervenir, tant l'agression fut prompte. Zeid bin Djouma, du reste, se trouvait déjà en sûreté et je dus me contenter d'assister, de la terrasse de mon tembé, aux suites fatales de l'audacieuse algarade.

Au lieu de s'esquiver, les esclaves désappointés dans leur guet-apens, mettent le feu aux constructions avoisinantes qui, bâties en branchages et en chaume, forment bientôt un vaste brasier, derrière lequel se passe une indescriptible scène de désordre et de sauvagerie. Les habitants ont pris les armes. Sur tous les points débouchent des troupes de nègres, menés au combat par leurs maîtres, pendant que les femmes affolées tâchent de sauver leur riz et leurs petites provisions de réserve. C'est naturellement au Mouzoungou, à l'Homme Blanc qu'elles demandent refuge. Ma cour ne tarde pas à être encombrée de tout ce qu'on a pu arracher aux flammes. Femmes et enfants trouvent sous mon toit neutre un abri assuré contre les balles.

Cependant les esclaves mutinés se retranchent dans le tembé de leur maître, sans autre espoir que de vendre chèrement leur existence, et les nègres, conduits au feu par les Akidas, à la solde des Arabes, se forment en bataille à quelque distance de la place à réduire.

Quoique ce qui vient de se passer, paraîtrait devoir dispenser de toute formalité belligérante, j'assiste au spectacle curieux d'une déclaration de guerre, précédant l'action générale.

Un Askari se détache du gros des assiégeants et s'approche du tembé, à la distance d'une vingtaine de mètres. Sous les coups de fusil des assiégés, il entame la danse de guerre, — dont chaque pas a sa signification, — accompagnée de gestes menaçants et d'insultes. « *Kou Manioko! Kou Mamamayo!* » Ce ne sont pas les ennemis qu'outrage le champion de l'armée vengeresse, mais leurs mères, objets de touchant respect dans toute l'Afrique. Quant à ces outrages même, je m'abstiendrai de les traduire, en dépit des libertés que se sont arrogées les lettres contemporaines.

Au premier danseur, en succède un autre, puis d'autres encore ; les pas deviennent de plus en plus furieux, les menaces plus irritantes, les insultes plus grossières. Des deux côtés on s'exalte. Ce sont de véritables feux de pelotons qui sont dirigés vers les Askaris, continuant la série réglementaire de leurs provocations. Comment pas un d'eux n'est-il atteint par les balles qui sifflent dans l'air ? C'est, comme j'ai eu occasion de le dire, que les nègres ne tirent guères qu'à bout portant, et qu'à distance, il lâchent leurs coup de fusil sans viser, et tenant leur arme à bras tendu. Néanmoins, il est bien étonnant qu'aucune balle ne porte. Quant aux Askaris insulteurs, — et c'est ce qui explique leur folle intrépidité, — ils se croyent parfaitement invulnérables, grâce aux Daouas, dont ils sont munis. Sans talismans, ils se garderaient bien de courir pareille aventure. Cependant il leur arrive parfois d'être blessés. Alors, grand scandale ! C'est le Daoua qui est mauvais et le sorcier coupable est mis en accusation.

La danse de guerre a pris fin, et l'attaque commence. Les assaillants mettent à leur tour le feu à un enclos non gardé, attenant au tembé, et la fusillade se croise, acharnée, meurtrière. Je vois le principal meneur de la révolte, un nègre magnifique, tomber la poitrine trouée de plusieurs coups de feu. Il s'abat, menaçant encore, dans une mare rouge. On se précipite sur le cadavre, agité par les dernières convulsions de l'agonie. Un coup de sabre abat la tête, un autre fend la poitrine, d'où l'on retire le cœur palpitant. Ces deux lamentables trophées sont embrochés sur des lances, et promenés triomphalement au milieu du carnage.

Maintenant il s'agit de donner l'assaut. Il commence en même temps que le feu s'est communiqué aux quatre coins du tembé. La porte retentit sous les haches sifflantes. Les coups de fusil redoublent, les uns mortels, les autres inoffensifs, car même en pleine bataille, les nègres ne résistent pas au plaisir de brûler gratuitement de la poudre. Pendant que les vaillants s'élancent pour forcer l'habitation, énergiquement défendue, les couards poursuivent sans danger les poules, les chèvres et les moutons échappés aux flammes et les assomment à coups de crosse, avec des poses et des contorsions grotesques. Enfin, la porte extérieure vole en éclats, et l'on se précipite vers le Barza où les femmes de Brahimo ont été chassées par l'épouvante. Les malheureuses se laissent conduire sans résistance dans la maison de Zeid bin Djouma, auquel, dès ce moment, elles appartiennent, par droit de conquête et de représailles.

Dans l'intérieur du tembé, des coups de feu et des hurlements annoncent que le massacre se poursuit. Mais l'incendie chasse bientôt les assaillants, qui se forment en cercle à quelque distance. Une vingtaine d'esclaves, seulement, ont survécu. Ils seront inévitablement brûlés, car ils refusent de sortir, bien qu'on leur promette la vie sauve. Pas un qui fasse mine de se rendre. Cette clémence inusitée, ils n'y croient pas, ou plutôt ils lui préfèrent une mort horrible dans le tembé incendié de leur Maître, invengé!

Je les vois, groupés sur la terrasse de l'habitation, calmes, insouciants, entourés par les flammes dont ils voient les progrès d'un œil stoïque. Elevés en musulmans, ils acceptent sans sourciller la fatalité qui les condamne, comme, sans hésiter, ils ont fait ce qu'ils croyaient de leur devoir d'esclaves fidèles et dévoués. Les assaillants, eux-mêmes, sont émus par l'incomparable grandeur de ce spectacle et ont cessé de tirer. Mais le rideau de feu se resserre. A chaque instant on en voit tomber, des malheureux suffoqués par la fumée. Soudain, une explosion terrible se fait entendre. Quelques barils de poudre, restés dans le tembé, ont sauté.

Presque en même temps, le toit plat s'écroule avec un bruit sourd et prolongé, et ensevelit, sous ses décombres, les derniers survivants de l'héroïque défense. Le combat, commencé à 10 heures du matin, ne s'est terminé qu'à 3 heures de l'après-midi.

J'étais profondément ému de ce terrifiant spectacle et il faut croire que les habitants de Tabora n'y sont pas restés insensibles, car, pendant deux jours, dans la bourgade, ordinairement si animée, a régné un silence de mort. Il n'y a point eu de marché pendant ces deux jours et, faute de viande de boucherie, je me suis vu obligé de tuer une des chèvres que j'entretiens par précaution.

A la place où s'élevait le tembé de Brahimo et les nombreuses habitations environnantes, on ne voit que des ruines noircies et des murailles croulantes, d'où s'échappent les émanations infectes des cadavres en putréfaction. Les assaillants, ou plutôt les répresseurs de la révolte, n'ont que trois hommes tués et quatre blessés qu'on m'a amenés et que j'ai soignés de mon mieux. Heureusement que les plaies de ces derniers n'ont rien de grave. Chaque jour ils viennent se faire panser, en m'offrant par reconnaissance des cadeaux que je refuse. J'ai fait distribuer quelques secours, en étoffe, aux habitants, dont les maisons ont

Un Gaoué (homme noble) de Séki et sa Femme.
(Dessin de Fr. Simons.)

été englobées dans le désastre, et ma popularité s'en est grandement accrue.

Cette révolte, sans espérance de succès, apporte une nouvelle preuve à l'appui de l'attachement aveugle professé par l'Africain esclave envers des Maîtres qui sembleraient devoir leur être odieux. Rien de plus extraordinaire que ce sentiment, fait pour dérouter les théories philanthropiques des ennemis de l'esclavage.

Mais sous bien des rapports, l'Afrique constitue un pays à surprises. Que de positions, chez nous dégradantes et intolérables, sont considérées ici comme dignes d'envie !

Et, par contre, que d'avantages, sur lesquels notre civilisation repose, ne rencontreraient ici que défiances, mépris et unanime opposition !

— J'apprends que la caravane de ravitaillement pour Karéma est en ce moment à Mdabourou. Elle arrivera probablement à Tabora vers la fin de décembre et atteindra le Fort Léopold entre le 25 et le 31 janvier.

La mission des Pères algériens s'est renforcée. M. Guillet a appelé à Tabora ses confrères de Mdabourou, qui jugent enfin la situation impossible, non pas au point de vue du danger, car leur âme intrépide, résignée au martyre, ignore la crainte, mais par l'absence de population. Ils sont trois, les Pères Ménard, Faure et Randabel, assistés de deux auxiliaires laïques, le capitaine Joubert, ancien officier des Zouaves pontificaux, véritable type du vieux soldat vendéen, et M. Hillebrand. Ils viennent me voir et je leur rends leur visite.

M. Stokes a également fait un petit séjour à Tabora. Notre Société européenne commence à s'étendre.

— Simba est battu, son village détruit et Mirambo s'établit solidement sur la route de Tabora à Karéma. Toutes les caravanes qui se rendront au Lac, courent risque, sinon d'être pillées, du moins de se voir fortement rançonnées.

C'est ce que m'apprend Mounié Mabanga, le chasseur d'éléphants, qui a pris part à la défense, et a été obligé de se sauver, abandonnant ses femmes et ses enfants.

Usant de l'éternelle ruse de guerre, Mirambo a envoyé quelques-uns de ses soldats, déguisés, implorer refuge chez Simba, en se prétendant dépouillés par le conquérant. Imprudemment accueillis, ils se sont couchés, soi-disant accablés de fatigue. Mais vers quatre heures du matin, jetant le masque, ils ont ouvert les portes du Boma aux assaillants, arrivés pendant la nuit. Un combat sanglant s'est engagé, où les chasseurs d'éléphants de Matoumoula ont donné courageusement. Mais force a été de plier devant le nombre. Simba, cependant, a eu la vie sauve et a pu se retirer avec sa Sultane favorite, ses deux enfants et quelques serviteurs dévoués, dans le Pori où se trouve son trésor d'ivoire.

Chaque Sultan a ainsi sa cachette, dont une de ses femmes possède, seule, le secret. C'est elle qui, en cas de disgrâce, en dispose souverainement, car bien que réduite à une servitude apparente, la femme continue à exercer, en Afrique, comme partout ailleurs, sa secrète influence. C'est pourquoi le premier soin des chefs victorieux est de s'emparer du harem du Sultan tué ou en fuite. Quant aux esclaves, chargés d'enfouir le précieux ivoire, jamais ils ne survivent à cette importante besogne. Pour s'assurer leur discrétion, on leur tranche tout simplement la tête.

Je ne m'explique pas trop la clémence de Mirambo dans cette affaire. Evidemment, il a ménagé son ancien compère en lui laissant sa petite famille. Quant à son trésor, qu'il eût pu s'assurer plus facilement en retenant la Sultane, les Rougas-Rougas, sont occupés à fouiller tout le Pori pour mettre la main dessus.

Un Moinangou (ou vice-roi) a pris le commandement du Boma, fortement réduit et construit sur un modèle plus défendable. Désormais l'Ou-Savira n'existe plus. Ce district a troqué son nom contre celui de Nouvel Ourambo. Il est fortement à craindre que les Rougas-Rougas, poursuivant leur conquête, ne se portent bientôt dans l'Ou-Kaouendi et sous les murs mêmes du Fort Léopold.

Mounié Mabanga est au désespoir d'avoir dû abandonner sa famille, mais il espère pouvoir la racheter, lorsque les hostilités auront pris fin. Mirambo, du reste, a des raisons pour se mettre bien avec les chasseurs d'éléphants, dont il apprécie le courage et la détermination. Comme il est dénué de tout, je fais présent au pauvre Mabanga d'une trentaine de Yards de Mérikani.

A la nouvelle de ces événements, pourtant à prévoir, Scheik bin Nassib et le timide Séki s'occupent immédiatement à mettre en état de siège le Kouïkourou royal, en engageant les Arabes à en faire autant pour leurs propriétés particulières. Aussitôt, les travaux sont poursuivis avec ardeur, car les musulmans de Tchem-Tchem se souviennent avec appréhension de l'agression, presque victorieuse, tentée naguère par Mirambo.

Scheik bin Nassib me fait appeler pour me représenter l'avantage qu'il y aurait pour moi à me mettre exclusivement du côté des Arabes.

— « Si Mirambo arrive, dit-il, vous viendrez chez moi. N'ayant pas de soldats, vous serez bien vite prisonnier de ce *brigand*, qui confond les Arabes et les Européens dans sa haine. »

Comme mon désir est de rester parfaitement neutre, et que j'ai quelque idée que ce féroce Mirambo n'est pas si intraitable qu'on le représente ici, je décline poliment les avances du vice-Gouverneur.

— « Si Mirambo pousse jusqu'ici, dis-je, ce dont je doute fort, je me contenterai d'aller à lui, portant le drapeau de l'Association. Dans mon pays, nous avons confiance dans une étoile. Et comme la nôtre ne peut sembler hostile à personne, attendu qu'elle tend à rallier, non seulement les nations européennes, mais encore les Arabes et les Africains, je tenterai l'expérience, quoi qu'il puisse arriver. »

Cependant, dans le tembé du Sultan, l'alarme est grande. Magohé s'y promène avec importance, prodiguant ses recommandations aux Oua-Gaoués, ou hommes nobles, formant la garde particulière de Séki, et logés au Kouikourou même, avec leurs familles.

Quoique la route ne soit pas sûre, M. Guillet est parti pour Oudjiji avec les Pères Randabel, Blanc, Menard et MM. Joubert, Hillebrand et Visscher. Malgré les sinistres événements dont l'Ou-Roundi a été le théâtre, ils vont essayer d'y reprendre pied.

13 décembre. — Léger accès de fièvre, le premier depuis mon arrivée à Tabora. Par ces temps de pluie, car nous sommes en plein déluge, le Tembé de Tchem-Tchem me paraît un séjour assez malsain, et dont je changerais volontiers. Ce premier avertissement, tout anodin qu'il soit, me donne à réfléchir.

Le courrier envoyé pour rapporter des nouvelles de Karéma

BRULÉS VIFS.
(Dessin de E. Broerman.)

n'ayant pu forcer les lignes, j'avais accepté les propositions d'un certain Sadi, homme entreprenant et adroit, qui avait répondu de passer. Sadi vient d'arriver après une absence de cinquante jours, passés en détours, en marches et en contremarches. Il me confirme simplement les renseignements donnés par Mounié Mabanga et manifeste l'intention de partir le 24 pour la Côte.

— Enfin j'ai des nouvelles de M. Ramaeckers, qui me communique les lettres envoyées par lui au Comité de Bruxelles. Il n'y dissimule point la gravité de sa situation. Lorsque la communication sera arrivée à son adresse, cette situation aura fort probablement déjà reçu sa solution, heureuse ou tragique. Il n'est pas probable qu'avec un adversaire du tempéramment de Mirambo, les choses puissent traîner jusqu'au jour, où M. Ramaeckers sera autorisé à modifier une attitude, de plus en plus scabreuse. Forcément, il faudra se laisser guider par les événements.

Les lettres de M. Ramaeckers vont du 5 au 19 novembre. Elles débutent par le récit de l'attaque de Simba par les troupes de Mirambo, et finissent par constater l'arrivée du bétail acheté par moi à Scheik bin Nassib. Nous y verrons qu'au milieu des plus vives alarmes, notre chef n'a pas failli à fêter dignement l'anniversaire de notre souverain bien aimé. Mais laissons-le exposer lui-même ses craintes, ses vues pour l'avenir et son dévouement inaltérable à l'œuvre patronnée par S. M. Léopold II.

Karéma, 5 novembre 1881.

« Au moment où vous recevrez cette lettre, vous aurez probablement déjà été informé des événements qui se sont accomplis dans cette région, depuis la fin du mois dernier.

« Quoi qu'il en soit, à cet égard, voici le récit, aussi exact que possible, de ce qui s'est passé.

« Dans la nuit du 21 au 22 octobre les troupes de Mirambo, commandées par un de ses chefs, arrivèrent à l'improviste sous les murs de la capitale de l'Ou-Savira, dont le chef, comme vous le savez, est Simba. La présence de l'ennemi ne fut signalée que très tard et aussitôt une partie de la population prit la fuite.

« Le combat s'engagea le lendemain, dès l'aurore, et fut soutenu par Simba et ses hommes, aidés par une cinquantaine de chasseurs d'éléphants de Matoumoula, sous les ordres de Mounié Mabanga. D'après les évaluations de ceux qui ont réussi à s'échapper, les troupes de Mirambo s'élèveraient au moins à dix mille personnes. Il faut nécessairement tenir compte de l'exagération naturelle aux Africains et réduire cela à peu près à deux ou trois mille.

« La lutte se prolongea jusqu'à une heure avancée de la nuit. A ce moment, une partie de l'enceinte avait été forcée, l'eau manquait absolument et les balles commençaient à faire défaut. Simba essaya de capituler, mais il n'obtint, paraît-il, que l'autorisation de se retirer, seul, avec ses deux enfants.

« Quelques autres, parmi lesquels figurent Mabanga et une vingtaine de ses hommes, parvinrent à s'échapper, en abandonnant leurs femmes et leurs enfants.

« Depuis lors, je suis à peu près sans nouvelles positives. Je viens d'apprendre, aujourd'hui même, qu'une partie des troupes de Mirambo est arrivée à une petite journée de marche de Karéma. Tous les Sultans de l'Ou-Kaouendi envoient des tributs à leur redoutable visiteur et, ce matin, le Sultan de Karéma m'est venu confier sa détresse, me déclarant qu'il ne possède rien qu'il puisse offrir à Mirambo. Je lui ai répondu qu'il n'avait qu'à faire ce qu'il jugerait le plus convenable ; que quant à moi, je n'envoyais rien ; que j'étais prêt à me défendre, si j'étais attaqué, mais que je ne pouvais prendre le même engagement pour son village.

« Qu'adviendra-t-il ? Je n'en sais rien, mais je ne fermerai pas cette lettre sans vous renseigner à cet égard. Au demeurant, les courriers n'arriveront pas, tant que la route restera occupée....

« J'espère que les choses tourneront bien, mais je ne dois pas vous cacher qu'une attaque sérieuse pourrait fort bien réussir. Le point faible de Karéma, c'est le manque d'eau. Le Lac se retire de jour en jour, il est maintenant à 500 mètres de la Station, et pour obtenir de l'eau à l'intérieur de celle-ci, il me faudrait creuser un puits de 18 à 20 mètres dans le roc, ce qui est inexécutable avec les éléments dont je dispose. Ma provision d'eau épuisée, je serais en fâcheuse position.

« Mirambo vient d'abattre le seul chef qui, dans cette région, pût lui faire obstacle. Désormais tout l'Ou-Kaouendi est sous sa domination et lui paie tribut de vasselage. Le Sultan le plus puissant de l'Ou-Fipa, Kapoufi, reconnaît lui-même son autorité et lui envoie le Hongo. Seuls, fidèles à nos instructions, nous nous refusons même à entrer en négociations avec lui.....

« Mirambo fait, d'ailleurs, école. Tout petit chef veut l'imiter. Il n'y a plus d'autre loi que la force. Saccager, piller, voler est infiniment plus profitable que de cultiver péniblement la terre pour un voisin plus puissant, qui vient vous enlever vos récoltes.

« D'autre part, il y a impossibilité absolue à réunir dans une station des forces suffisantes pour combattre efficacement l'ennemi. — Quant à espérer liguer et diriger les populations de la région même, c'est, actuellement du moins, une utopie. L'intérêt particulier domine trop ces malheureux, dans l'enfance sociale, pour le leur faire sacrifier à l'intérêt général.

« Pour ma part, j'estime que si l'on veut arriver à des résultats sérieux et ne pas s'exposer à courir les aventures, il n'y a que deux partis à prendre. Ou bien, il faut traiter avec Mirambo, tâcher de s'en faire un auxiliaire, au lieu d'un ennemi, et tirer parti, au profit de la civilisation, de l'influence prépondérante qu'il a prise dans cette partie de l'Afrique; ou bien, s'il n'y a pas moyen d'amener le Bonaparte noir à coopérer à notre œuvre de progrès, il faut recourir au moyen suprême, le combattre. Mais ce parti violent, sans compter les nombreuses difficultés, les sacrifices insoutenables en hommes et en argent qu'il entraînerait, serait manifestement contraire à la mission de paix que l'Association veut remplir en Afrique »

Karéma, 6 novembre.

« Point de nouvelles de Mirambo ; ses troupes sont toujours à Saroma. Ce retard est de bon augure. Peut-être la faim les forcera-t-elle à regagner bientôt leur territoire »

Karéma, 15 novembre.

« Aujourd'hui, 15 novembre, fête du Roi. Ce matin mon canon de salut a tiré une salve de 21 coups. Les couleurs belges flottent au grand mât avec les couleurs de l'Association. Toute la Station est pavoisée et la garnison est en liesse. J'ai fait des cadeaux à mes hommes et levé toutes les punitions. Karéma n'est plus l'Afrique, c'est une terre belge, où l'on acclame, comme chez nous, bien loin, le nom de Léopold II. C'est avec une véritable émotion que je trace ces quelques lignes. Il faut se trouver loin du pays pour sentir combien on l'aime et, par dessus tout, combien l'on vénère Celui qui, pour nous, est l'incarnation vivante de la Patrie.

« Puissent les vœux de tous ces humbles cœurs être entendus et exaucés. Que Dieu donne au Roi santé et prospérité, qu'il le fasse vivre longtemps pour le bonheur de la Belgique et la régénération de ces malheureux noirs, qui reconnaissent si mal notre pacifique entreprise.

« Que le généreux fondateur de l'Association reçoive ici les plus chaleureuses assurances de dévouement de ses nouveaux sujets, qui ne le connaissent que de nom, mais conserveront toujours de lui un souvenir reconnaissant et fidèle. »

Karéma, 19 novembre.

« D'après des nouvelles toutes récentes, reçues par l'intermédiaire des gens du Boina Scheik bin Nassib, vice-gouverneur de Gongoué, Mirambo serait venu en personne à Ou-Savira. Il y aurait séjourné dix jours et serait reparti le onzième. Il aurait laissé seulement deux de ses lieutenants et quelques hommes pour lever les tributs et s'établir à poste fixe sur le territoire déjà soumis. Nos communications avec la Côte sont donc compromises et je ne sais comment arriveront les ravitaillements que j'ai demandés.

« Les mêmes hommes qui m'ont apporté ces nouvelles, m'ont amené, le 15 novembre, 21 vaches, veaux et taureaux appartenant au Scheik bin Nassib, et qu'il s'est empressé de retirer de Gongoué, menacé par Mirambo. Je viens d'acheter le tout pour 267 piastres.

« Les vaches sont fort belles et bonnes laitières. Jusqu'ici, il n'y en a que trois qui donnent du lait, mais une seule consent à se laisser traire. D'autres sont pleines. »

RAMAECKERS.

Heureux de savoir M. Ramaeckers en bonne santé, j'expédie à la Côte ses lettres à l'Association, avec mon courrier particulier.

Malgré les menaces des gens de Mirambo, je ne crois pas à un danger immédiat. Il me semble que si le Mouami en voulait au Fort Léopold, il en aurait fait immédiatement le siège, et l'irrésolution même de ses Nyamparas me fait croire qu'ils n'ont pas reçu d'ordres formels pour agir. Mais, en de telles circonstances, l'incertitude est plus lancinante que l'annonce d'un échec.

— Séki s'est réconcilié avec son frère Souétou. Ce rapprochement est l'œuvre du bon Soultan bin Ali, qui a mis judicieusement à profit l'absence du Gouverneur. Scheik bin Nassib a laissé faire. Les accusations, dirigées contre le Moinangou, sont complètement abandonnées, mais l'entreprise de son soi-disant complice n'en reste pas moins ruinée.

M. Sergère avait bien placé son amitié, car Souétou, cadet du Sultan de l'Ou-Nyaniembé, est certainement un des chefs africains les plus intelligents, les plus avancés et les plus dégagés de toute prévention de race, qu'il y ait dans toute l'Afrique orientale. — Sa prédilection pour les Européens se fonde sur ce qu'il leur trouve des tendances moins absorbantes, moins égoïstes, et surtout plus de franchise d'allures qu'aux Arabes. Il doit en vouloir, d'ailleurs, à ces derniers qui, non contents d'annihiler son frère au point de vue politique, ont encore cherché à lui rendre odieux les membres de sa famille.

Avant de quitter Tabora, où il s'était rendu sur l'invitation de Séki, l'obligeant Souétou a tenu à me faire visite. Suivi d'un cortège considérable, il est venu me trouver dans mon tembé, où je l'ai reçu en grande pompe. Outre les dattes et le café obligatoires, je me suis permis de lui offrir la dernière bouteille de bordeaux, laissée ici par son ami Sergère et à laquelle il a fait gaillardement honneur. Souétou, qui n'est pas musulman, du reste, quoique ayant adopté le costume arabe, fait grand cas du vin, mais n'en abuse point. Agé d'une trentaine d'années, robuste et bien fait de sa personne, il a l'air d'un bon vivant en même temps que d'un homme d'action. Comme il venait de dîner chez Séki, je n'ai pas eu le lourd embarras de le traiter. Il s'est retiré enchanté de son nouvel ami, comme il a affecté de me nommer à plusieurs reprises, et m'a fait promettre d'aller le voir.

Dès le lendemain, je me rends à Koi-Souétou, village prospère et bien cultivé, dont on est en train de consolider en ce moment le Boma, en prévision d'une attaque de Mirambo, et au milieu duquel mon royal ami s'est fait bâtir un vaste et beau Tembé, réunissant toutes les conditions d'une excellente hygiène.

Le Moinangou vient à ma rencontre, accompagné de deux sangliers apprivoisés (!) et me conduit dans une jolie salle complètement meublée à l'européenne : chaises, tables, armoires, canapés. Aux murailles sont suspendues des armes, offertes par M. Sergère. Souétou me montre avec satisfaction le revolver de ce dernier.

— « Il me l'a donné avant son départ, dit-il. C'était pour moi un Frère, toujours plein de bons conseils. Je ne faisais rien sans le consulter. Ils l'ont forcé à partir, parce que je l'aimais et qu'il faisait de moi un chef instruit et juste. Mais j'espère bien le revoir. Tous les Hommes Blancs seront les bienvenus chez Souétou, en souvenir de lui et parce qu'ils sont bons, instruits, et savent ce qui convient aux Africains. »

Une table est dressée et se couvre d'assiettes. Souétou, qui a plusieurs rayons garnis de bouteilles, en débouche une de bordeaux et une de cognac qu'il pose sur la table en m'invitant à lui faire raison. Le repas, qu'il partage avec moi, est exquis : viandes rôties, étuvées ou en hachis, appétissantes galettes, pâtisseries, confitures, fruits et café de premier choix. On ne mange pas mieux chez les Arabes les plus fastueux.

Nous allons ensemble visiter le Boma, où partout l'on s'organise pour la défense. Les indigènes, bien armés, renforcent les palissades. Il se pourrait bien que le danger commun ait contribué à la réconciliation des deux frères, et que la crainte de voir le Moinangou, menacé dans sa sécurité, passer à l'ennemi, soit venue en aide à Soultan bin Ali dans son heureuse intervention.

Souétou, mis par Sergère au courant des affaires d'Europe, raisonne en homme de sens. Il m'engage à m'établir chez lui et promet d'appuyer chaleureusement, auprès de Séki, ma demande de concession de terrain.

Je lui fais cadeau d'un fusil rayé, dont il connaît déjà le mécanisme. Voilà un Sultan comme il en faudrait à l'Ou-Nyaniembé ! Ce n'est pas sans raison que les Arabes ont flairé en lui une valeur réelle, capable de porter quelque jour ombrage à leur politique de sournoiserie et d'envahissement.

En revenant de Koi-Souétou, je trouve toute la population, pressant ses travaux agricoles, dans l'appréhension d'une visite de Mirambo. De distance à distance, des guetteurs sont placés

SOUÉTOU, LE FRÈRE DE SÉKI. (Dessin de Camille Van Camp.)

en vigie sur des observatoires formés de piquets élevés et de traverses de bois, couronnés d'un plancher à garde-fou et à auvent de paille tressée. Ces hommes n'ont pas seulement mission de signaler l'approche de l'ennemi ; ils sont chargés aussi de veiller sur les moissons dont ils écartent à grand cris les maraudeurs à poils ou à plumes, sangliers, lapins sauvages, ramiers et petits oiseaux, friands de blé vert.

30 décembre. — M. Reichard est arrivé hier à Tabora pour

Le gardien des Moissons.
(Dessin de J. Dierickx.)

s'y approvisionner d'étoffes. Il n'est pas sans inquiétudes sur le sort de ses amis, partis en expédition scientifique pour le Lac, et dont il n'a pas de nouvelles jusqu'à présent.

Pris d'abord pour arbitre, lors de la mort du Sultan Mlima Ngombé (Bœuf de la montagne), non seulement M. Reichard s'est vu bien vite débordé par les ambitions en présence, mais n'obtiendra même pas, probablement, la concession sur laquelle comptaient les membres de l'Expédition allemande.

Lors de mon court passage à Igonda, je n'ai pas eu le loisir de recueillir beaucoup de renseignements sur la situation de ce district. En voici rétrospectivement quelques-uns que me communique M. Reichard.

A la mort du Sultan, des bruits sinistres s'étaient fait jour. Selon la coutume, on parla de sortilèges, de philtres, etc. et, cette fois, ce ne fut pas une vulgaire Mganga qu'on mit en cause, mais l'épouse même de Mlima Ngombé, accusée d'empoisonnement, de complicité avec son fils Kassita, avide de pouvoir, et d'un de ses frères du nom de Kahoumba, ancien Mtémi du Sultan Nioungou. Kassita et son oncle se tinrent prudemment hors de portée de leurs ennemis, et engagèrent aussitôt d'habiles négociations — appuyées de présents et de témoignages de fidélité — avec le Gouverneur de Tabora, pour en obtenir une investiture armée, au mépris de l'ordre de succession indigène, attribuant le Sultanat à Nditcha, sœur du défunt.

Mais le prince Béléki et la princesse Roubouga, coupables seulement d'avoir recueilli la malheureuse Sultane accusée de régicide, furent jetés en prison, en compagnie de leur mère et d'une autre femme du Bœuf de la Montagne, suspecte à Nditcha. Tout ce monde attendait la décision souveraine de Séki pour rentrer en possession de ses dignités ou pour se voir condamner aux derniers supplices.

Cette Nditcha, désignée au trône par le *vox populi* d'Igonda, ne mérite, d'ailleurs, en aucune façon la sympathie. C'est une espèce de Barbe-Bleue femelle, excellant à se débarrasser de ses conjoints. De ses trois maris successifs, elle a tué le premier à coups de hache et le deuxième à coups de lance ; quant au troisième, nommé Moina Niaghi, elle médite probablement la sauce à laquelle elle l'arrangera.

Néanmoins ces choses tirent ici à si peu de conséquences que Nditcha, forte de ses droits et ne négligeant pas, non plus, d'envoyer à Séki force cadeaux, comptait à peu près pour elle tout le parti noble d'Igonda, composé de 40 Oua-Gaoués. Le jour même de mon premier et court passage, ils avaient eu la galanterie de lui sacrifier une soi-disant sorcière, accusée d'avoir brassé à son intention un Moavi mortel. La malheureuse avait été assommée devant une des portes du village, laissée exposée pendant deux jours, jusqu'à ce que des hyènes complaisantes se fussent chargées du soin de sa sépulture. M. Reichard avait essayé de s'opposer à cette exécution, semblable à toutes celles qu'entraîne inévitablement la mort d'un Chef de village. Il n'en fallut pas davantage pour le faire prendre en grippe par les brutes à face humaine, frustrées d'une partie de leurs proies. Et le mécontentement redoubla, lorsque les membres de l'Expédition allemande, usant de toute leur influence sur la féroce Nditcha, parvinrent à en obtenir la grâce des enfants de l'ex-Sultane, rendue à la liberté.

La grande affaire de la succession vient enfin de se dénouer. Séki s'est prononcé en faveur de Mme Barbe-Bleue, après avoir leurré longtemps de promesses le prince Kassita, moins riche, et par conséquent moins prodigue de cadeaux, que sa respectable tante.

Le 20 septembre, un courrier venu de Tchem-Tchem annonça l'arrivée solennelle de deux capitaines du Sultan, l'Arabe métis Ghamis bin Nouvi et le redoutable Magohé, ancien homme-lige de Mirambo. Ces messieurs, s'étant emparés de Kassita et de son oncle, les menèrent à quelque distance et leur firent proprement trancher la tête. Celle de Kassita coiffa un des pieux de la palissade. Quant à Kahoumba, il fut admis aux honneurs du linndo, c'est-à-dire que son crâne, incisé au front, fut enfermé dans un panier.

Cette besogne faite, tambours, clairons, coups de fusil, Pombé et réjouissances! Nditcha se vit installée par son peuple en délire et, pour couronner la petite fête, on procéda à l'exécution de la veuve du dernier Sultan.

L'infortunée, tirée hors de sa prison, à moitié morte de faim, accomplit, innocente ou coupable, son dernier calvaire, au milieu des insultes d'une populace ivre. On lui coupa d'abord les mains et les pieds, pour la débarrasser de ses bracelets de cuivre rouge, puis on l'acheva en lui défonçant la tête de plusieurs coups de massue assénés par derrière. Et pour tirer deux moutures d'un même sac, le tronc palpitant fut jeté dans un puits, méthode souveraine, à ce qu'il paraît, pour faire tomber de l'eau.

Pendant plusieurs jours, encore, il y eut des exécutions. Deux Rougas-Rougas, compris dans les intrigues de Kassita, furent lardés de coups de lance et assommés par derrière, ainsi qu'une jeune femme accusée de sortilège.

Cette série de crimes et de massacres immondes s'est passée dans un petit bourg, fort de 500 habitants, dont 40 hommes libres et le reste esclaves! Je ne m'étonne pas si les membres de l'Expédition allemande songent à planter leurs tentes ailleurs. On serait dégoûté à moins!

Jusqu'à présent, cependant, les enfants de la Sultane suppliciée ont eu la vie sauve et M. Reichard espère que Nditcha restera fidèle à sa promesse. Mais il ne faut jurer de rien.

Le digne Magohé, en homme pratique, n'a eu garde de ne pas profiter de son séjour à Igonda pour tendre un peu sa vaillante main. Il est venu trouver M. Reichard pour lui présenter les salutations de son souverain, contre livraison de trois dioras de cotonnade. Renvoyé avec un diora seulement, il a noblement offert, en retour, la cuisse d'un bœuf dont la nouvelle Sultane lui avait fait hommage.

M. Reichard se trouve fort embarrassé de quantité de caisses de cognac, à lui envoyées par le baron von Schöler, qui veut sans doute aider, à distance, ses anciens compagnons d'étude et de voyage à combattre l'humidité des bords de l'Ougalla. Mais ces messieurs sont d'une sobriété rare et s'en tiennent au Pombé. Comme le frileux Séki ne cesse de me réclamer du Brandy, je reprends avec plaisir une partie du copieux envoi. Il me servira à monter la température du Sultan au point voulu pour en obtenir, enfin, la réalisation de promesses, trop longtemps restées en souffrance.

1er janvier 1882. — Les Pères algériens étant absents, nous restons seuls d'Européens, M. Reichard et moi, à nous souhaiter la bonne année.

Je dis à mon cordon noir de se distinguer, et elle nous apprête un festin de Balthazar.

M. Reichard ne repart que le 7 pour Igonda.

J'en profite pour lui faire les honneurs des environs. Nous allons voir ensemble Souétou, Tipo Tipo et M. Stokes.

Je présente aussi à M. Reichard tous mes amis arabes.

8 janvier. — Les Pères Blanc et Ménard sont revenus à Tabora, avec M. Visscher. Partis le 3 décembre, ils ont mis un mois à fournir 5 étapes, grâce aux diableries de leurs porteurs qu'ils ont fini par congédier.

Le Pères Guillet et Blanc et MM. Joubert et Hillebrand ont

bravement continué leur route, avec quelques Askaris, seulement. Puissent-ils arriver à bon port !

En l'absence des Missionnaires français, j'étais allé me loger dans leur tembé, car j'oubliais de dire qu'il m'a fallu renoncer à celui de M. Sergère. Le retour des Pères Blanc et Ménard, qui resteront décidément ici, me force à déménager pour la troisième fois.

Je trouve fort à point, dans les environs, un logement spacieux et commode appartenant à un Arabe d'Oudjiji, et où je m'installe avec bêtes et gens. Cette construction, favorablement située et pourvue d'un bon morceau de terrain, que je transformerai en potager, m'est louée à raison de 2 dioras, soit 6 dollars de moins que mon ancien logement.

Il y aura quelques modifications à faire, entre autres des fenêtres à percer pour donner de l'air et de la lumière à certaines pièces par trop obscures. A cet effet, je m'adjoins un Sarmalla, ou charpentier indigène.

— Arrivée de la caravane de ravitaillement. Je me contente de prélever pour mon usage personnel une caisse de liqueurs et une autre de conserves. Le reste sera expédié pour Karéma, sitôt que les routes seront libres.

Plusieurs colis ont beaucoup souffert et je dois les emballer à nouveau. A cet effet, j'emploie toutes les vieilles caisses que je puis me procurer. Mon tembé est plein d'ouvriers. On y scie, on y rabotte et on y cloue du matin jusqu'au soir. Je joins aux ballots destinés à M. Ramaeckers le reste de mes Remington. Grâce à l'envoi de la Côte, notre chef pourra disposer de 500 pièces de fort Satini, mesurant chacune 36 yards, et d'une quantité de perles suffisante. Sef bin Raschid, chargé du transport, a fait un heureux voyage. Depuis Bagamoyo jusqu'à Tchem-Tchem, nul n'a songé à l'inquiéter. Les obstacles seront pour la fin. Dans tous les cas, il ne peut y avoir question de s'aventurer avec une pareille quantité de marchandises avant la rentrée, chez eux, des Rougas-Rougas de Mirambo.

CHAPITRE XXVI

Pressentiments de départ. — Eclaireurs, mais non marchands.— La grande pierre d'achoppement. — Production et consommation sur place. — L'ivoire, l'or, les minerais, les bois, les gommes, les céréales. — Des colonies ! — Exodes religieux, agricoles et industriels. — Où a passé la femme arabe, l'européenne doit pouvoir passer. — Courrier de Zanzibar. — M. Cambier marié, le docteur Van den Heuvel en destination de l'Europe et Roger s'embarquant pour le Haut-Congo. — Mort du capitaine Brownrique. — Capture d'un négrier. — Master Joseph Thompson. — Une charretée d'ordures. — Exécution de l'insulteur. — *Sitaki Mouzoungou ya Kofi.* — Une figure à claques.

D'après ce que je commence à croire, mon séjour à Tabora ne sera vraiment nécessaire que jusqu'au moment, assez rapproché, où les Pères algériens auront complété leur établissement. Comme notre œuvre reste essentiellement expérimentale et scientifique, et que dans la situation présente il ne peut s'agir pour nous d'intérêts commerciaux, d'ailleurs rendus impossibles par le manque de moyens de transport, il est assez indifférent de savoir à quelle nationalité appartiendront les résidents chargés surtout d'accueillir les voyageurs de l'Association, et les autres, en leur facilitant les moyens d'accomplir leur mission. Vu l'opposition systématique apportée à l'octroi d'une concession de terrain, qui nous permette de tenter, comme les Missionnaires Français, des essais de colonisation, au sein même de ce district commerçant et populeux, il vaudrait mieux reporter nos ressources limitées au complément de postes avancés, sur les points restés jusqu'à ce jour en dehors du cercle de nos observations et de nos études. La Station de Tabora n'a de raison d'être, en définitive, que comme centre rapproché de ravitaillement partiel et d'assistance pour celle de Karéma. Or, tout résident européen se fera un devoir de rester en rapports suivis avec le Fort Léopold et de soigner nos intérêts comme les siens propres. La Mission des Pères algériens nous permettra peut-être de réaliser nos vues sur le Manyéma.

Dans tous les cas, je ne pense pas devoir rester ici, passé le mois de juin.

Le poste de Karéma, solidement établi, s'il y avait moyen d'établir une station à Nyangoué, le but des opérations, dans la partie orientale de l'Afrique, serait atteint, ou du moins le jalonnement de la route suffisant, pour permettre le complément graduel des points intermédiaires. Malheureusement la mort prématurée du capitaine Popelin est venue renverser des projets élaborés de longue date.

Pour ceux de mes lecteurs qui s'étonneraient de nous voir abandonner ainsi des centres véritables de communication, de production et de négoce, pour nous isoler de préférence dans des régions peu fertiles en ressources et habitées par des populations hostiles, il ne sera point superflu d'insister sur le caractère actuel de notre entreprise.

Comme l'a très bien fait ressortir M. Ramaeckers, dans un travail, dont j'extrais quelques lignes, « une Station à l'intérieur de l'Afrique peut viser deux buts bien distincts : commercial ou scientifique. Or, tout bien considéré, il y a incompatibilité entre l'une et l'autre destination. Vouloir nous attribuer le rôle double et simultané de chefs de comptoirs et d'éclaireurs, serait méconnaître la pensée créatrice de l'Association Internationale Africaine, rabaissée au point de vue étroit et intéressé d'une simple opération mercantile. Pour le moment, je le répète, il ne peut pas être question d'ouvrir à nos industries des débouchés nouveaux et de faire concurrence aux Arabes dans l'achat des produits, envoyés par eux sur les marchés d'Europe. Cette tâche revient toute entière à l'initiative privée. Nous avons seulement à jalonner la route et à préparer le terrain où des groupes de véritables résidents bénéficieront un jour de nos renseignements et de nos alliances. Cette tâche est assez lourde pour que nous nous y consacrions tout entiers.

« Si dans ces régions, écrit M. Ramaeckers, une Station devait être avant tout commerciale, il importerait de la placer dans un centre de production et de trafic ; de l'établir sur un nœud de voies marchandes, où l'on trouvât toutes les ressources voulues, au point de vue de l'achat et du transport. Ce serait par exemple Tabora, Oudjiji ou Nyangoué. Mais de semblables établissements présentent de graves inconvénients au point de vue scientifique. Dans un grand rayon, les gens, le sol, la faune et la flore ont toujours subi de graves altérations. Le savant, et je parle surtout de celui qui s'attache aux sciences naturelles, n'y pourrait surprendre la Nature sur le fait.

« S'il s'y établit, c'est pour se voir condamner à ne recueillir que des observations sans importance et à se morfondre inutilement dans un climat meurtrier. Pour réaliser sa mission, tout à l'inverse du commerçant, il cherchera plutôt, pour rayonner, un point où la Nature et la Race ont conservé leur caractère vierge et natif. Il se transportera dans les régions, encore sauvages, où il lui suffira d'une promenade d'une heure pour se trouver en plein Pori, loin des habitations et des cultures. Mais il faut qu'il se résigne dès lors aux plus grandes privations. Comme à Karéma, il n'y trouvera que peu de ressources alimentaires assurées. Presque rien à acheter, encore moins à faire transporter à la Côte. »

Citer l'exemple des marchands portugais, anglais et hollandais, *faisant marcher de front la création de colonies et de ports nouveaux ; poursuivant, de concert, la conquête par les armes des points disputés et le lent accroissement des concessions arrachées aux princes indigènes ; ne séparant point les sciences de l'agriculture et du commerce, dans l'occupation martiale et politique d'un sol, bientôt pourvu de nombreuses voies de communication, serait dans l'état présent des choses, une injustice.*

La grande pierre d'achoppement pour l'extension d'un commerce régulier et rémunérateur, entre l'Ou-Nyaniembé et la Côte orientale, c'est l'impossibilité de substituer au factage à dos d'hommes, les transports par voies fluviales, par charrettes ou par animaux de selle et de trait. Question primordiale qui a fait l'objet d'études et d'efforts restés infructueux. Elle a préoccupé à juste titre M. Ramaeckers. « Dans toute cette région, écrit-il, jusqu'à la Côte, il n'existe aucune voie navigable, même de minime importance. Les transports devront donc toujours se faire par voie de terre. Or, en l'absence complète de route, rendant le charriage praticable, il ne reste que l'ancienne, longue et frayeuse ressource des porteurs indigènes.

« Sa Majesté Léopold II a tenté une importante expérience qui n'a malheureusement donné aucun résultat décisif. On ne peut en effet, jusqu'ici, ni condamner ni admettre l'élé-

CHAPITRE XXVI

phant comme moyen de transport. Il en est à peu près de même des ânes. Impossible de se baser sur des essais partiels, pour établir un calcul. En dernière analyse, il n'y a, pour point de départ certain, que le portage à dos d'hommes, pratiqué seulement pour des marchandises de haute valeur.

« Or, d'après des relevés comparatifs, hors de toute contestation, depuis le Lac jusqu'à la Côte, les frais de transport s'élèvent, au minimum, à 250 ou à 300 francs pour 100 kilos, soit, pour la tonne, à 2500 ou à 3000 francs.

« J'ignore ce que peut être le fret de cette même tonne jusqu'en Europe, mais celui-ci, atteignant déjà la somme de 50 francs, sur la Côte occidentale, doit monter à 60 ou à 70 francs pour la Mer des Indes. ».

Autre calcul à l'appui des chiffres produits par M. Ramaeckers.

Une caravane de 2000 porteurs, ce qui doit se voir assez rarement, — celle envoyée à Tabora par M. Sergère a fait événement — ne pourrait transporter, au grand maximum, que 60 tonnes de marchandises, soit le chargement de six wagons de chemin de fer.

Or, il faut un temps infini et des circonstances exceptionnelles pour arriver à un pareil résultat. Tipo Tipo m'a dit lui-même avoir mis dix ans à former sa caravane présente et à acheter seulement 2000 dents d'ivoire ; cet aveu se passe de tout commentaire.

S'ensuit-il qu'il faille désespérer de l'avenir ?

Je ne le pense point.

Voyons, en dehors de cet ivoire, accaparé par les Arabes, et dont la source se tarira un jour, quels sont les produits de l'Afrique orientale.

Il y a d'abord les minérais précieux. Ah ! si l'on trouvait de l'or en quantité suffisante, il se produirait bien vite un courant d'émigration, et le problème serait résolu du jour au lendemain !

M. Ramaeckers estime qu'aucun voyageur compétent n'a sérieusement établi l'existence d'importants gisements d'or à l'état natif. Pour ce qui me concerne, *j'ai vu*, entre les mains d'un nègre venant du Lac Moéro, une pépite de la dimension d'un œuf de pigeon. C'est un point de départ qu'il serait bon de ne pas perdre de vue.

J'ai dit que le minerai de fer abonde dans l'Ou-Soukouma. Il serait certes absurde de le transporter à la Côte. Mais pourquoi des forges européennes ne fabriqueraient-elles pas sur place ces houes précieuses, ces pioches tant demandées, ces armes et ces colliers, cotés à si haut prix en Afrique ?

Le bois est ici partout en abondance et la main d'œuvre serait amplement payée par la rétribution des fabricats. Il en est de même du cuivre, dont d'entreprenants ouvriers européens, assistés de gens du pays, tireraient des bénéfices, en se bornant à la clientèle des tribus avoisinantes. Le bois n'est, il est vrai, ni flottable, ni transportable en l'absence de canaux et de voies ferrées. Mais des Colonies à poste fixe les utiliseraient pour leurs constructions, pour leurs mobiliers, pour l'extraction de gomme, de teintures, de produits pharmaceutiques, alimentant autant d'industries locales qui trouveraient leurs débouchés dans l'Intérieur même. Le coton se reproduit partout à l'état sauvage, mais parfaitement textile, puisque les indigènes en font d'excellentes étoffes : nos colons pourraient fabriquer des tissus, débités comme monnaie courante, et qui rendraient inutile l'importation coûteuse, et forcément limitée de produits étrangers, qui trouveraient toujours sur la Côte des placements lucratifs.

On a objecté, assez à la légère, que la richesse agricole de l'Afrique orientale est surfaite. Pour preuve, on invoque les difficultés croissantes que les caravanes y éprouvent à se ravitailler. Mais la cause de cette pénurie, je l'ai indiquée vingt fois.

Elle résulte de l'isolement farouche, observé par les Oua-Chenzis, se volant leurs céréales, sitôt que la Massika a battu son plein, et qui, par crainte d'exciter la convoitoise de leurs *frères* noirs, se garderaient de récolter au delà de leurs besoins.

Elle provient encore, et surtout, du manque de solidarité entre les villages, séparés par d'immenses territoires, inutilement féconds, et où selon moi, les stations européennes devraient s'établir de préférence, afin de relier et de tenir en bride les petits sultans, aujourd'hui simplement écumeurs de grands chemins. Une guerre de quelques jours, transformant en poris des districts entiers, rien ne serait plus pratique que d'occuper immédiatement les terrains abandonnés, déjà préparés pour la culture, et que de grouper autour de soi de grands concours de population indigène, attirée autant par l'appât des échanges que confiante dans la protection armée des Oua-Zoungous.

La vérité, c'est que la richesse du sol africain défie toute comparaison.

Avec très peu de travail, il se couvrirait de splendides récoltes. Le café viendrait très bien ici, ainsi que la canne à sucre, exceptionnellement cultivée. Le froment, le riz, le maïs, le millet, le sorgho, le manioc, les patates douces, les plantes oléagineuses, sont déjà d'un plein rapport, et l'on pourrait facilement acclimater la plupart des légumes d'Europe. J'admets que ces produits devraient être consommés sur place. Mais n'est-ce rien que l'abondance assurée pour beaucoup de malheureux qui, chez nous, ne peuvent suffire aux besoins de leur famille? N'y a-t-il donc que le seul commerce des produits exportables pour séduire nos travailleurs nécessiteux?

L'élève du bétail, aussi, tenté sur une large échelle, ne tarderait pas à prendre une extension considérable. Et, à propos de bétail, pourquoi, lorsque les caravanes se font suivre de vaches et de bœufs, ne persiste-t-on pas à utiliser ces animaux comme moyens de transport? A voir le parti qu'on en tire aux Indes néerlandaises, une nouvelle série d'expériences serait peut-être couronnée d'un plein succès.

Pour moi, c'est par l'immigration, seule, qu'on rendra indispensable l'établissement, en Afrique, de voies ferrées et le creusement de canaux réclamés impérieusement, alors, par l'accroissement d'une population prêchant d'exemple le travail aux peuplades indigènes. C'est à la grande culture à assainir le sol et à l'industrie à créer des besoins encore ignorés.

Le temps viendra aussi, où l'on pourra exporter, avec bénéfices, les bois précieux, tels que l'ébène, le teck, etc., ainsi que les gommes et le caoutchouc. On peut, et l'on doit sortir de la phase purement scientifique, mais pour cela, il faut le concours de masses actives et résolues. Question de temps, aussi, et de courageuse propagande. L'Œuvre dont Léopold II a pris l'initiative, portera ses fruits dans l'avenir, lorsqu'on l'aura enfin comprise, et que les déshérités, en faveur desquels l'idée mûrit, sentiront l'avantage de participer à la moisson.

Déjà quelques résultats partiels prouvent la possibilité de colonies africaines.

Si les Pères Catholiques n'ont guères produit que des néophytes du genre Boniface, ils ont formé des centaines d'artisans et d'agriculteurs.

Il n'en faut point douter, l'envoi en Afrique de communautés religieuses aurait une influence considérable sur les destinées de ce pays, comme l'établissement de settlements anglais, suivant le même système, et de colonies allemandes, plus préparées, peut-être, que toutes autres aux épreuves de pareils exodes. Notre vieille Europe ne pourrait que gagner à déverser sur le Continent noir le trop-plein de sa population monastique, transformée en agent actif de civilisation et de progrès ; l'Angleterre, au lieu d'entretenir à grands frais de confortables refuges, dont les châtelains, toujours remplacés par de nouveaux visages, n'ont pas le temps de se créer des influences durables, verrait prospérer des établissements ne coûtant plus rien à la mère-patrie.

Quant à la féconde Allemagne, elle trouverait amplement sur ce sol neuf, de quoi alimenter l'activité agricole et industrielle de ses aventureux émigrants.

Il reste toutefois une ombre à ce tableau, entrevu d'un œil peut-être tant soit peu optimiste.

Qui de nous n'a point fait le rêve de traverser l'Afrique, avec quelque vaillante épouse, portant le rifle sur l'épaule, et affrontant gaiment les périls de la route ! A défaut d'Européennes, il nous reste, il est vrai, la ressource de former des unions avec des femmes du pays. C'est à quoi ne répugnent nullement les Arabes qui, presque tous, ont des enfants métis, élevés aussi tendrement que les autres. Mais l'expérience a démontré, pour ce qui nous concerne, la stérilité momentanée de pareils croisements. Ce n'est guères qu'après une seconde acclimatation, et au retour de quelques mois passés en Europe, qu'ils peuvent porter fruit.

Dans l'état présent, d'ailleurs, et tant qu'il ne sera question pour nous que d'un séjour limité, pourquoi songer à faire souche! Ce ne nous serait qu'un embarras de plus, ajouté à bien d'autres difficultés. Sans compter que les métis n'héritent généralement que des instincts vicieux des deux races dont ils sont le produit. Pourtant, si nous prétendons asseoir notre Œuvre sur des bases inébranlables, nous devons nous poser vis-à-vis des peuplades indigènes, non point comme de simples touristes, bientôt désireux de regagner leurs foyers, mais en groupes stables, en tribus régulières, donnant l'exemple des vertus privées et de l'amour paternel.

Sauf pour les communautés religieuses, où le célibat s'impose, toute Colonie, digne de ce nom, ne peut s'établir que par une large extension de la Famille, considérée à tort comme offrant ici d'insurmontables obstacles. Les Arabes de Tabora, établis à poste fixe, ont bien résolu le problème, pourquoi reculerions-nous devant lui? Certes, faute de moyens de transport, la marche à travers l'intérieur est peu séduisante, et j'estime que, pour le moment, il nous serait assez difficile de trouver même des filles du peuple qui se risquassent à partager nos fatigues et nos dangers. Quelle mère nous confierait ses filles, pour les jeter dans les hasards de pareilles aventures? Et, le cas échéant, quelle responsabilité pour nous, toujours à la merci du bon vouloir de notre escorte, et sous la menace de nombreux guet-apens? Mais le péril s'évanouirait pour les fortes troupes, cheminant armées, comme les Môrmons, à la découverte d'une Jérusalem nouvelle. Dans leurs vastes tembés, les Arabes ont transporté pour ainsi dire la Patrie même. De nombreuses épouses, renforcées d'esclaves, leur donnent une lignée, acclimatée de naissance et héritière de leurs conquêtes. Ils prennent bien véritablement possession du sol, au nom de la race dont ils sont les représentants, et la plupart même s'établissent dans l'intérieur sans esprit de retour. Mais nos robustes campagnardes ne passeraient-elles pas là où a passé la femme arabe? Le Français Bloyet a-t-il hésité à faire venir sa famille à Condoa? Je citais tout à l'heure les Mormons. N'ont-ils pas été suivis dans leur longue marche, à travers le désert américain, par leurs compagnes et par leurs filles? Il est vrai qu'à leur tête marchait un Brigham Young, et qu'en Europe le vent n'est pas tourné précisément du côté des prophètes!

12 janvier 1882.—Lettres de Zanzibar en date du 19 octobre. Le courrier a été attaqué par les Rougas-Rougas, dans le Mgon-

da Mkali. Les hommes se sont vu dépouiller de leurs fusils, mais, après d'énormes retards, ils ont pu cependant continuer leur route.

M. Cambier m'annonce, qu'après s'être marié en Europe, il vient de retourner à Zanzibar, où il remplacera M. Van den Heuvel, désigné d'abord en qualité d'agent de l'Association. Celui-ci paie son tribut à l'atroce climat de la Côte orientale. Il prétend que l'humidité le rend anémique et voudrait de tout cœur prendre le chemin de Nyangoué pour se retremper la fibre. Il est arrivé à Bagamoyo en 45 jours de marche.

« Soyez prudent avec les Arabes, m'écrit-il. Abdallah bin Nassib nie avoir contresigné le billet en vertu duquel on a délivré de la poudre à Amir. Ce vieux salamandre se prétend calomnié et pour se blanchir, fait passer nos politesses officielles comme les marques du respect et de la sympathie dont il se dit entouré. Il aura fort à faire pour se disculper auprès de Saïd Bargash, dont il a lésé les intérêts en ne croyant s'en prendre qu'à ceux de M. Sergère. »

Roger est sur le point de partir pour le Congo avec 135 Askaris. Il s'est emparé dans le magasin de tout ce qui était rifle, express ou calibre à poil ou à plumes. Gare au gibier !

Les lettres de M. Van den Heuvel m'annoncent encore l'envoi de certains objets que je lui avais demandés : deux paires de souliers, des chapeaux et un fromage de Hollande, faute de Chester, introuvable à Zanzibar. Le docteur me confirme de plus son prochain départ pour l'Europe.

Un événement tragique a mis Zanzibar sens dessus dessous. M. Brownrique, commandant du *London*, à bord duquel je m'étais rendu pour faire régler nos chronomètres, a accosté, en croisière, à la hauteur de Pemba, un *boutre* arabe, faisant la traite sous pavillon français. M. Brownrique a été massacré avec quelques marins. Il n'avait pas moins de 27 blessures. On a fini par se saisir du négrier, atteint de deux balles, l'une au poignet, l'autre au genou, et qui n'a pu survivre à l'amputation. Renseignement pris, l'Arabe n'était pas sujet français le moins du monde. Tout cela a fait grand tapage. Deux vapeurs français sont en ce moment à l'ancre en rade de Zanzibar.

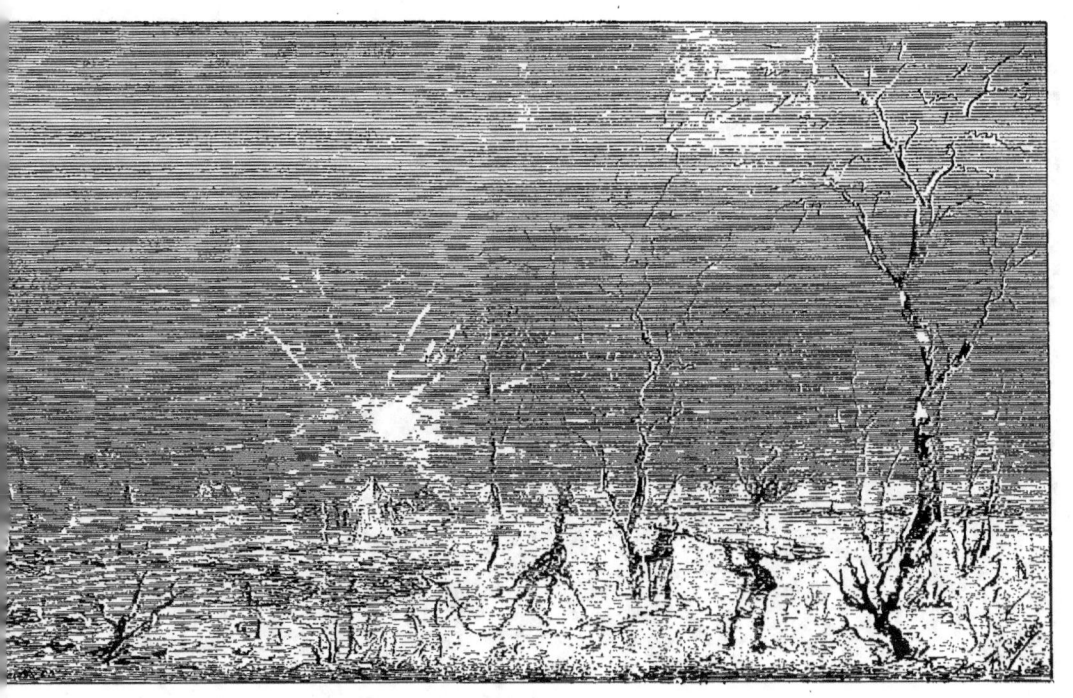

Le Pori africain en temps de Kipoi (saison sèche) (Dessin de F. Simons.)

Même paysage en temps de Massika (saison humide) (Dessin de F. Simons.)

— Autres faits, nous touchant particulièrement et qui ont causé là bas une sensation profonde.

Un certain Joseph Thompson, jeune Ecossais, tout frais émoulu de quelque collège, a réussi à se faire admettre, comme adjoint, de feu Keith Johnston, envoyé par la Société Royale de Géographie de Londres, en exploration sur le Continent mystérieux. Johnston étant mort, presque au début du voyage, son présomptueux pupille recueillit bravement sa succession et se crut investi, pour le coup, de tout le savoir, de toute l'expérience et, surtout, de toute l'autorité d'un véritable chef d'expédition. Cheminant à grand équipage, semant sa route d'étoffes et de perles, sous prétexte de sauvegarder le prestige de sa nation, mais faisant surtout renchérir, sur son parcours, le prix des denrées et les exigences des porteurs, Thompson se posa partout en personnage. Fort bien reçu, malgré ses hâbleries, attribuées à l'exubérance d'une bouillante jeunesse, notre Stanley au petit pied visita nos compatriotes à Karéma et à Tabora, rencontra même, en route, MM. Roger et Burdo et, rentré en Europe, profita de ces relations pour diriger contre les Belges et les Français, envoyés en Afrique, les plus scandaleuses attaques.

La représentation de la Grande-Bretagne, au sein du Congrès de Bruxelles, par les savants les plus illustres, les excellents termes dans lesquels nous avons toujours vécu avec les Voyageurs et les Résidents anglais, la communauté de nos aspirations, de nos sacrifices et de nos périls, avec les explorateurs européens, fédérés sous un même drapeau, tout cela ne pèse pas un fétu dans la balance de ce joli monsieur, dont l'ouvrage n'est qu'un insolent pamphlet, consacré aux *bévues* des explorateurs belges. S'il ne s'agissait que d'une critique, même partiale, contre des tentatives qui se peuvent apprécier à des points de vue différents, il n'y aurait rien à dire. Mais le livre de M. Thompson est outrageant et calomnieux à tous les chefs : les moindres faits y semblent dénaturés à plaisir, et lorsque la malle l'a apporté à Zanzibar, tous les résidents anglais se sont empressés d'en désavouer le compromettant auteur. On jugera de l'esprit de ce factum par quelques citations caractéristiques, flanquées des commentaires qu'elles comportent.

D'abord, il s'agit de la Station de Karéma, en voie d'inauguration lors du passage de M. Thompson :

« Dans l'après-midi, nous partîmes pour Karéma. En arrivant,
« nous trouvâmes qu'il était impossible d'approcher de la côte, à
« cause du peu de profondeur de l'eau et de l'abondance extrême
« de troncs d'arbres morts et de *snags*, » — arbres aiguisés en
pointe — « menaçant de trouer notre bateau aussi *mou et aussi
« facile* à perforer qu'un morceau de fromage. Tous les hommes
« durent sortir de l'embarcation (*All the men were turned out
« of the boat*) malgré la dangereuse présence des crocodiles.
« Après avoir jeté avec attention la sonde, pendant plus d'une
« heure, nous commençâmes à désespérer de trouver une entrée
« sûre. »

Cette difficulté d'atterrir, le savant Thompson ne manque pas, naturellement, de l'attribuer à l'insuffisance du chef de la première expédition belge. Il ne sait pas, ou plutôt il feint d'ignorer, que lorsque M. Cambier est arrivé à Karéma, il s'y trouvait un port excellent, vaste, commode et admirablement abrité. Depuis, comme nous l'avons vu, la nature a totalement changé la configuration de la côte, les eaux du Tanganika, en s'échappant par le déversoir, reconquis par elles, du Loukouga, ayant laissé à découvert une large plage, où les bateaux abordent moins aisément, — quoique cet abaissement ne nous ait jamais empêché de faire de fréquentes excursions sur le Lac. — Mais qu'importe au loyal visiteur! Nous aurons bien d'autres marques de sa bienveillance et de sa bonne foi!

« Je lâchai deux coups de feu dans l'espoir d'attirer l'attention,
« continue-t-il. Nous fûmes charmés de voir briller une lumière
« à quelque distance. Nous nous dirigeâmes vers elle et on
« répondit à nos appels par quelques acclamations indistinctes.
« Enfin, un Halloo! plein d'entrain, roule sur les vagues et, *sans
« hésiter, nous devinâmes qu'il émanait du capitaine Car-
« ter, car aucun Belge n'aurait eu l'énergie d'émettre un
« pareil cri*. Nous y répondîmes. Peu après, il nous fut possible
« d'entrer en communication et, finalement, de secouer la main
« d'un homme *que l'on aurait pu reconnaître pour An-
« glais, rien qu'à la seule vigueur de son étreinte* ».

Permis au sieur Thompson de revendiquer pour ses compatriotes la spécialité des appels. J'estime, pourtant, que notre excellent et regretté Carter mettait son amour-propre à d'autres prouesses qu'à manifester une exceptionnelle vigueur de poumons. Quant à la supériorité d'une poigne anglaise sur une main belge, master Thompson ne devait pas tarder à voir son opinion, à cet égard, se modifier encore plus complètement que l'ancien port de Karéma.

Mais n'anticipons point sur les événements.

« Carter venait d'arriver pour faire la chasse aux hippopo-
« tames du village de Karéma, situé à environ deux milles dans
« l'intérieur. Nous le trouvâmes confortablement campé sur un
« petit tertre (*ridge*) où il nous conduisit. Au bout de quelques
« minutes, le meilleur dîner qu'il pût nous offrir se trouvait
« placé devant nous. Ensuite s'engagea une conversation qui se
« prolongea toute la nuit et au cours de laquelle chacun raconta
« en détail les péripéties de sa vie de voyageur en Afrique et
« mit ses souvenirs à contribution (ainsi que son imagination,
« volontairement, ou non,) pour narrer des histoires étonnantes,
« concernant ses exploits sur terre et sur mer (*flood and fell*),
« contre les bêtes sauvages et les hommes, non moins farouches
« qu'elles ».

Aveu bon à noter! Certes, dans cet assaut, master Thompson dut remporter la palme, car en fait d'imagination, il en aurait revendu à feu le baron de Munchausen.

« Au point du jour, j'étais debout, anxieux (*anxious*) de jeter
« mes regards sur la première station fondée par l'Association
« Internationale, pour ouvrir l'Afrique, là où la civilisation, le
« Christianisme, le trafic, et toutes les bonnes et grandes choses
« restent à introduire au bénéfice du nègre, plongé dans la nuit
« (*benighted negro*); où le voyageur fatigué doit être soigné,
« encouragé et fortifié dans sa mission; fourni de marchandises
« et pourvu de porteurs; où, en un mot, il importe qu'il trouve
« un centre où convergent les meilleures et plus recommanda-
« bles conquêtes de la civilisation européenne. »

Ici, M. Thompson trace son petit programme particulier : l'endroit lui paraît manquer de confortable. Selon lui, le grand art et le véritable dévouement consistent à desservir des postes commodes, facilement abordables, reliés déjà à d'autres centres par des voies de communication, bien approvisionnés, au milieu de peuplades amies et où l'on puisse se promener la canne à la main. Je citerai, en son entier, ce curieux morceau, truffé de nombreuses contradictions, et où la présomption le dispute à l'outrecuidance.

« Naturellement, nous nous attendons à ce que l'endroit,
« choisi pour répondre à toutes ces belles visées, réunisse de
« nombreux avantages : *Tout d'abord il faut que le climat*
« *soit salubre, le sol fertile, bien boisé et bien arrosé. Il*
« *doit être entouré d'une population considérable, d'un*
« *naturel pacifique et ayant en abondance des denrées à*
« *vendre. Il importe aussi qu'il occupe une position cen-*
« *trale, permettant de rayonner vers d'autres districts,*
« *même éloignés.* Etabli au bord du Lac, il doit être bien
« abrité et fournir un bon ancrage aux grands bateaux, afin
« qu'ils puissent y atterrir par tous les temps. On est en droit
« également de supposer que les résidents d'une pareille Station
« tiennent à prouver, de toutes les façons possibles, que leur
« mandat est essentiellement une *mission de paix*; qu'ils ne
« sont venus là que pour l'avantage des indigènes, et non pour
« s'emparer de leur territoire.

« Ne perdons pas de vue ces considérations, en étudiant
« comment *on les a observées* à Karéma.

» Que le lecteur imagine se trouver sur une petite colline
« d'une altitude de 150 pieds » — (lisez 15) — « au-dessus du
« niveau du Lac qui la baigne à l'Ouest et au Nord, tandis qu'un
« *marécage nauséabond* complète le pourtour du côté de la
« terre. Au Sud, s'étend une chaine basse, *sans arbres, cou-*
« *verte seulement d'arbustes rabougris* et de gros blocs de
« gneiss. Au Nord-Est, nous apercevons l'embouchure de la
« Mousamouéra, qui a la forme d'un large et inaccessible ma-
« rais, s'étendant sur plusieurs milles, vers les hauteurs éloi-
« gnées de l'Ou-Kaouendi. Bien en face, à l'Est, un éperon de
« la chaîne basse, déjà mentionnée, barre la vue. Nous en
« franchissons le sommet et continuons à inspecter l'horizon.
« Rien à voir qu'une grande surface dépourvue d'arbres,
« allant jusqu'aux montagnes situées à une dizaine de milles.
« C'est à travers ce paysage que coule la Mousamouéra,

« transformant le tout, pendant la saison des pluies, en abomi-
« nable marécage. La fumée qui s'élève au milieu de la plaine,
« indique la position de Karéma, à moitié caché par des herbes
« géantes et dont le voisinage n'offre presque pas traces d'agri-
« culture. Scrutez l'horizon lointain, nulle part vous ne décou-
« vrirez de villages.

« Tout compte fait, dans un cercle de vingt milles, il n'y a
« pas plus de trois ou quatre hameaux. Au Nord, *habitent les*
« *brigands dévastateurs* de l'Ou-Kaouendi. Au Nord-Est, *le*
« *nom seul de Simba inspire la terreur à tous les gens pai-*
« *sibles*, tandis qu'à l'Est, le village important de Makenndé *a*
« *une réputation qui, sous le rapport de l'amour du pillage,*
« ne le cède pas à celles des endroits que je viens de mention-
« ner. Tel est le petit bourg de Karéma, situé dans un cloaque,
« entouré d'une large ceinture de déserts inhabités, bornés par
« des montagnes et cernés, extérieurement, par un cercle de
« chefs de bandits.

« Mais retournons à la petite colline qui est le point choisi
« pour y établir la Station. Les difficultés qu'offre son approche,
« par la voie du Lac, ont été déjà décrites d'expérience lors de
« notre arrivée. Il suffira d'ajouter que, pendant une tempête ou
« une forte brise, pas un bateau ne pourrait y atterrir, car,
« même par le temps le plus calme, il est presque impossible de
« se diriger à travers le *bois mort* et les bancs de sable qui
« *abondent sous et sur l'eau.*

« En dirigeant notre attention sur la colline elle-même, nous
« sommes frappés d'une stupéfaction démesurée » — *boundless*
« *astonishment* — « en voyant les préparatifs militaires en voie
« d'établissement, et nous nous figurons presque nous retrouver
« en Europe. Comme si les marais et le Lac ne constituaient
« point des défenses suffisantes, on y a inauguré un système
« complet de fortifications d'après *les principes les plus scien-*
« *tifiques*, des tranchées, des murailles et des forts, etc., exé-
« cutés rapidement, comme si l'on s'attendait à voir arriver une
« armée européenne avec des canons de siège. Et cependant, il
« n'y a que quelques petits villages dans un cercle de vingt
« milles. Peut-être, une fois par semaine, un pauvre indigène
« vient rôder aux alentours. Il regarde, avec un étonnement
« marqué, ces tranchées et ces constructions, auxquelles il ne
« comprend rien, retourne chez lui, rassemble ses amis, et,

« proférant avec *un sentiment de pitié* le seul mot « Mouzoun-
« gou » (homme blanc), il se frappe la tête d'une certaine
« façon.

« Cependant, mes lecteurs diront : Il doit certainement y
« avoir quelques avantages compensateurs ? — (*Compensating
« advantages*). — C'est possible, mais je confesse que je n'ai pu
« en découvrir, pour ma part. La Station est entièrement isolée
« *de toutes voies de trafic;* la plus proche, indiquée sur ma carte,
« pour mon propre itinéraire, consistant dans celle de l'Ou-
« Nyaniembé, à travers l'Ou-Fipa, vers l'Ou-Roungou et l'Ien-
« doué... En vérité, les Messieurs de la première expédition,
« semblent avoir fait preuve d'une *sagacité tout à fait éton-
« nante, en découvrant un endroit absolument impropre,
« à tous les points de vue, pour faire progresser les buts de
« l'Association.*

« Mais nous n'avons point encore fini. Il n'y a absolument,
« comme nourriture, au village de Karéma, que du maïs, car
« *aucun autre produit du sol n'y est cultivé.* Point de gros
« bétail, de moutons, de chèvres, de poulets. Tout ce qu'on y
« mange doit être amené à grands frais d'Oudjiji ou de l'Ou-
« Nyaniembé. Ensuite, ils (les Belges) *ont réussi à provoquer
« autour d'eux un profond sentiment d'hostilité. Pas un
« indigène ne remuerait le petit doigt pour les assister, par
« sympathie ou pour argent,* de sorte que tout travail doit
« être fait par les Oua-Souahilis de la Côte, *payés fort cher.*

« *La grande Station civilisatrice de Karéma,* peut donc
« être représentée comme située sur une colline inaccessible du
« côté du Lac, entourée de marécages et d'une grande jungle
« inhabitée, *retraite favorite de nuées de moustiques* et au-
« tres insectes. La population y est très restreinte et *éminemment
« hostile.* Il n'y a ni vivres, *ni bois de construction* et le dis-
« trict est habité par *des chefs de brigands.* Elle est éloignée
« de toutes les routes de trafic et ne convient aucunement comme
« point de départ pour des voyageurs. *Les Messieurs qui y
« sont stationnés, ont un mépris hautain pour les sentiments
« et les coutumes des indigènes. Ils paraissent n'avoir aucun
« intérêt réel dans les objets en vue de leur mission,*
« (They seem to have no real interest in the professed objects
« of their mission) et ils ont trouvé nécessaire de *se fortifier en
« cas de guerre.* »

J'ai laissé parler M. Thompson qui, avec cette autorité, apanage du génie, juge souverainement, en quelques heures, d'une situation, étudiée sur place par des hommes, au début seulement, lors de son passage, de leurs travaux d'installation. Justement parce que ses critiques semblent offrir un caractère de vraisemblance, je me serais gardé d'en retrancher un mot.

Pour réfuter les assertions, émanant d'un personnage plus que secondaire, se parant du titre d'envoyé de la *Royal Geographical Society* de Londres, il fallait d'abord les mettre sous les yeux de mes lecteurs.

Quelques mots en feront justice.

1º Le marécage dont parle M. Thompson *n'existe pas*. Arrivé en pleine Massika, il a vu naturellement le pays inondé, comme l'est en cette époque, *la moitié de l'Afrique*. Mais le cloaque qu'il signale, consiste en un terrain argileux, recouvert de sable, fécondé par les eaux pluviales, et destiné à être converti en vastes plantations.

2º Il y a des bois *considérables* aux environs de la Station Belge. Les hauteurs sont couvertes d'arbres, qui donnent un excellent bois de construction. S'il n'y en avait pas, d'ailleurs, d'où viendrait la profusion de troncs morts, pointus ou non, dont M. Thompson encombre si libéralement la baie ?

3º Les habitants de Karéma ne plantent que du maïs, le fait est exact. Raison de plus, ce me semble, pour leur donner l'exemple d'autres cultures et pour rester fidèle à notre programme, en transformant complètement ce district abandonné.

4º M. Thompson, après avoir constaté le cercle de populations *hostiles et pillardes* qui nous entoure, nous raille sur nos travaux *de défense !* Impossible de se couper plus grotesquement. Qui plus est, il nous fait un grief de les avoir élevés, *on the most scientific principles*, en insinuant que nous semblons n'être venus à Karéma que pour nous emparer du territoire.

Comment? C'est quand nous nous sommes prudemment assurés d'une concession en règle, que cet écervelé, bouffi d'une importance, évidemment surprise, ose parler d'attitudes conquérantes ?

Pour rassurer les populations, il nous eût fallu probablement occuper de vive force un terrain, selon lui, plus favorable ?

5° M. Thompson nous reproche notre isolement, alors que nous restons dans le voisinage des seuls bourgs importants, et plus ou moins tenus à nous défendre par notre contrat avec Matoumoula. Et il voudrait nous envoyer plus loin, en plein désert, ou près des villages de brigands, contre lesquels nous avons déjà été forcés de prendre des mesures de défense ?

O logique !

6° J'ai déjà constaté que nul n'aurait pu prévoir le soudain abaissement des eaux du Lac, remplaçant l'ancien port par une plage d'un accès plus difficile. Mais cet abaissement a-t-il empêché les tribus voisines de venir nous apporter, par eau, leurs denrées ? N'allons-nous pas nous-mêmes rendre visite aux Sultans riverains pour nous ravitailler ? J'admets cependant que la côte soit malaisée pour les bateaux de *fromage*, comme celui de master Thompson.

7° Ledit Thompson, — qui s'étonne de voir des moustiques aux bords d'un lac africain ! — nous prête un *mépris hautain* pour les usages indigènes et nous représente, comme ayant provoqué autour de nous un profond sentiment d'hostilité.

C'est là un indigne mensonge. La présence des Belges dans le village même de Karéma, ne lui inflige-t-elle point un démenti suffisant ? Il nous aurait peut-être fallu pactiser avec les coutumes atroces devant lesquelles Livingstone a fui épouvanté, frayer avec les sorciers et nous soumettre à leurs caprices ? Comment concilier l'hostilité exceptionnelle, dont parle master Thompson, avec les efforts tentés par la population pour nous faire bâtir encore plus près du village ? Quant au défaut d'aide de la race indigène, quelle misérable argutie ! Pourquoi le nègre de l'intérieur, qui s'en tient pour lui-même à la besogne strictement indispensable, juste ce qu'il faut pour ne pas mourir de faim, dérogerait-il à son incurable paresse, en faveur de simples voyageurs blancs, eussent-ils, comme s'en vante plus loin le fastueux Thompson, la main pleine de cadeaux ?

Tout aussi fondée la prétention de nous endosser la responsabilité des querelles de nos hommes avec leurs congénères du village ! Vouloir empêcher des nègres de se chamailler ! Il faudra commencer par pouvoir s'en faire obéir !

8° M. Thompson constate que Karéma est éloigné de toute voie de trafic. Eh bien? Est-ce que le rôle de l'Association ne consiste pas précisément à ouvrir des routes nouvelles? Jusqu'ici les voyageurs ne s'aventuraient guères dans la direction du 7me parallèle. Voilà une lacune comblée !

9° Reste la difficulté de se ravitailler. Cette difficulté est réelle. Mais depuis quand fait-on un crime aux pionniers de la civilisation de choisir un poste de luttes et de privations ? Comme M. Ramaeckers l'établissait, dans le travail dont j'ai donné plus haut quelques extraits, les missions scientifiques doivent s'écarter le plus possible des centres habités et, d'ailleurs, rendus suffisamment accessibles aux caravanes arabes. M. Cambier a héroïquement dédaigné le rôle d'enfonceur de portes ouvertes préconisé par M. Thompson. C'est en plein pays sauvage qu'il s'est établi, laissant les résidences commodes, sur les points connus de longue date, aux voyageurs par spéculation. En présence de l'Œuvre réalisée par nos compatriotes, et qui se complète tous les jours, on se demande si les outrages, qui leur sont prodigués dans le livre de M. Thompson, viennent d'un fou ou d'un gamin ?

Qu'on ne s'étonne point de ce mot d'outrage. Nous ne sommes pas au bout du réquisitoire, dont je continuerai, malgré mon profond dégoût, à résumer brièvement les insanités.

D'après le véridique M. Thompson, le choix de la Station de Karéma doit être imputé autant à *la sottise (atrocious blunder)* *qu'à l'ignorance*. D'abord, la première expédition a eu le malheur de perdre *ses deux principaux membres*. Dès lors, on comprend que ce pauvre capitaine Cambier n'a plus su où donner de la tête ! Le voyageur écossais le montre ironiquement, essuyant des désastres sans nombre : désertions de porteurs, morts d'hommes, retour à la Côte d'un autre compagnon de route découragé.— « Ils semblaient, dit M. Thompson en parlant de nos
« vaillants compatriotes, n'*avoir point d'instructions bien*
« *définies*. Tantôt l'on entendait dire qu'ils se rendaient chez
« Mirambo, tantôt à Oudjiji, et ensuite à Nyangoué. Enfin, après
« avoir erré pendant environ deux années, comme *des moutons*

« *perdus*, on apprit qu'ils se dirigeaient vers une localité appe-
« lée Karéma par Stanley et décrite par lui, en *termes resplen-*
« *dissants*, comme admirablement approprié à une station. En
« conséquence, ils se procurèrent des guides, mais ils trouvèrent,
« à leur grande surprise, les lieux bien différents du tableau
« tracé par Stanley. Cependant, comme ils étaient militaires et
« *qu'ils avaient reçu ordre de leur Roi de fonder une Station*
« *à Karéma, ils le firent*, sans s'inquiéter si elle atteindrait
« le but voulu, ou si l'on pouvait trouver un meilleur empla-
« cement, se contentant de rejeter toute responsabilité sur Stan-
« ley, avec *la consolation du devoir accompli*. Ils s'établirent
« donc, pleins d'une résignation philosophique, et attendent
« maintenant l'arrivée de *l'Afrique millénaire*. »

Instructions non définies, ordres du Roi, comme cela va bien
ensemble. Et quel humour, dans ces *pauvres moutons perdus!*

Ainsi, d'après master Thompson, M. Cambier s'était tout
bonnement trompé d'endroit et, sans l'obligeante rectification de
son savant visiteur, il n'y verrait encore que du feu. Ce qui
m'étonne, c'est que l'inexpérimenté officier belge, n'ait pas abandonné immédiatement la concession, qu'il avait obtenue si difficilement, pour adopter quelque autre emplacement, sur les lumi-
neuses indications de M. Thompson. On sait, en effet, qu'ici, il
n'y a qu'à commander pour être servi !

Il faut voir avec quel magnifique dédain notre fringant explorateur traite ces ridicules soldats belges, et en général tous les
voyageurs du Continent. « M. Cambier est un homme de petite
taille, à *l'air agréable et qui montre quelque intérêt* au travail qui l'occupe » (A pleasant-looking gentleman, and showed
some interest in the work in which he was engaged.)

Quant à *un certain capitaine Popelin*, chargé de la direction d'une grande caravane de marchandises et *qui avait l'intention* d'aller à Nyangoué, il le montre comme amené à
Karéma *sous la protection* de M. Carter, « Irlandais au cœur
généreux, ne reculant devant aucune fatigue ni devant aucun
danger ». On verra la perfidie du parallèle, en se rappelant que
le capitaine d'état-major Popelin, chef de la seconde expédition,
avait, sous ses ordres exprès, le convoi des éléphants, dont la
surveillance, seulement, revenait à M. Carter. Loin de moi la

pensée de vouloir diminuer les mérites d'un vaillant et fidèle ami, dont nous respectons la mémoire. M. Carter, s'il vivait, serait le premier à protester contre les compromettantes flatteries de son soi-disant panégyriste. Mais il convient de faire toucher du doigt l'indignité d'assertions, effrontément mensongères. Comment qualifier l'homme auquel est dû le portrait suivant ?

« Le capitaine Popelin est grand et fort avec quelque chose

Master Joseph Thompson.
(D'après un croquis pris à Zanzibar.)

« de martial dans ses allures. Il se trouvait évidemment sous
« l'impression que tout ce qu'il avait à faire, se bornait à venir à
« Karéma, à y séjourner un certain nombre d'années, à vivre
« *aussi confortablement que possible* et ensuite, à s'en re-
« tourner..... Quand il vint ici, *il pensa qu'il était arrivé*
« *assez loin et eut peur de continuer son voyage.* »

Quelle infamie ! Cet officier qu'on taxe manifestement de lâcheté, n'avait été momentanément distrait de sa mission, qu'en se portant héroïquement au secours de compatriotes, perdus dans un pays en armes. Nous avons vu comment, relevant à peine d'une maladie terrible, M. Popelin, martyr du devoir, est allé mourir à l'Ouest du Tanganika.

Mais poursuivons notre lecture, nous ne sommes pas au bout.

M. Thompson est reçu fraternellement par nos amis, qui le conduisent dans « leurs huttes de boue, menacées à chaque instant d'incendie par les habitants de Karéma .» (Encore une imposture !) — « Nous y rencontrâmes, dit-il, les malheureux
« restes (*melancholy remnant*) d'une grande troupe de mis-
« sionnaires catholiques romains, qui nous fournirent un nouvel
« aperçu des vicissitudes étranges des voyages en pays afri-
« cain, et une preuve nouvelle de *l'inaptitude des gens du*
« *Continent à remplir de pareilles missions*. Partis de
« Zanzibar, au nombre de dix-huit environ, ils avaient eu à
« souffrir la série des ennuis habituels. En arrivant dans l'Ou-
« Nyaniembé, trois d'entre eux tombèrent malades et trois autres
« moururent successivement. Le groupe se scinda, alors. Une
« section se dirigea vers le Victoria-Nyanza, une autre se
« disposa à rejoindre à Oudjiji le Père Denaud (Deniaud). L'un
« de ces derniers expira au sortir du district. Leurs porteurs les
« abandonnèrent et les indigènes leur *volèrent tout ce qu'ils*
« *possédaient*. Ils essuyèrent nombre de difficultés chez Simba,
« d'où il furent obligés de fuir avec quelques domestiques, em-
« portant *tout ce qu'ils possédaient* ». — Comment ça ? Puis-
« qu'ils n'avaient plus rien ? — « En arrivant à Karéma, ils
« étaient presque morts de faim ; sur les trois survivants, l'un
« d'eux se trouvait aveugle et un autre *fou*. Le troisième, seul,
« put paraître, lors de notre visite à la Station. Chose étrange à
« rapporter, les Belges, *sans se soucier du but dans lequel*
« *ils avaient été envoyés à Karéma, allaient les abandonner*
« *et les laisser se débrouiller eux-mêmes de leurs difficultés*,
« (would have left them to extricate themselves from their
« difficulties) *sans la protestation indignée du capitaine*
« *Carter*. »

Est-il besoin de réfuter cette nouvelle et scandaleuse calomnie, autrement qu'en la reproduisant ? Quant aux sentiments d'humanité du sieur Thompson, envers ces mêmes missionnaires, qu'il nous accuse d'avoir voulu abandonner, nous allons

les voir à l'œuvre pendant son passage à Simba. « Nous avons
« appris, dit-il, qu'il y avait d'autres blancs dans le village et
« *nous fûmes surpris de ne pas les voir venir à notre ren-*
« *contre* pour nous saluer amicalement. »

Naturellement ! A un si important personnage, il faut des
entrées triomphales. Master Thompson en conclut que les dits
blancs sont malades, et il prend la généreuse *initiative* d'aller
les voir.

« Je n'oublierai jamais, écrit-il, le spectacle qui s'offrit
« à ma vue. Je trouvai trois hommes blancs, dans une tente
« trop étroite pour une seule personne. Deux d'entre eux étaient
« malades et occupaient les deux côtés de la tente ; le troisième
« s'était arrangé de façon à se coucher en travers. *Per-*
« *sonnes et vêtements n'avaient évidemment pas fait con-*
« *naissance avec le savon et l'eau depuis un temps infini,*
« *car ils étaient extrêmement sales.* Comme j'opérais mon
« entrée, ils entamaient justement leur dîner, un repas frugal
« de patates douces, non épluchées, et de fèves bouillies, devant
« lequel un vulgaire indigène aurait eu l'appétit coupé. Ces
« infortunés étaient *d'ignorants paysans français*, faisant
« partie de la mission du Père Denaud... Au regret de les
« avoir surpris sans les prévenir, je me retirai, car *j'étais*
« *indigné à la vue du tableau honteux offert par ces igno-*
« *rantes dupes, amenées par tromperie* (beguiled) *à embras-*
« *ser une carrière, à laquelle ils n'entendaient rien, à*
« *devenir les laquais, spirituellement et matériellement*
« *dévoués, d'un prêtre, nourris comme des animaux, et*
« *devenus des objets de ridicule et de pitié pour les sau-*
« *vages africains.* »

A quel public d'ignares fanatiques et de haineux sectaires peut
bien avoir été destiné le livre de M. Thompson ? On croit rêver
en lisant ces lignes, destinées à la grande et généreuse Angleterre, notre aînée dans l'œuvre commune de civilisation et de
dévouement !

Emu, quoique indigné de tant de misère, le charitable Thompson va sans doute s'empresser de venir au secours de ses frères
blancs, car le protestantisme le plus rigide recommande
la tolérance et l'amour du prochain ? Non, le jeune voyageur a

mieux à faire. Sa munificence se reporte tout entière sur les hommes de son escorte, moins bien vêtus que les autres, et qui vraisemblablement ont converti leur nippes en Pombé. Il leur fait distribuer des étoffes, ce qui lui vaut quelques ennuis, racontés avec une naïveté plaisante. Les nègres non favorisés, se hâtent de se défaire de leurs habits et viennent l'assiéger dans sa demeure. « Comme ils virent que l'exhibition de leur
« feinte détresse m'ennuyait, écrit-il, ils devinrent de plus en
« plus pressants, jusqu'à ce que j'eusse fait un exemple *d'un*
« *ou de deux d'entre eux.* »

Un exemple ? Quel exemple ?

Le doux Thompson serait-il revenu de sa croyance aveugle dans la force du sentiment ? Peut-être a-t-il poussé la cruauté jusqu'à lire aux coupables quelque chapitre de son voyage !

« Dans l'après-midi, continue-t-il, ayant appris que le Père
« Denaud était arrivé, je lui fis dire que j'irais le voir. Mais pres-
« que aussitôt, il arriva lui-même, » — A la bonne heure ! — « avec
« l'air jovial et *confortable* qu'on peut s'attendre à trouver chez
« un bon prêtre, à *la conscience tranquille, et habillé de vête-*
« *ments blancs et immaculés.* Il était accompagné d'un de ses
« confrères » — en français dans le texte — « qui *s'était lavé*
« *pour la circonstance* et, semblant fort mal à l'aise, ne
« soufflait mot. » — Voyez-vous l'effet d'un austère protestant sur ces fourbes de catholiques romains ? Ils en perdent l'usage de la parole ! — « Le bon Père m'informa que deux
« Belges et un Anglais étaient en route de Tabora pour Karéma.
« Dans la soirée, j'envoyai *un très beau présent* à Simba et je
« *fis une autre distribution d'étoffes* à quelques-uns de mes
« hommes. »

Comme on le voit, le critérium de M. Thompson est d'une simplicité élémentaire. Tout ce qui n'appartient pas au Royaume-Uni ne mérite que la répulsion et le dédain. Nous ne sommes à ses yeux qu'un ramassis d'imbéciles, d'ignorants, de couards et de crève-faim. Ne s'est-il pas vanté d'assister M. Cambier, en lui faisant envoyer quelques objets qu'il possédait en double ? Quant aux Missions Catholiques, dont les plus acharnés adversaires de l'idée romaine ne contestent point l'héroïque abnégation, misérables dupes ou fourbes, malappris et saligauds ! Qu'ils pourrissent dans leurs crasses et dans leur abjection ! Les seuls frères de M. Thompson, ce sont les nègres de son escorte, auxquels il fait largesse de cotonnades et qui spéculent plaisamment sur sa niaise prodigalité !

Ah ! le bon voyageur qu'a là la Royal Geographical Society de Londres !

Au tour de MM. Roger et Burdo. Cette fois, M. Thompson appelle à lui toutes les ressources de son tact et de son humour.

Tout d'abord, encore un léger mensonge. Nous ne les compterons plus.

Ayant rencontré M. Cadenhead, qui ne peut plus le démentir, il lui prête perfidement ses propres sentiments d'hostilité à l'égard de nos compatriotes. — D'après M. Thompson, M. Cadenhead, *dégoûté de leurs procédés*, se serait pris de querelle avec eux et s'en serait séparé, après avoir voyagé de concert jusqu'à la sortie de l'Ou-Nyaniembé ! « Au bout de
« deux heures de conversation amusante, dit master Thompson,
« nous nous quittâmes, M. Cadenhead et moi. Le lendemain, *je*
« *fus soudainement frappé de surprise* par le spectacle *cu-*
« *rieux* qui s'offrit à moi inopinément. »

Attention, nous allons voir le Thompson faire vibrer la corde du comique.

« Entre les arbres de la forêt, apparut graduellement une
« petite cavalcade, précédée d'un nègre à moitié nu, portant un
« fusil et jetant devant lui des *regards fiers et importants*.
« Derrière lui, cheminait à l'amble un âne demi-sang, de Mas-
« cate, monté par un Européen, vêtu de blanc, chaussé de bottes
« militaires, coiffé d'un casque et *portant des lunettes bleues*
« *pour se protéger les yeux.* Contre la cuisse s'appuyait la
« crosse d'un fusil, tenu à la main, en prévision d'une appari-
« tion quelconque, et au côté pendait un revolver (!!) Pendant
« que je me demandais si ce n'étaient point là les *Belges de Ca-*
« *denhead*, nous nous étions rapprochés et salués. Un second
« cavalier étant arrivé, je sus que j'avais devant moi MM. Ro-
« ger et Burdo, de la 3ᵐᵉ expédition belge, en route pour
« Nyangoué, *via* Karéma. Comme je leur apprenais *qui j'étais*
« *et où j'avais été, ils parurent ignorer mon existence* » — pas possible ! — « et me demandèrent combien *j'avais mis d'années*
» à faire le voyage. » — Oh ! Belges candides et sans malice !

— « Et lorsque je leur eus *dit le nombre de mois*, ils exprimè-
« rent une stupéfaction illimitée » — *unbounded astonishment*, toujours, — « et pas peu d'incrédulité ! »

Impitoyable Thompson ! Les as-tu épatés assez victorieusement ?

Pas respectueux, cependant, les Belges ! « Comme le premier
« *persistait à me regarder à travers ses lunettes bleues (!!)*
« je me sentais devenir *extrêmement nerveux, car je ne*
« *connais rien de plus provoquant que de se savoir fixé*
« *par des yeux qu'on ne distingue pas !* »

Pourtant, irritable Thompson, daignez réfléchir au danger
qu'il y aurait eu pour notre compatriote à vous considérer à
l'œil nu. S'il avait commis l'imprudence d'ôter un seul instant
ses conserves, votre éblouissante apparition aurait pu convertir
en cécité complète, une ophtalmie éphémère. Il n'y a que les
aigles qui puissent aussi hardiment fixer le Soleil. Et nous ne
sommes que de pauvres buses, c'est un point convenu.

Suit une histoire fort embrouillée que Thompson rapporte
en plaisantant agréablement. Loin de gaspiller leur étoffe,
MM. Burdo et Roger y avaient été à l'économie et le Monte-
Christo écossais ne manque pas d'attribuer à leur lésine les
désertions de Pagazis, dont tous les voyageurs ont à souffrir en
pays africain.

« C'est ainsi, dit le spirituel Thompson, que je les rencontrai,
« avançant *humblement*, montés sur leurs ânes, et se rendant
« à Simba pour y engager des porteurs. En ce moment, M. Roger
« souffrait beaucoup de la dysenterie et pouvait à peine se
« tenir debout. Heureusement, *la ronde et rubiconde figure*
« de Burdo semblait indiquer une santé parfaite. »

Evidemment Roger avait tort d'être malade et M. Burdo
encore plus de se bien porter. Ce dernier chic n'est permis
qu'aux voyageurs britanniques.

In cauda venenum :
« Je regrettai seulement que d'aussi plaisants messieurs
« (*pleasant gentlemen*) eussent jamais songé à abandonner la
« fashionable société de Bruxelles, où ils semblaient si bien

« appelés à briller, pour affronter les mésaventures de la vie
« africaine. »

Excellent Thompson !

Restait le docteur Van den Heuvel, car, ayant eu la chance d'éviter le verdict du sévère Calédonien, je n'occupe dans son livre aucune place, petite ou grande.

Arrivé à Tabora, l'illustre Thompson, après s'être fait précéder d'un message au Gouverneur Abdallah bin Nassib, s'en va loger au tembé historique où sont descendus Livinsgtone et Stanley. « Je commençais à m'étonner, dit-il, de la non-appari-
« rition du docteur *allemand*, Van den Heuvel, que je m'atten-
« dais à voir venir me souhaiter la bienvenue. » — Un pareil oubli de l'étiquette ! Le grossier ! — « Lors de mon arrivée,
« j'étais passé devant sa porte, et à mon grand désappointement,
« *il n'avait pas seulement regardé dehors pour me secouer*
« *la main !* Songeant qu'il était *peut-être* malade, j'allai lui
« rendre visite, aussitôt mon installation terminée. » — En effet, à moins de garder le lit ou la chambre, on ne pourrait se dispenser de rendre ses respectueux hommages à master Thompson.
« Arrivé à son tembé, j'attendis quelque temps avant d'être
« admis. Je trouvai enfin le docteur dans une pièce obscure,
« totalement dépourvue de garniture et n'ayant pas seulement
« une ombre de confort. » — Le sybarite ! — « Au milieu, se
« trouvait une table chargée d'une cafetière arabe et d'une
« tasse. » — Le gourmand ! — « Assis sur un siège de cam-
« pagne, la tête dans les mains et les coudes sur la table, se
« tenait le docteur — un homme fort, *d'apparence bien alle-*
« *mande,* et portant des lunettes fumées. »

— Encore des lunettes ? Thompson va devenir nerveux ! —
« Une caisse et un *énorme pot de Pombé*, complétaient, seuls,
« l'ordonnance de la salle. » — L'ivrogne ! — Je m'étais pré-
« paré à me montrer dans cette entrevue *aussi gai et aussi*
« *expansif qu'un Français ou un Italien*, mais je fus bientôt
« retenu par la froideur avec laquelle on me recevait, comme si
« ma visite *était chose toute naturelle (!!!)* et même quelque
« peu importune. »

S'il fallait d'autre raison, ô Thompson, que l'état de santé de mon ami Van den Heuvel, pour expliquer sa réserve, elle serait encore pleinement justifiée par vos airs conquérants, et vos prétentions ridicules. Et même, si vous avez fait le jésuite avec lui, comme avec MM. Cambier et Popelin, salis par vous, cela prouverait que, malgré ses lunettes, le docteur était encore assez physionomiste pour dépister le drôle qui devait plus tard le représenter comme un fainéant et un soulard.

J'ai dit à mes lecteurs les services rendus par M. Van den Heuvel à la population de Tabora, les relations qu'il s'y était faites, les regrets qui ont salué son départ. Voici comment le traite Thompson, travestissant la vérité à chaque ligne et, avec une méchanceté noire, accumulant les plus grossières bourdes : « Il n'insista pas beaucoup pour que je renouvelasse ma visite, « mais pourtant je retournai chez lui plusieurs fois » — Quelle magnanimité ! — « Toujours je le retrouvai assis à sa table, « *entre sa cafetière et son pot de Pombé. Je ne le vis jamais* « *se livrant à une occupation quelconque.*

« Il ne me rendit jamais ma visite, quoique je ne fusse installé « qu'à quelques yards de chez lui et on m'a dit qu'on ne le « voyait pas dehors. *Son excuse était, qu'il ne se trouvait pas* « *bien portant.* (sic.)

« Au cours de notre entretien, j'appris qu'il se trouvait dans « l'Ou-Nyaniembé depuis environ 8 mois, avec le projet d'y « établir une station. Dans cet intervalle, il aurait dû trouver le « temps de s'y mettre. »

Et l'octroi d'une concession, vous l'oubliez donc encore, maître Thompson, comme à Karéma, où vous disposiez si librement du sol ?

« Il commençait cependant à agiter dans sa tête (*to revolve in* « *his head*) la forme qu'il donnerait à sa maison et comment il « s'y prendrait pour la construire. Mais le plus grand obstacle « résidait *dans l'inimitié mortelle qu'il avait su susciter* « *autour de lui, de la part des Arabes et des Indigènes.* » — La même accusation que pour les fondateurs de Karéma ! Toujours on nous représente comme haïs de la population qui tresse des couronnes à Thompson. — « Il avait réussi, en *outrageant* « *toutes les coutumes et tous les usages, chers à ces derniers,* « *à se rendre impossible toutes relations amicales* et rien « n'aurait fait plus grand plaisir aux habitants que de lui jouer « quelque mauvais tour, en contrecarrant tous les projets qu'il

« était capable de ruminer dans sa cervelle (*he was capable*
« *of conceiving in his brain*).

« Cela était porté si loin que, dans un district où les vaches
« se comptent par centaines, *il ne pouvait pas seulement se*
« *procurer une goutte de lait.* »

Ici le Thompson est simplement grotesque. Mais immédiatement après il se remontre venimeux :

« *Il avait été parfois demander de soigner des Arabes*
« *malades et toujours, au témoignage de ces Arabes mêmes,*
« *il avait vu repousser sa requête.* » — Notez que la maison du docteur ne désemplissait pas de visiteurs. Toute la Colonie se faisait traiter chez lui !

« Et voilà, s'écrie Thompson, *l'homme* qui a été choisi par
« la Section Belge de l'Association Africaine, pour réaliser
« le grand programme d'ouverture de l'Afrique mytérieuse.
« *Je trouvai qu'il était de mon grand intérêt, afin de ne pas*
« *me susciter des difficultés sur ma route, de faire savoir*
« *dans le pays que j'étais Anglais et n'avais aucune conne-*
« *xion avec les Belges. Le noir Africain n'est pas aussi*
« *inintelligent que de confondre tous les hommes blancs. Il*
« *saisit clairement la différence qu'il y a* ENTRE UN ANGLAIS
« ET TOUT AUTRE BLANC » !!

Mais pourquoi, se demandera-t-on, ce parti pris de dénigrements, d'amers dédains, d'injures, d'accusations, de lâches insinuations, d'éhontés mensonges, dirigés contre les représentants belges, en Afrique, de l'Association Internationale ?

Pas un dont le sieur Thompson n'incrimine les capacités, les connaissances, le courage et la probité ! S'agit-il simplement d'un polisson, infatué de lui-même, qui, ayant passé parfaitement inaperçu en Afrique, essaie de faire un piédestal à sa sotte personnalité en immolant tous ceux qu'il croit faits pour diminuer sa gloire ? Le sentiment de l'amour-propre national, quelque respectable qu'il soit, peut être poussé jusqu'à l'excès ; mais je doute fort que le plus chauvin des Anglais lise de sang-froid cette fanfaronne revendication de supériorité, pour la seule Grande-Bretagne, sur tous les peuples modernes. A qui M. Thompson espère-t-il faire prendre au sérieux les apothéoses qu'il se décerne, apothéoses ayant pour repoussoir les gémonies auxquelles il a la prétention de nous traîner ? Un but quelconque doit se cacher sous ces charretées d'ordures. Le sieur Thompson, peut-être, ne nous a systématiquement noircis que dans l'espoir de faire agréer ses services par le Comité de l'Association !

L'affectation qu'il met à tirer de pair d'entre nous, tous les voyageurs anglais, avec lesquels nous n'avons jamais eu que les rapports les plus fraternels, les imputations qu'il met sacrilègement dans la bouche de M. Carter et de Cadenhead, dont il sait et exploite la mort, tout le montre suivant un plan d'intérêt personnel. Seulement, il a trop vite laissé percer le bout de l'oreille.

Ai-je besoin de dire que nul en Belgique ne songera à voir dans l'ouvrage de cet insulteur, autre chose qu'un acte tout *personnel* de mauvais gré ! Nous avons trop haute opinion de la nation anglaise, dont nous avons pu voir à l'œuvre les hommes, devenus nos compagnons de voyage et de danger, pour croire un seul instant que M. Thompson ait pu servir autre chose que ses propres haines !

Il est regrettable, à la vérité, que la *Royal Geographical Society* ait dû reporter sa confiance sur un semblable personnage, mais elle doit être, aujourd'hui, pleinement édifiée sur sa valeur morale.

En effet, le sieur Thompson, dont le livre souleva à Zanzibar, parmi ses propres compatriotes, un élan unanime d'indignation, a reçu le traitement qu'il méritait. Sachant que ce monsieur se trouvait justement à Zanzibar, où il avait eu l'imprudence de colporter lui-même son factum, M. Van den Heuvel s'est transporté à l'Hôtel de l'Afrique centrale, pour le rosser d'importance, en présence de MM. Sergère, Greffuhle et Ledoulx, consul de France, du consul d'Italie, de l'Évêque anglican Steere, auteur de la Grammaire *Ki-Souahilie* citée par nous, de MM. Lichtfield, Pearson et Copplestone, missionnaires laïques anglais, et de bon nombre d'autres fonctionnaires et négociants notables. « Ce fut, m'écrit M. Roger, témoin oculaire de la chose, une de ces maîtresses corrections qui vous reportent involontairement aux fastes de la pantomime. Soufflets sur soufflets, en plein visage, et partagés équitablement entre chaque joue. A mesure que le Thompson les recevait, courbant la tête et courant éperdu par la salle, aux rires des assistants, M. Van den Heuvel, devenant plus *nerveux*, redoublait d'*énergie*. A la fin, on dut s'interposer. Le calomniateur était tellement ahuri et épouvanté, qu'il alla se fourrer dans une armoire, croyant gagner la porte de sortie. A la suite de cette exécution, à laquelle maître Thompson ne répondit, *ni immédiatement ni après*, Saïd Bargash le démit de l'emploi qu'il avait su obtenir au service de Sa Hautesse. (1) — *Sitaki Mouzoungou ya Kofi :* « Je ne veux plus d'un blanc qui a reçu des soufflets » lui fit dire simplement le Sultan de Zanzibar. La malle suivante ramenait en Europe le loyal Thompson et son énergie. »

Si j'ai tenu à mettre sous les yeux de mes lecteurs une partie des gentillesses du sieur Thompson, c'est que je devais justifier la violence du parti auquel a bien dû s'arrêter M. Van den Heuvel, pour démontrer le peu de valeur du personnage. Mes lecteurs pourront se procurer l'ouvrage même, — dont je n'ai pu donner que quelques courts extraits, (2) — pour se convaincre de la légitimité d'un pareil châtiment.

---

(1) Master Thompson, sur la recommandation de sir John Kirk, consul-général d'Angleterre, était entré au service du Saïd, pour aller reconnaître de prétendues mines de houille que, sur ses indications, probablement, on supposait exister à une certaine distance, en amont de la Rouvouma. Mais le sagace explorateur revint bredouille de sa mission, en rapportant la nouvelle que la houille en question n'était que de l'anthracite.

(2) *To the Central african lakes and Back*, by Joseph Thompson F. R. G. S. Two volumes, London, Sampson, Low, Marston Searle and Revington (Crown Buildings 188, Fleet-street). 1881.

CHAPITRE XXVII.

Pendant les pluies. — *Home, sweet home!* — Saint-Estèphe et Médoc. — Sucre et sel. — La question du beurre. — Ces laitiers, tous fripons. — Mort du père de Tipo Tipo. — Le deuxième repas des funérailles. — *Sabalgheir* et *Yambo!* — Hi han! — La politique. — Effet de la mort du capitaine Brownrique. — Vœux pour Arabi Pacha. — L'Ingrézi. — Saïd Bargash achète deux navires de guerre. — Dernière démarche. — L'énigme. — Le métis Ghamis bin Nouvi. Cognac perdu! — Plus de tabac! — Nouvelles de la Station. — L'odyssée de l'expédition allemande. — Aux îles de boue. — Sommation des Rougas-Rougas. — Refus de payer le Hongo. — Les fugitifs. — Dans l'expectative. — Achèvement de la Maison Centrale. — Défrichements. — Offres d'alliance. — Relevant de maladie! — Mort du Sultan Kangoa. — Exécution d'une sorcière. — En chasse! — L'orphelinat des Pères Algériens. — Le Père Blanc, mordu par un chien enragé. — L'opération. — Adieux de Tipo Tipo. — 1500 hommes, morts de faim ou de maladie. — La fatale échéance. — Je me rends chez Mirambo. — Parti de nuit. — Arrivée chez le docteur Southon. — La mission anglaise d'Ourambo. — Echange rassurant de présents.

Le ciel est couleur d'ardoise, mais la terre, en revanche, apparaît comme jonchée d'émeraudes. Tout germe, pousse et verdoie. Bientôt nous mangerons des radis roses et des oignons nouveaux!

C'est plaisir, d'ailleurs, que de s'exposer aux fraîches ondées, à condition de changer de tout, en rentrant au logis. Roger serait content de moi, s'il me voyait mettre si scrupuleusement en pratique ses leçons d'agronomie.

Dans la salle de mon tembé, transformée en atelier, je lime, j'ajuste, j'écris et je calcule. Chaque matin, j'y reçois, de plus, en consultation, les malades de la localité.

Mes perroquets écorchent déjà passablement l'idiome d'Henri Conscience. Ils me souhaitent le bonjour en six langues. Les singes, un peu tristifiés par la pluie, se remontent le moral, en croquant des dattes et des amandes. Mon chien ronge des os à mes pieds, et les autruches, auxquelles on a construit un hangar, se signalent par leur redoublement d'appétit.

Home, sweet home!

Il y a des moments où, entouré de mes bêtes, je me fais l'effet de Robinson Crusoé.

— Un Mgouana de Bagamoyo, nommé Songoro, comme mon petit groom balafré — il y a autant de Songoros en Afrique que de Férouzis — est arrivé de Mdabourou, chargé de vendre quelques caisses de vin, destinées à M. Sergère et que celui-ci, dans la précipitation de son départ, s'est naturellement vu contraint d'abandonner. Songoro, Askari, courtier et conducteur de caravane, se voyait assez embarrassé de sa marchandise, d'un placement scabreux en pays musulman. Il allait s'adresser à Souétou, lorsque, averti de ses démarches, je lui ai pris, pour M. Ramaeckers et pour moi, ses 12 caisses de 12 bouteilles chacune, Saint-Estèphe et Médoc, à raison de 1 1/2 piastre la bouteille. C'est là un marché fort avantageux et qui vient à point. En effet, grâce aux fourmis, il ne reste plus une goutte de vin à Karéma, et le frère de Séki s'est chargé de ma dernière bouteille. En temps de Massika, le vin constitue un excellent tonique, bien préférable à l'alcool. J'ai aussi acheté une frasilah de sucre pour 20 dollars et un sac de sel, payé 3 dotis à un indigène de l'Ou-Vinnza, district dont l'extraction et le commerce du sel constituent à peu près la seule industrie et le seul négoce.

— Tout est ici sujet à marchandages, et lorsque je serai retourné définitivement en Europe, je pourrai affronter d'un cœur intrépide le terrain scabreux des Halles, ordinairement dévolu au sexe faible. Ainsi, l'achat hebdomadaire de mon beurre, constitue une opération aussi compliquée que, chez nous, l'acquisition d'une propriété immobilière.

Voici comment la chose se pratique :

Assis sur mon Barza, je vois passer d'un œil, aussi indifférent que possible, les femmes Oua-Touzis, *promenant*, comme elles le disent, leur beurre ou leur lait, le premier dans de petits linndos de la contenance de quatre à cinq kilogrammes, le second dans des calebasses; lesquels linndos et calebasses sont placés sur des vans, portés en équilibre sur la tête. En passant, les braves femmes me guignent du coin de l'œil, mais sans pourtant s'abaisser à présenter leur marchandise. Il faut qu'on les appelle. « *Enndjo!* » viens! La marchande, directement en cause, arrive à pas comptés. — « Combien ce beurre? » — « Quatre dotis. »

— « Un. » Pas un mot de plus. Invariablement, la marchande

poursuit son chemin et va *promener* son beurre plus loin. Deux ou trois heures après, elle repasse et va s'asseoir à quelques pas du tembé, en vous regardant d'une façon interrogative. Nouvel et court dialogue : « *Enndjo !* » Elle daigne se lever.—« Combien ce beurre ? » — « Trois dotis. » Elle a abaissé ses prétentions. — « Deux. » Si elle va se rasseoir, on peut espérer de conclure avant la fin du jour ; sinon, c'est affaire remise au lendemain. Du reste, nulle récrimination véhémente, aucune de ces populacières fleurs de rhétorique dont les petits-neveux du doux Racine pimentent, de nos jours, si drûment leurs ouvrages, qu'ils en ont fait pâlir d'envie nos modernes dames Angot. C'est plus long, moins amusant, peut-être, mais à coup sûr, intéressant pour un observateur aussi patient que je me flatte de l'être.

Le prix du beurre subit naturellement ici des fluctuations et est soumis à une cote déterminée par les circonstances. Mais cette cote n'existe, en réalité, que pour les seuls indigènes. L'Européen, quoi qu'il fasse, ne la connaîtra jamais. Heureux s'il ne paye que trois ou quatre fois la valeur courante, et cela au prix de quelle diplomatie, de quelle énervante perte de temps ! Pour les Arabes, ce sont eux qui imposent leurs conditions. Les pauvres femmes qui les fournissent sont presque toujours en arrière de quelque prêt d'étoffe, accordé avec empressement mais exploité avec usure.

Le lait est ordinairement apporté par les hommes et se règle de mois en mois. Un bâton, entaillé chaque jour d'une coche nouvelle, est censé faire foi. Mon laitier, aussi honnête que peut l'être un Africain, a des distractions. Ne possédant qu'une connaissance excessivement imparfaite du temps, et me supposant la même imprévoyance, il marque volontiers deux coches pour une et davantage, si j'ai le malheur de lui tourner le dos, ne fût-ce que pendant une seconde. Ce mois-ci, qui cependant, réglementairement, ne devrait compter que trente jours, comme les autres, j'en ai relevé trente-quatre sur le bâton en question, et mon entêté Mtouzi, en calculant sur ses doigts, voulait m'en faire payer trente-six ! Il m'a fallu batailler avec lui, pendant plus d'une heure, et le menacer de me fournir ailleurs, pour avoir raison de ses exigences, car il convient de remarquer que, si les femmes se taisent ici, les hommes sont terriblement bavards et chicaniers. C'est la carte tournée, par rapport à ce qui se passe en Europe.

CHAPITRE XXVII

19 janvier. — Le père de Tipo Tipo vient de mourir et je me suis rendu, sur invitation expresse, à Tourou, pour prendre part au deuxième repas des funérailles.

Ces agapes de condoléances, chez les Arabes opulents, sont au nombre de trois. J'aurais vivement désiré assister à l'enterrement, mais la cérémonie était terminée, lorsque me parvint la triste nouvelle.

Un pâtre de l'Ou-Nyaniembé.
(Dessin de A. Heins.)

Sef bin Raschid m'accompagne. Nous partons vers huit heures par une température de 30 degrés.

A mon arrivée au village, toute la colonie arabe de Tabora se trouve déjà réunie à l'ombre des hangars, élevés pour la circonstance, devant le tembé. Sheik bin Nassib, Zeid bin Djouma, Salim bin Sef, etc. etc. vont saluer Tipo Tipo et Mohamed Massoudi, qui reçoivent gravement leurs visiteurs et, d'un air recueilli, échangent avec eux les formules de politesse ordinaire.

Le vieux Soultan bin Ali s'est fait représenter par ses fils.

Les musulmans ont seuls droit au Sabalgheir. En ma qualité de Djiaour, je suis salué de simples *Yambos*, ponctués, il est vrai, par de cordiales poignées de main. Les riches Arabes, arrivés à dos de bourriquet, en brillant cortège, ont remisé leurs montures dans les tembés voisins, d'où les aliborons s'appellent et se répondent avec des braiements formidables.

Ce concert, qui offrirait chez nous matière à plaisanteries, semble ici fort naturel, tant il est vrai que le ridicule, même, n'est qu'une question de convention.

Tipo Tipo et son frère paraissent très flattés de mon empressement. Ils s'avancent à ma rencontre et me remercient d'être venu. Le défunt a été enterré depuis quatre jours, en grande pompe, dans un lieu ombragé.

Sur les nattes, recouvrant le sol battu du hangar, de grandes pièces de Satini blanc se trouvent étendues en guise de nappe. C'est là que nous prenons place, les Arabes simplement accroupis, moi assis, devant une table dressée à mon intention. Scheik bin Nassib préside.

Quant aux petits-fils de l'homme dont on célèbre les funérailles, ils se mêlent aux esclaves pour servir les invités et leur offrir des rafraîchissements. Repas simple, mais abondant. Des quartiers de chèvre, cuits au riz et relevés de raisins secs, en font tous les frais. Comme boisson, de l'eau, du lait et du café. Ces festins, trois fois renouvelés, et réunissant toujours un grand nombre de convives, ne laissent point cependant d'entraîner des frais considérables. Mais quelque gêné qu'il soit, jamais un Arabe ne cherchera à les éviter. Il s'obérerait plutôt que de faillir à un devoir pour lui sacré ! Tel n'est point le cas pour Tipo Tipo et pour son frère, possesseurs de grandes richesses et généreux sans ostentation.

Commencé vers 9 heures, le repas ne se termine qu'à midi. Les Arabes parlent entre eux de la mort du capitaine Brownrique et, ce me semble, avec une secrète satisfaction. Pas un d'entre eux, qui ne soit hostile à l'abolition de la traite, arrachée plutôt qu'obtenue du Saïd Bargash ; chez eux, le trafic de l'homme constitue un droit, garanti par le Coran et consacré par des traditions séculaires. Prenez le plus éclairé d'entre eux et, en apparence, le plus dégagé de préjugés, Tipo Tipo par exemple, vous ne lui ferez pas comprendre que le nègre soit autre chose qu'un bétail, un peu plus intelligent que l'autre, mais dont la propriété revient tout entière à celui qui a su le dompter ou l'acquérir à beaux deniers comptants. Cette conviction ne disparaîtra qu'avec l'Islam même, qui pourrait bien avoir la vie aussi dure que les sectes divisées et ennemies du christianisme moderne.

On parle aussi, librement, mais sans passion, des événements d'Egypte, qui m'étaient déjà connus, grâce au dernier courrier de la Côte. La nouvelle en a été apportée à Tabora par un Arabe de l'Ou-Ganda, conducteur de caravane et marchand d'ivoire, connu sous le sobriquet de Kambi Mbaya (mauvais campement), parce qu'il n'est jamais satisfait d'un bivouac. Naturellement, toutes les sympathies sont pour Arabi Pacha, à la défaite duquel on ne veut pas croire.

Les Arabes gardent une foi entière dans les prédictions de Mahomet, promettant la conquête du monde à ses disciples. Selon les musulmans de Tabora, Arabi n'aurait agi que sur l'ordre secret du Sultan *Romm* (le Sultan de Constantinople.) C'est soutenu par la Turquie, que l'audacieux rebelle aurait levé l'étendard de la révolte, contre le vice-roi, et jeté le gant aux étrangers. Le sieur Thompson, s'il était ici, verrait singulièrement démentie sa théorie de popularité en faveur de la seule nation britannique. L'Ingrézi est seul rendu comptable des obstacles apportés à l'expansion de l'élément arabe, mais ni le Français, ni l'Allemand, ni le Belge ne supportent l'animosité sourde qu'éveille les succès d'Alexandrie et du Caire. Cette animosité ne se traduit, d'ailleurs, par aucune marque d'hostilité directe. Les résidents anglais continuent à entretenir les meilleurs rapports avec les fils de Mahomet, dont l'enthousiasme religieux se maintient inébranlable, aussi éloigné des concessions, que de l'intolérance qu'on leur prête gratuitement.

Ayant lu, dans les journaux de Marseille, que des envoyés du Saïd Bargash sont arrivés dans cette ville, pour y faire acquisition de deux navires de guerre, je fais part de cette nouvelle à mes voisins. Aussitôt, elle fait le tour de l'assemblée et prête à de judicieux commentaires. Ces fidèles sujets, dont la plupart n'ont pas revu Zanzibar depuis dix ans, honorent le Saïd d'une vénération filiale.

Les invités, ayant de nouveau serré la main de leurs hôtes, se préparent au retour. Le rappel des esclaves est fait dans les rues de Tourou, et les ânes, rafraîchis, réconfortés et reposés, repartent avec une ardeur nouvelle. Je me joins à la cavalcade, et bientôt nous entrons dans Tchem-Tchem.

Cependant la température, au lieu de baisser, après deux heures de l'après-midi, est allée augmentant. A peine ai-je franchi les portes de mon tembé, que les nuages, qui s'étaient amassés pendant la route, crèvent avec une violence inouïe. Au bout d'une heure, les eaux, descendues des hauteurs voisines, envahissent la vallée. Un véritable torrent roule devant ma demeure, heureusement établie sur un petit tertre.

21 janvier. — Je me suis rendu aujourd'hui chez Scheik bin Nassib pour tenter un dernier effort, à l'effet d'obtenir la levée du séquestre qui pèse d'une manière si équivoque, sur le matériel de siège, remisé chez Zeid bin Djouma. Le Vice-Gouverneur, selon sa coutume, me comble d'égards, me gorge de café et m'assomme de saluts, mais pour le reste, pas l'ombre d'une solution !

— Il n'a reçu encore aucune nouvelle de son frère, ni du Sultan... Rien ne presse !... Les armes sont en sûreté chez notre ami Zeid... Et puis, comment les transporter à Karéma ?... Mirambo ne manquerait point de s'en emparer... D'ailleurs, il n'a pas d'ordre...

— Mais, lui dis-je, vous savez bien que le Sultan nous destinait ce matériel ?

— Mon frère aussi, répond-il, en se démasquant un peu. S'il les a retenues, c'est qu'il avait ses motifs. En son absence, je dois les respecter.

— Et quels sont ces motifs ?

— *Yambo sana* ! Je les ignore...

Que je ne le soupçonne pas au moins de mauvaise volonté ! Pour tout au monde, il voudrait m'obliger... Mais il n'a pas d'ordre...

— Eh bien ! Et l'ordre ancien ?...

Pour le coup Scheik bin Nassib paraît très étonné. Tant de mois et de semaines ont passé sur cet ordre-là !

Toutes ces entrevues ont pour témoin l'âme damnée du vieux Scheik, un Arabe métis du nom de Ghamis bin Nouvi, venu autrefois à Karéma pour contresigner l'engagement d'Amir et du Djémadar. Cet officier, à mine de furet, et à démarche tortueuse, occupe avec le farouche et quémandeur Magohé, un

CHAPITRE XXVII

haut grade militaire, équivalant, toutes proportions gardées, à celui de général. C'est le tacticien de Séki, comme l'ancien noble de Mirambo en est le sabreur. Je me méfie de ce maigre et obséquieux personnage, qui me fait espionner pour compte du Scheik. A chaque instant, il vient m'importuner pour lamper en cachette quelques verres de cognac que, par politique, je n'ai garde de lui ménager, espérant arracher à l'ivresse le mot de l'énigme qu'on me cache avec tant de soin. Peine inutile. Ghamis achève sa bouteille, sans se déboutonner, et se retire en m'assurant de son complet dévouement.

—Plus de tabac d'Europe ! Il faut me mettre au produit indigène, tressé en corde et qui se vend un doti les trois rouleaux. Mais j'ai eu le temps de m'y faire et finis même par le trouver supérieur aux crus de Belgique, réduits ici en poussière par la trop grande chaleur.

— Nouveau courrier du capitaine Ramaeckers, au Comité de Bruxelles. Il y est fait mention d'amis dont j'ai gardé le meilleur souvenir.

Cette fois, les nouvelles semblent plus rassurantes. Mais tout danger est loin d'être conjuré.

Karéma, 21 décembre 1881.

« J'ai reçu, le 23 novembre dernier, la visite des docteurs Böhm et Kaizer, membres de l'expédition allemande. Ces Messieurs ont échappé par miracle à Mirambo. Ils suivaient, pour se rendre à Karéma, des chemins complètement nouveaux, traversant l'Ougalla, chemins qui ne sont jamais adoptés par les caravanes. Ils arrivèrent ainsi à Livoua, chez le sultan Yassagoula, dont l'un d'eux devint le frère de sang.

« Au milieu de la nuit, on vint les prévenir de l'approche des troupes de Mirambo. Le Sultan Yassagoula leur dit qu'il allait fuir et leur offrit de partager son refuge, dans un groupe de petites îles situées au milieu du fleuve Voualaba, dont la largeur, sur ce point, atteint plusieurs centaines de mètres.

« Ce fleuve Voualaba n'est autre que le Gombé. Je constate en passant que ce nom de Gombé, donné par Stanley, est tout à fait impropre, car les gens du pays ne le connaissent même pas.

« Le départ s'effectua immédiatement. Le village fut complètement abandonné et, vers six heures du matin, les voyageurs allemands arrivaient avec leur hôte au fleuve, au milieu duquel s'élevaient les îlots protecteurs, au sol bas, couvert de quelques huttes.

« Ces îles de boue, en partie submergées, sont fort désagréables à habiter. Les malheureux voyageurs durent y rester plus de vingt jours.

« Vers la fin de leur séjour, arrivèrent des Rougas-Rougas de Mirambo qui leurs demandèrent un Hongo de 50 dotis, deux fusils, de la poudre, etc.

« Les voyageurs allemands répondirent qu'ils n'avaient presque rien. Ils se dessaisirent de deux pièces d'étoffes et de quelques pièces de couleur, en promettant d'envoyer un fusil un peu plus tard. Les rapaces aventuriers partirent peu satisfaits, mais impuissants à obtenir davantage.

« MM. Böhm et Kaizer ont passé quinze jours avec moi, quinze jours qui ont été des plus agréables, aussi les ai-je vus partir avec tristesse. Je les ai vivement engagés à revenir et nous avons déjà esquissé, le docteur Kaizer et moi, le plan d'un travail scientifique auquel nous comptons nous livrer, s'il revient par ici.

« MM. Böhm et Kaizer ont quitté Karéma le 7 décembre. Le 13 du même mois, arrivaient à la Station des Oua-Chenzis de Saroma, venant, au nom de Mirambo, me sommer d'envoyer le Hongo, trop longtemps refusé. Ils *avaient ordre, en cas de refus*, de retourner immédiatement en *me prévenant d'une attaque imminente*. J'ai répondu que je doutais très fort qu'ils fussent envoyés par Mirambo, attendu que celui-ci était retourné chez lui. Ils m'objectèrent qu'effectivement, Mirambo était rentré dans ses États, mais que son fils tenait la campagne avec ses troupes et avait pour allié le Sultan Kasséghéra de Mpimboué, qu'on venait de prendre et de brûler le village du Sultan Makenndé et que tous les Sultans, sauf celui de Karéma et moi-même, avaient envoyé le Hongo.

« Je répliquai qu'au surplus, je tenais fort peu à savoir quels étaient leurs mandats, étant bien décidé à ne pas envoyer de Hongo; que si l'on venait m'attaquer, j'étais prêt à me défendre, et que je leur ferais faire connaissance avec mes fusils se chargeant par la culasse.

Chez Tipo Tipo. — Le deuxième repas des Funérailles. (Dessin de A. Heins.)

« Les ambassadeurs retournèrent bredouille et je me mis sur-le-champ à faire mes préparatifs de défense.

« Le 15, des Oua-Chenzis de Karéma, que j'avais envoyés en reconnaissance, revinrent me dire que l'ennemi arrivait et qu'il serait sous Karéma, le même soir, ou le lendemain matin. J'étais prêt, j'attendis, mais ce jour-là, rien ne vint.

« Le 16, à quatre heures du matin, une longue file de femmes et de vieillards vinrent me demander asile. Ne pouvant admettre toutes ces bouches inutiles dans la Station, je leur accordai seulement l'autorisation de camper sous les murs.

« Vers 10 heures, arrivèrent de nouveaux Oua-Chenzis de Karéma, me disant que l'ennemi n'était plus qu'à une lieue. J'attendis, mais toujours, comme sœur Anne, ne vis rien venir.

« Le 19, on vint me dire que l'ennemi était rentré chez lui, mais en prévenant qu'il reviendrait en force, m'attaquer. Mettra-t-il ses projets à exécution? Je n'en sais rien. En tout cas, je serai prudent.

« Un premier résultat fâcheux de cette menace, c'est que je suis rivé à la Station. Avec ces indigènes, il faut s'attendre à tout. Un beau matin ou une belle nuit, ils vous tombent à l'improviste. Cela m'est arrivé, il y a deux mois. Heureusement qu'il y avait clair de lune. La garde d'une des portes les a aperçus. On est venu m'éveiller et j'ai pris immédiatement mes mesures de défense.

« Quoique j'eusse prescrit le plus grand silence, les pillards se seront sans doute aperçus que nous avions l'éveil et ils ont déguerpi sans coup férir, avant le lever du jour.

« J'ai constaté avec le plus grand plaisir l'excellent esprit dont est, enfin, animée ma petite garnison. Pas un de mes hommes n'a témoigné le moindre sentiment de crainte. Tous, au contraire, ne demandaient qu'à faire bravement leur devoir et avaient une confiance admirable dans le résultat de la lutte éventuelle.

« Les travaux de Karéma marchent bien. La maison est finie; on travaille encore en ce moment aux aménagements intérieurs.

« J'ai déjà attaché à la Station un personnel fixe de 24 personnes, tant hommes que femmes, et défriché assez bien de terrain.

« J'aurai, indépendamment d'un potager, des plantations

assez importantes de riz et de maïs. Les arbres fruitiers ne prospèrent pas tout à fait au gré de mes désirs. Cela tient au sol qui, en maint endroit, est trop argileux. Je devrai faire déplanter et replanter un terrain profondément défoncé. J'attends, pour semer les graines venues d'Europe, que la saison des pluies soit plus avancée. L'année passée, nous n'avons pas obtenu de forts bons résultats en semant trop tôt.

« Le plus grand Sultan de l'Ou-Fipa, Kapoufi, m'a envoyé des ambassadeurs et des présents, pour me demander mon amitié. J'ai répondu par un envoi de cadeaux et l'assurance de mes meilleurs sentiments. Le Sultan de Kallialya, lui, est notre ami, depuis longtemps.

« Enfin, Tchiata, qui jusqu'ici s'était montré plutôt hostile que bienveillant, a fini par capituler. Il est venu, en personne, avec un nombreux cortège pour me rendre ses devoirs. Il est vrai que je l'avais mis, à dessein, dans une position telle, qu'il n'avait plus qu'à choisir entre un pacte d'amitié ou une lutte immédiate.

« Il a préféré nouer de bonnes relations. En résumé, tout se présente sous de meilleurs auspices et si Mirambo ne vient pas m'attaquer en personne et en trop grand nombre, je puis espérer lui tenir tête.

Karéma, 1er janvier 1882.

« Je relève seulement d'un violent accès de fièvre, ou plutôt d'une série d'accès qui ont débuté le 23 décembre. A la Station, les travaux marchent toujours bien.

« J'habitais ma maison particulière, mais j'ai dû l'abandonner momentanément. En effet, dans mon état de santé, le séjour dans une chambre trop aérée, où les portes et les fenêtres sont remplacées par des équivalents peu confortables, de roseaux, m'était devenu extrêmement pénible.

« De plus, et pour mettre le comble à mes maux, le toit de ma chambre avait laissé filtrer l'eau jusque dans mon lit, si bien que j'ai passé une nuit atroce qui n'a pas contribué à me rétablir. Enfin, aujourd'hui, je suis affligé d'un torticolis qui m'empêche de remuer la tête. Le moindre mouvement me fait mal. Ce sont les petites misères de la vie africaine.

« Le Sultan Kangoa est mort. Je le savais depuis longtemps, mais les indigènes affirmaient le contraire.

CHAPITRE XXVII

« Lorsque sont arrivés les envoyés de Mirambo pour réclamer le Hongo, ils se sont décidés à avouer que leur chef n'étant plus, ils ne pouvaient pas s'exécuter.

« Il paraît que cette excuse est ici fort valable.

« Quant aux autres villages voisins, qui n'auraient pu l'invoquer, ils ont tergiversé et, sans refuser positivement, n'ont pas payé davantage. Les collecteurs du Hongo sont partis, mais en menaçant ces villages récalcitrants d'une destruction complète. Les indigènes ont pris peur et m'ont envoyé une ambassade pour me demander l'autorisation de pouvoir, en cas de guerre, se réfugier sous les murs de Karéma. J'ai accepté avec empressement, leur recommandant, toutefois, d'apporter des vivres en abondance, ajoutant que, s'ils remplissaient cette condition, je me chargerais de les défendre.

« Vous apprendrez, j'espère, cette nouvelle avec plaisir, car elle vous prouvera que la Station a déjà atteint un de ses buts principaux.

« Le nouveau Sultan de Karéma n'est pas encore nommé. J'ai fait dire aux principaux Nyamparas que cette nomination, pour devenir définitive, devait être agréée par moi. Ils l'ont très bien compris ainsi.

« Comme vous le savez, la mort d'un grand personnage est toujours attribuée, par les naturels, à une influence occulte, à un sortilège quelconque. Il en a été ainsi pour Kangoa. On a recherché le sorcier ou la sorcière, dont les enchantements ont, soit-disant, provoqué la mort du Sultan, et naturellement les recherches ont abouti.

« Une vieille femme, connue pour composer des philtres, a été soumise à la potion d'épreuve, le Mouavi, et la pauvre sorcière n'ayant pas résisté, sa culpabilité s'est trouvée nettement établie. Je n'ai eu communication de tout cela qu'après coup, sinon je me serais opposé à cette sotte et barbare exécution...

« Ramaeckers. »

— Toujours la même existence à la fois vide et occupée, variée et monotone. La pluie tombe dru, et mes maraîchers travaillent assidûment à assurer la récolte de nos futurs légumes. Je vais souvent à la chasse, en compagnie d'Assani, mais en rapporte peu de chose, de temps en temps une gazelle, ou quelques pintades. La plume est ici fort rare, et la population des environs trop dense pour la reproduction du gibier. Dernièrement, j'ai tiré à balle sur un superbe grand-duc dont je voulais enrichir ma collection ornithologique. Je l'ai manqué et l'oiseau nyctalope, se rabattant tout effaré du côté même du coup de feu, m'a effleuré la tête en faisant tomber mon chapeau. Un moment après, il se perdait dans les rochers.

Je vais parfois visiter Séki, pour entretenir chez lui le feu sacré, au moyen de la provision de brandy reprise à M. Reichard. Séki promet, s'enivre, cuve son alcool et m'en redemande. Ce n'est pas un monarque que ce moricaud là, mais un alambic!

— L'orphelinat des pères algériens commence à prendre tournure. Ils ont déjà pu se procurer, en les rachetant aux courtiers d'esclaves, huit négrillons de 8 à 12 ans.

Pour loger tout ce petit monde, l'ancien tembé du docteur Van den Heuvel a subi quelques transformations.

Une chapelle, des chambres à coucher, des classes et un réfectoire occupent maintenant tout le pourtour de l'édifice. Le petit personnel, engagé dans la localité, cultive le jardin converti en potager et le troupeau de chèvres s'agrandit chaque jour. Malheureusement, le père Ménard est presque constamment atteint d'accès de fièvre. Le père Blanc, lui, a parfaitement résisté au climat. Il s'est mis à la tête d'un atelier de menuiserie où les noirs apprentis commencent à rendre quelques services. Tout dernièrement, un chien l'a mordu vilainement au poignet et comme la rage existe ici, comme chez nous, le père Blanc est accouru à mon tembé pour se faire cautériser. Il m'a fallu élargir la plaie, assez profonde. Bref, une opération fort douloureuse, que le patient a supportée héroïquement. J'étais assurément plus troublé que lui-même. La chose a bien tourné et le bon père s'est remis aujourd'hui même à son établi.

— Tipo Tipo nous quitte. Déjà, depuis une semaine, il avait abandonné Tourou pour occuper un tembé situé sur la route d'Oudjiji.

Il ne restera plus ici que quelques jours, après quoi, accompagné d'une escorte grandement renforcée, muni d'armes en quantité et de beaucoup de poudre, il s'en ira chercher le reste de son ivoire en balayant tout devant lui. — «Maintenant, dit-il, que je n'ai plus de richesses à défendre, malheur à qui tentera de me barrer le passage. Il faut que la route devienne libre et qu'en tout temps, les caravanes y puissent passer sans danger. »

Son personnel et ses bagages sont déjà au cambi de partance. Pendant leur long séjour dans l'Ou-Nyaniembé, ses Askaris, arrivés ici mornes et exténués, ont repris toute leur gaieté et leur embonpoint. Aujourd'hui, seulement, le déterminé marchand d'ivoire me révèle l'étendue énorme de ses pertes. Des trois mille hommes qu'il commandait en quittant le Manyéma, plus de la moitié a péri en route, attaqués par les bandits du désert, succombant à la maladie, ou mourant littéralement de faim. Sur une immense étendue, la contrée qu'ils avaient eu à traverser n'offrait aucune ressource alimentaire, par suite des massacres de tribu à tribu, engendrant fatalement la disette. Les malheureux durent se nourrir d'herbes et de racines. Terrible voyage, dont parleront longtemps encore ceux qui y ont survécu!

Tipo Tipo veut absolument m'emmener chez lui. Mais comment bouger d'ici sans être rassuré sur le sort de M. Ramaeckers. Et puis, il me faudrait des ordres de Bruxelles... — « J'espère vous aller voir, lui dis-je, et qui sait? vous amener quelques frères blancs. » — Nous nous faisons nos adieux et avec une émotion réelle. J'ai appris à estimer cet homme et à l'aimer pour son énergie, sa loyauté et sa grandeur d'âme. Je le crois fidèle et destiné à apporter à notre œuvre un précieux concours. En guise de souvenir, je lui fais cadeau d'un manteau imperméable, qui le défendra en route contre les pluies.

Nous reverrons-nous jamais?

Peut-être.

13 février. — Reçu, par courrier spécial, une lettre du capitaine Ramaeckers, m'informant qu'il s'attend positivement à être attaqué par les troupes victorieuses de Mirambo. Le Moinangou du Nouvel Ourambo, agissant en vertu d'ordres formels, ou s'inspirant simplement de ses visées particulières, manifeste de plus en plus l'intention de faire le siège du Fort Léopold.

Les indigènes se réfugient en masse vers la Station, sans s'être pourvus de vivres, et créent à notre chef une situation insoutenable.

A chaque instant il s'attend à être attaqué!

M. Ramaeckers est décidé à une défense héroïque. Comme il en prenait l'engagement, dès les premiers jours de son arrivée à Karéma, en constatant l'hostilité des tribus environnantes, il se fera sauter plutôt que de se rendre !

Le courrier d'Europe, portant les lettres du mois de décembre, est arrivé hier à Tabora, mais je me trouve dans l'impossibilité de l'envoyer à M. Ramaeckers, les hommes refusant de traverser une région terrorisée par les armes. Plus que jamais, je voudrais me porter au secours du capitaine, mais comme Scheik bin Nassib me le disait, je ne trouverais pas un homme pour tenter l'aventure. Dans ces circonstances critiques, je viens de prendre le parti grave de me rendre chez Mirambo pour l'amener, si possible, à renoncer à sa menace de détruire la Station belge de Karéma et à autoriser le départ de la caravane de ravitaillement..... Dussé-je me voir désavoué, pour cette démarche, selon moi trop longtemps différée, je ne laisserai pas périr M. Ramaeckers et détruire l'Œuvre de l'Association sans avoir eu recours à tous les moyens de conjurer une catastrophe, peut-être imminente. D'un autre côté, je ne me dissimule pas les difficultés d'une pareille entreprise, qu'il importe de tenir secrète. Les Arabes ne me verraient pas d'un bon œil, m'aboucher avec leur ennemi le plus acharné.

S'ils se doutaient de mon dessein, je suis persuadé qu'ils m'empêcheraient de le mettre à exécution. Aussi, n'en informé-je même pas les trois domestiques que j'emmènerai, sous prétexte d'une partie de chasse, et qui, je l'espère, au dernier moment, ne m'abandonneront pas. Seul, Sef bin Raschid, qui attend pour partir avec sa caravane, que les chemins soient sûrs, est dans le secret de ma démarche.

4 février. — Parti le soir, par un beau clair de lune, n'emportant, comme présents, qu'une pièce de brocard, un fusil et une centaine de cartouches. Vingt-trois lieues me séparent de Konongo, nouvelle résidence du Bonaparte noir. Je ne m'arrêterai qu'après les avoir franchies....

5 février. — Il est huit heures du soir, lorsque j'arrive sur les hauteurs où s'élève la première Station de la London Missionary Society. Nous avons dépassé, à marche forcée, quatre

villages séparés par de grands Poris, de vastes forêts de miombos et des Bogas fertiles, semées de palmiers. Le docteur Southon, directeur de la Mission Anglaise, nous reçoit avec empressement, et nous réparons nos forces épuisées, par un repas cuisiné à la hâte.

Quoique tombant de fatigue, je m'entretiens, quelques heures encore, avec mon aimable hôte, qui me confirme les regrets de

Le Docteur Southon.
(D'après une photographie.)

Mirambo à la suite des événements de Mpimboué. Selon lui, l'hostilité qu'on prête au Mouami, à l'égard des Européens, est une fable forgée par les Arabes. M. Southon se trouve en rapports fréquents avec le Sultan de l'Ou-Nyamouézi, dont les deux fils viennent prendre chez lui des leçons de lecture et d'écriture. Si j'étais arrivé le matin, j'aurais rencontré les deux princes, aptes surtout à faire l'école buissonnière, mais qui, cependant, démentent le préjugé, représentant leur race comme totalement réfractaire à toute culture intellectuelle.

Le docteur Southon a habité longtemps le Texas, où il s'est

américanisé, c'est-à-dire qu'il y a acquis l'activité jamais lasse et la spontanéité d'exécution qui caractérisent les pionniers du Nouveau-Monde. Cette énergie s'est maintenue intacte, dans les conditions débilitantes de l'existence africaine. Arrivé à Ourambo, un peu après le départ de M. Cambier, — retenu pendant trois mois sur le territoire de Mirambo — le docteur a fondé la Station actuelle avec le concours de quelques auxiliaires anglais. Comme la Mission d'Ouyouy, celle d'Ourambo attend ses desservants ecclésiastiques qui, grâce au zèle et aux connaissances de M. Southon, se trouveront ici dans un Eden en miniature.

Je ne ferai pas la description de cet établissemeut modèle. Le docteur Southon s'est chargé de ce soin, dans une relation envoyée par lui au Comité de la London Missionary Society. Il me suffira de dire qu'en m'éveillant, le lendemain matin, parfaitement reposé par une nuit de sommeil, je fus véritablement charmé de la situation magnifique, choisie par mon hôte. Une palissade de défense entoure les bâtiments et, devant la maison du docteur, s'étend un verger, soigneusement entretenu à l'européenne et coupé par une belle avenue de bananiers. Nous jouissons d'une vue magnifique sur la plaine herbue, jalonnée d'élégants bouquets de borassus. Devant nous, à une distance de 2 milles, s'élève le village de Selle Magazi (Terre de Sang), ancien Kouïkourou du district, abandonné comme résidence, par Mirambo, pour celui de Konongo, situé, un peu sur la gauche, à trois lieues de là.

Vers 8 heures du matin, j'envoie Capitani avec Férouzi pour demander audience à Mirambo. A ma grande surprise, ils m'obéissent sans balancer. Ils sont porteurs de la pièce de brocart, emportée dans cette intention. Mon ambassade ne revient que le soir, chargée de me transmettre les salams du Sultan, qui se déclare très heureux de recevoir le Mouzoungou et me fait offrir par quatre de ses esclaves, sous la conduite d'un Nyampara, des vivres en abondance : 2 chèvres, 6 poulets, du maïs, des patates douces, etc., etc.

Ce début me semble déjà d'un excellent augure. Il s'en faut de peu que toutes mes inquiétudes ne se dissipent sur ce simple échange de présents et d'assurances banales. Que dis-je ! Je ne doute pas du succès et n'éprouve plus qu'un ardent sentiment de curiosité, à l'idée de voir bientôt l'homme remarquable, si diversement apprécié par les voyageurs. Qu'est-ce, en définitive, que ce chef si redouté, et par conséquent si calomnié des Arabes? Le coquin sans âme, auquel tous les moyens sont bons pour s'emparer du pouvoir — ainsi qu'on l'avait représenté d'abord à Stanley — ou le capitaine à larges vues, dans le fond sympathique aux Européens qui, cependant, entravent, par leur attitude imprudemment dédaigneuse, ses projets de centralisation politique et martiale?

CHAPITRE XXVIII

Selle Magazi, la terre de sang. — La grande digue. — Ordre et abondance. — Konongo et son marché. — Le palais du Mouami. — Le Bonaparte noir. — En toilette du matin. — Le Chaouri. — *Ad hominem*. — Hiii ! — « Je suis l'ami des blancs ! » — Ordre d'exécution. — Joie immense ! — Ouvertures. — Théorie héréditaire de Mirambo. — Pessimisme africain. — Conférence sur le Progrès. — Plus de poudre ! — Le vrai sens politique. — Un point scabreux. — Contrat et parole. — Notre Station l'échappe belle ! — Le Faiseur de Cadavres. — Généalogie de Mirambo. — Plus d'hécatombes humaines. — A la liberté par la servitude ! — Mange-Tout. — *Les Cinq Flambeaux*. — Visite de Mirambo à la Mission anglaise. — Encore à Konongo. — « Il faudra en revenir aux flèches. » — Amour paternel. — Les femmes du Mouami. — La chambre à coucher. — Un triste souvenir. — « Chacun doit se défendre. » — Artillerie. — Adieux. — Derniers présents.

Laissant à la Mission mes trois serviteurs, je pars de grand matin avec le docteur Southon. Le sol rouge, couvert d'arbustes, croissant entre les champs cultivés, est semé de beaux villages. Celui de Selle-Magazi se distingue par son étendue et son aspect florissant. Il est entouré de palmiers verts, balançant leurs ombrelles dentelées sous l'azur étincelant du ciel. De nombreux cours d'eau arrosent la contrée et lui donnent une fertilité extraordinaire. Pour empêcher, en temps de pluie, l'inondation complète de la vallée du Ngombé, le Mouami a fait élever, me dit M. Southon, une digue en terre, de six pieds de hauteur, s'étendant circulairement autour de l'ancienne et deuxième capitale, sur une étendue de 350 mètres. Mirambo, à ce qu'il paraît, joint à ses talents militaires des qualités réelles d'organisateur.

La contrée est fort riche en bétail, et cela se comprend, chaque nouvelle victoire venant renforcer les troupeaux du Mouami. Vaches et taureaux sont gardés par les Oua-Tousis, habitant des huttes en forme de ruches, entourées d'un Boma.

Enfin, nous arrivons à Konongo, superbe Kouïkourou, entouré de hautes palissades, terminées en fers de lance. Seuls, les chefs de famille royale ont droit à cette forme caractéristique, interdite aux chefs simplement indépendants, quelle que soit l'importance de leur bourgade et le nombre de leurs esclaves. En l'adoptant, Mirambo use d'un droit méconnu par Stanley, sur la seule foi des Arabes.

C'est bien en vertu du droit de naissance qu'il règne et non par usurpation, comme on l'a cru longtemps.

Les fonctions de Pagazi, qu'il a exercées dans sa jeunesse, n'ont ici rien qui suppose une basse origine, et bien des monarques africains ont, comme lui, escorté les caravanes, le fardeau sur l'épaule, sans croire déroger à la dignité de leur race et compromettre celle de leur élévation.

Trois fortes constructions en adobes commandent le Boma; c'est là qu'habitent Mirambo et sa famille.

Konongo a son marché public, tout comme Tabora, Oudjiji et Nyangoué, et la création de ce Soko, établi près de la grande porte de la maîtresse enceinte, n'a pas laissé que de causer un certain retentissement dans toute l'Afrique Orientale. Ce n'est pas peu de chose, en effet, qu'une pareille institution, particulière, seulement, aux grands empires nègres.

M. Southon m'apprend, qu'à l'inverse du marché de Tabora, où les prix sont déterminés par l'offre et la demande, ceux de Konongo restent à la seule discrétion du souverain, qui les fixe aux taux les plus raisonnables, afin d'avantager la masse des consommateurs. Un bœuf, coté 9 dotis à Tabora, n'en vaut ici que le tiers.

La même proportion existe pour les chèvres et pour les céréales, ces dernières croissant en abondance, grâce à la fertilité du sol et à la sécurité des habitants, certains de conserver intactes leurs riches moissons.

Seule, la volaille se vend aussi cher qu'à Tchem-Tchem. On la paie 1 doti les 8 pièces. Il est vrai que le Satini, monnaie courante sur le Soko de Tabora, n'est point accepté à Konongo. Les Oua-Nyamouézis lui préfèrent, à juste titre, le Mérikani, cotonnade blanche, plus lourde, plus résistante aussi plus chère, exportée pour cela même en moindre quantité de la Côte. Cependant, l'écart serait encore assez considérable, pour offrir des avantages marqués aux caravanes européennes qui choisiraient la voie actuellement abandonnée d'Ourambo.

Nous franchissons la double et forte enceinte, protégeant le palais impérial, où tout respire l'activité.

Sous un grand hangar, des charpentiers africains, ayant fait leur apprentissage dans les chantiers arabes, rassemblent les pièces d'un grand escalier. Tout près, pétillent les foyers d'une forge, où se battent, sur l'enclume, les houes, chères à l'agriculture et les fers de lance, les haches et les flèches barbelées, apanages de la guerre.

M. Southon, qui connait les aîtres, m'introduit dans la cour d'une des grandes Bandas, aperçues de l'extérieur. Aussitôt le Mouami, entouré d'une suite nombreuse, sort de la construction pour venir à notre rencontre. Mirambo est un homme approchant de la cinquantaine, grand et maigre, et portant entière une barbe assez clair-semée. La tête, pleine de froide et calme énergie, rayonne d'intelligence, malgré de fortes incisives, ressortant en saillie sur la lèvre inférieure.

Nul apparat chez ce terrible lutteur, dont les succès légitimeraient un orgueil, si naturel aux monarques africains. Son costume affecte même le mépris complet du *paroistre*.

Un vieux Kitambi lui ceint la taille, et il porte une jaquette blanche, toute rapiécée, dont lui a fait présent le docteur Southon. Un lambeau d'étoffe bleue, négligemment noué sur le front, forme son turban. Cependant Mirambo possède en quantité du brocart magnifique et des Djohos arabes d'une grande valeur. Mais il dédaigne de s'en parer, abandonnant même les bracelets de cuivre rouge et le disque de coquillage, emblèmes de la royauté. A le voir s'appuyer sur une simple gaule, on le prendrait pour un vulgaire Mtousi. Sa cartouchière et son fusil Martiny-Henry, qui ne le quittent jamais, sont portés par un Mtouana, jeune esclave au teint d'ébène et à la chevelure crespelée.

Les Nyamparas, au nombre de quinze à seize, se carrent, eux, dans leur costume de gala. Ainsi le veut probablement Mirambo.

Le rouge domine dans les étoffes amplement drapées, qui font valoir leur haute stature et leur physionomie à la fois rusée et martiale. Des spirales de laiton et des bracelets en ivoire ornent leurs membres musclés, et garnis, en guise de tatouage, de nombreuses cicatrices, fruits de leurs campagnes. Plusieurs ont mêlé à leurs cheveux, étirés en mèches, des dents de lion et des griffes de léopard.

— *Ouangalouka* ! « Bonne matinée. » C'est par ces paroles engageantes que Mirambo nous accueille, en me présentant la main et en secouant cordialement celle du docteur. L'entrevue aura lieu dans la vaste salle de réception, occupant tout le bâtiment. Deux chaises y ont été disposées à notre intention. Quant au Mouami, il s'accroupit, le dos appuyé contre le mur et toute sa cour de suivre son exemple. Mirambo, roulant dans sa bouche une large chique et crachant indifféremment sur l'aire en terre battue ou sur les murailles d'adobes, recrépies d'argile, s'adresse d'abord à ses Nyamparas qui, drapés dans leurs étoffes bariolées et entrechoquant leurs mains à la fin du discours royal, forment un groupe étonnamment pittoresque.

Ma connaissance imparfaite du dialecte Ki-Nyamouézi m'empêche de saisir tous les détails de cette allocution. Sans doute Mirambo recommande le visiteur étranger à tout le respect de sa cour et l'engage-t-il à observer le silence.

C'est à mon tour de prendre la parole en Ki-Souahili :
— Je suis venu pour voir Mirambo, commençai-je, en prenant le taureau par les cornes. On m'a dit qu'il a l'intention de détruire Karéma. On prétend encore qu'il veut piller la Station Européenne et tuer mon Frère Blanc, qui la commande. C'est mon Frère, lui-même, qui me l'écrit... Le Mouami me dira-t-il si cela est vrai ?...

Un Hi-i-i-i d'étonnement, prolongé d'une façon interminable, me rassure tout d'abord. Ou bien Mirambo ignore l'attaque dirigée contre Karéma par son Moinangou (grand vassal), ou bien il lui convient de feindre l'ignorance. Dans l'un, comme dans l'autre cas, je puis considérer ma démarche comme couronnée de succès. Après un moment de silence :
— Je suis ami et Frère de sang de Cambi (Cambier), dit-il, simplement, comment pourrais-je en vouloir à ses Frères et les combattre ?...
— Je savais cela, répondis-je, aussi n'ai-je pas cru Mirambo capable d'oublier ainsi ses engagements... Mirambo est fidèle en ce qu'il promet. Mais tout le monde n'a pas sa noblesse d'âme. Les gens de Karéma et les Arabes disent que c'est par l'ordre du Mouami que ses grands vassaux et ses Rougas-Rougas inquiètent mon Frère Blanc, et personne n'est là pour les contredire. Quand ils menacent d'assiéger la Station, c'est au nom de Mi-

rambo. Quand ils annoncent qu'ils prendront nos marchandises, qu'ils nous massacreront et qu'ils mettront le feu à la Maison de Pierre, c'est toujours comme parlant au nom du Mouami. Je sais bien que cela est faux, mais mon Frère Mouzoungou ne peut juger que par ce qu'il voit et par ce qu'il entend... Du moment que Mirambo assure de nouveau qu'il est notre ami, nous n'aurons que du dédain pour les bravades ridicules de ses soi-disant envoyés, et ne soupçonnerons plus jamais notre puissant ami, dont nous connaissons la grande vaillance et l'impériale loyauté.

Mirambo s'agite impatiemment et interpelle avec volubilité ses Nyamparas, comme pour leur demander des renseignements. En ce moment, j'en jurerais, sa bonne foi est absolue. Enfin, les colloques prennent fin.

— Je sais ce que c'est, dit-il en me regardant bien en face. Depuis le dernier séjour de *Boina Cambi* (maître Cambier), les Hommes Blancs qui vont à Karéma ne passent plus par chez moi. Les chefs Oua-Kaouendis, que j'ai soumis, croient probablement que vous êtes devenus mes ennemis et ils agissent en conséquence. Mais que m'importe, ce qu'ils pensent! Ils n'ont pas le droit d'agir sans mes ordres!... Ils ont forfait à leur devoir de vassal et je les en punirai!... Oui, s'écrie-t-il avec force et décision, je couperai leurs têtes pour apprendre aux autres que Mirambo est seul maître de déclarer la guerre et de conclure la paix!...

Et se tournant vers deux de ses Nyamparas :

— Vous partirez immédiatement pour Karéma, avec vos hommes, pour savoir au juste ce qui s'est passé. Puis vous irez au Nouvel-Ourambo (ancien Ou-Savira), et si le Moinangou est coupable, vous me rapporterez sa tête. Le fils de ma sœur, qui vous accompagnera, prendra le commandement de ce poste, si notre hôte blanc n'a pas été trompé par quelque Arabe à la langue *sans os* (c'est-à-dire souple au mensonge).

Quand même j'aurais conservé quelque arrière-pensée de défiance, il me serait impossible de douter plus longtemps des excellentes intentions de Mirambo à notre égard. Non seulement cet homme ne nous a jamais voulu de mal, mais il ne tiendrait qu'à nous, d'en faire le plus fidèle et le plus puissant des alliés.

Pourvu que ses trop zélés janissaires n'aient pas déjà passé des paroles à l'action! Mais M. Ramaeckers est homme à leur tenir tête. Oh! s'il pouvait partager la joie et la sécurité dont mon cœur est plein!... C'est dans des moments pareils qu'on ne comprend pas comment nous ayions tardé si longtemps à intro-

Le Bonaparte noir.
(Dessin de Césare DELL' ACQUA.)

duire ici la télégraphie électrique. Quels services ne rendraient pas en Afrique quelques fils, reliant les principaux centres de population! Mais ces malheureux nègres seraient capables de s'en faire des bracelets et des jambards!

Soulagé d'un poids immense, je m'entretiens longuement avec mon illustre interlocuteur.

— « Pourquoi, me demande-t-il, les Hommes Blancs ne sont-ils plus jamais venus me voir ? » Au fait, pourquoi ? « Est-ce qu'ils préféreraient les Arabes qui ont été si mauvais pour moi ?»

Mirambo n'a jamais oublié avoir été frappé par un chef arabe, lorsque, tout jeune encore, il suivait les caravanes en qualité de Pagazi. Dans sa farouche rancune, il a voué à la race tout entière une haine mortelle. On sait qu'il a déjà tenté de s'emparer une fois de Tabora. Mais, se heurtant à des forces égales et peut-être mieux armées, commandées par Magohé, son ancien général, il s'est vu contraint de lever le siège, en se contentant d'enlever à Séki un certain nombre d'esclaves. En ce moment, il en veut aux Oua-Ngonis, habitant au Nord-Est d'Ourambo. Mais il aura fort à faire avec eux. Ces peuplades, particulièrement denses et guerroyantes, quoique encore simplement munies d'arcs et de lances, lui taillent rude besogne.

— Je suis certainement le plus grand Sultan de l'Afrique, continue Mirambo sans fausse modestie. Si mes Frères Blancs passaient un jour par chez moi, ils s'en apercevraient à leur avantage. Je ne leur ferais payer de Hongo, ni sur ce territoire ni sur celui du Nouvel-Ourambo et, accompagnés d'un de mes Nyamparas, ils seraient respectés par mes nombreux alliés et vassaux. Comment se fait-il que je ne les voie plus jamais ?

Je répondis que les calomnies de ses détracteurs nous l'avaient fait considérer longtemps, comme revenu à des sentiments d'hostilité à notre égard ; mais que, pouvant témoigner du contraire, je ne doutais pas que mes Frères n'adoptassent bientôt de préférence la voie d'Ourambo, ne fût-ce que pour avoir la satisfaction de faire connaissance avec un monarque si juste, si puissant et si magnanime. Il parut très flatté de cette assurance, et immédiatement se mit à parler de l'Europe, en homme dont la curiosité est vivement sollicitée.

A l'encontre de Séki et des autres Sultans de l'intérieur, abrutis par le Pombé — qu'il ne boit plus, après en avoir abusé lui-même, et dont il défend même la fabrication sur son territoire, — Mirambo a une fort grande idée de notre civilisation. Comme tous les Africains, il croit que, pour sa propre race, le progrès s'est arrêté, suivant de plus en plus une marche descendante. Le motif de cette opinion démoralisatrice réside, qui le croirait? dans un respect exagéré des aïeux! Chaque chef, mettant sa gloire à invoquer une longue généalogie d'ancêtres dont, en l'absence de lois morales bien définies, il se borne à suivre les exemples, bons ou mauvais, le présent se trouve fatalement, à ses yeux, toujours inférieur au passé, surfait par d'incohérentes légendes.

Dans une société, même barbare, où la connaissance du bien et du mal serait soutenue par une religion sagement appropriée au caractère des populations, cette croyance en l'hérédité des devoirs et des aptitudes, produirait peut-être les meilleurs effets. Il est peu de passions, en somme, qui ne puissent être tournées en vertus, de faiblesses mêmes qui, bien dirigées, ne se transformeraient en qualités aimables. C'est la théorie, si intelligemment développée par Eugène Sue dans ses Sept péchés capitaux. Mais chez des peuplades aussi primitives, trop souvent le contraire se produit. L'autorité se change en tyrannie, la grandeur en vaine ostentation, l'initiative en soif de pillage et le dédain de la mort, en mépris de la vie des autres.

— *Oua-Zoungou Hodari! Hiii!...* Puissants et habiles les Européens!.. Mais les Africains d'aujourd'hui, bien dégénérés!.. Nous valons moins que nos pères, tandis que les Hommes Blancs sont plus *malins* que les leurs. Voyez plutôt! Les premiers Blancs n'avaient que des fusils à silex. Puis sont venus les armes à capsules, enfin les canons rayés. Qui sait où vous vous arrêterez!.... Nos lances, nos arcs et nos flèches restent toujours fabriqués sur le même modèle. Nous n'inventons plus rien, et tous les perfectionnements que nous introduisons dans la construction de nos cases, c'est des Arabes et des Blancs que nous les tenons. Dans nos histoires, les Sultans bâtissent des villes magnifiques, règnent sur des peuples innombrables, possèdent d'immenses trésors!.... Nous érigeons, à grands efforts, de misérables Bomas, dont se moquent les Arabes.... et peut-être aussi les Européens, bien plus habiles qu'eux! C'est en me battant à outrance, que je maintiens les tribus dans le respect de mes droits et mes richesses me viennent de la Côte. Non, nous ne valons pas nos pères et nos enfants vaudront encore moins que nous!....

Le Ki-Souahili, ne prêtant point aux raisonnements philosophiques, je suis bien obligé d'interpréter, plutôt que de traduire, les discours du Mouami. Il serait impossible, en effet, de rendre les répétitions, les comparaisons, toutes matérielles, et les images, par trop naïves, au moyen desquelles on se communique ici les propositions les moins compliquées.

Je résumerai de même les arguments par lesquels je cherche à donner à Mirambo une idée plus juste de sa race et du rôle qu'elle peut encore être appelée à remplir. — Comme vous, lui dis-je, nous avons nos traditions lointaines. S'il fallait en croire les récits transmis d'âge en âge, nos pères accomplissaient des prodiges que nous ne pouvons plus imiter. Ils ébranlaient des montagnes et les divisaient à coup de sabre. Un seul héros défaisait des armées entières. Le Ciel et la Terre s'unissaient pour régler les destinées d'une lignée de géants. Tel guerrier était invulnérable. Tel autre possédait un cheval ailé qui l'emportait vers les astres, ou une épée enchantée qui triomphait de tous les obstacles. Mais il en est de ces récits anciens comme des événements actuels, dénaturés et grossis en passant de bouche en bouche. Mirambo n'a-t-il jamais entendu représenter, comme invincibles, des ennemis qu'il a facilement vaincus? Croit-il à tous les rapports qu'on vient lui faire sur les troupes des Sultans contre lequel il marche en guerre? Non, il s'assure des choses par lui-même. Mais comment savoir au juste ce qui s'est passé autrefois?

— Ces paroles sont vraies! dit le Mouami après un moment de silence.

— Ce qui est vrai, repris-je, c'est que nos pères ont commencé par être des sauvages, allant, comme les Africains, vêtus de peaux de bêtes et se servant pour armes de pierres, grossièrement taillées. Ils vivaient dans des cavernes ou sous de simples huttes de feuillage. Nous le savons, parce que nous avons retrouvé dans les grottes et sous la terre, dans le lit des fleuves et sur tous les points de l'Europe, des restes de leurs anciennes habitations, de leurs instruments, de leur poterie, etc., et que notre science peut établir l'époque exacte à laquelle remontent ces débris...

En ce moment, Mirambo, qui m'écoute avec une attention profonde, laisse échapper un Hiii! d'incrédulité.

— Cela n'est pas si difficile que le croit Mirambo. Il pourrait apprendre lui-même, s'il voulait, à reconnaître l'âge des choses qui sont restées de ses pères, aussi facilement que le chasseur compte les années d'un éléphant à la grandeur de ses défenses... Cela n'a pas été trouvé tout d'un coup, par nos savants, mais petit à petit. Or, ils ont prouvé que les hommes ont partout commencé de la même façon. Seulement, il y a des peuples qui se sont arrêtés, contents de leur sort, comme en Afrique, et d'autres qui ont toujours dû travailler pour faire mieux; et cela justement parce qu'ils rencontraient plus de difficultés. Tel est notre cas.

Nouvelle exclamation du Mouami.

— La race de Mirambo, continuai-je, est née sur un sol qui produit de la nourriture en abondance. Celui qui cultive ici, pendant un mois seulement, a à manger pour toute l'année. Cela est-il vrai ?

— Cela est vrai.

— Notre race, à nous, est venue dans un pays froid et bien moins fertile. Nous avons dû travailler beaucoup *des bras* pour le faire produire et beaucoup *de la tête* pour chercher les moyens de nous fabriquer des vêtements chauds, à bon marché, des outils pour élever nos Maisons de Pierre, des armes pour tuer les bêtes, de plus en plus rares et craintives. Il a fallu plusieurs fois mille ans pour produire un fusil, comme ceux dont nous nous servons aujourd'hui, et nos moindres industries ont commencé aussi modestement que les vôtres. Mais nous ne sommes pas pour cela plus malins que nos ancêtres. Nous avons profité de ce qu'ils ont trouvé et toujours cherché à y ajouter quelque chose, tandis que la race de Mirambo, croyant qu'il ne lui restait plus rien à faire, a conservé, sans vouloir y rien changer, ce que ses pères avaient simplement commencé comme les nôtres.

— Nous ne saurions faire mieux, reprend avec obstination Mirambo en secouant la tête.

— C'est une erreur! Est-ce que les Africains, esclaves des Arabes, ne savent pas déjà beaucoup de métiers dont vous profitez? Mirambo a construit son Kouïkourou en matoufalis ; où a-t-il vu chose semblable?

— Chez les Arabes?

— Il a donc trouvé cette chose bonne?...

— Est-ce que le Mouami n'achète pas des étoffes faites par

les Blancs, et des armes, et de la poudre ? Pourquoi les Africains ne veulent-ils pas apprendre à fabriquer les marchandises dont ils ont besoin aujourd'hui, et dont leurs pères, pas plus que les nôtres n'ont eu seulement l'idée ?

— Hiii ! Les Oua-Zoungous savent tout et les Africains rien!..
— Aucun Mouzoungou n'oserait se vanter de tout savoir. Mais celui qui fait quelque chose, chez nous, s'associe à un deuxième, à un troisième, habiles d'une autre manière. L'objet le plus simple passe quelquefois par des centaines de mains. Nous travaillons tous ensemble, et c'est pourquoi nous pouvons fabriquer facilement des choses, en apparence si difficiles.

La-dessus, j'essaie d'expliquer à Mirambo le mécanisme compliqué de notre industrie. Prenant pour exemple mon fusil, je montre le mineur, extrayant le minerai du sol ; les hauts fourneaux, le convertissant en fer ; les ouvriers, forgeant spécialement la plaque étroite et longue, la roulant en tube et la soudant ; d'autres, et d'autres encore, faisant les pièces du mécanisme intérieur, le chien, le ponté de sous-garde, la plaque de crosse, les boucles, la capucine de cuivre, etc. Puis ce sont les bûcherons, les scies mécaniques, les tours qu'on met à contribution pour produire la crosse ; le tanneur qui prépare le cuir de la bandouillère, etc. Même chose pour la poudre, pour les cartouches. « Il faudrait des années à un seul homme, dis-je à Mirambo attentif, pour faire *entièrement* un fusil. Nos fabriques en livrent plusieurs milliers en quelques jours! Ainsi de tout, d'une simple aiguille comme d'un bateau en fer, d'un étui comme d'une maison. Dans telle ville, on fait surtout telle chose. Dans telle autre, telle autre. Chaque peuple a ses industries de prédilection. Mais tout s'échange et profite à tous.

Mirambo saisit avec une rare intelligence mes explications. Seulement il ne peut pas admettre que les Africains soient aptes, même à la division mécanique du travail dont je lui donne une si grande idée. Je lui affirme le contraire et lui dis les progrès déjà obtenus des nègres dans la station de Karéma.

Revenant à la soi-disant déchéance de sa race, j'invoque les exagérations de nos propres légendes pour mettre discrètement en doute les merveilles attribuées à ses aïeux, et qu'il désespère à juste titre d'imiter.

— Mirambo est trop sage et trop clairvoyant pour croire à tout ce qu'on raconte de ses ancêtres. Il a raison de les honorer et d'accepter pour vrai ce qui ne dépasse point les bornes humaines, mais quant à les croire plus sages, plus courageux et plus intelligents que lui, non. La preuve qu'il leur est supérieur, réside dans l'attention même que le sage Mouami prête à mes paroles. Les chefs africains d'autrefois considéraient comme des ennemis tous les hommes d'une autre couleur et s'entêtaient à ne rien adopter de leurs connaissances. Lui, accueille favorablement les Oua-Zoungous, venus en amis, et s'intéresse aux progrès des industries européennes. Il a donc la pleine conscience d'un état de civilisation plus avancé. Qui l'empêche, puissant comme il est, d'imposer nos industries à son peuple, ne fût-ce que pour se passer des Arabes dont, malgré tout, il reste tributaire? Les Hommes Blancs ne demanderaient pas mieux que d'instruire ses sujets et de consolider par là, la force de son Empire.

J'ai touché la corde sensible. Quoiqu'en mauvais termes avec les autorités de Tabora, Mirambo se procurait encore, il y a quelque temps, des armes et des munitions dans cette localité. Mais à la suite des derniers événements, Said Bargash a interdit strictement qu'on lui vendît de la poudre. Cette défense n'est pas faite pour apaiser la haine que le Mouami nourrit contre l'élément arabe, dont il rêve la destruction.

— D'après ce que m'ont appris les Oua-Zoungous, dit Mirambo, les peuples vivent chez vous les uns à côté des autres et s'aident mutuellement. *Ici, il y a trop de Sultans. Il n'en faudrait que deux ou trois, bien d'accord*, et alors on pourrait peut-être essayer ce que vous dites. Maintenant, c'est impossible. Si les Arabes avaient songé à s'entendre avec *moi*, Mtéça et Séki, le pays serait tranquille et nous ne devrions pas toujours nous battre. Les caravanes passeraient sans devoir s'arrêter dans les moindres villages, ou du moins sauraient ce qu'il leur faudrait payer, comme Hongo général. Mais les Arabes sont orgueilleux et jaloux. Je l'ai trop éprouvé par moi-même. Ils me considèrent *comme un sauvage mchenzi*, et excitent contre moi les chefs de districts. Je les hais, mais sans être assez dénué de sens, pour préférer une lutte continuelle à un intérêt commun bien défini. Eux, connaissant, cependant, ce qu'il faudrait à l'Afrique. Tipo Tipo, en retournant à Oudjiji, a passé près d'ici. C'est un homme sage, courageux et dont je fais grand cas. Arabe de naissance, il a su se faire Africain ; possessseur d'un territoire, où sa volonté s'exécute souverainement, il sait qu'il faut respecter ses égaux en puissance, mais briser les chefs qui ne peuvent qu'entretenir le trouble et la défiance. S'il habitait Tabora et remplaçait le vieil Abdallah bin Nassib, l'Ou-Nyaniembé et l'Ou-Nyamouézi vivraient en paix, car Séki n'est mon ennemi que parce qu'on l'instigue contre moi... Oui, deux ou trois Sultans, seulement, et ce que vous me conseillez de faire, deviendrait peut-être possible.

Je ne puis m'empêcher d'admirer le rare sens politique de ce despote nègre qui rêve une centralisation, seule capable d'ouvrir l'intérieur de l'Afrique aux avantages de la civilisation. Et c'est l'homme qu'on a représenté comme un brigand, avide seulement de rapines et adversaire de toute autre autorité que la sienne ?

— Mais, lui dis-je, vos Etats ne sont-ils pas assez grands pour vous permettre de donner l'exemple? N'avez-vous pas de nombreux vassaux qui s'empresseraient de vous seconder dans votre tâche?

— Mes Moinangous, répond-il, ne m'obéissent que par crainte. Ils ne comprennent rien et je dois toujours les punir. Quant à mes Nyamparas, ils ne sont bons qu'à faire la guerre. Ils trouveront toujours plus facile de s'emparer des marchandises, dont ils ont besoin, que d'apprendre à les fabriquer. En Europe, vous vous partagez fraternellement les richesses... Ici, nous sommes obligés de nous les disputer...

Je n'ai garde de lui apprendre que, chez nous, il y a plus de déshérités que de privilégiés et que la lutte pour l'existence est autrement rude qu'en Afrique. Après m'être complaisamment étendu sur les avantages du progrès, de la division du travail, des machines, de la concurrence et du crédit, comment aborder les nombreuses contradictions de notre système social et économique? Il est de ces choses qu'il est bon de taire pour ne pas ébranler la bonne opinion des chefs nègres dans des principes absolus, faussés par l'intérêt égoïste et la disproportion des moyens d'acquérir. Le domaine de l'argent voit se livrer légale-

Chez Mirambo. (Dessin de Omer Dierickx.)

ment des batailles et des coups de main qui n'ont rien à envier aux brigandages nègres. Ici, du moins, la fertilité du sol et le droit général à sa culture rendent impossible l'effroyable prolétariat qui ronge les sociétés modernes. Quelle plus incurable servitude que celle de la misère, indispensable à la production industrielle, comme l'ancien servage au développement agricole ! Mais arrêtons-nous sur cette pente dangereuse. Un plus long parallèle nous mènerait loin !...

Cependant, il me reste à aborder un point scabreux. Devenu maître de l'Ou-Kaouendi, Mirambo n'a point à s'inquiéter des conventions arrêtées avec Matoumoula. Par suite des derniers événements, la Station Belge se trouve bel et bien expropriée et, en refusant tribut au nouveau Suzerain, nous avons purement et simplement violé la loi africaine ! Matoumoula ne possédait-il pas lui-même son territoire par droit de conquête? Nouveau monarque, charges nouvelles. Nous prévaloir du contrat périmé, avec un simple chef de chasseurs, dont, circonstance aggravante, les hommes ont fait récemment encore le coup de feu contre Mirambo, serait folie. De quel œil le conquérant verrait-il ses droits régaliens rabaissés au-dessous d'une occupation temporaire, due, comme la sienne, à la seule force des armes, mais totalement dépourvue de consécration politique ? Cette seule négociation légitimerait ma démarche.

Mais le Bonaparte noir est bon prince.

Lorsque, avec les plus grandes réserves diplomatiques, je le sonde au sujet de la confirmation de notre traité, il se met à rire.

— C'est très vrai, dit-il, vous êtes maintenant établis sur mes terres. En demandant tribut, nos officiers ont agi à votre égard comme avec tous les chefs de l'Ou-Kaouendi. Seulement, ils ne devaient pas vous menacer sans mon ordre, car ils savent que je suis favorable aux Blancs.

Je tâche d'expliquer que, dans notre contrat, le Hongo n'était pas stipulé, et qu'en Europe les conventions faites avec une personne, sont exécutables pour celle qui lui succède dans ses droits...

— Hiii ! reprend Mirambo avec ironie. Ainsi, parce que Matoumoula vous a donné un terrain, *qu'il venait de prendre*, et où il avait mis un Sultan de sa façon, vous me croyez tenu à confirmer ses volontés ? Est-ce que vous lui avez fait montrer le papier en vertu duquel il disposait de ce terrain ? L'ancien Sultan avait peut-être pris d'autres engagements !

— Les Hommes Blancs, dis-je, d'un front imperturbable, se confient en la solidarité des Sultans africains. Chez nous, tout écrit est sacré...

— Les Sultans africains ne doivent accomplir que leurs propres promesses, et un Mouami, comme moi, n'a pas à tenir compte de celles d'un Matoumoula ! Mais rassure-toi. Si je vous croyais mes ennemis, je serais déjà venu en personne vous assiéger, comme j'ai fait pour Simba.

— Nous pouvons donc espérer que Mirambo ratifiera...

— Je n'ai rien à ratifier... Entends-moi bien : je vous *donne* le terrain que vous occupiez, sans condition de tribut... mais c'est parce que je le veux ainsi...

— Puis-je alors demander un nouveau contrat ?...

— Hiii ! Encore un papier ?... A quoi le premier vous a-t-il servi ?... Si je meurs, ou si un autre chef *mange* ma terre, ce serait donc à recommencer ? Ma parole vaut plus qu'un papier. Quand Mirambo promet, il tient. Si les Hommes Blancs ont leurs usages, les Rois Africains ont les leurs aussi. Ecrivez à votre Frère qu'il n'a rien à craindre de moi... Mais je châtierai les gens de Karéma qui ont refusé le Hongo. Ils n'ignoraient pas, eux, que le véritable maître, c'est celui qui a la force... Je détruirai leur village...

Voyant Mirambo de si facile composition, je me permets d'intervenir en faveur des voisins de M. Ramaeckers.

— Nous avons besoin d'eux, lui dis-je, pour nous procurer des vivres... Ils sont si pauvres, d'ailleurs, que leur Sultan, étant mort, ils ont cru pouvoir se dispenser de payer tribut...

— Eh bien, dit Mirambo, *je vous les abandonne*. Seulement soyez sévère pour eux, et ne laissez rien passer. Je les ferai informer que *les Hommes Blancs sont devenus leurs maîtres et qu'ils doivent leur obéir...*

C'est plus que je n'en espérais. Nous voilà, non seulement confirmés dans notre ancienne et chanceuse concession, par l'autorité d'un des plus puissants chefs de l'Afrique, mais investis encore d'une espèce de suzeraineté sur des gens qui, jusqu'ici, affectaient, vis-à-vis de nous, des attitudes suspectes.

CHAPITRE XXVIII

A présent, plus que jamais, nous sommes certains d'un résultat !

La conversation se porte ensuite sur différents sujets. Je demande au Mouami ce que signifie son surnom de Mirambo.

— *Faiseur de cadavres*, me répond-il. Lorsque j'eus pris d'assaut ma première *ville*, mes hommes étaient tellement fatigués de tuer, que le soir pas un ne tenait debout. Seul, je continuai d'aller et de venir au milieu des soldats couchés sur les corps morts. C'est alors qu'ils m'ont appelé Mirambo.

Ceci est dit avec un farouche orgueil. Les Nyamparas, qui approuvent de la tête, jettent sur le conquérant des regards d'admiration.

— Mon véritable nom est Mtélia, continue-t-il, comme celui de mon grand père, successeur de Mvoula, qui descendait lui-même de Kasaoua. Ce Kasaoua, grand guerrier et chef indépendant, s'entendit avec quelques alliés pour partager le grand Empire d'Ou-Segalla, gouverné par un Sultan, vieux et sans énergie. Chacun en prit un morceau. Le district de Ou-Yooua revint à mon aïeul. Ma mère, Makassi, était fille unique de Mtélia. Elle avait épousé un simple guerrier nommé Kasannda, qui devint mon père. J'avais droit, par ma naissance, à régner sur l'Ou-Nyamouézi, mais un chef redoutable, nommé Itoura, voulut me priver de mon héritage. Je l'ai combattu et vaincu.

C'est à partir de ce premier et brillant fait d'armes que la popularité et la fortune de Mirambo sont allées croissant. Pendant plusieurs années, il sembla saisi d'une rage de destruction. Toutes les tribus environnantes durent se soumettre à son autorité. Le moindre prétexte lui suffisait pour porter chez elles le carnage et l'incendie. C'est alors, aussi, qu'on le vit, satisfaisant sa rancune contre les Arabes, arrêter leurs caravanes et se gorger de leurs dépouilles.

Depuis, Mirambo a fortement changé. Comme je l'ai dit, avant de prendre le pouvoir, il aimait à s'enivrer de Pombé. Grâce à l'incroyable empire qu'il possède sur lui-même, le Mouami observe aujourd'hui une rigoureuse tempérance.

Le soldat s'est doublé de l'homme à larges vues et de l'organisateur. Depuis l'arrivée du docteur Southon, qui ne laisse échapper aucune occasion de faire appel à sa raison et à son grand instinct de justice, le *Faiseur de cadavres* semble tenir à mériter un titre plus glorieux. Il continue, il est vrai, à faire la guerre, ce qui, pour l'affermissement de sa puissance, reste malheureusement d'une absolue nécessité, mais sans ordonner les hécatombes humaines, en usage dans toute l'Afrique.

Les populations vaincues, il se contente de les mettre à la chaîne et de les faire échanger, dans toutes les directions, contre de l'ivoire. En agir autrement, équivaudrait de sa part au plus maladroit suicide. Jamais, il ne pourrait maintenir sur place, dans une obéissance chimérique, des ennemis de la veille, bercés d'un ardent espoir de représailles.

Ces déplacements ont, d'ailleurs, des effets salutaires, amenant un frottement entre les peuplades conquérantes et les tribus simplement agricoles. En élaguant les éléments de révolte, devenus, sous une servitude patiemment acceptée, des agents de production, et par conséquent de progrès, Mirambo travaille à la centralisation de grands Empires, se partageant l'Afrique Orientale et où l'influence européenne puisse jouer un rôle important. L'unification politique amènera forcément une organisation sociale, basée sur l'ensemble des efforts, dans un but de production et de bien-être général. Mais, pour cela, il faut que tous les roitelets disparaissent et qu'un joug de fer rende possible l'émancipation graduelle de la race nègre, livrée aujourd'hui au seul caprice d'imbéciles tyranneaux. Mirambo s'enorgueillit de ses nombreuses blessures, qu'il montre avec ostentation. On le redoute jusqu'au Sud du Victoria-Nyanza, où il est connu sous le nom de *Nzighé*, ou Mange-Tout. Il se fait encore appeler *Les Cinq Flambeaux*, parce que ayant la prétention de connaître les habitants des cinq villages, entourant Konongo, il se vante d'avoir pénétré les sentiments de tous, amis ou ennemis.

Après cette longue, précieuse et intéressante audience, nous regagnons la Mission anglaise, en nous entretenant, le docteur Southon et moi, de l'homme remarquable qui vient de me donner tant de preuves d'intelligence, de fermeté et de profondeur. Elle n'est certes pas perdue pour la civilisation, une race qui, à l'état sauvage, produit encore de pareils rejetons !

Je passerai une huitaine de jours chez le docteur. Maintenant que tout péril est conjuré et que Mirambo, lui-même, vient de mettre fin aux excès de zèle de ses Moinangous, je puis, sans

En revenant d'Ourambo.
(Dessin de Frans Van Leemputten.)

scrupule, consacrer quelque temps encore à l'étude de cette puissante nature.

M. Southon est persuadé qu'on obtiendrait sur elle un ascendant considérable. « On peut, dit-il, se confier entièrement à la loyauté de Mirambo. Cet autocrate, si entier dans ses jugements et si prompt dans ses actes, a pour les Blancs une immense estime. Jamais il n'a failli à suivre un conseil dont je lui avais démontré l'utilité. Il sait écouter et comprendre. Et qu'il se connaît bien en hommes ! A tous les points de vue, ce sera un des plus grands monarques qu'on aura vus dans ce malheureux pays. »

Comme il est de la plus grande importance de rassurer M. Ramaeckers, s'attendant à être attaqué d'un moment à l'autre et qui, cloué à sa station, doit se consumer dans une poignante expectative, j'ai prié Mirambo de charger d'une lettre, pour le commandant de Karéma, celui de ses Nyamparas, chargé de réprimer les excès de zèle de son Moinangou.

De son côté, M. Southon a mis à ma disposition un de ses hommes, pour porter à Sef bin Raschid, l'ordre de partir immédiatement, avec sa caravane de ravitaillement.

Le lendemain soir, Mirambo vint me rendre ma visite. Il avait passé toute la journée à la chasse, trompant l'ardeur guerrière qui fait le fond de son tempérament.

Souvent, aussi, il dépense quelques heures au cottage où sont instruits ses enfants. Cette fois, il ne resta que quelques minutes et se retira après nous avoir offert une antilope tuée par lui.

Je retournai le voir pour lui faire mes adieux. Il me reçut sans turban, cette fois, et armé d'un grand sabre, dans une hutte circulaire, n'ayant pour tout mobilier qu'un fauteuil pliant à dossier de toile, excessivement graisseux, et nombre de petits tabourets sur lesquels il s'assit avec ses Nyamparas. Je pris place à ses côtés, portant les yeux vers le haut des murailles en torchis, entièrement tapissé de flèches empoisonnées, comme celles employées dans les chasses à l'éléphant. Aussitôt, voyant la direction de mon regard :

— Je n'ai plus de poudre, dit-il avec un sourire ambigu, qui me donna à penser que, grâce à ses campagnes, la dernière notamment, il n'en était pas si complètement dépourvu que cela. Il faudra bien revenir à l'ancien système de lances et de flèches. C'est d'ailleurs excellent pour la chasse. La détonation du fusil effraie le gibier, et déjà il me faut aller bien loin pour en trouver.

Cependant, je ne vois pas que ses soldats aient déposé le rifle qui, pour ce qui le regarde, ne le quitte pas.

Un marmot de quatre ou cinq ans, nu comme un ver, pénétra dans la hutte et lui grimpa sur les genoux ; c'était un de ses enfants. Mirambo se mit à jouer avec lui et, sur sa rude figure, passa comme un rayon de souveraine douceur. Puis, brusquement, le Mouami me dit :

— Veux-tu voir mes Oua-Kimas ? (mes femmes).

— Volontiers, lui répondis-je, mais sans empressement de mauvais aloi.

Nous pénétrâmes, à deux seulement, dans la seconde Banda du Palais Impérial, coupée de larges corridors et divisée en pièces spacieuses. Je vis une demi-douzaine de jeunes et fort jolies négresses, agenouillées devant la pierre, écrasant le sorgho et se livrant avec entrain à cette lassante besogne. Le Mouami les regarda d'un œil complaisant, et certes il aurait pu se targuer de bon goût. La gentille brigade, selon la coutume africaine, chantait les louanges du Maître, rappelant ce qu'il avait fait ou dit la veille, exaltant les marques de sa royale faveur. A chaque instant, le nom de Mirambo revenait sur les lèvres, relevées en un mouvement de naïf orgueil. Mirambo, après avoir adressé quelques mots d'encouragement, au personnel de son harem, me conduisit dans sa chambre à coucher, munie d'un superbe lit européen, à baldaquin et à ressorts, et doublé d'une humble couchette indigène.

— Je préfère encore ceci, me dit-il, d'un ton bonhomme, c'est moins haut et moins chaud.

Tout un arsenal de fusils, anciens ou nouveaux systèmes, armes arabes ou anglaises, ornaient les murailles.

Il en choisit un et me l'offrit.

— J'ai fait envoyer au consul d'Angleterre, dit-il, tous les objets ayant appartenu aux malheureux Blancs de Mpimboué. Ce fusil ne m'a été remis que plus tard, par mes Rougas-Rougas. Il est à toi.

J'acceptai avec empressement.

— J'aurais voulu pouvoir les sauver, continua Mirambo,

mais pourquoi, sachant que mes troupes allaient donner l'assaut, n'ont-ils pas pris part à la défense ? Ils auraient peut-être réussi à repousser mes hommes, et je serais arrivé à temps.

Je le regardai avec stupéfaction :

— Comment ? m'écriai-je. Mais c'est justement pour ne pas être considérés comme les ennemis de Mirambo qu'ils n'ont pas voulu faire usage de leurs armes.

— Ils ont eu grand tort, répondit le Mouami. *Chacun doit se défendre*. Ils m'auraient tué la moitié de mes hommes que je leur aurais encore donné une escorte pour continuer leur voyage.

O Thompson ! Tu l'entends ! Si tes compatriotes se fussent montrés moins rigides observateurs d'une trop confiante neutralité, nous les posséderions encore dans *nos* rangs. Et tu n'aurais pas eu si beau jeu, non plus, pour les rendre complices de tes sottes calomnies !

En fait d'artillerie, Mirambo est un peu mieux monté que le Gouverneur arabe de Tabora. Il me fit voir, abrité sous un hangar, 8 petits canons de fer, montés sur affûts à mortiers. Puis, il me reconduisit poliment jusqu'à la porte du village.

— Dis à tes Frères Blancs quel homme je suis, me répétat-il en me secouant cordialement la main. Jamais Mirambo ne sera leur ennemi. Qu'ils passent sans crainte par mon royaume. Ils n'auront rien à payer et seront bien accueillis... *même s'ils ne m'apportent pas de poudre*.

Sur la route du village, à la Mission anglaise, les indigènes, revenant des travaux, me saluent avec déférence : *Madjira, Boina!* (Bonsoir, maître). Sachant la faveur avec laquelle m'a traité le Mouami, ils m'entourent de leur respect. Bien que maintenant une sévère discipline, Mirambo est adoré de ses gens. Il paraît certain qu'au premier appel, il peut mettre 10.000 hommes sous les armes.

A six heures sonnant, j'arrivai au cottage, dans les meilleures dispositions pour faire honneur au succulent repas des adieux. Le lendemain, au point du jour, il me fallait dire adieu à la Mission anglaise et à son hospitalier directeur.

Mirambo, dont la générosité est connue, m'avait envoyé deux bœufs. J'en donnai un à mes hommes, qui le détaillèrent et en firent boucaner, le soir même, les meilleurs morceaux.

CHAPITRE XXVIII

Le reste, ainsi que le second bœuf, revinrent au personnel, plus nombreux, de M. Southon.

. . . .
. . . .

Quatre jours après, je rentrai à Tabora, de nuit, comme j'en étais sorti, et méditant, heureusement avec quiétude, la maxime de Duret : « Les principes ne se défendent pas tout seuls. »

CHAPITRE XXIX

Une chute. — Changement de gamme. — « Il n'a pas de force ! » — Les deux ambassades. — Le Scheik au lit. — Au poids de l'ivoire. — Visite à Igonda. — L'albinos. — Tonnerres et éclairs. — La chaîne. — Approvisionnements et premières récoltes. — L'autruche frite. — Vêtements, bijoux et tatouages. — Armes. — Au moment d'aboutir. — L'agriculture sur les différents points de l'Afrique Centrale. — Petites industries. — Un coup de foudre. — Seul survivant ! — La mort de M. Ramaeckers. — Désordres à Karéma. — Retour de Sef bin Raschid. — Départ. — Traversée du Mtoni de Kasséghèra. — Effets de la pluie sur les porteurs. — A Igonda. — Maladie du docteur Kaizer. — L'épreuve des porteurs. — L'Ougalla, en temps de Massika. — Les maux de la guerre. — Le nouvel Ourambo. — Exécution des ordres du Mouami. — Bon accueil. — Nouveau courrier du Djémadar. — Kaloungou. — Les ruines de Ohanda. — Coup de main — Arrêtés par l'inondation.

Une chute faite en chemin, sur les rocailles aiguës, semées entre les villages de Miomboni et de Mfouto, m'a privé de l'exercice de mon bras droit. Avec la meilleure volonté du monde je n'aurais pu écrire une ligne. J'avais le poignet à moitié démis, et le pouce gonflé à faire peur.

Sef bin Raschid, averti par moi, est déjà parti avec la caravane de ravitaillement.

Cependant, le bruit de ma visite à Mirambo s'est répandu à Tabora et intrigue vivement le clan arabe. Scheik bin Nassib me fait mander.

Je m'attendais à des représentations de sa part, mais le malin personnage n'a garde de se montrer piqué. Bien au contraire il a changé de gamme.

Autant, naguères, il chargeait le portrait du conquérant nègre, autant, depuis que j'ai été à même de contrôler la gratuité de ses assertions, il lui reconnaît de talents et de qualités. De mon côté, je fais de Mirambo l'éloge qu'il convient et insiste particulièrement sur les forces militaires dont il dispose. « Oui, dit le Vice-Gouverneur, le Sultan d'Ourambo a beaucoup d'hommes mais très peu de poudre. Il a voulu s'attaquer aux Oua-Ngonis et la guerre n'est pas près de finir. Ces derniers ont fait demander aide à Séki. Nous attendons leurs envoyés. »

Cela me fait souvenir que Mirambo doit aussi dépêcher des ambassadeurs au chef de l'Ou-Nyaniembé, pour en obtenir, à force de présents, une neutralité temporaire. Je l'annonce au vieux Scheik.

— Nous nous y attendions bien, me répond-il tranquillement, mais ça ne me regarde pas. Séki agira comme il lui plaira.

Ce dernier pénètre justement dans la salle, et se mêle timidement à la conversation. Je profite de l'occasion, et reprends la thèse de Mirambo, concernant l'alliance des principaux chefs africains, s'entendant pour constituer de grands empires, unis en un durable traité d'alliance. Scheik bin Nassib, hochant la tête, me favorise de quelques approbations ambiguës. Au fond, je le croirais assez disposé à préférer une paix avantageuse à des alarmes continuelles. Mais Séki n'est pas de cette opinion : — « *Haïna Ngoufou!* » interrompt-il d'un air dédaigneux. (Il n'a pas de force!) Je ne puis m'empêcher de rire, en comparant l'homme de résolution et d'action, contre lequel, hier encore, on ne pouvait assez se palissader, et ce fantoche alcoolisé, tenu en curatelle par un sous-fonctionnaire arabe !

— Quatre jours après, les envoyés de Mirambo arrivent à Tabora, au nombre de 6, choisis parmi les Nyamparas les plus énergiques, les plus dévoués et les plus influents de Konongo. Ils apportent de magnifiques défenses d'éléphants. L'ambassade des Oua-Ngonis est arrivée de son côté, avec de l'ivoire en moindre quantité. Scheik bin Nassib se dit malade et ne quitte pas le lit. Après leur première visite au Sultan, les hommes de Mirambo viennent me voir, et je les traite de mon mieux.

Ils sont un peu plus bruyants qu'à Konongo, mais cette attitude est peut-être dictée par le Mouami lui-même, jaloux de se voir représenté avec quelque assurance. Toutefois, leur conduite ne donne prise à aucune plainte. Ils paient largement tout ce qu'ils consomment, et se font bien venir de la population qui les regarde avec une admiration respectueuse.

Magohé ne paraît point à Tabora, — retenu probablement par ordre supérieur et pour éviter les querelles. Les deux ambassades évitent soigneusement de se rencontrer.

Pendant toute la durée des Chaouris, le Vice-Gouverneur

reste invisible ; mais il ne faudrait guères le connaître pour le croire étranger aux hésitations réelles ou feintes de Séki.

Celui-ci finit par accepter les dents de Mirambo, sans préjudice de celle qu'il lui garde *in petto*, et par faire déclarer aux envoyés des Oua-Ngonis que leurs présents ne sont pas suffisants. Les deux ambassades se retirent, et Scheik bin Nassib, rétabli par miracle, continue gaillardement à vaquer aux soins de son gouvernement. Il est possible que la balance ait penché seulement en faveur des plus riches offrandes ; mais il se pourrait, aussi, que mes renseignements et mes exhortations y fussent entrés pour quelque chose.

22 février. — Accompagné d'Assani, de Capitani et de deux esclaves, mis à ma disposition par le vieux Soultan bin Ali, je me rends à Igonda, pour m'acquitter de la visite promise à M. Reichard.

L'Expédition allemande s'y trouve au complet. MM. Böhm et Kaizer me confirment les péripéties de leur voyage et je leur communique, en retour, tous les détails de mon entrevue avec Mirambo.

Pas plus que moi, à Tabora, ils ne sont encore parvenus à se faire donner une concession, à laquelle, d'ailleurs, ils commencent à tenir assez peu, depuis les massacres dont ils se sont vus obligés de rester témoins impassibles. Leur ancien espoir en la régénération de cette féroce tribu s'est complètement envolé.

— « Ils sont incurables, » me dit M. Reichard.

Je me rends avec ce dernier dans un village des environs, pour y voir un Albinos, traité de Mouzoungou par la population indigène. Comme celui rencontré au début de notre voyage, ce nègre blanc ne se distingue que par son manque presque complet d'intelligence.

Nous passons quelques jours à nous entretenir du passé et à former des projets d'avenir. Puis nous nous quittons, nous assignant un prochain rendez-vous à Tabora.

Au retour, la chaleur est suffoquante et un orage épouvantable nous surprend dans les bois de miombos avoisinant le mtoni de Kasséghèra.

Le vent souffle avec rage, écimant les arbres, dont les branches, à plusieurs reprises, manquent de nous écraser.

CHAPITRE XXIX

A demi aveuglés par les éclairs, nous sommes obligés de cheminer, les yeux sur la voûte ondoyante, pour éviter la chute redoutable des frondaisons mortes, s'abattant avec un horrible fracas. La foudre frappe autour de nous les troncs des grands arbres qu'elle divise et fracasse comme si c'étaient des allumettes.

Lorsque nous sommes enfin arrivés en rase campagne, une pluie diluvienne nous mouille jusqu'aux os. En quelques instants, la campagne s'inonde, et, pour gagner le Cambi situé de l'autre côté de la rivière, nous sommes obligés de faire la chaîne, ayant de l'eau jusqu'aux épaules. Plus d'un lâche pied, entraîné par le courant, et c'est avec toutes les peines du monde que, nous soutenant avec énergie, nous parvenons à escalader enfin la berge gluante.

— Rentré à Tabora, le 28, j'y trouve M. Copplestone, revenu de la Côte pour remplacer, à Ougouy, M. Stokes. Il me charge d'acheter pour son compte une petite provision d'oignons et de fruits.

Mes marchandises étant épuisées, je suis moi-même obligé de prendre une cinquantaine de dioras de Satini et vingt de Kaniki, chez un marchand arabe du nom de Salim bin Raschid, qui me les cède à un dollar de moins qu'aux prix de Tabora.

Les courges commencent à apparaître, ainsi que les melons d'eau. Mon potager est en plein rapport. Je mange de délicieux radis, de fraîches salades et me régale de maïs nouveau, bouilli ou grillé sous la cendre. Et comme les chaleurs vont recommencer, j'en profite pour me faire raser complètement la tête, à la manière arabe.

Une de mes autruches s'est cassé la patte, à moins qu'on ne la lui ait brisée volontairement. Je soupçonne fort le petit Tchiano d'avoir voulu s'épargner la corvée de la mener au bain et à la promenade. Obligés de la faire abattre, nous mangeons sa chair frite. C'est un plat délicieux et pouvant se comparer à la meilleure dinde. Les plumes, soigneusement empaquetées, trouveront leur placement chez mes amis d'Europe en puissance de femmes ou de filles. Il y en a de quoi empanacher tout un quartier.

— J'ai déjà touché un mot du costume et des ornements adoptés par les différentes tribus, avec lesquelles nous sommes jusqu'ici entrés en rapport. Au risque de me répéter, je consignerai encore ici quelques traits généraux.

Chez la plupart des Africains, le vêtement se borne à une ou deux peaux d'animaux, séchées au soleil et maintenues devant et derrière par une simple corde ou par une lanière de cuir. Certaines peuplades portent, comme nous l'avons vu, des étoffes provenant de l'écorce battue du Miombo. Les enfants des deux sexes vont nus, partout, jusqu'à l'âge de la puberté.

Nul voile ne cache chez les Oua-Gogos les parties sexuelles. Ces tribus se peignent le corps en rouge brique, et, sur l'épaule gauche, rejettent une peau de bête ou un lambeau d'étoffe graissée.

Somme toute, c'est la coiffure qui varie le plus. Les Oua-Kaouendis ne se rasent pas les cheveux ; les Oua-Nyamouézis renforcent les leurs, en y mêlant des tresses de ficelles et en les ornant de coquillages, de dents de fauves, de petites cornes et d'amulettes bizarrement travaillées.

Parmi les gens de Mirambo et dans les centres mixtes — comme Tabora, où l'on rencontre des hommes de tous les districts, — les contrastes abondent.

Tel, à la façon musulmane, ne laisse subsister qu'une touffe au sommet de la tête — mais sans préoccupation aucune de la tradition qui veut que le prophète saisisse les morts par cette touffe-là, pour les attirer dans son Paradis.

Tel autre se rase toute la partie supérieure, ne conservant que le périmètre inférieur, abritant les tempes, la nuque et les oreilles.

Tel autre, encore, ne respecte que les mèches de devant.

Beaucoup, s'attaquant aux côtés, ont le chef hérissé d'une bande chevelue de trois doigts de largeur, assez semblable au cimier de nos anciens casques de pompiers.

Les Oua-Tatourous, peuplades particulièrement fanfaronnes, affectionnent les plumes d'autruche dont ils se font des coiffures ombellifères, maintenues par deux bandes de cuir, ornées de perles et serrées, l'une autour du front et l'autre sous le menton. Ce panache, compliqué d'oreillettes et de ferronnières, tranchant en lignes droites sur la chair basanée, leur imprime un aspect franchement martial.

Un piège a gros gibier. (Dessin de Charles Verlat.)

D'autres, comme les anciens Gaëls, arborent des cornes de boucs, encore attachées à la peau, — et qui forment calotte, — des oreilles de zèbre, ou bien la crinière d'un animal sauvage, disposée en diadème.

Quant aux femmes, celles qui ne se rasent point, divisent leurs cheveux noirs et luisants en une infinité de minces tresses, enduites de beurre ou de tout autre corps gras.

Les différentes tribus se reconnaissent aussi à des tatouages distinctifs. Ce sont, chez les Oua-Nyamouézis, des cercles concentriques, tracés sur les épaules et sur la poitrine. Les Oua-Kaouendis n'ont ces cercles que sur les épaules, et reliés par une grande croix, formée de lignes diagonales descendant jusqu'aux hanches opposées.

Les Ouà-Rouembas et les Oua-Maroungous se tatouent seulement la figure, les bras et les seins. Une ligne leur descend du front jusqu'au prolongement du nez et, se coupant à angle droit, va rejoindre les oreilles.

C'est une coutume presque générale de se limer les incisives, bien que certains voyageurs et les gens de la Côte ne la prétendent particulière qu'aux peuplades, anciennement, ou secrètement encore, adonnées à l'anthropophagie. Les Oua-Manyémas, les Oua-Roungous la pratiquent sur une grande échelle, mais les Oua-Nyamouézis, les Oua-Houmbas et les Oua-Soukoumas se contentent d'une brèche unique, formant un triangle dont le sommet se confond avec la gencive supérieure.

Nous avons vu que, chez tous, le lobe percé de l'oreille, contient les choses les plus hétérogènes : pions de bois, à rainures, petites calebasses servant de tabatières, etc. Qu'on leur fasse cadeau de n'importe quel article un peu portatif, ils s'empresseront de s'en parer.

Le grand luxe réside dans les colliers, formés de dents, de coquillages et de plaques d'ivoire, taillées en triangles. Ces dernières sont l'indice d'un grade quelconque dans l'administration locale.

Les perles et les fils de fer et de laiton, d'importation européenne, forment communément les ceintures, les bracelets et les jambelets, tant des hommes que des femmes. Le cuivre rouge, venant de Katanga et du Manyéma, est surtout estimé. On en fait de larges bracelets, tournés en spirales, que les Sultans ont, seuls, le droit de porter, dans l'Ou-Nyamouézi, l'Ou-Kaouendi et l'Ou-Gogo.

Les armes, de fabrication indigène, sont la lance, le javelot, l'arc, les flèches, la hache et la massue. D'un type unique, elles affectent des ornements variés, suivant la tribu qui s'en sert. J'en ai vues, ornées de sculptures assez curieuses, de figures d'hommes et d'animaux. Quelquefois la lame même est revêtue de dessins gravés au burin. Les indigènes fabriquent aussi de longues et fortes lances, employées dans les chasses à l'éléphant et au rhinocéros.

Pour empoisonner les flèches, on se sert d'une pâte faite de jus d'euphorbe et dont on enduit les pointes de métal.

— Séki, ou plutôt Scheik bin Nassib, est enfin disposé à m'accorder une concession de terrain. Il m'a demandé où je désirais m'établir et je lui ai désigné un admirable emplacement, sur les hauteurs qui séparent Tabora du fertile vallon de Kouyara. Mieux vaut tard que jamais. En attendant des instructions, que je ferai demander en Europe, on s'occupe de rédiger un projet de contrat.

Quand ils veulent défricher une partie boisée, toujours fortement chargée d'humus, les Africains se contentent de couper les arbres à la hauteur d'un mètre au-dessus du sol. Les racines ne sont enlevées que sèches, et deux ou trois ans après, pour servir de combustible.

Dans ce sol fécond, ils sèment simultanément le maïs, le sorgho et le riz, mais en choisissant pour cette dernière céréale les parties basses et inondées. Les semailles commencent en novembre et la première moisson de maïs est engrangée trois mois après. Le riz, moins précoce, demande un semestre pour arriver à complète maturité. Comme unique instrument agraire, le laboureur indigène emploie la houe antique, qui porte ici le nom de Djembé. Mais il a fort à faire pour préserver ses sillons. Des bandes de cynocéphales aboyeurs (singes à tête de chien) s'abattent sur les champs de maïs et de sorgho. Ce qu'ils respectent est souvent dévasté, dans le voisinage des cours

CHAPITRE XXIX 189

d'eau, par les sangliers et les hippopotames, qu'on cherche à écarter au moyen de palissades et d'abatis de bois épineux, car les cris des guetteurs seraient impuissants à tenir en bride leur audacieuse voracité.

La patate douce et le manioc sont aussi cultivés, ainsi que les arachides—dont on extrait une huile excellente—les fèves, les haricots, les courges, le chanvre, le tabac et la canne à sucre, mais cette dernière en fort petite quantité.

Quelques villages, seulement, sont entourés de bananeraies, surtout dans l'Ou-Nyamouézi, dans l'Ou-Sagara et dans l'Ou-Gonda. Cet arbre est d'un secours précieux. Les indigènes ne mangent son fruit que mûr et fraîchement cueilli. Mieux avisés, les Arabes et, à leur exemple, les voyageurs européens, font bouillir les régimes encore verts, dépouillés de leur écorce, frits ensuite ou réduits en purée. Cette nourriture, très agréable et très saine, a beaucoup de rapports avec nos pommes de terre.

Le tabac, cueilli vert et pilé dans un mortier, est transformé en gâteau qu'on sèche au soleil. Les hommes le fument dans des narghilés primitifs, à fourneau de terre cuite, ajustés à une calebasse remplie d'eau. Les femmes se contentent de simples tchibouques, à longs tuyaux de fer. En marche, comme nous l'avons vu, les porteurs se rassemblent pour aspirer à tour de rôle l'âcre fumée du chanvre ou du tabac qui leur arrache des larmes et les fait tousser à les rendre pulmoniques.

Dans les forêts où, ici, dominent les tamariniers, croît un arbuste, portant un fruit qui se rapproche de la nèfle et dont les naturels sont assez friands. Mais ce qu'ils adorent, c'est le miel sauvage déposé par les abeilles dans le creux de certains arbres.

Les chasseurs de miel sont fort habiles à le découvrir, en se guidant sur les indications d'un oiseau, dont, toujours, ils font la part.

Ils ont encore une méthode assez ingénieuse. S'emparant d'abeilles, faisant partie d'un même essaim, en quête de pollen, deux chasseurs s'écartent l'un de l'autre, à la distance de cent à deux cents mètres. Les abeilles, rendues à la liberté, n'ont rien de plus pressé que de regagner leur ruche, peut-être pour faire leur rapport à leur souveraine, car elles ne s'arrêtent plus à butiner. Se réglant sur la direction convergente de leur vol, les dits chasseurs, se rencontrent infailliblement au pied de l'arbre où se trouve le miel. Et voilà comment, les plus humbles animaux peuvent donner aux hommes primitifs d'utiles notions de géométrie.

Les grands troupeaux de bétail, de la petite race, dite zébue, à bosse graisseuse sur le garrot, sont particuliers à l'Ou-Gogo. Une fois qu'on a dépassé Igonda, on n'en trouve plus. Beaucoup de villages entretiennent des chèvres et des moutons. Les poules se rencontrent partout, mais leur mission principale étant de débarrasser de la vermine les familles indigènes, celles-ci éprouvent pour elles une insupportable aversion. L'Africain mangerait bien moins encore de leurs œufs, persuadé qu'il serait, d'en mourir sur l'heure. Mais le contact, de plus en plus suivi, avec les hommes libres de la Côte, tend déjà à faire disparaître une foule de préjugés gastronomiques.

Toutes les tribus ne sont pas chasseresses, mais chacune, pourtant, a ses veneurs de profession, chargés de l'approvisionner. La grosse bête est abattue au moyen de fusils, d'arcs, de flèches ou de javelots. Comme l'Africain n'est jamais certain de son tir, c'est à quelques mètres seulement qu'il lâche son coup de feu, après avoir rampé souvent pendant plus d'une heure pour s'approcher. Le moyen, le plus communément employé, consiste à creuser de grandes fosses, recouvertes de branchages et où le gros gibier se laisse choir. On emploie aussi le lacet, à l'instar de nos braconniers d'Europe.

Dans les districts giboyeux, il m'est arrivé d'employer avec succès, pour abattre le zèbre, le buffle et la grande antilope, voire la girafe, du piège, étonnamment pratique dans sa simplicité, inventé par les trappeurs de l'Arkansas. Il consiste en un fusil, à détente assez dure, chargé de chevrotines et horizontalement lié à un arbre, de façon à ce que sa ligne de mire se trouve à la hauteur moyenne du gros gibier, signalé par les rabatteurs. Une corde relie, au moyen d'un levier, adapté à la crosse même, et la gachette du fusil, et un arbre placé de l'autre côté de la *sente*, ainsi barrée. Pesant sur cette corde, l'animal fait partir le coup et reçoit la charge en plein flanc.

— Peu d'industries, et toutes assez primitives. Les plus compliquées consistent dans la fonte et le forgeage des houes, pelles,

CHAPITRE XXIX

haches, fers de lances, dards de flèches, etc., et dans le tissage d'étoffes grossières.

Les riverains du Tanganika cultivent avec succès l'art de la corderie. Ils sont parvenus à faire d'excellents filets pour la pêche, cette véritable richesse des pays marins, fluviaux ou lacustres.

Je citerai encore la vannerie indigène à laquelle nous devons des paniers artistement tressés, des nattes élégantes et quantité de jolis ouvrages en osier.

20 mars. — Il ne s'agit plus de concession de terrain à Tabora! Un courrier, expédié en toute hâte du Fort Léopold à la Côte, m'apporte la nouvelle foudroyante de la mort de M. Ramaeckers!

Dans sa dernière lettre, dont j'ai donné des extraits, le chef de la 3ᵉ expédition belge se représentait, comme seulement en convalescence d'une pénible indisposition. C'est dans un état morbide, plus qu'inquiétant, que, menacé par les Rougas-Rougas de Mirambo, M. Ramaeckers s'est épuisé encore à organiser ses moyens de défense et à négocier avec les tribus voisines. Même au plus fort de la rechute, il s'était opposé à ce qu'on m'avertît d'une situation dont il se flattait de triompher.

Vain espoir! La dysenterie, venant au secours de la fièvre, la sinistre catastrophe s'est produite sans qu'un seul Européen fût là pour fermer les yeux de notre malheureux compatriote, tombé au poste du devoir.

— « Nous y passerons tous! » s'était-il écrié, en apprenant la mort du capitaine Popelin. En quittant M. Ramaeckers plein de vie et de santé, je ne m'attendais pas à voir se réaliser si tôt une partie de ces paroles prophétiques! Vingt mois à peine nous séparent du jour où nous quittions tous ensemble Bruxelles, confiants dans notre étoile. Et me voilà, seul survivant de la 3ᵉ expédition belge! Le pauvre Armand de Leu repose à deux cents mètres de ma demeure et, sur les bords du Lac, notre chef vient d'expirer à son tour, suivant à courte distance l'héroïque capitaine Popelin!

L'Association perd en M. Ramaeckers un de ses plus dévoués pionniers. Par les nombreuses citations que j'ai faites de ses lettres et de ses rapports, on a pu juger de la valeur scientifique, de la hauteur de vues et de l'indomptable énergie de l'excellent officier, qui aurait certainement marqué parmi les explorateurs les plus distingués du siècle, si le redoutable climat africain n'était venu l'enlever, presque au début de sa nouvelle carrière. Strict observateur de son mandat, le chef de la 3ᵉ expédition belge a lutté jusqu'au bout, contre un état morbide, encore empiré par les difficultés et les inquiétudes des derniers mois. Si, parfois, un certain pessimisme remplaçait l'exubérance et les espoirs du départ, c'est que déjà, à partir de la station de Condoa, sa constitution avait reçu des atteintes sérieuses qui, lui rendant plus pénibles les détails d'organisation matérielle, l'avaient fait se rejeter fiévreusement dans le domaine de l'observation. Ombrageux, seulement, aux heures de souffrance et d'épuisement, il redevenait, au moindre rayon de santé, le joyeux compagnon qui nous avait si paternellement dicté notre code de voyage. Franc, loyal, dévoué, à la fois prompt et réfléchi dans ses résolutions, plein d'érudition et, déjà, d'expérience pratique, M. Ramaeckers laissera dans nos rangs, déjà si éclaircis, un vide qui ne sera pas comblé de longtemps.

Mais il ne s'agit pas de se laisser aller au découragement. La mort de mon chef m'impose le devoir de partir le plus tôt possible pour Karéma, afin de sauver d'une destruction probable l'œuvre de M. Cambier, si énergiquement continuée par le capitaine Ramaeckers et dont le lourd héritage m'incombe à mon tour.

L'autorité de Ghan Mohamed et de Mohamed Biri sera probablement insuffisante pour réprimer les convoitises des Askaris, devant des richesses, pour eux considérables, laissées sans maître. Ne faut-il pas, d'ailleurs, que j'aille rendre un dernier hommage au défunt et lui élever une tombe sur les bords du Lac, à l'autre extrémité duquel, sommeille, déjà, son émule en calme énergie et en dévouement ?

Immédiatement, je procède à mes préparatifs de départ. J'espère fournir la route en 12 étapes, mais la grande difficulté réside dans le prompt engagement d'un nombre suffisant de porteurs.

L'arrivée de Sef bin Raschid, accompagné de 20 Askaris, vient me tirer de peine.

Après avoir lestement conduit, au Fort Léopold, la caravane

Campement au bord de l'Ougalla. (Dessin de R. Wytsman.)

de ravitaillement, arrivée à bon port, deux jours seulement, après la mort de M. Ramaeckers, le fidèle Arabe est accouru pour m'escorter. Il me dépeint comme très grave la situation de Karéma, où règne le plus grand désordre. Mohamed Biri est impuissant à maintenir la garnison dans l'obéissance.

— « Tu n'es qu'un nègre, comme nous, lui dit-on, et nous n'avons d'ordre à recevoir que de Boina Becker, quand il viendra remplacer Boina Capitani. » Les travaux entrepris par M. Ramaeckers sont interrompus, et les Askaris, ne sachant que faire de leur temps, courent les villages de Karéma, de Kafissya et de Katamba, où ils se font de nombreuses querelles. Tous les jours, il revient, à la Station, des hommes blessés par les indigènes, qui se montrent fort irrités contre notre personnel.

D'après ce que me rapporte Sef bin Raschid, M. Ramaeckers est resté vingt jours sans pouvoir absorber d'autre nourriture qu'un peu de lait ou de bouillon.

28 mars. — Tout est arrangé. J'ai adressé mes adieux à Séki et au Vice-Gouverneur de Tabora, en remettant indéfiniment la conclusion de notre contrat.

Arabes et indigènes, avec lesquels j'avais su vivre dans les meilleurs termes, m'expriment l'espoir de me voir bientôt revenir au milieu d'eux.

Le vieux Soultan bin Ali est désolé de mon départ et me comble de cadeaux, ainsi que Zeid bin Djouma. Je prends congé des Pères Blanc et Ménard, qui compatissent vivement à mes regrets, et se mettent à ma complète disposition pour sauvegarder, à Tabora, les intérêts de l'Association.

30 mars. — En route!

Ma caravane se compose, outre mon personnel particulier, domestiques, cuisinière, boys, etc., et un sarmala (charpentier) engagé en vue des travaux qui m'attendent, de 40 porteurs Oua-Nyamouézis, chargés de tout l'attirail de la Station de Tabora, supprimée par le fait de mon départ forcé, et des 20 Askaris de Sef bin Raschid.

M. Copplestone, qui se trouve en ce moment à Ouyouy, et le Père Ménard, ont bien voulu se charger de garder certains objets, inutiles à Karéma, et que je reprendrai en retournant à la Côte. Toute ma ménagerie, sauf l'autruche, m'accompagne et je l'ai renforcée encore d'une ânesse de rechange.

A Kasséghèra, distant de 5 ou 6 lieues d'Igonda, nous traversons le mtoni, gonflé par les eaux pluviales et qui roule des flots impétueux. Nous sommes obligés de nous lester pour ne pas être entraînés par la force du courant. Moi-même, je me charge d'un fardeau.

Les ânes, remorqués par des cordes, parviennent sans accroc sur l'autre rive. Mes singes, attachés au col de deux chèvres, sont portés avec elles, à dos d'hommes, ainsi que le chien qui refuse de se mettre à la nage. Quant aux perroquets, ils se tiennent perchés sur les charges, réduites, de mes boys.

Partis en pleine Massika, nous avons de l'eau jusqu'au cou, mais grâce aux précautions prises, aucun accident n'est à déplorer.

Même itinéraire qu'aux voyages précédents. La caravane avance péniblement par des sentiers détrempés et fangeux, où le pied enfonce et glisse. Depuis le matin, jusqu'à une heure fort avancée de la journée, nous marchons littéralement dans l'eau. Souvent nous en avons jusqu'à la ceinture. Une traite de 4 lieues, aisément fournie, pendant la saison sèche, en 6 heures, nous en demande 8 ou 10 par ce temps détestable, et c'est, épuisés, que mes hommes arrivent au Cambi. A chaque instant, la pluie crève, en nappe glacée, et nous aveugle.

J'ai fait la remarque que, partant vers 6 heures du matin, par un temps de pluie, les porteurs nègres se trouvent sur les dents au bout de deux heures de marche. Il faut alors s'arrêter pour allumer de grands feux, autour desquels ils se pressent en claquant des dents. Leur peau noire affecte des teintes bleuâtres et, sans cette précaution, ils tomberaient bel et bien en syncope sous les atteintes du froid. Il n'en est plus de même lorsqu'ils ont pu absorber, pendant la matinée, la chaleur d'un gai Soleil. Les ondées, tombant après 10 heures, ont moins d'effet sur ces singulières natures, à la fois si impressionnables et si coriaces.

— Arrivé à Igonda, je n'y trouve que M. Kaizer, et dans une situation assez critique. En l'absence de ses compagnons, partis en exploration sur l'Ougalla, et qui ne peuvent tarder de revenir, le village d'Igonda s'est converti en véritable marécage. Saisi par la fièvre, M. Kaizer s'est fait transporter sur un monticule, décoré par lui du nom ambitieux de *Venusberg*, et où ses hommes lui ont construit une petite hutte. Le courageux savant est de plus atteint d'une cécité temporaire, dans laquelle ses observations astronomiques pourraient bien entrer pour quelque chose. J'admire l'égalité d'âme de M. Kaizer, qui n'a qu'une crainte, celle de demeurer aveugle. Je reste toute la journée et celle du lendemain avec lui, pour le réconforter et lui prodiguer les soins que nécessite son état. Ma caravane est partie en avant et je la rattraperai aisément à marches forcées. J'ai aussi envoyé un courrier à MM. Böhm et Reichard, pour les prévenir des risques que court leur compagnon d'études et de voyage.

Je ne crois pas que l'Expédition allemande reste encore longtemps à Igonda. Les Arabes ont habilement intrigué auprès de la Sultane Nditcha, pour déjouer leur projet d'établir, sur ce point, une station à poste fixe. Toujours le même jeu, égoïste et déloyal !

Je n'ai eu qu'une petite difficulté avec mes porteurs, et cela au départ d'Igonda. Obligé de faire diligence, il m'est impossible de me borner aux étapes de 2 ou 3 lieues, usitées en cette inclémente saison. — Pour nous forcer la main, la caravane fait parfois mine de s'arrêter. Il ne nous reste alors qu'à continuer tranquillement la marche avec l'escorte, et les porteurs, dépités, sont bien forcés d'emboîter le pas. N'opposez aucune récrimination à leurs refus et, surtout, ne vous avisez point de recourir à des moyens violents. L'impassibilité est ce qui réussit le mieux. Peu dévoués aux voyageurs, les Pagazis déserteraient au premier châtiment, atteignant l'un d'eux. Il y a, d'ailleurs, dans leurs procédés, une petite comédie, dont l'expérience vous donne bien vite le mot. Les meilleurs Pagazis éprouvent, aux débuts d'un voyage, le besoin ou plutôt la manie de *mesurer* leur chef de caravane, blanc ou arabe. Ils appellent cela *Kou-pima Msafiri*.

Dans ce but, ils les mettent sans scrupule à l'épreuve, jouant la résistance, voire l'insubordination et la révolte. Malheur au voyageur, peu maître de lui, qui, dans cette lutte sournoise, perd un seul de ses avantages. Il s'expose à une série d'avanies, qui désormais ne s'arrêteront plus. En toutes circonstances, qu'il rassemble tout son calme et tout son sang-froid, sans paraître apporter aucun effort à se contenir. Se mettre en colère contre les nègres, c'est se rabaisser à leur niveau. Jamais les Arabes ne se fâchent, jamais ils n'élèvent la voix, aussi conservent-ils tout leur prestige.

— Croyant rencontrer les voyageurs allemands, je m'étais acheminé vers la rivière. Mais ils auront, sans doute, poussé leurs explorations sur un autre point.

La Boga est couverte d'eau. Palmiers, tamariniers, frênes, myrthes et lauriers-roses, mêlés à des arbustes épineux, se trouvent en pleine exubérance de végétation.

Sur les bords de l'Ougalla, hérissés de joncs et de roseaux, barbotent, volent et nichent des essaims d'oiseaux aquatiques : oies sauvages, canards à crêtes granuleuses, poules d'eau, martins-pêcheurs et cormorans. Nous avons de l'eau jusqu'à mi-cuisse.

Je comprends parfaitement que des naturalistes aient choisi un pareil centre d'opérations, mais pour un voyageur, pressé d'arriver, la région est peu séduisante.

Au sortir de la Boga, les terrains s'élèvent. Les pluies accumulées, descendent en torrents des montagnes et coulent dans les ravins avec une vitesse vertigineuse. Cependant, elles n'atteignent point les entrées des solides fourmilières, construites à l'abri, sur des exhaussements du sol, avec un admirable et merveilleux instinct. A chaque instant, nous sommes obligés de jeter des ponts sur les endroits inondés. Quelques arbres, coupés et tombés en travers, livrent passage à la caravane, s'accrochant aux branchages.

—Les villages que je traverse sont toujours terrorisés par la présence des troupes de Mirambo, qui continuent à lever tributs et réquisitions ; ceux qui opposent le moindre refus à leurs exigences sont mis à sac et les habitants enchaînés, vendus comme esclaves. Un peu au delà du village de Moina-Mlimouka, situé à trois journées de marche de Simba, j'ai rencontré une longue chaîne de captifs, dirigée par quelques Rougas-Rougas, armés jusqu'aux dents, vers les marchés de Nyoungou, de Tabora et d'Ourambo.

Les malheureux vont sombres et courbés, la tête emprisonnée

dans des branches fourchues, et tels que Livingstone en a si souvent rencontrés dans ses premières explorations. Quelle différence avec les caravanes arabes, dont les nègres cheminent gaiement, certains d'être bien nourris, traités avec douceur et de participer à la vie de délices menée à la Côte par leurs pareils !

— Grâce au bon accueil, reçu chez Mirambo, et aux ordres qui en sont résultés, je n'éprouve aucune difficulté sur ma route.

Les soldats du Mouami me laissent passer sans tenter de m'arracher quelque présent. Quant aux habitants des villages rançonnés, sachant que je suis devenu l'allié de leur vainqueur, ils me comblent d'égards et de présents. Quoique le pays soit ravagé par la guerre, j'ai des provisions en abondance. Quelques indigènes notables sont venus me prier d'intercéder auprès de Mirambo, pour en obtenir qu'ils soient moins durement traités. — « L'Homme Blanc est bon » disent-ils d'un ton suppliant. Je leur ai promis de faire mon possible, et ils sont partis tout consolés. Bien certainement, je profiterai de la première occasion pour tenir parole.

— Pendant la route et arrivé à l'étape, j'apprends à lire et à écrire le Ki-Souahili, en caractères européens, à Sef bin Raschid. Mes élèves de Tabora ont été bien marris de mon départ subit. Je les ai adressés aux Pères Algériens, qui compléteront leur éducation.

— Toujours de l'eau ! Les vivres continuent à abonder. De tous côtés, on nous apporte du maïs frais et des patates douces.

12 avril. — Nous approchons du Nouvel-Ourambo, ainsi que — depuis la défaite de Simba — il est ordonné, sous peine de mort, d'appeler l'ex-district de l'Ou-Savira. J'ai dit que le Boma en avait été reconstruit — sur une échelle plus petite, mais prêtant mieux à la défense — par l'armée d'occupation du terrible jouteur. Simba revient encore rôder parfois dans les environs, avec l'espoir de reprendre possession de son ancien royaume. Mais les Rougas-Rougas de Mirambo, qui gardent l'œil ouvert, se sont mis à l'abri de toute surprise.

Sef bin Raschid, passant par le Nouvel-Ourambo, avec la caravane de ravitaillement, avait été taxé par lui à un très fort Hongo. Quelques jours après, les envoyés de Mirambo arrivaient au village et, après instruction des faits et gestes du Moinangou, à l'égard de la Station belge, coupaient la tête au trop zélé Ngaoué.

Le Mouami accomplit ses menaces comme ses promesses.

Non seulement, proclamation a été faite à tous ses sujets de respecter les Hommes Blancs, devenus ses frères, mais le Moinangou actuel, appartenant à sa famille, a reçu défense de prélever à l'avenir aucun tribut sur les caravanes par, ou à nous envoyées.

En approchant du village, j'ai dépêché deux hommes au nouveau chef, pour lui annoncer notre arrivée. Cette précaution est indispensable, quand on voyage en pays armé. En agissant autrement, on s'exposerait aux attaques des avant-postes, échelonnés dans les bois.

Nous ne nous trouvions guères qu'à deux mille mètres du Boma, lorsqu'une cinquantaine de Rougas-Rougas sont arrivés, en courant, à notre rencontre, la plupart totalement nus, les autres drapés dans de longues pièces de cotonnade rouge, et portant dans leur chevelure, prolongée au moyen de lacets noirs, force menus coquillages. Presque tous étaient armés de fusils à percussion et portaient la poire à poudre, ballant derrière le dos, attachée à une ceinture de cuir ou d'étoffe. Des hommes superbes, grands, agiles, bien râblés et musclés !

La fantasia, à laquelle ils se livrent en notre honneur, fait encore ressortir leur type étonnamment martial.

Ils sont venus me saluer, au nom de leur Seigneur, et me conduisent triomphalement au Cambi, choisi à notre intention, après toutefois m'avoir demandé si je ne préférais point m'établir au milieu même du village.

J'ai décliné cette dernière offre, afin d'éviter toute occasion de conflit entre mes hommes et les soldats.

Le Moinangou, qui jouait au Bao, au moment de notre arrivée, nous accueille avec un empressement flatteur. On se rappelle que j'ai eu occasion de le voir lors de ma visite à Konongo. Nous resterons un jour ici, car la marche a été rude à soutenir, et mes porteurs tombent de fatigue.

CHAPITRE XXIX

—Partis le 15, dès l'aube, nous rencontrons dans la journée, un nouveau courrier, envoyé de Karéma par le Djémadar. La garnison m'attend avec impatience. Ghan Mohamed me mande que les habitants de Karéma et de Kafissya sont devenus fort arrogants et qu'une attaque de la Station paraît à craindre.

Je fais part à ma troupe de ces nouvelles peu rassurantes, et tous promettent de faire des étapes d'une journée entière pour arriver à la Station avant le 25. Ce sont, en somme, de braves gens que ces Oua-Nyamouézis, et leurs désertions n'ont, la plupart du temps, pour cause que des vices d'engagement, dus à la rapacité des courtiers. A part les caprices des premiers jours, si on les traite avec bonté, on n'a point trop à se plaindre de leur zèle.

—Nous dépassons Kaloungou, et cette fois sans inquiétude. Nos maraudeurs, ayant payé le tribut et subissant les réquisitions du vainqueur, ont vu respecter leur village et se gardent bien de rompre en visière avec les amis de Mirambo. Il n'en a pas été de même d'Ohanda, complètement détruit par le feu, et sur les ruines duquel nous campons. Les Rougas-Rougas s'en sont emparés au moyen d'une ruse de guerre, analogue à celle employée à Simba. Un à un, ils sont venus demander asile au Sultan, sans défiance, et, au nombre d'une vingtaine seulement, ont occupé de nuit les portes du Boma. Alors, tirant force coups de fusil, ils ont eu l'art de faire croire à une attaque simultanée de l'extérieur et de l'intérieur, si bien que toute la population s'est vue prisonnière d'une poignée d'hommes. Le village, pillé et brûlé, n'existe plus.

— La plaine de Katavi disparaît sous l'eau. A Ougoué, mouillés jusqu'à la poitrine, nous avons dû camper, un jour entier, devant la rivière, dont les berges s'effondraient sous les pieds. Enfin, quelques arbres jetés en travers, nous ont permis de continuer notre route vers Karéma.

CHAPITRE XXX

Arrivée à Karéma. — Après neuf mois d'absence ! — Réception triomphale. — Tristes et joyeux souvenirs. — Tout rentre dans l'ordre. — Achèvement de la Maison centrale. — Un séjour mortel ! — Je retourne à mon ancienne cellule. — Sur les hauteurs. — La hutte où est mort M. Ramaeckers. — Dans la direction de la Patrie ! — Encore les xylophages. — Une rizière. — La Moisson. — Bamboula va dans l'Ou-Nyaniembé. — Ses trahisons dévoilées. — A la marocaine ! — Situation extérieure et intérieure. — Le Rafiki de Mirambo. — Tchiata et son vœu. — La chèvre de Mousamouéra. — Autorité. — Garnison et colonie. — Il nous faut des bras. — Le puits. — Travaux de charpente. — Les essences de Karéma. — Nos bûcherons. — Ouleidi, le forgeron. — Kanghérennghèré, homme d'Etat, sorcier et Foundi. — Où va-t-il chercher son minerai ? — Du fer à suffisance. — Les forges de l'Ou-Soukouma. — Extraction, fonte et fabrication du fer. — Le charbon du Mkouloungou. — Service de pêche. — Notre flotte. — Redoute palissadée. — En vue des cultures. — Le futur Boma indigène. — Hamici Mbouzi, promu vivandier. — Prime forestière. — Cottage européen. — L'enclos au bétail.

24 avril. — Arrivée à Karéma, vers 10 heures du matin.

Neuf mois se sont écoulés depuis mon départ du Fort Léopold. Je l'avais quitté, le cœur joyeux, laissant en pleine force le chef, si inopinément ravi à sa tâche, en plein cours des travaux commencés sous ma direction et, aujourd'hui, misérablement abandonnés par des malheureux sans initiative, sans raison, sans prévoyance et sans discipline.

Malgré toute ma diligence, j'ai mis 24 jours pour faire 98 lieues. Que s'est-il passé pendant la longue période de désordre, entraînée par la mort de M. Ramaeckers ?

Je tremble rien que d'y penser.

Mohamed Biri est venu à ma rencontre, avec le Djémadar, qui me baise humblement la main. Quant aux Askaris, longtemps anxieux de savoir qui leur paierait leurs gages, la seule annonce de mon approche a suffi pour les faire rentrer dans le devoir. En signe de réjouissances, ils tirent des coups de feu, car ils ont tenu à me ménager une réception triomphale. Je les vois accourir, suivis des femmes et des enfants de la garnison.

CHAPITRE XXX

Les pentes du tertre schisteux, passementé de sombre verdure, encadrant les blocs d'un brun mat, sont émaillées de pagnes blancs et de guenilles multicolores. Les négrillons m'entourent en dansant. Leurs pères, ayant beaucoup de choses à se faire pardonner, les ont probablement envoyés en avant, pour me disposer à l'indulgence. Snati, la cuisinière du Fort, revenant du Lac, en portant sur la tête son *Mtounghi* plein d'eau, me souhaite joyeusement la bienvenue, suivie de son personnel féminin, dans l'espoir de quelque cadeau de joyeuse entrée. Ici, comme chez nous, il est d'usage, après une longue absence, de rapporter des cadeaux à la maisonnée. A l'annonce que, pour toutes, il y aura des Vitambis, *à la dernière mode*, leur allégresse ne connaît plus de bornes. — « *Eewallah Boina Mkouba!* » Que Dieu te bénisse, magnanime Seigneur ! « *Sissi Oua-Touma Ouénou.* » Nous sommes tes esclaves. Tels sont les cris qui retentissent sur mon passage. A la différence du décor et des costumes, on dirait un baron féodal, rentrant dans ses terres, après quelque glorieuse expédition.

Ce n'est pas sans émotion que je me retrouve sur le théâtre de nos premiers et rudes travaux, où tout parle éloquemment d'amis absents ou à jamais disparus. Le souvenir de M. Ramaeckers ne me quitte pas et, à chaque instant, oubliant la réalité, je m'attends à le voir paraître. Du haut du tertre, où les porteurs de Sef bin Raschid entonnent un chœur, aux modulations bizarres, rhytmé sur les roulements du tambour, je dirige mes regards sur les plantations commencées par Roger. Et, en me tournant vers le Lac, il me semble voir, au loin, s'éloigner le daou, emportant le capitaine Popelin vers la rive fatale de l'Ou-Goua.

La Maison Centrale est maintenant complètement achevée. Cette vaste construction, qui a absorbé presque tous les moments de M. Ramaeckers, se compose de murs d'adobes, épais de 75 centimètres.

Les magasins occupent la partie inférieure et, à l'étage, sont ménagées cinq chambres à l'usage des voyageurs européens, une salle à manger et deux vérandas, donnant l'une au Nord et l'autre au Midi.

M. Ramaeckers, n'ayant pas de charpentiers à sa disposition, n'a pu naturellement munir le bâtiment d'aucune porte ou fenêtre nouvelle.

C'est une lacune que je remplirai, grâce au sarmalla, engagé par moi dans l'Ou-Nyaniembé.

Naturellement, l'habitation, surtout en cette saison, est encore saturée d'humidité. Il faudra au moins trois mois avant qu'on puisse y séjourner sans danger. M. Ramaeckers, en s'y établissant, immédiatement après la mise sous toit, a commis certainement une grave imprudence; et je ne doute pas que son empressement n'ait aggravé la double affection dont il est mort. Les terrasses, en terre battue, laissent filtrer l'eau, et nul ne s'est occupé à les réparer.

Notre malheureux compatriote avait quitté cette insalubre demeure, pour aller respirer sur la montagne, un air plus pur. Mais il était trop tard pour conjurer le mal terrible qui l'emporta peu de temps après.

J'essaie de passer la première nuit dans une des chambres les mieux défendues contre la pluie et le vent. On sent planer la fièvre dans cette atmosphère humide et je me hâte de regagner mon ancienne cellule.

— Le lendemain, je vais faire un tour dans la montagne. C'est là que M. Ramaeckers s'est fait transporter, déjà presque mourant. Quelques huttes de paille y ont été élevées à la hâte, sans soins et sans confortable. L'ouverture de celle où il a expiré, lui permettait d'embrasser le vaste horizon du côté du Nord. Il s'y traînait chaque matin, jetant ses regards affaiblis dans la direction de la Patrie lointaine !

Un peu plus loin, sous l'ombrage d'un vert Mgouou, repose sa cendre. Bientôt, par mes soins, un humble mausolée dira, aux voyageurs futurs, la méritante carrière et la fin lamentable de cet héroïque champion de la Civilisation et du Progrès.

— Maintenant que notre sécurité est garantie et que nous n'aurons plus à nous tenir constamment sur le *qui-vive*, dans l'appréhension d'une attaque à main armée, les travaux vont reprendre force et vigueur. Et il y aura fort à faire pour avoir terminé avant la Massika prochaine.

La plupart des travaux de charpente et, en général, tout le

RÉCEPTION A KARÉMA.
(D'après une grisaille de LÉON HERBO.)

bois employé dans la construction du Fort Léopold sont à remplacer, tellement les insectes xylophages ont fait merveille. Le sol est comme poudré de sciure de bois.

En fait de plantations, j'ai trouvé ici, seulement, une rizière d'un demi-hectare, défrichée et cultivée.

Les Askaris, trouvant au-dessous de leur dignité le travail de la terre, glorifié par les sages lois de la Chine, tout le personnel agricole de la Station ne dépasse point une douzaine de personnes, femmes comprises. Pour faire, enfin, œuvre sérieuse et efficace de colonisation, il faudra bien songer à se procurer des bras de meilleure volonté, fussent-ils esclaves.

Le riz, semé par M. Ramaeckers, étant arrivé à maturité, je distribue à Assani, et à quelques hommes de sa brigade, des couteaux à lame simple pour couper les épis. Nous ne possédons pas une seule faucille!

Deux jours après mon arrivée, tout le monde est aux champs, au bois ou à la montagne.

La récolte du demi-hectare donne 180 Pichis — soit amplement de quoi suffire à ma maisonnée — et a réclamé 3 Pichis de semence. On sait que le Pichi vaut 4 Vibabas, et le Kibaba à peu près une livre et demie.

— Ordre a été donné à Mohamed Biri de se rendre à Tabora, sous l'escorte de mes porteurs, débarrassés de leur fardeau et de 4 hommes, qui me rapporteront les détails de son installation. Il m'y représentera momentanément, à défaut de lieutenant européen, car je crois indispensable de maintenir encore, à Tabora, un agent, pour renseigner et assister les voyageurs, arrivant de Zanzibar, en destination du Lac. Les Européens, passant pour la première fois dans l'Ou-Nyaniembé, perdent un temps précieux à trouver des pagazis. J'ai ouvert à notre interprète, chez Zeid bin Djouma, un crédit de 25 piastres par mois. Lorsqu'il aura besoin d'étoffes, je lui expédierai, de Karéma, un bon, signé par moi, tiré sur un marchand arabe, et négociable à la Côte. Bamboula sera chargé, en outre, du service des courriers, qui laisse grandement à désirer. Indépendamment de l'intérêt de l'Association, ce changement de résidence serait commandé par l'état de santé de l'ancien domestique du capitaine Ramaeckers, auquel le séjour de Karéma est funeste. Quelques mois à Tabora, lui rendront, j'en suis sûr, la santé. Je garderai, momentanément ici, Sef bin Raschid et ses vingt Askaris, car nous manquons d'hommes pour exécuter tout ce qui reste à faire...

Je venais, à peine, de tracer les lignes qui précèdent, lorsque le Djémadar est venu me dévoiler les faits les plus graves, à la charge de Mohamed Biri, déjà en route pour Tabora. A la mort du capitaine Ramaeckers, dont il se croyait probablement l'héritier légitime, l'ambitieux Bamboula aurait conçu le projet de s'emparer de la Station. A cet effet, il se serait adressé aux Askaris de Ghan Mohamed, en leur conseillant de me refuser l'accès du Fort. Tous auraient protesté avec indignation, et c'est alors que le Djémadar m'aurait écrit, à son insu, d'accourir en toute hâte. Déjà, voyant la tournure que prenait la maladie de M. Ramaeckers, Ghan Mohamed avait manifesté l'intention de m'expédier un courrier. Mais Bamboula s'y était opposé violemment, prétendant que le capitaine, en cas de malheur, lui avait donné pleins pouvoirs !

Le jour même de la mort de notre chef, l'impudent personnage aurait voulu commencer son rôle de maître ; et comme les Askaris, qui le haïssent de longue date, refusaient de lui obéir, secondé par quelques chenapans, il aurait commencé par rétablir les corrections tortionnaires. Une demi-douzaine de nos soldats viennent, à l'appui de ce fait, me montrer leurs jambes encore ensanglantées, et les rendant incapables de tout service. Mohamed Biri, se croyant sans doute au Maroc, leur a déchiré, disent-ils, la plante des pieds à coups de kourbach. Ce n'est que sous la menace imminente d'une révolte à main armée, et me sachant en route pour Karéma, qu'il aurait rengainé ses velléités d'usurpation. Mais, pour protéger sa retraite, il n'aurait épargné, alors, ni présents ni menaces à l'égard de la garnison, momentanément gagnée au silence.

Et moi qui viens d'envoyer le misérable à Tabora, en demandant pour lui une récompense au Comité de Bruxelles ! Certes, si ces faits m'eussent été connus plus tôt, je l'eusse impitoyablement fait passer en jugement. Mais faut-il croire aveuglément à des accusations, peut-être travesties et grossies par la jalousie ? Il me serait bien difficile, d'ailleurs, de contrôler leur exactitude.

Dans tous les cas, j'aurai l'œil ouvert sur l'ex-kavasch, Bamboula, dont les allures ne me sont jamais bien revenues.

La Moisson. (Dessin de Frans Van Kuyck.)

CHAPITRE XXX

Qu'il reste à Tabora, où, s'il ne marche pas droit, je saurai le repincer en temps et lieu.

Quant à m'acharner contre le drôle, qui s'est peut-être exagéré son importance, comme exécuteur testamentaire d'un maître, — auquel, du reste, reconnaissons-le, il était fanatiquement dévoué, — ma foi non ! Il suffira de le casser aux gages et de l'envoyer se faire entretenir ailleurs, à la première velléité de révolte !

— Deux jours m'ont suffi pour me mettre au courant de la situation extérieure et intérieure.

Mon arrivée rapide a fait tomber les projets belliqueux, dont nos chers voisins faisaient parade à notre égard. Sachant que je suis devenu l'allié, le *Rafiki* du terrible Mirambo, pas un n'oserait bouger. Le fils de Tchiata, Yassagoula, nouvellement nommé Sultan de Karéma, ainsi que Siranda, chef du village de Katamba, sont venus déjà m'apporter leurs présents de bienvenue. Même l'obèse Tchiata n'a plus reculé devant l'énorme distance qui sépare ses Etats du Fort Léopold. Il y a bien, en effet, 4 à 5 lieues !

J'ai eu, enfin, le mot de sa longue abstention. Tchiata, en un jour de danger, a fait vœu de sacrifier une chèvre à l'Esprit du Lac. Mais une fois tiré d'affaire, il s'est empressé d'oublier son serment, moins scrupuleux encore que le fameux capitaine de Marseille qui, ayant promis un cierge monstre à Notre-Dame de la Garde, se contenta de lui brûler une chandelle d'un sou. Afin de ne point passer devant l'îlot fatal, où Mousamouéra n'aurait pas manqué de lui casser la nuque, Tchiata a pris timidement par un chemin détourné. Mais, craignant pour le retour, il m'a demandé de lui céder une chèvre, pour se mettre en règle vis-à-vis de l'Esprit, ce à quoi j'ai accédé gracieusement.

Lors de toutes ces visites, excepté celle de Siranda, resté notre grand ami, j'ai tenu le même langage. Les chefs sont avertis que je désire vivre avec eux, en bonne intelligence, et que je les traiterai avec bonté, comme mon prédécesseur ; mais qu'au premier acte d'hostilité, je serai sans pitié. Mirambo, ayant fait proclamer à Karéma, par deux de ses envoyés, que les Hommes Blancs de la Station avaient reçu délégation de tous ses pouvoirs, je me trouve investi, vis-à-vis des petits Sultans du voisinage, d'une autorité presque absolue. L'exécution du Moinangou de Simba a frappé le pays de terreur et donné de nos alliances une idée considérable. Comme on le voit, les cartes ont bien changé.

Quant aux Askaris, ils ne bougent plus. Notre Cirkali se compose maintenant des 45 soldats du Djémadar, augmentés de 16 nègres du pays, hommes et femmes, formant des ménages réguliers. Mais les soldats ne soupirent qu'après leur retour à la Côte, où ils dépenseront follement, en quelques semaines d'orgies, les économies réalisées à Karéma, pour s'engager, immédiatement après, dans quelque autre caravane. Il nous faut absolument des gens du pays, anciens esclaves, libérés par nous, et dont nous puissions faire des laboureurs aisés et contents de leur sort. Jamais nous n'arriverions à un résultat décisif avec des Oua-Ngouanas, séduits seulement par les avantages d'une solde, en disproportion avec les services qu'ils sont aptes à rendre.

— Une des premières choses à exécuter, c'est le forage d'un puits, au pied du tertre même, sur lequel se dresse le Fort Léopold. Le Lac, étant situé à près de 800 mètres de la Station, il nous deviendrait impossible de nous approvisionner en cas de siège. Nous avons vu, d'ailleurs, par l'enlèvement d'une femme, qui y avait été puiser de l'eau, combien est urgente une pareille mesure. M. Ramaeckers la jugeait, avec raison, impraticable dans l'enceinte même du Fort ; mais en creusant notre puits, sous la protection immédiate des feux plongeants, le but désiré sera parfaitement atteint.

Quatre Askaris, stylés par moi, fouillent, au moyen de nos petites pelles danoises, le sol argileux et dur, sur un carré de 3 mètres de côté. Cette rude besogne ne leur prend pas moins de 15 jours. A la profondeur de quatre mètres, je fais placer dans les angles, des troncs d'arbres débarrassés de leur écorce, et maintenus par une cage, formée de 12 traverses de bois, trois sur chaque face intérieure. A cinq mètres, l'eau jaillit, abondante, fraîche et d'un goût excellent. Le problème est résolu sans aucun accident ni méchef.

Une plus grosse affaire, c'est l'organisation de nos travaux de charpente. Nous avons à établir 24 portes et autant de fenêtres, tant pour le Fort que pour la Maison Centrale, sans compter les poutres à renouveler. La grande porte entre autres, ne tient plus sur ses gonds. J'adjoins au sarmalla, emmené par moi de Tabora — et qui se déclare capable de faire une porte arabe, en moins de trois jours — deux Askaris, déjà un peu au courant de la besogne. Jusqu'ici M. Ramaeckers avait acheté le peu de bois de construction, réclamé par la nature de ses travaux, à des marchands d'ivoire de l'Ou-Nyamouézi, bûcherons à leurs moments perdus et réclamant, pour le moindre madrier, autant d'étoffe qu'il en fallait pour l'envelopper complètement. Le temps est venu de renoncer à ce système frayeux, maintenant que nous allons avoir à consommer force matériaux de menuiserie et de charpente.

Le bois ne manque pas aux environs du Fort Léopold. J'en ai noté dans mon carnet les principales essences, avec les différents usages qu'en font les indigènes. De chaque arbre, ainsi mentionné, je possède, en triple échantillon, un morceau du tronc, un de la racine et plusieurs feuilles. Un Nyampara de Sef bin Raschid, ancien chef d'escorte de Burton, nommé Tchéo et Nyamouézi de naissance, m'est fortement venu en aide dans cet important classement.

Le *Mninnga*, espèce de cèdre, est un des arbres les plus répandus. Sa couleur rappelle la teinte de nos boîtes à cigares. On le fend en planches d'environ 40 à 50 centimètres de largeur.

Le *Mgouou* sert aux mêmes offices. C'est sous l'ombrage d'un de ces derniers arbres, que se trouve le tombeau de M. Ramaeckers.

Le *Miombo* se rencontre partout et à profusion, depuis Tabora jusqu'au Lac. Il est d'une belle venue, mais n'atteint communément que 20 à 30 centimètres de diamètre. J'ai dit ailleurs ses propriétés multiples, qu'il sera bon, peut-être, de rappeler succinctement. Son écorce, aisément enlevée par le battage, est utilisée de plusieurs façons. On en fait des linndos, parfois tranformés en pigeonniers, des sacs à provisions, des boîtes, des cordages, des lanières et des ligatures, fréquemment employées dans les campements. Sa seconde écorce fournit une étoffe, assez résistante, dont les indigènes se taillent des vêtements. A cet effet, ils coupent l'arbre, à un mètre du sol, et le divisent en longueurs suffisantes. Les deux écorces se détachent aussi facilement que celle de l'arbris- dont les enfants font, chez nous, des sifflets. Le bois détaillé s'utilise comme matériel de construction et comme combustible.

Le *Msongono* constitue un simple bois de construction.

Très précieux, aussi, le *Mkouloungou*, arbre à bois rouge et à fils serrés, lourd et résistant. On en fait du charbon, employé de préférence, dans les forges indigènes. Les Oua-Djijis usent de ses branches résineuses en guise de flambeaux.

Du *Mpapa*, qui s'en rapproche beaucoup, on fait des objets mobiliers et des ornements divers, tels que tabourets, fétiches, instruments de jeu, etc. Le *Mkoma* donne des arcs souples et durs. Dans le tronc du *Mkola*, arbre de belle venue et au bois jaunâtre qui, détaillé, devient brun, l'Africain se façonne des plats, des écuelles, des cuvettes et des caisses de tambours. Les racines du *Ngoumbou* servent à tresser des nattes, et celles du *Mkalya*, voire son bois, contenant de la potasse, tiennent lieu de savon.

Dans une note spéciale, j'indiquerai les vertus du *Mfoumbé*, du *Mtéréra*, du *Msongati*, du *Msakom-Kalanga*, du *Mansa*, du *Mpitipiti* et du *Msana*, dont les fruits, ou les racines, gué- rissent les maladies de poitrine, les ophtalmies, la gonorrhée, les maux de ventre, les refroidissements ou la dysenterie.

— Quatre hommes vont à tour de rôle dans la forêt. Ils ont charge d'y abattre un arbre, fendu sur place, au moyen d'éclis- ses, en deux lourds madriers qu'ils rapportent à la Station. C'est leur tâche quotidienne, après laquelle ils disposent, comme ils l'entendent, du reste de la journée. Ceci pour les engager à ne pas flâner. Après avoir étudié la somme de travail qu'on est en droit de réclamer de ses hommes, il est bon de les intéresser à aller plus vite en besogne. Qu'importe, s'ils ont fini plus tôt qu'en travaillant à l'heure ? L'effet de cette latitude ne tarde pas à se produire. Les plus nonchalants se piquent d'émulation. Il arrive parfois que mon escouade revient vers 10 heures du matin. Et les travaux d'aller bon train !

— A ma grande satisfaction, j'ai trouvé un forgeron à Karéma, parmi les esclaves de Ghan Mohamed. C'est un homme déjà d'un certain âge, au teint noir, comme roussi au feu, et récemment revenu de l'Ou-Fipa, où il travaillait pour compte de son maître. Excellent Foundi, Ouleidi s'entend à remplacer les pièces d'un fusil ordinaire, et, sous ma direction, il rendra les meilleurs services.

Il nous faudra, en effet, pas mal de ferronnerie, chaînes et pitons, grands clous, crochets pour poulies, plaques de rechange pour le Steam Launch etc., etc. Quant aux houes, destinées à nos futurs laboureurs, je serai obligé de les faire venir de l'Ou-Nyaniembé, celles de l'Ou-Fipa coûtant ici horriblement cher.

Il n'y a qu'un seul Foundi au village indigène de Karéma, le vieux Kanghérennghéré, ancien ministre du défunt Sultan, et un peu en disgrâce pour le quart d'heure. J'ai essayé, à plusieurs reprises, de lui faire dire où il se procurait son minerai ; mais espérant sans doute nous imposer ses conditions, il a toujours fait la sourde oreille. Heureusement que nous avons du fer en quantité suffisante pour quelques mois. Chaque caravane, destinée à Karéma, en a laissé, surtout celle de Carter et de Cadenhead, munie de lourdes piques de fer et de grandes chaînes pour les éléphants.

Ouleidi, gros et gras, comme un forgeron d'Europe, et qui m'honore d'une respectueuse admiration, est engagé avec son aide, *esclave d'esclave*, à raison de 7 piastres par mois, plus le Posho ordinaire. Je leur adjoins deux Askaris, qui vont, chaque jour, faire du charbon de bois dans la forêt.

La forge est installée sous un grand hangar, près de l'entrée principale. Ouleidi et son aide montrent beaucoup de zèle et d'intelligence. Je vais souvent causer avec eux, pour compléter mes observations sur les forges indigènes, et en obtiens d'utiles renseignements.

Comme la profession d'armurier équivaut, au Japon, à une semi-noblesse, le métier de forgeron est le plus élevé que connaissent les tribus de ces régions. Chaque village a, au moins, un Foundi attitré, cumulant parfois l'emploi de sorcier. Des tribus entières de Oua-Soukoumas sont adonnées à la fonte et au forgeage du fer, et leurs chefs eux-mêmes, ne dédaignent pas de manier la cisaille et le marteau, comme autrefois Pierre de Russie et, en France, Louis XVI, élève du serrurier Gamain.

Les Oua-Soukoumas sont encore réputés comme les plus habiles médecins de toute l'Afrique centrale. Les simples, dont ils connaissent à merveille les vertus curatives, entrent pour une large part dans la pharmacopée des peuplades limitrophes. Ils les colportent eux-mêmes dans des calebasses, portées en bandouillière, et un seul voyage leur rapporte parfois assez d'étoffes pour vivre oisifs le reste de leur existence, grâce aux esclaves qu'ils ont pu acquérir.

Le fer se trouve en grande quantité dans les montagnes, au sol rouge brique, soit à fleur de terre, soit tout au plus à 50 centimètres de profondeur. On l'abandonne sur place, dans les trous mêmes dont il a été extrait, laissant aux ondées de la Massika, balayant les pentes, le soin de lui enlever une partie de son argile.

Le minerai, lavé à grande eau — afin de le débarrasser du sable encore adhérent — est soigneusement vanné pour le séparer des pierrailles de même couleur et de même apparence. C'est en faisant sauter le tout, sur de larges blutoirs, que l'on sépare les menus cailloux du minerai de fer, plus lourd de sa nature, et qui retombe au fond des plateaux. La quantité de minerai, ainsi obtenue, rend, en moyenne, de 8 à 9 pour cent. Ces opérations se font, sur le lieu même d'extraction, après quoi, le métal est transporté au village, pour y être traité par le feu.

Un arbre, à bois extrêmement dur et à teinte rouge, le Mkoulougou, dont j'ai déjà parlé, fournit le combustible. On le scie en bûches, longues d'une brasse, empilées symétriquement à hauteur d'homme, et auxquelles on met le feu des quatre côtés à la fois. Le Mkouloungou ne laisse presque pas de cendres et donne un charbon excellent.

Primitives, au premier chef, les forges des Oua-Soukoumas. Elles consistent en un fourneau, élevé au-dessus du sol, revêtu intérieurement d'argile et offrant une ouverture circulaire d'un mètre de diamètre sur un peu moins de profondeur. Un trou, pratiqué au bas du creuset, sert à faire écouler la scorie, s'unissant avec la gangue. Autour du fourneau sont établies quatre ou cinq paires de soufflets, exerçant leur action au moyen de bambous creux, entourés d'argile. Les dits soufflets consistent en espèces

EN PLEIN TRAVAIL. (Dessin de A. HEINS.)

CHAPITRE XXX

de tambours, ensachés, aux extrémités, de peaux de chèvres ou d'étoffes résistantes, assez lâches pour donner du jeu, et relevées et abaissées régulièrement, au centre, par de longues tiges de bois.

Après avoir garni, au préalable, le fond du creuset d'une couche de charbon de bois, le Foundi y jette, par poignées, le minerai, recouvert d'autre charbon en proportion quadruple. On y met le feu et les soufflets fonctionnent. Une portion de l'oxyde, chauffé à une haute température, et, en partie, réduit en fer métallique, se sépare du laitier. On éteint le feu, en y versant quelques jarres d'eau, et on en retire le massé spongieux, formant lingot. Ce lingot, naturellement rempli de pailles et de soufflures, est débarrassé de ses scories et cassé sur l'enclume — au moyen de coins en fer ou de forts cailloux — en petits morceaux, de la grosseur d'une noix ordinaire, qui passent de nouveau par la fournaise rallumée.

Enfin, après avoir écarté le charbon restant — en se servant, en guise de fourgons, de tiges de bois vert — le Foundi retire le lingot définitif. C'est de ce fer, relativement parfait, que sont forgés sur l'enclume, les carcans, les houes, les haches, les fers de lances, de javelots et de flèches, les anneaux de chaînes et les grosses perles, auxquels se borne généralement la ferronnerie indigène.

C'est, à peu de chose près, la méthode catalane, abandonnée, chez nous, pour les procédés plus économiques des hauts fourneaux.

Les Foundis durcissent leur métal, en l'enveloppant, avant de le remettre au feu tout rouge encore, d'une peau de bête, ou en le trempant, à plusieurs reprises, dans un vase rempli de sang.

Je suppose que ce procédé, dénotant un état plus avancé d'industrie, leur a été enseigné par les Arabes. On sait, en effet, que le prussiate de potasse, contenu dans les matières animales, augmente singulièrement le degré d'aciérage du fer forgé.

Le forgeron africain se sert, comme nous, de fil de métal et de borate de soude pour opérer ses soudures. Cette dernière matière est, pour lui, d'une valeur si excessive et si précieuse, que des Foundis sont accourus à Karéma, de cinquante lieues à la ronde, pour m'offrir, en retour de quelques pincées de mon borax, de l'ivoire, du sel ou des esclaves. Après avoir lié ensemble les différentes pièces, on recouvre l'endroit à souder, d'une mince couche d'argile, remplaçant le sable, employé par nos maréchaux, pour décaper.

J'ignore comment se travaille le cuivre. Mais ce doit être par des méthodes tout aussi rudimentaires.

— Il faudra aussi nous occuper de notre service de pêche, laissé en souffrance, et pour cela, tout d'abord, acheter quelques pirogues aux Oua-Fipas ou aux riverains des environs. Afin d'abriter nos pêcheurs et de remiser leur matériel, ainsi que celui du daou et du Steam-Launch, je fais élever, au bord du Lac, une Redoute palissadée, protégeant quatre petits bâtiments en paille et en torchis. Je demande humblement pardon à M. Thompson de ces nouveaux travaux de défense, mais je ne me soucie pas de tenter l'esprit d'ordre de nos voisins indigènes, jaloux de ne rien laisser traîner.

— Une épaisse jungle de hautes herbes et d'ambatchs couvre toute la partie, comprise au Sud, à environ 300 mètres du Fort Léopold, entre la chaîne de montagnes et la plaine qui s'étend au Nord. Il faudra y pratiquer des routes, larges de plusieurs mètres, pour faciliter les voies de communication et la division des terres, à répartir entre nos futurs métayers.

Au mois de juillet prochain, seulement, lorsqu'on aura mis le feu aux herbes sèches, le défrichement pourra commencer.

Pour les semailles, nous attendrons jusqu'au mois de novembre. Il s'agira alors de protéger, par de fortes palissades, les cultures, contre les incursions des hippopotames, friands de jeune maïs.

Lorsque Sef bin Raschid sera revenu du Maroungou et de l'Ou-Fipa avec les nouvelles recrues que je l'y enverrai chercher, le Fort Léopold deviendra naturellement trop étroit pour loger cet important personnel agricole.

Je me verrai obligé de faire construire un village fortifié de 60 à 70 huttes. L'emplacement, déjà choisi, est un tertre situé au Sud de la Station. Les arbres, coupés dans la montagne, lui constitueront une protection suffisante. C'est là, aussi, que demeurera, près de la porte d'entrée, dans un cottage confortablement établi, le lieutenant européen, spécialement chargé de la direction des plantations et, dans un petit tembé adjacent, Capitani, nommé surveillant en chef. Au milieu du Boma s'élèvera la hutte de Hamici Mbouzi, promu, du rôle effacé de chevrier, à celui de vivandier de la colonie agricole et à la sous-surveillance des travaux. Hamici, arrivé à l'âge d'homme, marié et déjà père de famille, commence à prendre une certaine importance, et mérite ce poste, par le zèle dont il a fait preuve.

Nos six ménages indigènes ont été chargés de dépierrer le terrain et d'enlever les arbustes qui y croissent à l'état sauvage. Le Boma, en forme de fort étoilé, avec *bonnet de prêtre* sur l'avant (côté Nord), aura un pourtour d'environ 300 mètres. On en creuse le tracé, au moyen de pioches et en entamant la couche rocailleuse, qui apparaît à quelques centimètres de profondeur. Nos hommes se rendent tous les jours à la montagne boisée, et en rapportent des troncs de jeunes arbres, n'ayant encore qu'un faible diamètre et qui, enfoncés à deux pieds, et fortement reliés par des traverses et des lianes, formeront une enceinte, facilement défendable, d'un flanquement assuré, dominant toute la plaine, du côté du Lac, et permettant de protéger notre puits par des feux croisés. Pour activer les travaux, j'ai établi une prime sur le nombre d'arbres, rapportés par brigade. En moyenne, chaque homme m'en fournit dix par jour.

Quelques-uns, alléchés par la promesse d'un kété de perles, en fournissent jusque quinze. Jamais nos Askaris ne me rendraient de pareils services.

J'emploie ces derniers à l'érection de mon cottage rustique, aux murailles d'arbres joints, enchâssés dans des torchis. Il se composera, outre une cour intérieure, d'une pièce de réception, d'un cabinet d'étude et de deux chambres à coucher, établis sur le devant et, dans le fond, des cuisines et autres locaux accessoires.

L'enclos à bétail y sera joint. Au lieu de l'enfermer, la nuit, dans un tembé, je le laisserai en plein air, comme cela se fait dans les *Kraals* des Zoulous, les enclos des Oua-Tousis de l'Ou-Nyamouézi, et, chez nous — plus au large, dans la bonne saison — sur les pacages, coupés d'arbres, de haies servant de limites, et de fossés d'irrigation.

CHAPITRE XXXI

Sef bin Raschid va chercher des colons. — Son équipage. — *Le Popelin*. — La pacotille. — Monument à la mémoire du capitaine Ramaeckers. — La chapelle et le dais funèbre. — « L'Europe et l'Afrique vénèreront sa mémoire. » — La diane. — Ma maisonnée. — L'œil du maître. — Une journée à Karéma. — Observations météorologiques. — Inspection des travaux. — Visite à la forge. — Emulation culinaire. — Snati, doyenne des cordons bleus. — La Rivière des Anglais et son Esprit. — Au bois. — Gros et petits gibiers. — Le rassemblement. — Repas commun. — Chasses. — Le Paria de l'îlot de Mousamouéra. — Marqué par l'Esprit. — « Les Hommes Blancs sont bons ! » — Souvenirs. — La ville engloutie. — Fondements de l'ancien Boma. — La desserte sacrée. — Un hippopotame qui a la vie dure. — Le serpent à sonnettes et à houppes. — La curée de l'hippopotame. — Pièges à feu. — Un rôti de Sultan. — Ornithologie. — Le fanal. — Vendredi dominical. — Campo ! — Le moulin à mélodies. — Inspection d'armes. — Une chouka par cartouche. — Avances de solde. — Chants et danses. — Improvisations nègres. — Mis en musique ! — Le refrain des bateliers. — De l'encre et du papier ! — Farandoles au tambour. — Cordes, bois et instruments à percussion. — Défis chorégraphiques.

1ᵉʳ mai. — Sef bin Raschid part pour le Maroungou et pour l'Ou-Emba, avec 10 Askaris, seulement, et 2 hommes dressés à la manœuvre nautique, Kirongozi et Mounié-Amani.

Le voyage aura lieu à bord du grand daou, sur lequel, après leur naufrage, Popelin et Roger ont pu gagner Oudjiji et qu'ils se sont fait céder par son propriétaire, un Arabe du nom de Mohamed bin Rosphan. Cette belle embarcation, ne jaugeant pas moins de quinze tonneaux, a été baptisée, par moi, du nom de *Popelin*, en souvenir de notre infortuné camarade. Les quatre femmes de Sef, ainsi que les Askaris de sa troupe, ne supportant pas la mer, resteront à Karéma sous les ordres du Nyampara Tchéo, l'ancien chef d'escorte de Burton. Je remets à mon homme de confiance 20 diorahs de Satini, 14 de Mérikani, 60 de Kaniki, 45 pièces d'étoffe de couleur, soit 540 dotis de tissus différents, en y ajoutant 2 barils de poudre, de 20 livres chacun, une frasilah de perles blanches, et une autre de Samé-Samé.

Le Posho, calculé sur une absence de un mois et demi, se compose de 14 diorahs de Satini. Toute la colonie assiste au lancer du daou qui bientôt disparaît aux regards.

CHAPITRE XXXI

— Un de mes premiers devoirs a été d'élever un mausolée rustique au chef regretté qui dort, sur une montagne, à proximité de la hutte témoin de sa douloureuse agonie. Lui-même, envisageant la mort sans terreur, a indiqué au Djémadar la place où il désirait être inhumé. — « Il ne faudra pas creuser le roc, » dit-il à Ghan Mohamed, en désignant, de la main, dans la direction du Nord, sa tombe prochaine. « C'est tout terre végétale. »

Sur cette tombe, déjà recouverte de grosses pierres, j'ai fait construire une espèce de chapelle ardente, en troncs d'arbres joints, et décorée de matétés, couronnée d'un toit en terrasse, et entourée d'une forte palissade. Un dais de djoho (espèce de gros drap noir) symbolise le drapeau, en berne, de l'Association Internationale Africaine, et une grande étoile d'argent à cinq pointes, brille au-dessus de la tête du défunt.

Quatre troncs d'arbre, enfoncés dans le sol, et taillés en colonnes funéraires, sont reliés par des torsades d'étoffe, mi-partie blanche et noire, le tout formant balustrade autour du bloc tumulaire portant incrusté le portrait photographique du capitaine. Sur la dalle, en bois équarri, j'ai gravé, moi-même, l'inscription suivante :

ICI REPOSE

JULES RAMAECKERS

CAPITAINE DU GÉNIE

CHEF DE LA 3me EXPÉDITION BELGE

MORT LE 25 FÉVRIER 1882

L'EUROPE ET L'AFRIQUE VÉNÈRERONT SA MÉMOIRE.

Un homme, préposé à la garde de l'humble monument, escalade chaque jour le sentier tortueux qui y mène.

A l'abri des atteintes des animaux nécrophages et des herbes gigantesques, envahissant le sol non cultivé, cette chapelle durera moins, sans doute, que nos regrets. Mais un jour viendra, je l'espère, où une colonie européenne, récoltant à Karéma le fruit de nos luttes et de nos efforts, la remplacera par un mausolée plus digne d'une semblable mémoire.

— Au milieu de tant d'occupations diverses et de travaux, activement menés, les journées passent comme des éclairs.

En voici, d'ailleurs, la division ordinaire :

Au coup de 5 1/2 heures, le réveil est sonné, sur mon cor de chasse, par un homme de garde, ou un cuisinier, écorchant consciencieusement la fanfare du Roi Dagobert que je leur ai apprise.

Un bain froid m'a été apprêté, dans une grande cuvette de caoutchouc. Rien de plus salutaire, dans ce pays et à cette saison, pour tremper les nerfs, surtout si, en sortant de l'eau, on se livre à quelques mouvements gymnastiques.

Mon premier déjeuner se compose de galettes de maïs ou de petits pains de froment (J'ai pu rapporter de Tabora quelques sacs de cette dernière céréale, qu'on ne trouve nulle part ici). Pas de beurre. De tout notre bétail, une seule vache a fait un veau, auquel je suis obligé de disputer une faible partie de son lait ! Quant au thé, je le sucre de miel. Revêtus, chaque jour, d'une chemise blanche, mes quatre boys me servent à table, présidés par Tchiano, le plus intelligent, mais le plus espiègle, d'entre eux.

A 6 heures, je me lève pour commencer la ronde du Fort. En cette saison, où le Soleil luit dans l'hémisphère Nord, les nuits sont encore fraîches, et nos hommes s'attardent volontiers dans leur case. Suivi de Férouzi, je parcours les logements des Askaris pour faire lever les retardataires qui détalent, sur notre passage, comme, dans une garenne, les lapins effrayés par l'approche du chasseur, et se sauvent par la petite porte, donnant sur le Lac. Dès la veille, la besogne a été distribuée, et chacun s'y rend sans nouvel ordre.

Lorsque j'ai promené partout l'œil du maître, et me suis assuré que tout mon monde est à son poste, je passe à la cuisine pour commander le menu. Rien ne peut se faire et ne se ferait, du reste, sans instructions formelles. J'ouvre le magasin et y mesure les denrées à distribuer aux cuisinières : riz, carry, thé, café, poivre, sel, etc. Et je vous prie de croire que je surveille l'anse du panier, aussi disposée à entrer en danse que chez nos cordons bleus d'Europe. Dans ce pays de libre échange, mes provisions se métamorphoseraient bien vite en perles et en étoffes, si je me confiais à la discrétion de mon personnel féminin.

Mes cuisinières ont leurs spécialités et toutes mettent avec émulation la main à la pâte. Elles sont trois, Risiki et Madengué, qui me viennent de Tipo Tipo, et Snati, l'ex-femme de charge du capitaine Popelin. Quant à Dodo, la cuisinière de

Le Réveil.
(Dessin de E. Duyck.)

M. Ramaeckers, elle a profité du départ de Mohamed Biri pour suivre son amant, Askari faisant partie de la petite caravane.

L'une réussit admirablement les potages et les étuvées, l'autre excelle dans les rôtis de bœuf, de chèvre ou de gibier. La troisième n'a pas de rivale dans la cuisson délicate du riz et la confection du pain et des gâteaux. Grâce à mes instructions, leur répertoire s'augmente à vue d'œil. Pendant ce temps, mes boys font la chasse aux volailles, qui se dérobent en piaulant, ou, cas plus rare, vont avertir notre nouveau berger d'abattre un chevreau.

Ces menus détails me mènent jusque 8 heures. Près de l'habitation centrale, j'ai fait élever un petit observatoire, où je recueille mes notes météorologiques, au moyen du thermo, de l'hygro et du psychromètre. Nature et densité des nuages, direction des vents, température, etc., sont soigneusement consignés sur des tableaux *ad hoc*.

Puis, muni de la liste de mes hommes et de leurs attributions, je m'en vais inspecter les travaux. D'abord, c'est mon forgeron, qui m'accueille en bégayant, et prête à mes instructions une attention si effarée, qu'il ne sait où donner de la tête. Ouleidi se montre convaincu de ma supériorité en toutes choses, et c'est avec la timidité d'un enfant qu'il me soumet le résultat de son travail. Le meilleur moyen, pour ne pas le dérouter, c'est de me montrer sobre de paroles. Un dessin, des modèles en glaise, le mettent aussitôt sur la voie, car il est aussi intelligent et actif que Saddalah, mon charpentier de Tabora. Ce dernier se tire admirablement d'affaire, et au besoin rectifierait les mesures que je lui donne en bloc. Je vais aussi voir, aux champs, Hamici Mbouzi qui garde notre bétail et qui, appelé à d'autres fonctions, est en train de faire l'éducation d'un berger en sous-ordre.

Les puisatiers complètent leur œuvre, sous la direction de Forhan. J'y jette un coup d'œil.

Second déjeuner chaud, et à la fourchette, entre 9 et 10 heures. Soupe aux conserves d'Europe — car pour le moment, le potager de Roger est tout à fait abandonné — rôti ou ragoût, riz au carry et volaille, parfois un poisson, envoyé par Siranda, et délicieusement apprêté au piment, tomates etc. ; pour dessert, des goyaves, des papayes et des grenades fraîches. La soupe constitue ici la plus saine des nourritures. Aussi ai-je mis deux hommes au légumier qui, même dans la saison sèche, donnera plusieurs récoltes. Quant aux tomates, elles croissent en abondance à l'état sauvage.

Ce repas, servi en grande pompe, par mon personnel particulier, qui s'en partage l'abondante desserte, est toujours excellent. Mes cuisinières y mettent de l'amour-propre. A Snati, cependant, leur doyenne, revient la haute direction des préparations culinaires. Quand je dis doyenne, cela n'implique aucune différence d'âge. Snati, au contraire, est de beaucoup la plus fraîche et la plus accorte du trio. Mais, en sa qualité de première résidente, elle affiche une supériorité, humblement reconnue par ses nouvelles compagnes.

Comme la chaleur va croissant, pendant le dîner on m'évente à la façon orientale, autant pour chasser les mouches qui souilleraient les aliments, que pour rafraîchir l'atmosphère. Quelques tasses de thé ou de Pombé, nouvellement brassé, arrosent ce repas principal. Le dimanche, seulement, je me permets une bouteille de vin de Bordeaux.

Aussitôt après, je prends mon fusil et ma cartouchière et, avec Capitani, me rends sur les hauteurs boisées, pour surveiller nos bûcherons. En ce moment, ils travaillent au Sud, près de la rivière, dite des Anglais, parce que Carter y allait chasser du temps qu'il habitait la Station de Karéma. Un Esprit l'habite et les indigènes y viennent pieusement déposer des lambeaux d'étoffe et des rangs de perles, non moins pieusement recueillis par le vieux Kanghérennghéré, son intermédiaire en titre. On y rencontre assez de gibier, antilopes, gazelles, oies, pintades, etc. et pas mal de serpents qui fuient l'approche des hommes. Un coup de *fimmbo* (baguette) leur casse, d'ailleurs, l'épine dorsale, lorsqu'ils font mine de se redresser, en sifflant, contre le pied qui les frôle par mégarde.

Comme mes hommes sont éparpillés sous les ombrages touffus, je me sers, pour les appeler, d'un sifflet ou d'un cor pendus à ma ceinture. Ils ont besoin d'être talonnés et ma visite prévue leur est à la fois un stimulant et un encouragement. Quant au Djémadar, il garde la Station, se confiant, pour la conduite de ses hommes, en la vigilance des Akidas.

A deux heures sonne le rassemblement. La besogne est finie,

mais déjà pas mal d'Askaris sont rentrés furtivement, après avoir expédié leur besogne. Ce ne sont pas, d'ailleurs, les moins actifs.

Partout fume l'ougali, apprêté par les femmes. Les mieux en fonds y joignent quelque Kitoéo de viande, de volaille ou de poisson ; certaines familles se répartissent, en se réunissant, la peine et les frais.

Le reste de la journée leur appartient. Beaucoup trouvent des ressources dans des travaux de couture. D'autres, seuls ou avec leur femme, la lance à la main ou le fusil sur l'épaule, s'en vont flâner dans les villages voisins ou renouveler leurs petites provisions.

Un lunch de viande froide m'attend, suivi d'une courte mais délicieuse sieste dans mon hamac. Dans l'après-midi, je mets mes écritures au courant, je règle la besogne pour le lendemain, et, quand j'ai du temps de reste, je feuillette quelque volume, dégusté par petites tranches, ou relis cinq ou six numéros dépareillés de l'*Indépendance*, du *Figaro* et du *Gil Blas*. Les femmes, toujours actives et occupées, décortiquent et meulent la moutama en chantant d'un cœur joyeux.

Pendant toute la journée, la brume voile au loin les côtes du Maroungou, qu'on ne voit guères distinctement que dans la saison des pluies. Mais en temps sec, l'évaporation tend, à l'horizon, un voile de fin brouillards.

— Dans une de mes chasses aux canards, le long de la plage déserte, je fis, un jour, une rencontre bizarre. Je venais d'abattre un aigle pêcheur, qui regagnait son aire avec un poisson, écumé à fleur d'eau, et le cherchais vainement entre les joncs de la berge herbue, lorsque je vis s'avancer un être d'aspect véritablement effrayant. Il n'aurait tenu qu'à moi de le prendre pour un des Oua-Totos dont l'Esprit du Lac se sert pour épouvanter ses naïfs riverains. Complètement nu, le front couronné d'une tignasse grise, le visage effroyablement rongé par un cancer, cet homme me tendait l'oiseau abattu.

— Es-tu de Karéma ? demandai-je au monstre.
— Oui.
— D'où vient que je ne t'ai jamais vu ?
— On m'a défendu de me montrer.
— Qui ça ?

— Les gens de Karéma.
— Pourquoi cela?
— Parce que je suis marqué par l'Esprit.

Et il m'indique sa face gangréneuse, que je ne puis considérer sans frémir.

— Où habites-tu donc?
— Là-bas.... Dans l'îlot de Mousamouéra.

Cet îlot, objet de terreur pour les riverains, se voit à

SNATI, REVENANT DU MARCHÉ.
(Dessin de E. Bertrand.)

quelque distance, dans le Lac, au Sud de la Station Belge et, grâce au retrait des eaux, fera bientôt corps avec la terre-ferme.

— Tout seul?
— Tout seul. Qui voudrait vivre avec moi? Ma femme est morte, mes enfants me fuient. Je ne sais pas même s'ils vivent encore. Je suis si vieux !.... Et si abandonné !
— Tu ne vois donc plus personne?
— Personne... que Kanghérennghèré, le Mganga, le seul qui ose visiter l'îlot... pour consulter l'Esprit.

— Et de quoi vis-tu?

— Du poisson que je prends dans le Lac.

— Mais, il n'y a pas toujours du poisson.

— Alors j'ai faim... Et je me risque à aborder ici pour chercher des herbes et des champignons.

— Pourquoi n'es-tu jamais venu à la Maison de Pierre? Tu aurais pu y apporter du poisson et te procurer des étoffes pour te couvrir, du sorgho et du maïs.

— J'avais peur d'être chassé.

— Les Hommes Blancs respectent les vieillards et les malheureux. Ils t'auraient secouru.

— Les Hommes Blancs sont bons, je le sais. Les nègres n'ont pas de pitié. Kanghérennghéré m'a parlé de toi, et c'est pourquoi j'ai osé t'aborder. Mais les soldats qui sont chez toi me maltraiteraient...

— Eh bien! soit, reste dans ton île. Je te ferai apporter de la farine et du tabac....

Depuis, j'ai revu quelquefois le vieux pêcheur, traité en paria par les hommes de sa race. Sitôt qu'il entend mon coup de fusil, il saute dans sa pirogue délabrée et vient m'offrir du poisson. De temps à autre, on dépose à son intention, sur la rive, une corbeille de vivres qu'il ne vient prendre que lorsque mes hommes ont disparu.

Son long isolement lui a imprimé des allures presque fatidiques. Au contact de la grande nature, il s'est dépouillé des superstitions et des préjugés de sa jeunesse. Mousamouéra, dont il habite le séjour, ne lui inspire aucune terreur. Il a perdu la croyance aux Esprits, en éprouvant l'ignorante cruauté des hommes, et à la haine d'autrefois a succédé l'indifférence et le mépris.

Ses souvenirs datent de loin, mais impossible de connaître au juste son âge. La population de Karéma s'est renouvelée plusieurs fois, depuis qu'il se trouve sur son îlot désert.

A ce qu'il prétend, tout enfant encore, il a connu une *grande ville*, établie entre le tertre du Fort et son hémicycle de montagnes. Le Lac, en s'exhaussant, l'a probablement engloutie. Quoi qu'il en soit, nos hommes en creusant dans cette direction, où nous avons relégué leur cimetière, ont retrouvé les fondements d'un Boma.

Quelle est la poussière que la vie n'ait pas animée ?

Le vieux solitaire s'est construit une misérable hutte, qui le défend la nuit contre les surprises des crocodiles. Il a longtemps profité, sans scrupule, des offrandes, déposées sur la plage, par les indigènes, à l'intention de l'Esprit. Mais ces sortes d'hommages se font de plus en plus rares, la Sibylle et le Mganga de Karéma se les faisant adresser directement.

— Quelques jours après avoir rencontré le pêcheur exilé, je me suis brusquement trouvé en face d'un hippopotame, laissant, dans la jungle épaisse, un sillon de joncs abattus et d'herbes couchées. Planté sur ses jambes, bardées de fange sèche, le monstrueux animal semblait se préparer à la défense. Sans hésiter, j'épaulai mon fusil et lui envoyai une balle en plein front. Il s'abattit lourdement. Par une chance assez rare, la balle avait pénétré dans le corps, à près d'un mètre de profondeur, et la baguette de mon fusil disparaissait toute entière dans la plaie béante, d'où s'échappait un sang noir. Le lendemain, seulement, quelques pêcheurs, guidés par mes indications, se rendirent sur place pour le dépecer. Déjà, ils entaillaient le cuir de leurs couteaux, lorsque l'animal, laissé pour mort, se redressa dans une dernière convulsion. La veille, il n'avait pas bougé, lorsque je fourgonnais imprudemment sa terrible blessure ! S'il s'était relevé, il m'eut écrasé sous sa masse pesante, car, le croyant foudroyé, j'y étais allé sans défiance, mon fusil déposé à quelques pas. La curée fut mouvementée. Tout le village se rua sur l'immense dépouille et s'en partagea les lambeaux, non sans rixes nombreuses et force coups de poings.

— Autre alerte assez vive. Je me promenais, accompagné d'un seul homme, au bord du Lac, pour surveiller certains travaux, lorsque brusquement, entre les rochers, s'est dressé avec un bruit d'écailles, un serpent monstrueux. Par ce que j'en pus voir, le redoutable ophidien pouvait mesurer six ou huit mètres de longueur, et son corps visqueux, reluisant au Soleil, atteignait la grosseur d'un jeune palmier. Etait-ce un jeu de mon imagination ? J'ai cru distinguer sur son front applati, deux excroissances en forme de houppes, et mon compagnon, épouvanté, m'a dit, plus tard, avoir eu la même et curieuse vision. Quoi qu'il en soit, je jugeai prudent de rebrousser chemin, sans approfondir autrement cette singularité. Mon fusil, d'ailleurs, était resté au Fort et il est à douter qu'il m'eût servi de grand'chose devant un gibier de cette nature, se présentant à l'improviste.

J'emploie ici, non sans résultat, les pièges à feu dont j'ai donné la description, lors de mon second séjour à Tabora. Nombre de zèbres, voire de girafes, sont venus, grâce à eux, grossir nos provisions de victuailles. Afin de prévenir tout accident, j'avertis mes hommes des endroits où ils sont disposés et les négrillons, dénicheurs d'oiseaux, s'en sont tenus rigoureusement éloignés. Ceci, depuis qu'un Mchenzi a manqué d'attraper une balle dans le côté.

Mais fermons cette parenthèse cynégétique, qui a pris des proportions anormales, et reprenons notre description d'une journée à Karéma.

— Vers 5 heures, après la grande chaleur, tournée nouvelle. Je vais au bord du Lac, tâcher de tirer quelque peu de gibier à poil ou à plume. Lorsqu'il m'arrive, chose rare, d'abattre un buffle, c'est fête dans la Station. La cuisse me revient et, plongée, encore recouverte de la peau, dans un brasier, donne le plus succulent des rôtis. On la retire, le lendemain, complètement carbonisée à l'extérieur, mais renfermant un noyau de chair exquis, admirablement relevé par des piments et flanqué de champignons.

M. Böhm a recueilli à Karéma quelques variétés d'oiseaux dont je lui emprunte la nomenclature. Ce sont le frappeur, ou *Anastomus lamelliger* ; le Regenspfeiler, héraut des pluies (*Charadrius fluviatilis, tricolaris, litoralis*) qui se trouve ici en grandes quantités; des oies et des canards géants, à éperons, Riesenreiker *(ardea goliath)*; d'autres oiseaux aquatiques, qu'il nomme Wasserlaufer, courrier d'eau *(Totanus actitis)*, des ibis, des grues, enfin des mouettes (*Larus pharnacephalus?*) et des hirondelles de mer, en plus petit nombre.

— Le dîner, ou plutôt le souper, se sert à 6 1/2 heures. Il est simple et de digestion facile. Il m'arrive parfois, égaré dans les hautes herbes, d'être en retard. Ghan Mohamed fait alors hisser une lanterne, au mât central du Fort, soutenu par quatre hau-

LA CURÉE DE L'HIPPOPOTAME. (Dessin de A. Heins.)

CHAPITRE XXXI

bans; et, guidé par ce fanal, je rentre, accablé de fatigue, mais d'humeur et d'appétit également excellents.

Nous plaçons les gardes, deux à chaque porte, Ouest et Est. Malheureusement, nous sommes obligés de les laisser ouvertes, faute de Tchos (latrines) dans l'intérieur du bâtiment. — Encore une lacune à combler. — On sort et on entre toute la nuit, ce qui faciliterait singulièrement les ruses de guerre, si les indigènes n'avaient une peur bleue de se frotter à nous.

Enfin, nous nous réunissons au Barza, moi, le Djémadar, Forhan et Mohamed Maskam, et après une heure de causerie, nous nous endormons tranquillement, pour recommencer le lendemain.

— Le Dimanche, ou plutôt le Vendredi, car à l'exemple du capitaine Ramaeckers, j'ai conservé le Djouma musulman, l'ordre du jour disparaît. Congé de toute besogne, quoique pourtant le réveil soit battu au lever du Soleil. Les Askaris viennent, en corps, me saluer d'un affectueux *Sabalgheir*, au Barza, où je descends, vers 7 heures du matin. A leur intention, je fais jouer l'orgue de Barbarie, autour duquel ils s'accroupissent, avec l'air extasié des Javanais écoutant les accords du gamelang. Le moulin à musique, dont la manivelle est confiée à tour de rôle aux amateurs, déverse sur eux les mélodies rêveuses ou sautillantes du vieux *Noël* breton, rappelant notre air des *Chonq-clotiers*, de la romance de *Martha*, d'une langoureuse valse allemande ou des entraînants refrains des *Cloches de Corneville*.

Mais leur oreille semble peu faite à notre échelle diatonique. Bien peu parviennent à fredonner quelques lambeaux de phrases, dont ils retiennent plutôt les rythmes.

Je ne compte point, pour corvée, l'inspection d'armes qui a lieu à 8 heures. Nos Askaris s'en font un plaisir, excepté, pourtant, quand ils se sont laissé aller à brûler inutilement de la poudre.

En effet, chaque cartouche manquante, des vingt qui leur sont confiées, entraîne la retenue d'une chouka d'étoffe, sur la solde finale, payable à Zanzibar. Une chasse fructueuse, établie par l'apport d'une pièce de gibier, peut seule servir d'excuse.

J'ai été obligé d'adopter cette mesure pour ne pas voir gaspiller inutilement nos munitions.

Nos hommes sont tous armés de Remingtons et pourvus d'excellentes cartouches belges, de la fabrique Bachmann de Bruxelles. J'ai également donné des mousquets aux six nègres, simplement agriculteurs, établis dans la Station avec leurs familles, et qui se joignent martialement aux soldats.

J'examine soigneusement les armes, une à une, et fais jouer les batteries. Puis, je me rends au magasin, pour faire à mes hommes les petites avances de solde, en étoffes ou en perles, qu'ils me demandent parfois, et que j'accorde en raison de leur assiduité.

Cette journée du Vendredi est pour moi redoutable. Je ne sais que faire de ma personne, car l'entraînement du travail est impérieux. Les Arabes donnent deux jours de congé à leurs esclaves, le Jeudi et le Vendredi, mais je me suis bien gardé de suivre leurs errements.

Ma plus grande distraction est d'assister, le soir, aux ébats des hommes, qui dansent et chantent avec un magnifique entrain. Eux, ne se plaignent pas de n'avoir rien à faire. Il est vrai que leurs plaisirs sont plus fatigants que bien d'écrasantes besognes!

La première impression que cause un chant africain, sur des oreilles européennes, est loin d'être séduisante. La progression des sons diffère tellement de la nôtre, les intervalles, à tonalités indécises, sont si arbitraires ou si subtiles, que rien n'en reste dans la mémoire. Il serait même impossible, sans exercice préparatoire, de plier son larynx à une imitation pure et simple. Et cependant, c'est bien de la musique, que ces *mélodies*, presque toujours improvisées, et qui se prêtent merveilleusement à la déclamation. Plaintifs ou joyeux, âpres ou enivrés, féroces ou doux, les chants africains sont l'écho fidèle des sentiments et des sensations qui passionnent ces peuplades, soi-disant dénuées de poésie. De longues tenues, des onomatopées brusquées ou modulées, des rythmes curieux, composent un ensemble, auquel on finit par s'habituer et dont on saisit bientôt les caractères. Il n'y a pas à s'y tromper, c'est un hymne de fête, un chant de mort, un brindisi bachique, une confidence amoureuse, ou un cri de guerre qui s'élève. Chaque événement, un peu important, est célébré à satiété, par les noirs rhapsodes, greffant sur des poèmes anciens leurs inspirations personnelles. Pour le moment, ce sont encore les exploits de Mirambo, glorifiés ou maudits, et la mort de Carter et de Cadenhead qui défrayent les chantres à cent lieues à la ronde. Mais les péripéties sanglantes et les faits héroïques ne sont pas les seuls dont on s'occupe. Je suis, moi-même, le héros d'innombrables complaintes, aussi longues que celle de Fualdès, et qui relatent le moindre de mes faits et gestes. Un homme a-t-il été puni, ai-je fait largesse à mon personnel, ai-je béni un couple, d'après le rituel introduit par moi dans la Station, ai-je tué quelque gros gibier à la chasse, ai-je opéré une cure, suis-je moi-même malade, tout est prétexte à ballades. Ce sont surtout les femmes, agenouillées sur le seuil de leurs cases, devant la pierre inclinée où le grain se broie, qui se montrent intarissables. Le *Maître* fait l'objet de leurs préoccupations constantes et elles le chantent sur tous les tons.

Porteurs et bateliers ont leurs chants caractéristiques, couronnés par des refrains, à longues tenues. Parmi ces derniers, un seul m'est resté dans la mémoire, pour l'avoir souvent entendu entonner par mes rameurs, qui l'avaient rapporté probablement de Zanzibar :

(Noté par Mlle Maria Serrure.)

J'ignore si ces quelques mesures sont dignes d'être notées. Mais, lancées à pleine voix, et portées par les ondes paisibles du Lac, elle acquièrent une poésie étrange. Le texte en est d'ailleurs des plus curieux. Il célèbre les bienfaits de la science arabe et européenne : « De l'encre ! De l'encre ! » chantent les naïfs enfants de l'Afrique. « Là où il y a de l'encre et du papier, il y a des riches ! » Le moindre écrit revêt, en effet, à leurs yeux, une importance presque magique. N'est-ce pas sur des bons et des traites, qu'ils reçoivent à la Côte, ou dans les stations, leur salaire de plusieurs années d'engagement, et cela, sans erreur, ni mécompte? Dans leur pensée, l'art d'écrire l'emporte sur tous les autres, car ils nous supposent le pouvoir de renouveler, par un seul trait de plume, nos ressources épuisées. Il n'en faut point douter, lorsque les temps en seront venus, l'instruction rencontrera, dans cette branche reniée de la race de Cham, un terrain merveilleusement préparé.

Il y aussi les danses au tambour (*Kou-tchéza Ngoma*) qui ont bien leur originalité. Elles ont lieu principalement aux premiers jours de la Lune nouvelle, et se prolongent parfois pendant plus de vingt-quatre heures. Tous ceux qui veulent y prendre part, sans distinction d'âge et de sexe, forment un cercle, aux battements réguliers du tambour, de tous temps égaux, formant partie de notre mesure en deux-quatre.

Un ou deux instruments peuvent suffire à compléter l'orchestre. Ce sont généralement des *Zizis*, de l'Ou-Nyamouézi, espèce d'arcs emmanchés dans des calebasses hémisphériques.

Le virtuose se contente de battre rythmiquement, au moyen d'une baguette de bois, l'unique corde de ce singulier violon pendant qu'un des doigts de la main gauche, coiffé d'un dé, frappe à intervalles égaux les flancs de la calebasse.

J'ai remarqué, également, une espèce de Guzla, à huit cordes, qui doit être d'introduction arabe, et, convenablement accordée, équivaudrait à une petite harpe; des guitares sans chevalet et sans clef, etc. Mais l'instrument le plus singulier, est certainement le Kinannda, consistant en une simple bande de joncs, réunis par des cordelettes et s'enroulant le long de deux roseaux, ou de deux étroites planchettes formant parois. On y introduit des grains de sorgho. Lorsqu'on agite ce bizarre engin à percussion, le sorgho, frôlant le bois creux, produit comme un frémissement d'ailes, ou plutôt un crépitement de grands insectes dans de la paille sèche. C'est le tambour de basque des indigènes. Je ne parle que pour mémoire des cornets à bouquin et des flûtes champêtres, les mêmes partout, et qui sont joués par les conducteurs de caravane et les laboureurs.

Pendant que le cercle, comme le chœur d'une tragédie grecque, se meut en tournant sur lui-même, et en marquant la mesure par

CHAPITRE XXXI

des battements de mains, deux coryphées danseurs se placent au centre. Au plus habile à régler la danse. On le voit qui se livre à des contorsions folles, à des déhanchements et à des torsions d'épaules, dignes d'un clown de profession. Son concurrent est là, non pour lui donner la réplique, mais pour imiter servilement et presque simultanément les moindres de ses grimaces et de ses intentions. Aussi le couve-t-il du regard avec une intensité fascinatrice. On dirait deux prévôts de salle d'armes, se regardant dans le blanc des yeux.

Si le second danseur se trompe, ou omet un seul mouvement, il reprend humblement sa place dans le cercle, et un plus adroit se présente pour triompher de l'épreuve. On voit des danseurs attitrés, lasser, pendant plusieurs heures de suite, leurs présomptueux concurrents, et finir, seuls, la danse commencée par eux. De courts repos coupent cette chorégraphie démoniaque, repos consciencieusement employé, malgré ma défense, à de furtives libations de Pombé.

CHAPITRE XXXII

Fables, légendes et contes Souahilis. — Mohamed Maskam et son répertoire. — Le Trompeur trompé, ou les trois conseils. — Le Lapin. — *Hé! Soungourrou!* — Amitié d'un singe et d'un requin. — Trahison et ruse. — Un cœur dans les branches. — L'Anesse du Blanchisseur. — Noces sanglantes. — Moralité. — Approvisionnements. — Inauguration de la nouvelle porte. — L'offre et la demande. — Cote officielle. — Le *Marfouk*. — Le nouveau Sultan de Karéma. — Parti jeune et vieux parti. — A la piste du minerai. — Le vieux renard. — Mauvaise rencontre. — Le grand Posho. — A deux râteliers. — Courriers de Tabora, d'Europe et de Zanzibar. — Mort du père Ménard. — MM. Storms et Constant viendront peut-être me remplacer. — Katamba rebâti. — Le cottage est sous toit. — Festin et réjouissances. — Les Oua-Kaouendis. — Un canot de pêche. — Du vrai beurre! — Le Lapin, l'Hyène et le Lion. — Le prince Hindi. — Naufrage. — Le boucher Bédouin, vendeur de chair humaine. — L'esclave fidèle.

Les vrais Souahilis proviennent du croisement ancien des nègres de la Côte et des Arabes. Aussi leurs chants et leurs récits se ressentent-ils de cette double origine.

Les merveilleuses légendes, qui ont fourni à Antoine Galland son recueil des *Mille et une Nuits*, y ont laissé des traces nombreuses, tout comme les poèmes religieux, offrant la peinture terrifiante des supplices, réservés, après la mort, aux coupables qui ont négligé d'observer les prescriptions du Ramazan.

Il y a aussi les traditions locales, ou empruntées aux peuplades de l'intérieur. Elles sont parfois pleines d'humour. Un de mes hommes, déjà présenté au lecteur, Mohamed Maskam, né d'un père béloutchi et d'une femme de Kiloa, excelle dans la façon de les débiter. Il les connaît toutes, et ne se fait pas tirer l'oreille pour les sortir, une à une, des casiers de sa riche mémoire.

Le soir, assis sur mon Barza, et jouissant de la fraîcheur naissante, succédant aux ardeurs d'un ciel de feu, je me plais à mettre ses talents à l'épreuve. Et il s'exécute d'autant plus volontiers, que toujours un petit présent le récompense de ses peines.

Voici ce qu'il m'a raconté hier. Il m'est naturellement impossible de rendre le caractère exact de ces récits naïfs qui doivent une partie de leur sel au langage même dans lequel ils sont narrés. Mais j'ai tâché, cependant, d'en conserver les allures originales.

« Il y avait un homme, un trompeur, qui allait fréquemment au marché. Il achetait et achetait toujours, mais, *fini d'acheter*, trouvait toujours moyen de partir sans payer.

« Un jour qu'il s'était procuré ainsi une caisse d'objets en verre, il chercha un homme pour la transporter à son logis. Ayant avisé un Pagazi, il lui dit :

« — Choisis de deux choses, ou d'un salaire, ou de trois conseils qui te serviront dans ce monde.

« Le porteur répondit :

« — Je reçois des pessas (monnaie portugaise) tous les jours. Va pour les conseils !

« Et il porta la caisse. Mais au tiers de la route, il fut obligé de s'arrêter.

« — Mon Maître, dit-il, cette caisse est trop lourde pour moi. Donne-moi un de tes conseils, en attendant que la force me revienne pour continuer.

« — Bon, répondit l'autre. Retiens donc ceci. Si un homme te dit *que l'esclavage est préférable à la liberté, ne le crois pas.*

« Le porteur le regarda avec attention et il vit bien alors *qu'il avait affaire à un fripon.* Mais, conservant son calme, et résolu à patienter, il poursuivit tranquillement sa route, pour s'arrêter de rechef au tiers suivant.

« — Maître, reprit-il, donne-moi ton deuxième conseil.

« Et le trompeur :

« — Si quelqu'un te dit que le travail est supérieur à l'oisiveté, ne le crois pas.

« Le porteur rechargea docilement son fardeau, et ils arrivèrent devant la hutte du trompeur.

« — Maître, donne-moi ton dernier conseil.

« — Dépose la caisse à terre.

« — Ton conseil, d'abord, afin que je sois certain d'être payé.

« — Eh bien, soit ! Si quelqu'un te dit que la richesse l'emporte sur la pauvreté, ne le crois pas.

« Le porteur se déclara satisfait.

« — Retire-toi, maître, dit-il, afin que je puisse déposer la caisse.

« Et, la soulevant au-dessus de sa tête, il la laissa lourdement tomber sur le sol.

« — *Olé! Olé! Olé!* s'écria le trompeur, tu as cassé toutes mes marchandises.

« Mais le porteur, alors, avec un grand sang-froid :

« — Si quelqu'un t'assure qu'il est resté un seul verre intact dans ta caisse, dis-lui hardiment qu'il en a menti. »

Les animaux jouent un grand rôle dans les contes Souahilis. Le peuple leur attribue des sentiments humains, comme, d'ailleurs, les fables de toutes les races et de tous les temps.

Le Lapin y remplace notre compère le Renard, comme type de ruse et de fourberie.

Les Oua-Souahilis, ayant cru remarquer dans le mouvement des lèvres du *Soungourrou* une expression de raillerie, lui attribuent une malice bien éloignée de sa nature timide.

— « Voyez, il parle ! » disent-ils, en le voyant jouer des babines. « Ne dirait-on pas qu'il donne son avis sur tout ? »

Il n'est pas rare de voir les indigènes, se défiant de quelqu'un, s'écrier : — « Hé ! Soungourrou ! » comme nous dirions : « Eh ! toi, Renard ! »

Dans les apologues populaires, le Lapin se tire des plus mauvais pas et berne jusqu'au Lion lui-même.

Sans mauvais jeu de mots, on pourrait dire qu'il est mis à toutes sauces !

J'ai oublié les détails d'un conte, où les animaux, ayant été requis, par le Simba, de creuser un puits, seul, le Lapin trouve moyen de s'en dispenser.

Lorsqu'il s'agit, à tour de rôle, de tirer l'eau pour le Seigneur Lion, le Soungourrou met tout en œuvre pour faire retomber la corvée sur ses voisins qui n'y voient que du feu, à l'exception de la clairvoyante araignée.

J'ai transcrit, sous la dictée même de Mohamed Maskam, la fable de l'*Anesse du Blanchisseur*, que j'ai retrouvée presque intégralement dans le recueil de contes de Bishop Steere. Je la donne ici comme un modèle du genre.

Le morceau est un peu long, mais caractéristique, en ce sens

MASKAM, L'IMPROVISATEUR.
(D'après une grisaille de Léon HERBO.)

que le titre même n'est justifié que par un récit secondaire, parfaitement indépendant du sujet initial, et venant se greffer sur lui, en guise de moralité.

Le lecteur y relèvera encore quelques singularités. Dans le domaine de l'apologue, les Oua-Souahilis se soucient fort peu de respecter les lois naturelles, et il ne leur en coûte pas plus, de rendre les squales fructivores, que de prêter aux simples léporides des instincts carnassiers.

Mais voici la fable de Mohamed Maskam :

L'Anesse du Blanchisseur.

Il arriva qu'un Singe fit amitié avec un Requin. Un grand arbre étendait sur l'eau ses fortes branches et, tous les jours, le Singe y grimpait pour prendre ses repas. Le Requin se tenait dessous. Et il avait coutume de dire :

— Envoie-moi un peu de fruit, mon camarade.

Et le Singe lui en jetait aussitôt.

Cela durait depuis des semaines, des mois, lorsqu'un jour le Requin dit au Singe :

— Tu t'es montré bon à mon égard, et je voudrais t'inviter à dîner pour te rendre tes politesses.

— Comment pourrais-je aller chez toi, répondit le Singe. Nous autres bêtes du désert, nous n'entrons jamais dans l'eau.

— Qu'à cela ne tienne, reprit le Requin. Je te porterai et tu ne te mouilleras pas un poil.

Le Singe dit : « Allons ! »

Et il sauta sur le dos du Requin.

Et ils allèrent ainsi, pendant longtemps, jusqu'à ce que, arrivé au beau milieu de l'eau, le Requin prit la parole.

— Tu es mon ami, commença-t-il, et je te dois la vérité. Le Sultan de chez nous est fort malade, et le médecin lui a recommandé, s'il veut guérir, de manger le cœur d'un Singe. Voilà le mobile de mon invitation.

— Et quoi ! s'écria le Singe. Tu as bien mal agi en ne me prévenant pas là-bas, là-bas !

Mais le Requin :

— *Kitou gani?* Qu'est-ce à dire ?

Cependant, le Singe réfléchissait, à part lui :

— Je suis mort si je ne m'en tire par la ruse. Tâchons de lui conter une bourde.

— Eh bien, Singe, reprit le Requin, te voilà tout silencieux ? Pourquoi ne souffles-tu mot ?

— Je n'ai rien à dire, répondit prudemment le Singe, sinon que tu as eu tort de ne pas m'avertir de la chose. Pour t'obliger, j'aurais certainement emporté mon cœur.

— Comment ! fit le Requin, avec surprise, tu n'as donc pas ton cœur *en toi?*

— Est-il possible, s'exclama le Singe, que tu ignores à ce point nos coutumes ? Quand nous allons en promenade, nous laissons toujours nos cœurs dans les arbres, de crainte d'accident... Tu ne me crois peut-être point et penses que j'ai peur ? Allons chez ton Sultan et tu verras si j'ai dit vrai.

Le Requin, peu perspicace, ajouta foi à ces paroles.

— Singe, retournons d'abord à l'arbre, dit-il au bout d'un instant, et va prendre ton cœur.

— Non, répondit le Singe, ne voulant pas paraître céder trop vite, j'irai chercher mon cœur, après avoir été chez vous autres.

— Retournons, retournons, insista le Requin. Va prendre ton cœur, pour ne pas perdre de temps.

Et le Singe y consentit, préférant naturellement son arbre à la ville des requins. Ils regagnèrent la rive, et le Singe, ayant sauté à terre, grimpa sur l'arbre, en criant au Requin :

— Attends-moi un peu, que je reprenne mon cœur.

Au bout de quelque temps, le Requin s'impatienta et appela le Singe qui ne répondit pas. Et il cria pour la seconde fois :

— Singe, viens donc ; il est temps d'aller !

— Et où donc ? demanda celui-ci en se montrant.

— Mais chez nous !

— Ah ! ah ! ricana le Singe, perds-tu la raison ?

— Singe, Singe, est-ce là ce que tu m'avais promis ?

— Me prends-tu pour l'*Anesse du Blanchisseur ?*

— Qu'est-ce que c'est, que l'Anesse du Blanchisseur ?

— C'est celle-là qui n'avait ni cœur, ni oreilles.

— Dis m'en plus long, si tu es vraiment mon ami.

Et le Singe, en sûreté sur son arbre, lui raconta alors l'histoire suivante :

« Le Blanchisseur avait une Anesse qu'il aimait beaucoup. Cette Anesse se montra ingrate. Un jour, elle brisa son licou et entra dans la forêt, où elle se mit à errer de côté et d'autre. Au bout de quelque temps, son maître l'oublia.

« Mangeant à sa fantaisie, l'Anesse ne tarda pas à engraisser. Le Lapin, qui passait par là, l'aperçut et l'eau lui coula de la bouche : — Cette viande-là *est très grande,* se dit-il.

« Et il courut en toute hâte trouver le Lion.

« Celui-ci, relevant de maladie, était très maigre et avait grand besoin de reprendre des forces. Le Soungourrou lui dit :

« — Demain, je te procurerai de la viande, en quantité, et nous la mangerons ensemble.

« Et le Lion, joyeux, répondit :

« — C'est fort bien.

« Lorsque le Lapin fut retourné à la forêt, et qu'il eut retrouvé l'Anesse, il l'aborda d'un air important :

« — Je suis envoyé, dit-il, pour te demander en mariage.

« — Et par qui donc?

« — Par le Sultan Lion.

« L'Anesse ne se sentit pas d'aise.

« — Partons tout de suite, s'écria-t-elle. J'accepte avec empressement.

« Ils partirent et arrivèrent bientôt chez le Lion qui invita l'Anesse à s'approcher :

« — *Karib ! Karib !*

« La pauvre dupe s'assit, et le Lapin, ayant cligné de l'œil au Lion, lui dit tout bas :

« — *Voilà ta viande.* A bientôt.

« Puis d'un ton moqueur à l'Anesse :

« — J'ai quelque affaire à terminer. Je te laisse causer avec ton époux.

« Le Lion voulut sauter sur l'Anesse, pour la dévorer ; mais la bête était jeune et robuste, et lui faible et vieux.

« Elle rua avec tant de force, qu'elle l'étendit par terre, et s'enfuit de nouveau dans les bois.

« Le Lapin, ayant terminé son affaire, revint et dit au Lion :

« — *Eeweh* (Eh bien !), Simba, tu as eu l'Anesse ?

« Mais le Lion, avec confusion :

« — Je ne l'ai pas eue du tout. Elle m'a renversé et s'est sauvée dans les bois. Malade encore, je n'ai pas été le plus fort.

«—Repose-toi, Lion, dit le Lapin, et reprends courage. Rien ne presse.

« Au bout de quelques jours, le Lion avait repris sa vigueur et les plaies de l'Anesse s'étaient cicatrisées.

« Le Lapin alla trouver son Sultan et lui demanda :

«— Qu'en penses-tu maintenant? *Te ramènerai-je cette viande* ?

« Le Lion répondit joyeusement :

« — Fais-la venir, je la déchirerai en deux morceaux.

« Le Lapin détala vers la forêt et la sotte Anesse lui souhaita la bienvenue, lui demandant des nouvelles de la Cour :

« — Je suis chargé de t'inviter, par ton royal amant, dit le Lapin.

« L'Anesse fit la grimace :

«—Il ne m'aime pas! Vois comme il m'a blessée! J'en suis encore toute saisie et dolente !

«—*Haïzourou!* Bagatelle ! s'écria le Lapin. Le Simba est un peu brusque dans ses épanchements, mais excellent au fond.

« — S'il en est ainsi, dit la crédule Anesse, je te suis, allons-y.

« Et sitôt que le Lion eût vu l'Anesse, il fondit sur elle et la mit en pièces.

« Le Lapin s'était prudemment écarté, suivant sa coutume :

« — Prends cette viande, commanda le Lion, et mets-toi en peine de la rôtir (!) Je n'en veux que le cœur et les oreilles. Le reste est pour toi.

« — Grand merci, Seigneur Lion, je me conformerai à tes ordres.

«Et le Lapin s'en alla *rôtir* la viande, dans un endroit écarté, où le Lion ne pût le surprendre. Puis il mangea, lui-même, le cœur et les oreilles de l'Anesse (!) et cacha le reste de la viande.

« Cependant, Sultan Lion vint réclamer sa part :

« — Donne-moi les oreilles et le cœur de la bête. J'ai faim!

« — Où sont-ils? demanda l'impudent Soungourrou.

« — Comment ! gronda le Lion, qu'est-ce que cela signifie?

« — Tu ne sais donc pas la nouvelle ? C'était une ânesse de Blanchisseur. Tu ne sais donc rien?

« — Eh bien! continua le Lion surpris, est-ce que les ânesses de Blanchisseur n'ont ni cœur ni oreilles ?

INAUGURATION DE LA NOUVELLE PORTE. (Dessin de A. Heins.)

« — En vérité, Simba, répondit le Lapin, je ne te comprends pas. Pour un Sultan, arrivé à l'âge de raison, la chose est pourtant assez claire. Si cette ânesse avait eu des oreilles et un cœur, serait-elle venue ici une seconde fois ? Dès la première, elle a bien vu qu'on en voulait à sa viande, et elle s'est sauvée. Et la voilà, pourtant, qui se laisse reprendre au piège. En toute conscience, si elle avait eu un cœur, serait-elle revenue ?

« Le Lion réfléchit quelques instants et dit :

« — Il y a du vrai là-dedans *(kouéli manéno yako.)* »

Voilà ce que le Singe raconta au Requin :

— Et tu voudrais faire de moi un âne de blanchisseur, s'écria-t-il en terminant. Va ton chemin, tu ne m'attrapperas plus, car notre amitié est finie. *Koa-Héri!* Adieu !

12 Mai. — Engagé deux hommes, l'un à 2 et l'autre à 3 dotis par mois. Ils me sont présentés par le Djémadar, qui les aura probablement fait raccoler dans l'Ou-Emba. Comme le travail abonde, j'ai accepté avec empressement ce renfort de bras, quelque minime qu'il soit.

Les Oua-Fipas débarquent souvent et toujours avec le même cérémonial. Leurs bateaux continuent à nous approvisionner de moutama, de tabac et de poisson sec et leur Sultan, Kallialya, nous envoie des présents, largement rendus en étoffes. C'est là une excellente alliance, car les petits villages de Karéma, de Kafissya et de Katamba, ne nous fournissent des vivres qu'en minime quantité. Les pauvres diables se remettent à peine des réquisitions, levées par les troupes de notre ami Mirambo, et font ce qu'ils peuvent.

—Sadallah, fidèle à sa promesse, m'a fourni, en moins de huit jours de temps, chacune des portes secondaires de la Maison centrale.

Mais la grande entrée lui a donné plus de tintouin. Les deux battants, établis en bois de Mninga, assez facile à travailler, quoique offrant une résistance suffisante, si on lui donne l'épaisseur voulue, sont consolidés par deux fortes traverses en diagonale. Un cadre de poutres, en bois de Mkombola, équivalent à notre chêne, pour la disposition des fibres, les maintient de façon à pouvoir résister aux assauts, assez primitifs, des indigènes,

Lorsque, sur mes indications, les pièces étaient régulièrement équarries à l'herminette, Sadallah y a ménagé les mortaises et les tenons, et établi les brides, ou pièces de fer recevant l'axe des battants. Cette importante combinaison qui, en Europe, serait l'affaire de quelques heures, a été l'objet de nombreuses conférences, où, je dois le reconnaître, mon charpentier s'est montré très intelligent. Une barre mobile, en bois, faisant office de verrou, ferme transversalement la porte, d'ailleurs munie d'un cadenas.

L'inauguration de notre nouvelle porte a fait l'objet d'une cérémonie en règle. La chèvre réglementaire a été immolée, et mangée joyeusement, après, à grand accompagnement de danses et de chants, se prolongeant presque jusqu'à l'aube.

—Par une espèce de fatalité, chaque fois que nous allons fourrager à Karéma, nous sommes à peu près certains, ou de ne rien trouver, ou de payer des prix extravagants pour les moindres quantités de maïs ou de moutama. En revanche, nous ne sommes pas plus tôt approvisionnés par Siranda ou par les hommes de Kallialya, que nous voyons accourir nos Oua-Chenzis, craignant de garder pour eux le superflu de leurs moissons. C'est à notre tour, alors, de leur tenir la dragée haute. Nous achetons au quart, et moins encore, au-dessous des soi-disant cotes, indiquées sur place.

Aussi ai-je pris le parti de ne plus rien demander aux environs, certain de me voir tout offrir. Presque chaque jour, je vois arriver des indigènes, suivis de leurs femmes chargées de mannes et de linndos. Comme je ne suis pas toujours à la Station, ils attendent patiemment mon retour, pittoresquement assis dans la cour du bâtiment.

Très souvent, encombré de blé, je les remballe bel et bien. Ils se retournent alors du côté des Askaris, et leur cèdent leurs marchandises à la première offre, comme nos revendeurs en plein vent d'Europe, qui ont pour principe de ne rien remporter du marché.

Les Oua-Fipas se montrent moins coulants et, en qualité de ravitailleurs permanents et sérieux, disputent sur le prix, Oupandé par Oupandé. Pour éviter les aunages fantaisistes, basés sur la longueur des bras de leurs mesureurs particuliers, j'ai établi un doti, fixé à 3^{m}15. A la Côte, il est, à la vérité,

CHAPITRE XXXII

de 3^{m}60. Mais à Oudjiji, il descend à 2^{m}70, soit environ 3 yards. Or, en leur accordant le doti de Tabora, je leur fais déjà une faveur très grande, au dire du Djémadar, passé maître dans l'art de conclure des marchés avec toutes les tribus du Centre.

Cependant, mes Oua-Fipas, mécontents de voir déjouer leurs petits calculs, ont essayé de la hausse, espérant, en désespoir de cause, comme les Oua-Chenzis de Karéma, trouver l'écoulement de leurs denrées auprès des soldats de la garnison. Malheureusement pour eux, là encore, bénéficiant de l'expérience de mon entourage, j'ai mis bon ordre à leur manège, en proclamant le *Marfouk*, c'est-à-dire la défense d'acheter, au cas de non-accord entre moi et mes ravitailleurs.

Voici comment se règle, d'après les usages du pays même, cet interdit :

Après avoir pris connaissance des denrées offertes en vente, je convoque mon conseil privé, composé de Ghan Mohamed, de son lieutenant Forhan, de Capitani, d'Assani et de Maskam, mon factotum, et nous fixons, ensemble, la cote équitable à laquelle nous nous tiendrons, *ne varietur*.

Si nos prix ne sont pas acceptés, défense est intimée à tout le personnel de la Station d'acheter au-dessus du prix arrêté par nous.

— *Boina Mkouba, amépiga Marfouk*, répondent les Askaris, aux vendeurs déçus dans leur attente. « Le Seigneur a fait la défense. »

Mais ce mode de fixation réclame la prudence la plus scrupuleuse. Pour ne pas décourager nos fournisseurs, il importe que nos prix soient rigoureusement en rapport avec ceux du pays, si ce n'est supérieurs. Et c'est en quoi mes hommes de confiance, qui battent le pays assidûment, me sont d'un précieux secours.

— Yassagoula, le nouveau Sultan de Karéma, et fils, comme l'on sait, du gros Tchiata, tranche d'autorité. Infatué de sa précoce élévation, il s'est entouré de jeunes gens, turbulents et inexpérimentés, remplaçant les hommes de l'ancienne Cour, aujourd'hui dédaigneusement mis au rancart.

Ce chassé-croisé a eu pour résultat de rapprocher de nous le parti vieux, auparavant assez hostile aux Européens. Déchu de sa position, l'ex-ministre Kanghérennghèré, se retranche, rancunièrement, dans ses doubles et importantes fonctions de batteur de fer et de sorcier. Pendant que les muguets de Yassagoula font les grands seigneurs et les dédaigneux, lui et les anciens de son bord, viennent, à chaque instant, apporter à la Station des présents, toujours remboursés en étoffes. Ils espèrent, peut-être, une intervention de ma part, à la première frasque un peu arrogante de l'adolescent couronné, qui affecte, vis-à-vis des Européens, une orgueilleuse réserve.

20 mai. — Malgré ses politesses et ses amitiés, Kanghérénnghéré s'obstine à me cacher le lieu où il recueille ou achète son minerai de fer.

Instruit des absences fréquentes, auxquelles il se livre pour s'en procurer, je l'ai fait suivre dans la montagne, par trois Askaris. Mais le vieux renard les a dépistés fort habilement. Mes hommes, en voulant continuer, seuls, leurs recherches, sont tombés sur une embuscade des gens de Makenndé, chef d'une tribu nomade de Rougas-Rougas, écumeurs de grands chemins.

L'un deux, nommé Almassi Mdogo, a été blessé d'un coup de feu à la cuisse, et s'est vu dépouiller de son fusil.

Ses camarades l'ont rapporté à la Station, sur une civière de branchages. J'ai aisément pansé et guéri la plaie, traversant seulement la partie charnue.

26 mai. — Aujourd'hui, grand Posho. Au lieu de payer, tous les 4 jours, aux Askaris, leur solde de nourriture et d'entretien, j'ai préféré m'arranger pour tout le mois, avec Ghan Mohamed.

Il reçoit en bloc, 14 Diorahs de Satini, qu'il se charge de répartir entre ses hommes.

Outre les 18 dotis, qui lui reviennent personnellement, le Djémadar perçoit encore un demi-doti, sur les 3 dotis 3/4, alloués mensuellement à chacun de nos soldats, ce qui lui procure un assez joli bénéfice.

Cette haute paie, réglée par Séwa, et sur laquelle l'adroit Hindi a dû, de son côté, recueillir de fortes commissions, constitue un maximum rarement atteint. Profitant de notre inexpérience, on nous a traités en nababs.

Si, dans le courant du mois, les Askaris désirent quelques menues avances, sur le dit Posho, c'est encore au Djémadar qu'ils doivent s'adresser. Celui-ci se montre toujours prêt à les obliger, moyennant une légère usure. Aussi les soldats préfèrent-ils recourir à moi, et anticiper sur la solde finale, payable à la Côte.

Ghan Mohamed n'a pas que ces cordes à son arc. Ses retenues d'étoffes lui permettent d'entretenir, sans bourse délier, un vieux nègre, à barbe blanche qui, accompagné d'une demi-douzaine d'esclaves, voyage constamment pour son compte, dans l'Ou-Fipa. Le respectable patriarche profite des pirogues de pêcheurs qui débarquent à la Station, pour aller quérir et rapporter de petites cargaisons d'ivoire.

Arabes ou Hindis, personne ici ne se fait scrupule de manger à plusieurs râteliers.

Le vieux Tchéo, mes domestiques, mes femmes et mes boys, reçoivent de moi, directement, leur solde, tous les 7 jours. Quant aux femmes de Sef bin Raschid, et aux Askaris qu'il a laissés à Karéma, ils s'entretiennent au moyen des étoffes, réservées à cet effet, par mon chef de caravane.

1er juin. — Réception du courrier d'Europe, en date du 10 mars. On ignorait encore, à la Côte, la mort de M. Ramaeckers dont je respecte les lettres particulières, tout en ouvrant celles, à lui adressées, par le Comité de l'Association et par M. Cambier.

Ce courrier a été modifié sur mes indications. Nous nous sommes entendus avec la poste anglaise. A cet effet, 4 hommes — laissés par moi à Tabora, sous la direction des Pères algériens, — s'en vont chercher nos lettres à Ouyouy, chez M. Copplestone, me les apportent ici, et vice versa.

Mohamed Biri, qui s'est logé dans le tembé de Cambi Mbaya, appartenant à deux Arabes, rappelés à la Côte, par Saïd Bargash, m'apprend la mort du Père Ménard, emporté par la fièvre qui l'accablait depuis longtemps. Encore une victime! Bientôt nous ne les compterons plus!

J'écris à l'Association et au capitaine Cambier, pour leur faire part des travaux entrepris ou en voie d'achèvement. Le double courrier de Karéma et de Tabora leur aura appris, déjà, la fin malheureuse du chef de la 3e expédition belge. Une chose que je ne m'explique pas, ou plutôt que je m'explique trop, c'est que les hommes envoyés à la Côte, par l'ambitieux et félon Bamboula, ne soient point passés régulièrement par Tabora pour y prendre, en même temps, mes lettres. Il y aura là un point à éclaircir à leur retour, qui ne peut tarder. Ce courrier spécial doit être arrivé à Zanzibar, quelques jours, seulement, après l'expédition du paquet que je tiens de l'agence anglaise.

Le courrier repart le 8, portant, outre ma correspondance avec l'Association, des lettres pour ma famille, pour l'ami Roger, E. Van Capellen, mon copain de régiment, et le docteur Southon, à Ourambo. J'ai commandé, par la même occasion, à Tabora, 150 houes, pour nos prochains travaux agricoles.

10 juin.— Les Askaris qui ont porté à la Côte la nouvelle de la mort de M. Ramaeckers, sont revenus aujourd'hui. J'ai hésité un moment à les recevoir, puis je me suis ravisé, et les ai fait comparaître pour justifier de leur conduite. Les malheureux se sont jetés à mes pieds en protestant de leur dévouement. C'est Mohamed Biri, en personne, qui *leur a ordonné* de ne pas s'arrêter à Tabora.

Vit-on jamais rien de plus insensé qu'un pareil projet ? Ce qui me surprend encore davantage, c'est la parfaite sécurité du coupable ! Comment pouvait-il espérer le secret sur sa grotesque et piteuse tentative ?

M. Cambier, qui ignore où je suis, a prévu, cependant, mon départ pour Karéma. Il me mande, le cas échéant, d'y rester, jusqu'à l'arrivée, probable, vers la fin du mois d'octobre, de MM. Storms et Constant, le premier, lieutenant d'infanterie, le second, lieutenant des grenadiers. Un séjour consécutif de trois ans en Afrique est tout ce que peut raisonnablement supporter le plus solide des Européens et il importe, avant de me voir chargé d'une mission nouvelle, que j'aille passer quelque temps en Europe pour me refaire le tempérament. Quoique jamais je ne me sois mieux porté, c'est avec joie que je profiterai de la mesure si sagement prise par l'Association. La Patrie m'appelle, et à la seule pensée de m'y retrouver, après une si longue absence, mon cœur bondit d'ivresse !

MM. Storms et Constant me remplaceront dans le commandement de la Station de Karéma. Ils trouveront, ici, de la besogne en bon train. Je leur écris immédiatement pour leur recommander de passer par Ourambo, afin de ne pas laisser s'affaiblir les excellentes dispositions du Bonaparte Noir à l'égard des Européens. Un court exposé de ma visite leur fera connaître suffisamment le terrain. Je ne manquerai pas, non plus, de les recommander chaudement à notre puissant et nouvel allié.

Vendeurs indigènes au Fort Léopold. (Dessin de Frans Van Leemputten.)

CHAPITRE XXXII

M. Cambier estime que nos intérêts, à Tabora, exigent que nous y conservions encore un agent. C'était bien mon opinion, lorsque j'y envoyais Mohamed Biri, dont j'ignorais encore la traîtrise. Comme il n'y a pas à craindre que le digne Tripolitain recommence ses fredaines, nous lui laisserons son masque jusqu'à nouvel ordre. Et je m'amuserai bien, lorsque, le cassant aux gages, je lui prouverai que je n'ai jamais été dupe de ses triomphantes rubriques.

5 juillet. — Visite de Siranda, qui m'apporte de la farine et reçoit, en retour, une pièce de Saharé. Nos rapports continuent à être excellents. Le village de Katamba, complètement rebâti sur l'ancien modèle, se trouve en bonne voie de prospérité. Siranda insiste pour que j'aille le voir. Mais je suis encore trop occupé pour me permettre la plus petite excursion.

16 juillet. — Nous pendons la crémaillère, dans le cottage, complètement achevé, de notre nouveau Boma. C'est une superbe habitation, saine, claire et gaie, pour laquelle je troquerai volontiers mon logement de la Maison Centrale, munie de ses portes et de ses fenêtres, et devenue enfin habitable, grâce aux chaleurs qui en ont pompé l'humidité. Toute la Colonie est conviée à un grand festin, qui a lieu dans le bâtiment même, destiné à notre futur directeur des cultures. Plusieurs chèvres, des poulets, du riz, composent un menu, englouti avec un entrain, d'autant plus homérique et plus copieusement arrosé de Pombé, que c'est demain l'ouverture du Ramazan.

Le soir, on danse et l'on chante. Pas une dispute, pas une rixe, bien que des indigènes des villages voisins, attirés par la fête, se soient joints à nos hommes.

— Les Oua-Kaouendis de Karéma, généralement maigres et de haute taille, aux membres grêles et disgracieux, sont loin d'avoir les traits intelligents qu'on remarque chez les habitants de l'Ou-Nyamouézi. Comme eux, ils ne se liment que les deux incisives supérieures. Ce sont de véritables Africains du Centre, au nez épaté, comme le nègre de race inférieure.

La Station, abritant bon nombre d'hommes libres de la Côte, dont ils reconnaissent tacitement la supériorité, leur costume et leurs usages commencent cependant à se modifier. Ils affectent de se modeler en tout sur les Oua-Ngouanas. Leurs femmes ont déjà adopté le pagne, noué au-dessus des seins, porté par les compagnes de nos Askaris. Hommes et enfants sont fort malheureux, lorsqu'on les traite de Oua-Chenzis (sauvages). Nous tâcherons de les civiliser.

— Deux envoyés de Tchiata sont venus me proposer un superbe canot, pouvant contenir une dizaine de rameurs, et dont nous avions le plus grand besoin, pour aller à la pêche. Cette embarcation, creusée dans un gros tronc d'arbre, évidé à la hache, ne me coûte que dix dotis d'étoffe de couleur, et cinq livres de poudre.

— Plusieurs de nos vaches ont vêlé, mais quatre, seulement, conservent leur veau. Les autres, non seulement se sont obstinées à ne pas donner le pis à leur progéniture, mais encore l'ont étouffée en se couchant dessus. Pour la première fois, j'ai du lait en abondance.
Depuis Tabora, je n'avais pas mangé du beurre et toute ma cuisine se faisait à l'huile d'arachides. Jugez de ma joie ! Mahimbo, l'un de mes hommes, chargé de l'entretien de la laiterie, est occupé, toute la journée, à agiter une grande calebasse.
Cette baratte d'un nouveau genre donne du beurre excellent et bien supérieur à celui des Oua-Tousis de l'Ou-Nyaniembé, dont la fabrication ne brille pas sous le rapport de la propreté. Quelles tartines je me taille ! Et combien me semblent plus tendres mes légumes sautés, mes ragoûts et mes pâtisseries !
Privez un Flamand de beurre, il se trouvera plus malheureux que les compagnons de Moïse, regrettant les oignons d'Egypte !

— Comme suite aux récits de Mohamed Maskam, voici la fable du Lapin, de l'Hyène et du Lion. Elle n'offre pas un sens aussi clair, que celle précédemment citée par moi, et bien de ses malices locales équivaudront, peut-être, pour mes lecteurs, à de simples coq-à-l'âne. Néanmoins le morceau m'a semblé assez curieux pour mériter les honneurs de la reproduction.

« Le Lion, l'Hyène et le Lapin firent un jour société *pour cultiver un champ*. Lorsque la saison fut venue, ils allèrent

CHAPITRE XXXII

choisir un terrain, le défrichèrent et l'ensemencèrent de compagnie. Puis ils retournèrent chez eux, jusqu'à l'époque de la moisson.

« Le Kipoi arrivé, les trois associés se dirent :

« — Si nous allions voir nos plantations ?

« Mais le champ était fort éloigné. Afin de ne pas lambiner en route, le Lapin proposa que celui qui s'arrêterait sans motif, serait mangé par les deux autres ; ce qui fut accepté.

« Ils partirent et cheminèrent pendant un certain temps. Le Soleil dardait ferme et le Lapin demeura en arrière. Sur quoi, ses compagnons se retournèrent, en s'écriant :

« — Le Lapin s'arrête ! qu'il soit mangé !

« — Mais, répondit celui-ci, ce n'est pas sans motif. Je pense.

« — Et à quoi penses-tu ?

« — Je pense à ces deux pierres, l'une petite et l'autre grande. La petite ne monte pas, la grande ne descend pas. Pourquoi ?

« L'Hyène et le Lion demeurèrent court.

« — En effet, dirent-ils, d'un air entendu, c'est étrange !

« Ils allèrent plus loin et de rechef le Lapin s'arrêta.

« — Le Lapin s'arrête, qu'il soit mangé !

« — Non, car je suis occupé à réfléchir.

« — Et sur quoi ?

« — Je me demande, quand les hommes mettent des habits neufs, ce qu'ils font des vieux ?

« — En effet, nous serions curieux de le savoir !

« Mais l'Hyène, fatiguée, s'arrêta à son tour, et c'est où l'attendait le Lapin.

« — L'Hyène s'attarde ! A nous sa chair !

« — Je pense !

« — Et à quoi penses-tu ?

« — A.... Je ne pense à rien du tout.

« Le Lion et le Lapin se jetèrent sur leur compagne et n'en firent qu'un repas, de sorte qu'il ne restait plus qu'eux pour partager la récolte.

« Sur ces entrefaites, le Lapin, rencontrant un terrier, fit une troisième halte, et le Lion s'apprêta à le manger à son tour. Mais le fripon avait son excuse toute prête.

« — Autrefois, dit-il, nos parents entraient par une extrémité et sortaient par l'autre. Pourquoi ne ferions-nous pas comme eux?

« Et il entra et ressortit plusieurs fois du terrier.

« — Vieux Lion, est-ce qu'il ne te prend pas envie d'essayer?

« Le Lion voulut l'imiter, mais le terrier, s'amincissant, bientôt il ne put plus avancer ni reculer. Et le Lapin, profitant de sa situation critique, se mit à lui manger la chair du dos.

« — Frère, s'écria le Lion, pourquoi me prendre par derrière. Mange-moi plutôt par devant.

« Mais le Lapin :

« — *Mes yeux auraient honte !*

« Et il laissa là le Lion expirant, pour prendre, lui seul, possession du champ, en plein rapport.»

Les Souahilis ne tirent point de moralité de leurs apologues. Celle qui découle de cette fable bizarre, est triple, et on pourrait la résumer ainsi : « Ne faites pas société avec les fripons, ne vous arrêtez point à leurs excuses, et surtout gardez-vous de suivre leurs conseils.»

J'ai dit que quelques contes rappelaient ceux des *Mille et une Nuits*. En voici un, d'une couleur bien arabe, et dont, en cherchant bien, on retrouverait certainement la donnée première dans les recueils orientaux. Pour l'intelligence des lecteurs, je me vois obligé de l'amplifier quelque peu :

« Un Sultan Hindi avait un fils qu'il aimait avec tendresse. Lorsqu'il vit sa mort prochaine, il assembla ses vizirs et leur dit :

« — Que mon royaume revienne à mon fils ; je le recommande à votre fidélité.

« Et, ayant reçu leurs serments d'obéissance, il expira.

« Le deuil fini, le jeune prince se mit en devoir de gouverner. Malheureusement, il s'était étroitement lié avec le fils du premier ministre, garçon fort adonné aux plaisirs. Les deux amis firent tant de dépenses, que le trésor fut bientôt à sec, et le pays obligé de passer en d'autres mains.

« Le fils du Sultan dit alors à son ami :

« — Quittons ces lieux et allons visiter d'autres contrées.

« Avec ce qui leur restait de leurs anciennes richesses, ils frétèrent un navire et s'embarquèrent avec des soldats, des esclaves, des provisions et de l'argent.

« Mais le navire fit naufrage et périt corps et bien. Le fils du grand vizir devint la proie d'un requin. Seul, le Prince parvint à se sauver avec un de ses esclaves.

« La côte, sur laquelle ils avaient été jetés, leur était complètement inconnue. De loin, ils apercevaient les terrasses d'une grande ville.

« Et le prince dit à l'esclave :

« — Vas, et rapporte-moi de la nourriture.

« Justement, le Sultan de ce pays venait de mourir, et le peuple lui cherchait un successeur. Le sort devait décider. Il était d'usage de le consulter en jetant un citron dans la foule.

« Celui qui en était par trois fois atteint, était nommé Sultan.

« L'esclave, qui passait par là, reçut une première fois le citron.

« — C'est un pur hasard, dirent les habitants, en se regardant avec surprise. Que l'on recommence !

« Mais par trois fois l'épreuve se confirma.

« L'esclave fut proclamé Sultan. De grandes réjouissances eurent lieu ; on tira des coups de fusil, on but et on mangea. Et le nouveau Souverain, distrait de son *devoir*, par l'ivresse des grandeurs, perdit la mémoire de son *maître* malheureux.

« Cependant, celui-ci, ne voyant pas revenir l'esclave, et pressé par la faim, s'était acheminé, à son tour, vers la cité étrangère. Comme il s'arrêtait devant l'étal d'un Bédouin, qui vendait de la viande de chèvre, celui-ci l'engagea à entrer.

« Mais ce Bédouin était un scélérat qui, pour livrer sa marchandise à plus bas prix, mêlait à la viande de chèvre, la chair des voyageurs qu'il savait attirer dans sa boutique. Et comme tout le monde ignorait ses pratiques criminelles, il avait fort à faire.

« Le fils du Sultan fut saisi par lui, et enchaîné, dans un endroit écarté de la maison, avec d'autres hommes. Le même jour, il vit le Bédouin tuer un de ses compagnons d'infortune, et mêler adroitement sa chair avec celle d'une chèvre, abattue concurremment.

« Le désespoir s'empara de son cœur, mais en y pensant longtemps, il s'avisa, enfin, d'un stratagème. En l'absence du

Bédouin, il appela un des esclaves, et lui remit quelque menue monnaie.

« — Va-t-en me quérir, lui dit-il, un peu de toile, du fil et des aiguilles. Il n'en pourra rien arriver que du bon pour toi.

« N'y entendant point malice et espérant quelque profit, l'esclave se prêta volontiers à la chose. Le Prince, mis en possession des objets qu'il avait demandés, s'empressa de faire un beau turban, mais en traçant, au moyen du fil, quelques mots à l'intérieur. Il donna le turban à l'esclave ignorant, qui s'en réjouit fort, en lui conseillant d'aller le vendre, sans tarder, au Sultan, qui ne pouvait manquer de le récompenser.

« En effet, le Sultan acheta le turban. Mais, l'ayant examiné à l'intérieur, il connut l'affreuse situation dans laquelle se trouvait son ancien maître. Aussitôt, ordre fut donné d'emprisonner l'infâme Bédouin, ses victimes furent délivrées et le Prince, après avoir passé par le bain, se vit revêtu d'un habillement magnifique. A la suite du festin, donné en son honneur, il entra dans tous les détails de sa captivité, en s'étonnant de la chance merveilleuse, rencontrée par son serviteur.

« L'ancien esclave, honteux, prit alors la parole :

« — On m'a fait, dit-il, Sultan de cette ville, mais je sens bien à présent que je ne puis conserver le pouvoir. Vous êtes toujours mon Maître et Seigneur. Dès demain, je prétends vous faire nommer Sultan en mon lieu et place.

« Après s'en être défendu quelque temps, le Prince consentit à la substitution et l'esclave réunit le peuple. Humble et soumis, devant son vrai Maître, il le couvrit, aux yeux de tous, de la robe royale.

La foule, au comble de l'étonnement, cria tout d'une voix :
— « Qu'est-ce à dire ? »

« Et l'esclave demanda alors :

« — M'avez-vous remis sérieusement le pouvoir, ou bien n'avez-vous agi que par dérision ?

« Les Vizirs répondirent en s'inclinant :

« — Sérieusement, Majesté.

« — Ce qui me plaît doit vous plaire ?

« — Tes désirs sont souverains.

« — Eh bien, il me plaît que cet homme soit Sultan à ma place.

« — Nous sommes bien obligés d'y consentir. Mais quel est cet homme ?

« — C'est mon Maître légitime, et le Sultan de mon pays. Ce qui se passe, en ce moment, arrive par l'ordre de Dieu !

« Et le Prince fut installé sur le trône. On noya le criminel Bédouin, dont les propriétés furent vendues, pour en distribuer le produit aux pauvres. Les fêtes se prolongèrent pendant plusieurs jours, et le Sultan et son esclave vécurent en paix, et en joie, jusqu'à un âge fort avancé. »

Ce conte est fort connu des esclaves, parmi lesquels, les Arabes l'ont sans doute popularisé, afin de consolider encore les sentiments de fidélité, pour ainsi dire instinctifs, chez l'Africain, réduit en état de servitude.

CHAPITRE XXXIII

Inquietudes. — Retour du *Popelin*. — Nos colons. — Rachetés de l'esclavage et du supplice.— Lousinnga, le Sultan vaincu. — *In puris naturalibus*. — En pays de connaissance. — Un bout de toilette. — Ravissement. — Au bois. — — A la gamelle. — Un voleur. — Les trafics de maître Férouzi. — Chassé de la Station. — Pour solde de compte. — Le rappel des vivres. — En fourrageurs. — Chasse libre. — Ils engraissent. — Tir à la cible. — Les défiances du Djémadar. — Construction des huttes. — Les retardataires. — Second voyage au Maroungou. — Désertion. — Retour au bercail. — Pierre qui roule n'amasse pas de mousse.—La Polygamie engendrant la Polyandrie.— Communauté des femmes. — Licence et fidélité. — Combien la fiancée? — A coups de poings. — « Le lion a traîné la brebis dans son antre ! » — Dernière épreuve. — Les parias du mariage. — J'interdis la Polygamie et institue le Mariage obligatoire. — Cérémonie civile. — Cadeaux de noces. — *Crescite et multiplicamini*. — L'avenir d'une race.

Je commençais à devenir inquiet de la longue absence de Sef bin Raschid, parti avec un Posho de 6 semaines — calculé au grand minimum — et qui n'avait plus donné de ses nouvelles depuis deux mois et demi. Naufrage, attaque, maladie ou mort, sont ici des éventualités trop menaçantes pour qu'on n'y arrête point son esprit avec anxiété. Chaque matin, j'allais explorer l'horizon et rentrais avec un poids plus lourd d'appréhensions et de soucis. Tous mes projets, annoncés avec quelque orgueil, allaient-ils être déçus ? Et, au lieu de voir constituée, enfin, la population agricole de notre petite colonie, aurais-je à déplorer la perte d'un serviteur dévoué et de 12 hommes aguerris, sans compter celle, moins irréparable, sans doute, mais fort importante pour nous, d'une magnifique embarcation et de précieuses marchandises ?

Enfin, une voile a paru et les roulements lointains du tambour, apportés par les flots, m'ont appelé sur la grève. Une heure après, le *Popelin* amarrait triomphalement et je serrai la main à mon brave Sef qui, après une absence de deux mois et demi, m'amenait 35 hommes et 29 femmes, plus quelques enfants, noyau de notre futur royaume africain !

CHAPITRE XXXIII

L'embarcation n'en pouvait contenir davantage et quatre de nos Askaris ont même dû rester dans le Maroungou, avec 21 autres nègres, dont 7 hommes et 14 femmes, que l'on ira chercher au premier jour.

Grâce au bon marché des vivres, le Posho n'a pas été dépassé de beaucoup. Tous frais comptés, chaque colon ne nous revient qu'à la somme de 15 dotis, soit 75 francs !

Il a fallu racheter tous ces malheureux, prisonniers de guerre, arrachés au plus horrible esclavage.

Il y a même, dans leurs rangs, un Sultan vaincu, du nom de Lousinnga, dont le malheur n'a pu abattre la fierté. Sombre et pensif, il marche, escorté d'un groupe de ses anciens et fidèles vassaux.

Hommes, femmes et enfants sont *in puris naturalibus*. Leur plus grande crainte, en venant ici, était d'être mangés, car il a été impossible de leur faire comprendre que le Mouzoungou sacrifiait des richesses, pour eux princières, dans le seul but d'en faire des hommes libres et des agriculteurs heureux, désormais à l'abri de toutes les vissicitudes de la guerre et de la servitude.

Les hommes ont pour la plupart la nuque rasée. Quant aux femmes, sveltes et bien découplées, les seins développés, mais non point étirés, selon l'affreuse mode de certaines peuplades, elles seraient presque jolies, si elles n'avaient, dans leur lèvre supérieure trouée, des morceaux de racine de manioc, qui leur donnent un aspect bestial. C'est un spectacle touchant, que de voir la tendresse infinie des mères pour leur tendre progéniture. Elles ne songent qu'à leurs enfants.

Les nouveaux venus sont accueillis et choyés par les familles indigènes, déjà établies dans la Station, et dont la confiante attitude et les joyeux discours les rassurent beaucoup mieux que ne pourraient le faire des proclamations d'indépendance. On leur dit l'abondance qui règne ici, les bons procédés du Maître envers tous, l'abolition de toute torture, voire de tout châtiment corporel. Et on leur fait admirer et visiter la Maison de Pierre et l'enceinte où ils auront à établir leurs huttes. Sauf quelques hommes, qui continuent à se renfermer dans une farouche réserve, ils ne tardent pas à se familiariser et à rire aux éclats. Pour commencer, je les habille tous de pied en cap, les hommes, de fort et beau Mérikani, les femmes et les enfants de Kaniki bleu. De mémoire de nègre, on n'a songé à donner de vêtement quelconque à un négrillon. Aussi, les mères sont-elles folles de joie. Puis, c'est la Moutama qu'on fait cuire en commun, et à laquelle je joins un Kitoéo de poisson sec ! Je crois que ces braves gens n'ont jamais été aussi heureux de leur vie !

En attendant que chaque petit ménage ait sa cabane, tout ce monde trouve place dans les bâtiments assez vastes du Fort.

Dès le lendemain, mes Oua-Maroungous vont au bois, sous la conduite de Hamici Mbouzi et de six brigadiers déjà dressés à la besogne. Si la veille, quelques-uns se ressentaient encore du mal de mer, cette fois, il n'y paraît plus, et la moutama, abondamment servie, à raison d'un Kibaba par homme, reçoit un furieux assaut.

— Je viens d'éprouver une désillusion pénible, qui donne malheureusement trop raison au vieux proverbe flamand :
« Il ne faut pas enfermer le chat avec la viande . »
Férouzi, en qui j'avais toute confiance, m'a indignement volé. A la vue des trésors contenus dans nos magasins, où il entrait avec moi pour mesurer le Posho, les marchandises d'achat et les provisions, son dévouement, que jusqu'ici j'avais lieu de croire réel, a faibli. La tentation était trop forte. A sa place, peut-être, aucun Africain n'y aurait résisté. J'ai eu tort de le croire à l'abri du péché mignon du pays. Mais quoi qu'il en soit, je ne balancerai pas à faire un exemple. Je ne veux pas de voleurs dans la Station. Quelque attachement que je conserve encore, malgré moi, pour ce garçon, victime des instincts de sa race, je l'exécuterai sans pitié.

Voici comment je suis arrivé à la piste de ses larcins, d'ailleurs savamment dissimulés, et dont il me sera facile d'évaluer l'importance.

Un homme de Karéma est venu dernièrement ici, drapé dans une pièce de Saharé, étoffe de couleur, demandée seulement par les Oua-Chenzis. Or, je tiens note exacte de tout ce que je vends et je savais pertinemment n'avoir rien cédé à mon visiteur indigène. S'il avait été vêtu de Mérikani ou de Satini, je n'y aurais pas fait autrement attention, car nos Askaris reçoivent ces étof-

ARRIVÉE DES COLONS MAROUNGOUS.
(Dessin de A. Heins.)

CHAPITRE XXXIII

fes en Posho et s'en défont naturellement pour renouveler leurs provisions de bouche. Assez intrigué, j'ai pressé l'homme de questions, et il a fini par m'avouer qu'il tenait son Saharé de mon groom, qui en faisait un petit commerce, soi-disant pour mon compte.

Aussitôt, quelques autres indices me sont revenus à l'esprit. Férouzi, qui joue volontiers à l'Européen, se pare avec complaisance des vieux vestons que je lui abandonne. A plusieurs reprises, j'avais remarqué chez lui un certain embonpoint que j'attribuais à quelque disposition frileuse du personnage. Evidemment, Férouzi profitait des moments, où j'avais le dos tourné, pour faire ses coups à la sourdine et m'escamoter de l'étoffe, aussitôt dissimulée sous ses vêtements. Je me suis immédiatement transporté, seul, au magasin et, inspection faite, il se trouve qu'il me manque une cinquantaine de dotis, d'une valeur à peu près équivalente à la solde de 50 piastres qu'il devrait toucher à la Côte, à l'expiration de son engagement. Le mal n'est donc pas si grand que je le croyais d'abord. Le coquin n'a eu que le temps de se payer lui-même, et je n'en serai que pour les quelques mois, pendant lesquels il lui resterait à me continuer ses dangereux services.

Seulement, il fallait le prendre, comme on dit vulgairement, la main dans le sac, et ma souricière n'a pas été bien difficile à établir. Sous prétexte de quelques avances à mes Askaris, je l'ai envoyé, seul, au magasin et l'ai fait fouiller au retour. Il avait deux dotis de Ghédérè sur la poitrine. Férouzi s'est jeté à mes pieds, m'a supplié de lui pardonner, jurant qu'il en était à son coup d'essai. Mais j'avais pris mes renseignements. Indépendamment de l'homme de Karéma, dix témoignages pour un sont venus le confondre. Dans une colonie comme la nôtre, on ne fait pas de semblables trafics, sans qu'il en transpire quelque chose. Férouzi avait été épié par des Askaris, jaloux de la faveur avec laquelle je le traitais. Je n'ai point voulu me prévaloir de ces dénonciations, inspirées par des sentiments peu avouables, pour punir le coupable, autrement que par son expulsion immédiate, d'autant plus qu'une part de responsabilité m'incombe évidemment, pour mon excès de confiance. Férouzi a été mis à la porte du Fort avec sa lance et 4 dotis, que j'ai eu la faiblesse de lui donner, pour parfaire nos comptes et lui permettre de regagner la Côte. Il est parti dans un état affreux, au milieu des huées de ses anciens camarades, mais un peu rassuré, pourtant, par la promesse, que je lui ai faite, de ne pas porter plainte auprès du Saïd Bargash. Un seul mot au Sultan de Zanzibar le vouerait à la chaîne pour plusieurs mois. J'aime à croire qu'il profitera de la leçon. Pour ce qui me regarde, elle ne sera pas perdue, non plus. Désormais, j'irai, seul, au magasin, quelque longue et lourde qu'en soit la corvée.

28 juillet. — Kallialya, auquel j'ai fait demander des vivres, m'a envoyé aujourd'hui une assez grande quantité de sorgho. Il ne s'agit de rien moins que de 40 Misoutas, ou sacs de nattes roulées et cousues, de la capacité, chacun, d'une vingtaine de kilos.

L'importante question de l'approvisionnement se pose plus impérieuse que jamais. Impossible de distribuer un Posho à mes nouveaux colons. Ces hommes ne connaissent pas la valeur des étoffes et se feraient misérablement voler par les indigènes. Il faut donc que je leur distribue tous les jours leur nourriture au Kibaba. Chaque matin, Capitani et Hamici Mbouzi, entré en fonctions, se chargent de cette répartition, et la moutama va grand train. Heureusement que les conditions de production sont bien changées dans ce district. Certains de placer leurs céréales, avant l'époque fatale des guerres, les habitants cultivent davantage, et nos greniers, militairement défendus, se remplissent en proportion inverse de nos magasins, fortement mis à contribution. Bientôt il nous faudra de nouvelles étoffes, car les frais, entraînés par le recrutement de nos colons et les charges de leur entretien, ont fait des brèches énormes. Les Askaris sont lancés dans toutes les directions pour fourrager. Karéma, Katamba et Kafissya nous envoient des céréales en abondance. C'est le véritable moment, car bientôt, jusqu'au maïs nouveau, c'est-à-dire en janvier, il n'y aura plus rien à trouver. Je n'ai garde de souffler mot de nos prochaines cultures. Les indigènes, mis en appétit, seraient furieux de voir menacé de tarir, le Pactole qui coule aujourd'hui pour tous à pleins bords. A vingt lieues à la ronde, il n'y aura bientôt plus un nègre sans une pièce d'étoffe à se mettre sur le corps. Seuls, les gens de l'ancienne mode, s'en tiennent à la classique peau de bête, ce qui ne les empêche pas de participer avidement à la manne commune, et de serrer, dans leurs linndos, les précieux tissus, presque inconnus avant notre arrivée.

Pour renforcer nos ressources culinaires, j'ai rendu la chasse libre et mis à la disposition des soldats, une certaine quantité de cartouches. Un Askari, ayant tué un hippopotame à coups de fusil, mes Oua-Maroungous se sont délectés à cette chair par excellence, réservée uniquement, chez eux, à la table des Sultans et des chefs nobles. Quant à nos nègres musulmans, ils se rabattent sur les buffles, les zèbres, les oies et les canards, dont on fait un suffisant carnage. Tout cela ménage notre farine privée et contribue merveilleusement à refaire nos colons, arrivés hâves et décharnés et qui reprennent à vue d'œil.

— A certains jours, vers 10 heures du matin, grand exercice de tir. J'ai fait donner des fusils à quelques-uns de mes nouveaux sujets et leur apprends à tirer à la cible. Ceux qui atteignent le but, placé à une cinquantaine de mètres, reçoivent en prime, quelques rangs de perles, et les plus adroits ont promesse de pouvoir conserver leur arme. Mon but, c'est de faire de ces métayers des soldats et des chasseurs, afin de pouvoir me passer des hommes de la Côte, qui coûtent fort cher, ont des prétentions militaires assez plaisantes et, comme travail, ne donnent que le strict nécessaire.

Les Arabes arment parfaitement leurs esclaves et s'en trouvent bien. Jamais ils ne recourent à des escortes de Oua-Ngouanas, dont ils connaissent l'indiscipline et repoussent les exigences. Or, nous avons vu, par la révolte de Tabora, que leurs soldats se battent comme des lions et qu'on peut absolument compter sur leur dévouement.

Il y a beaucoup de choses à apprendre des Arabes qui, jusqu'ici, peut-être, n'ont pas seulement été compris.

Ghan Mohammed, sans me soupçonner d'arrière-pensée, semble pourtant avoir l'intuition d'un résultat contraire à ses intérêts. Il n'approuve pas que je fasse ainsi gaspiller de la poudre à des *sauvages*. Et, comme mes tireurs commencent à se former, il en éprouve un secret dépit. Ils vont même tellement bien, qu'au bout de quelques séances, je leur ai laissé leurs fusils, ce dont ils se montrent très fiers. Le Djémadar a alors changé de tactique, et cherché à m'inspirer quelque crainte au sujet de l'armement d'anciens guerriers, qui pourraient en profiter pour se retourner contre moi !

— Est-ce que vous n'avez pas vos Askaris ? lui ai-je dit sans rire. Qu'est-ce qu'une poignée de sauvages pourrait faire contre un corps régulier ?

De fait, je n'ai aucune crainte. Fût-elle dangereuse, l'expérience peut et doit être tentée.

— Sef bin Raschid, en attendant son prochain départ pour la Côte, est allé se loger avec sa famille dans le cottage du Boma. Quant à moi, je suis décidément installé dans la Maison Centrale, dont je complète l'installation.

Mes Oua-Maroungous sont fort habiles dans la construction de leurs huttes. Après avoir tracé un cercle sur le sol, ils y enfoncent des piquets étroitement joints, et reliés par un souple lacis de lianes. Sur cette muraille de bois, haute d'une couple de mètres, se pose, d'un coup, le toit de chaume, travaillé à part, en forme de cône renversé — le sommet au centre de la hutte, les génératrices s'appuyant sur le mur circulaire — et dont ils retournent adroitement, au moment de l'opération finale, la fine collerette de charpente. Trois simples pierres servent de foyer. Pas de cheminée. La cuisine se fait le plus souvent en plein air et, pendant la Massika, la fumée sort comme elle peut.

Cette disposition n'a point été imposée à nos colons par leurs surveillants. Elle est toute particulière aux Maroungous. Autant de zones différentes, autant de types différents de huttes, respectés plus immuablement que les oiseaux ne respectent ceux de leurs nids. Comme toutes les races primitives, l'Africain est conservateur au plus haut degré. Toute nouveauté l'effraie, et ce n'est que dans l'état d'esclavage qu'on peut l'initier à des pratiques, autres que celles léguées séculairement par les aïeux. On dit que chez les Dayaks, l'amende ou la prison frappe ceux qui coupent leur bois à la façon des Européens. Ici, les préjugés vont plus loin. Une réprobation unanime atteindrait les imprudents, hommes de la Côte ou Oua-Chenzis, qui satisferaient, debout, certain besoin naturel, au lieu de s'accroupir, selon le rite africain !

Les travaux s'accomplissent gaiement. On voit que nos colons

Inspection d'armes. (Dessin de L. Abry.)

ont hâte d'être enfin chez eux et de quitter la Maison de Pierre, dont les proportions monumentales leur inspirent une superstitieuse appréhension. Quelques anciens guerriers, non résignés à leur sort, ou peut-être peu habitués à de pareilles besognes, se font cependant tirer l'oreille. En quinze jours, tout le village est debout, sauf les cases de ces retardataires, et sa palissade le rendrait presque imprenable, si même le voisinage du Fort Léopold ne le protégeait suffisamment.

A cette occasion, une nouvelle fête a lieu, accompagnée de réjouissances. Un tronc de Mkouloungou, prolongé par un mât de hune, est solennellement planté devant le cottage. Nos Askaris, en armes, font le cercle, et, lorsque je hisse le drapeau de l'Association, font une décharge générale aux cris de *Héria! Héria!* Quelques Maroungous, vainqueurs des derniers tirs, se sont mêlés aux soldats. Le reste de la population agricole, enthousiasmée par la mousqueterie, et surtout par la perspective du banquet, se livre aux éclats d'une joie naïve.

Un grand singe Papion, pris récemment dans la forêt, a profité de l'allégresse générale, pour briser ses liens. Croyant probablement qu'on a élevé ce mât à son intention, il bondit au milieu du cercle et, avant qu'on songe à s'emparer de lui, pour le remettre à la chaîne, grimpe jusqu'au faîte, d'où il s'amuse à faire la grimace aux spectateurs. Tchiano se charge fièrement de ramener le fugitif, et c'est un tableau curieux que de voir, au bout de la perche flexible, l'enfant noir et le fauve quadrumane s'observer avec défiance. L'animal hérisse son poil, siffle et gronde, en montrant ses dents, et mon boy de sentir décroître son assurance.

Les rires redoublent. On hue le pauvre Tchiano, qui voudrait bien redescendre. Enfin, excité par les cris de : *Ana Ogopa!* (il a peur), le négrillon étend une main tremblante pour saisir le singe par la queue, mais celui-ci se dérobe, se laisse adroitement glisser le long du corps de son ennemi, file par un des haubans, retenant le mât, s'élance vers la palissade, qu'il franchit d'un bond, et disparaît sans demander son reste. Un moment, Capitani le tient au bout de son fusil, mais je détourne l'arme qui part dans le vide. Il ne faut pas que cet intermède comique, rappelant les soties de nos Joyeuses Entrées, ait un dénouement tragique.

Ne sachant quel nom donner au Boma, j'ai laissé à mes hommes le soin de le baptiser à leur guise. Une chèvre est amenée, dont le sang, répandu, doit donner à la cérémonie une espèce de consécration religieuse. C'est la mode africaine, à laquelle je m'oppose d'autant moins que la chair de l'animal est destinée au festin d'inauguration. Le Djémadar, consulté, déclare que le village doit porter le nom de son fondateur. En conséquence, à l'heure qu'il est, il existe, sur les bords du Tanganika, un humble aggloméré, noyau peut-être d'une future capitale, qui s'appelle *Moudji-Bekr !!!*

Je parie que les géographes ne s'en doutent seulement pas. Mais les voilà prévenus. Ils n'ont qu'à modifier leurs cartes en conséquence.

— Le *Popelin* est reparti, emmenant Mohamed Maskam et Kirongozi, avec 6 hommes d'équipage. Ils vont chercher les Oua-Chenzis manquants, et emportent une certaine quantité d'étoffes pour compléter le prix de leur rachat, garanti par les quatre Askaris de Sef, restés au Maroungou.

— Je crois que j'ai été un peu vite en civilisation. Six hommes ont déserté, cette nuit, avec leur fusil, et parmi eux, Lousinnga, l'ancien Sultan. Ce sont justement ceux dont les cases restaient inachevées, ce qui offre une présomption de préméditation. Comme ils m'emportent une valeur, et sont soumis à la discipline militaire, à défaut d'autre engagement, j'envoie à leur poursuite Forhan et six Askaris, porteurs d'étoffes pour désintéresser les indigènes, qui n'auront pas manqué l'occasion de capturer nos fugitifs. La petite troupe pousse jusque Kilando. Mais déjà, quatre jours après, un homme revient, maigre et abattu, dépouillé de son arme et de ses vêtements. Le reste, jusqu'à Lousinnga, rentre peu à peu, de son plein gré, suivant docilement Forhan, ou ramené par les indigènes, dans l'espoir, non déçu, d'une récompense. Après avoir imploré une grâce, que je n'avais pas à leur faire, ils se remettent à leurs cases, et, cette fois, bon jeu bon argent. Une femme qui les avait suivis, revient de nuit, et le lendemain nous la retrouvons, tressant du chaume, comme si de rien n'était.

A ce que m'apprennent mes brigadiers, favorisés de leurs confidences, les malheureux ont beaucoup souffert. Attaqués et

CHAPITRE XXXIII

pillés par les Rougas-Rougas, mis à la chaîne africaine par les chefs de village, ne sachant où, ni comment, se procurer de la nourriture, ils se promettent bien de ne pas renouveler cette fugue, sans but défini.

Que pouvaient-ils espérer en effet ?

Regagner leur patrie lointaine, pour s'y voir de nouveau réduits en esclavage ? Se venger de leurs vainqueurs ? Vivre aux dépens des caravanes traversant les Poris ? Ils n'en savent rien, et avouent que le séjour de la Station est un Eden en comparaison de leur propre village, aujourd'hui saccagé et détruit. Et ils sont si bien réconciliés avec leur existence présente, que je les compte bientôt au nombre de mes meilleurs pensionnaires. Je ne tarde pas à leur confier une nouvelle arme, ce qui fait faire un haut-le-corps au Djémadar.

La suite prouve que la confiance est encore la meilleure politique, à l'égard de pauvres sauvages, abrutis par la seule tyrannie et dont les mœurs offrent à l'observation de si curieux sujets d'études.

— Tout a été dit sur la Polygamie africaine, engendrant, par contre-coup, la Polyandrie. En effet, pendant que les tribus victorieuses renforcent encore leurs harems, les villages, privés de femmes, sont tout naturellement réduits à une communauté qui ne tarde pas à dégénérer en coutume.

On pourrait affirmer, en thèse générale, que les Africains guerriers possèdent, seuls, leurs femmes en propre. Ne représentent-elles pas, pour eux, un butin tout personnel, un bénéfice légitime du droit de conquête ? Et si l'esclave, capturé en pays ennemi, n'a désormais qu'un maître, à plus forte raison l'épouse, librement choisie, ne peut reconnaître qu'un époux.

Les mœurs n'émanent pas seulement que des prescriptions d'une morale supérieure. Elles peuvent se modeler, tout aussi bien, sur des difficultés sociales, variables suivant les climats. Cela est si vrai, que dans les nombreuses tribus agricoles, où la communauté des femmes s'exerce, avec aussi peu de scrupule que chez nos modernes Saint-Simoniens, celles-là, seulement, qui se livrent à tous, sont respectées. L'intruse, l'immorale, montrée au doigt, la brebis galeuse, objet d'invectives et de brocards, c'est l'épouse ou la Souria qui, par goût, par répugnance ou par contrainte, s'en tient à un compagnon unique. Aussi les enfants y donnent-ils les noms de père et de mère à tous et à toutes indistinctement. Et, de fait, il doit être assez difficile de s'y reconnaître au bout de quelque temps.

De même, la Polygamie, qui l'emporte chez les peuplades armées ou se trouvant en contact fréquent avec l'élément arabe, répond presque toujours à une nécessité. Le plus ou le moins d'épouses n'entraîne nullement une présomption d'appétits sensuels. Affaire de rang, de fortune ou de décorum. Certains Sultans, impuissants et cacochymes, entretiennent fort bien cinquante ou soixante femmes. Les dignitaires s'en procurent autant qu'ils en peuvent nourrir. Les simples particuliers en ont deux ou trois. Il n'est même pas rare d'en voir se contenter d'une seule épouse. Mais l'exception, ici comme partout, ne fait que confirmer la règle.

Dans ces régions, où la puberté est acquise, pour les hommes, dès l'âge de 14, et pour les femmes, dès l'âge de 11 ans, les deux sexes jouissent, d'ailleurs, avant le mariage, d'une égale liberté. Nul sentiment de jalousie rétrospective. Bien au contraire, les succès antérieurs d'une noire Célimène ne peuvent que rehausser ses mérites, proclamés.... d'expérience. Mais avec l'hymen, s'imposent d'inviolables devoirs. A la licence sans frein, succède une fidélité stricte, car les lois africaines ne badinent point à l'égard de l'adultère.

Si la Polyandrie est contraire à l'esprit de famille, la Polygamie le sauvegarde parfaitement.

Une fois mariée, la femme ne s'appartient plus. Elle se doit au Maître, et surtout à ses enfants. L'allaitement de ces derniers ne dure pas moins de trois ans, pendant lesquels la mère reste sacrée pour l'époux. Quel que soit le nombre de leurs épouses et de leurs Sourias, les Africains ne connaissent donc pas plus l'abus, que le moins volage de nos maris d'Europe.

Comme chez tous les peuples primitifs, depuis les temps bibliques jusqu'à nos jours, comme encore aux Indes, en Chine et au Japon, la femme s'achète, ici, lorsqu'elle ne se conquiert pas les armes à la main.

Voici comment les choses se passent communément :

L'homme nubile, désireux de prendre femme, est obligé d'offrir au père de sa belle une certaine valeur en bétail, en étoffes ou

Construction du Boma indigène. (Dessin de A. Heins.)

en céréales, faute de quoi les enfants appartiennent de droit au beau-père. Ces accordailles, toutes provisoires, réglées, les deux familles, hommes, femmes, vieillards et enfants, s'installent au beau milieu du village, où ils s'asseoient en cercle, autour de la fiancée. On se gave de nourriture, on boit du Pombé, on fait chère-lie, en attendant le héros de la fête, encore retiré chez lui.

Celui-ci arrive en courant, bondit au-dessus du cercle, et s'empare de sa fiancée, qui lui oppose un semblant de résistance. Autrefois, paraît-il, la lutte était sérieuse et ce n'était qu'après avoir assommé à moitié sa promise, à coups de bâton, que le vaillant ravisseur la chargeait sur son dos, pour l'emporter comme une proie. Mais...

<small>Le lion a traîné la brebis dans son antre.</small>

Le dit antre, c'est la hutte, construite par le fiancé lui-même, et où s'accompliront, sans témoins, les dernières formalités du mariage. Car rien n'est fait encore. Comme dans la chanson de Méphistophélès, si « l'on peut bien entrer fille, mais non pas fille sortir », l'essai loyal n'entraîne ici aucun engagement. La femme conserve le droit de se dédire jusqu'au lendemain.

Cependant le cercle s'est rapproché, entourant maintenant l'abri nuptial. Tambours et instruments à cordes vont leur train, accompagnant les danses. De temps en temps, l'on s'interrompt pour prêter l'oreille aux cris venant de l'intérieur. C'est, en effet, par des modulations joyeuses ou des lamentations, que la fiancée avertit ses proches de sa résolution finale.

Les premières sont accueillies avec un redoublement de tapage et de folle chorégraphie.

Dans le cas contraire, on fait irruption dans la hutte, pour enlever d'autorité la fiancée, et le mariage est déclaré nul. Cette conclusion, d'ailleurs assez rare, entraîne pour l'époux dédaigné, une tache ineffaçable. Il lui serait impossible de trouver femme, par la suite, tandis que celle qui le couvre de ridicule, garde intactes, sa dignité et sa réputation !

Nous avons, parmi nos Askaris, un de ces parias du mariage, condamnés au célibat perpétuel. C'est un nommé Almassi Moalimou, homme maigre et chétif, rebuté, à la fatale épreuve, et devenu, depuis lors, un objet de mépris et de risée pour ses camarades.

Comme on le voit, nulle consécration sociale ou religieuse, car on ne pourrait considérer comme telles, les orgies qui se prolongent, parfois, pendant plusieurs jours. L'acquisition d'une esclave, purement et simplement installée au logis, semble chaste auprès de ces grotesques accouplements, perpétrés, pour ainsi dire en public, et qui renchérissent sur l'impudeur de la bête elle-même. Du moins, les fauves en rut recherchent-ils, pour leurs amours, les coins écartés de la jungle, et fuient-ils, alors, le voisinage de leurs pareils.

Jouissant sur mes hommes d'un pouvoir, pour ainsi dire illimité, j'ai voulu régulariser, pour eux, le mariage, en faire, comme chez nous, un engagement ayant force de loi, enregistré, indissoluble, à moins d'infractions graves ou de causes invincibles d'incompatibilité. J'ai cru que, lorsque le moindre Chef de village dispose souverainement de ses sujets, j'étais autorisé à imposer dans la Colonie, que je commande, et dont je réponds, un ordre et une morale en accord avec les lois sociales modernes. Impuissant à faire l'éducation philosophique de cette race, rebelle à tout raisonnement abstrait, je ne me suis pas érigé vis-à-vis d'elle en ministre d'un culte positif. Mon rôle est plus simple : il se borne à celui de magistrat, fonctionnaire civil.

A ceux qui me dénieraient le droit de peser sur des mœurs, que je n'avais pas mission de réformer, je me contenterai d'opposer les règlements auxquels tout soldat est contraint d'obéir. Or, je considère mes hommes comme des soldats, et je prétends, aussi longtemps qu'ils seront sous mon commandement direct, leur interdire tout ce qui serait de nature à propager la licence, à provoquer des conflits et à compromettre le but même, tout civilisateur, de l'œuvre à laquelle je suis fier de me dévouer.

Tout d'abord, j'ai interdit la Polygamie, et, d'autant moins arbitrairement, que l'agriculteur, faute de pécule personnel, est pour ainsi dire forcément monogame. Mais il aurait pu se produire des exceptions, basées sur une spéculation bien africaine. En effet, les plus lourds travaux, incombant généralement aux femmes, on aurait peut-être vu quelques-uns de nos noirs colons, assez peu scrupuleux pour faire expédier leur besogne, et grossir leurs bénéfices supplémentaires, par un nombre plus ou moins respectable d'épouses, raccolées dans ce seul but. Et les avantages, que nous accordons aux gens du pays, seraient assez tentants pour leur inspirer, en l'absence de mesures prohibitives, des vocations par trop matrimoniales, tout à l'avantage de leur paresse naturelle et de leur naïve cupidité.

Sur la pente de l'absolutisme et de la tyrannie, on ne s'arrête pas. Après avoir aboli la Polygamie, j'ai décrété, par mesure de moralité et d'ordre public... le Mariage obligatoire !

Lorsque le mois dernier, Sef bin Raschid vint renforcer le personnel de la Colonie, je décidai, non seulement que toutes les unions devaient être confirmées légalement, mais encore que les hommes non mariés devaient se pourvoir d'une épouse. Cette mesure n'était que trop légitimée par les attentats que mon prédécesseur avait eu à réprimer et à punir. La plupart des nouvelles recrues, d'ailleurs, étaient déjà pourvues. Beaucoup de nègres, mariés dans leur pays même, étaient arrivés en famille. D'autres, en attendant la conclusion d'un roman amoureux, avaient su se faire suivre de leurs dulcinées. Le reste s'accommoda des jeunes filles, achetées par Sef bin Raschid, ou se pourvut dans les villages voisins. Mais tous durent passer par mon Etat-Civil, ce qu'ils firent, d'ailleurs, avec un empressement d'autant plus vif, que j'attachai certains avantages à leur facile obéissance. La chose fut réglée en un tour de main. Bien certainement, si je m'étais heurté à un célibataire endurci, je n'eusse pu décemment lui mettre le contrat sur la gorge. Mais, en le licenciant, je me serais débarrassé d'un élément que, dans mon âme et conscience, je considérerais ici comme nuisible et dangereux.

Cette théorie paraîtra peut-être étrange, à ceux qui ne se font pas une idée exacte de la vie africaine. Mais demandez à nos législateurs, si le célibat, volontaire ou forcé, ne constitue pas le dissolvant le plus actif de nos propres mœurs? La Civilisation Européenne est une vieille souche, sur laquelle se sont greffés bien d'inutiles rameaux, impossibles à arracher, sans ébranler l'arbre tout entier. Ici l'on a affaire à une végétation sauvage, où l'on ne saurait assez rudement porter la hache et l'ébranchoir. Chez nous, tout résiste aux pressions les plus légitimes. En Afrique, tout cède au principe d'autorité. A l'oisiveté et à la licence, j'ai réussi à substituer le travail et la moralité. D'esclaves tremblants et abrutis, je ferai des métayers et des chefs de famille. Viennent les enfants, on obtiendra peut-être des hommes vraiment libres et des citoyens !

J'ai donc marié et remarié, bel et bien, tous les hommes pubères de ma Station.Et, comme pour ces natures,accessibles aux jongleries des sorciers et coutumières de pratiques empreintes d'un vague merveilleux, il faut des formules, d'autant plus respectées qu'elles leur semblent plus au-dessus de leur intelligence, j'ai entouré la cérémonie du mariage d'un certain apparat, qui lui donne, en quelque sorte, l'importance d'un véritable sacrement.

La semaine, restant tout entière vouée au travail, ce n'est que le Vendredi, seulement, que les noces peuvent se célébrer. De grand matin, les couples se rendent à mon Barza, où je fais mon apparition solennelle, aux sons de l'orgue de Barbarie, donné au capitaine Cambier par l'abbé De Baize. Ne riez pas ! Jamais orgues sacrées, emplissant les arceaux de nos basiliques de leurs harmonies puissantes, n'ont produit, sur des fiancés chrétiens, l'impression saisissante qui s'empare de mes noirs extasiés!

Après avoir pris place, sur le tapis de réception, et écouté les présentations des différents couples, je me lève et les fais agenouiller, un à un, en présence des parents, des témoins et des amis.

Alors commence la série de questions suivies de réponses, équivalant à autant d'engagements formels :

« — Consentez-vous à prendre pour femme cette jeune fille ?

« — Vous engagez-vous à la respecter toujours et à la garder pour épouse unique ?

« — Promettez-vous de la nourrir, de la protéger, de la traiter doucement, de partager ses peines et ses travaux ?

« — Vous résignez-vous à porter la peine de vos torts à son égard? etc., etc. »

De son côté, la fiancée jure soumission, affection et fidélité à son futur époux.

Il faut voir, comme pendant le cours de ce... rituel, si simple pour nous, si solennel pour mon primitif auditoire, tous les yeux sont fixés sur les miens. Evidemment, en ce moment, ce n'est plus le Chef qui parle, mais le Sorcier Blanc, dictant, au nom de quelque redoutable Esprit, des devoirs nouveaux, et engageant irrévocablement la responsabilité des deux époux. Et, lorsque j'inscris, sur un registre particulier, les noms des conjoints, ceux de leurs parents et de leurs garçons d'honneur, rien ne leur enlèverait la conviction que leur destin, tout entier, est attaché aux caractères magiques que je trace avec ostentation.

Ce n'est pas tout. Je me rapproche des époux et leur joins les mains. En ce moment, ils sont véritablement magnétisés. Jamais ils n'oublieront l'émotion, pour eux toute nouvelle, qui les domine. Persuasion ou terreur mystérieuse, ils tiendront leurs promesses. Et puis, je veillerai, d'ailleurs, à les leur faire scrupuleusement observer.

Une petite allocution termine la cérémonie. L'épousée reçoit de mes mains quelque présent, consistant ordinairement en un collier de perles, dont elle se pare avec orgueil. Je promets, de plus, une certaine quantité d'étoffe pour chaque enfant renforçant notre heureuse colonie. Il ne faut pas oublier le *crescite et multiplicamini* de toutes les sociétés et de toutes les bibles.

Gaiement, ensuite, on célèbre les noces. Interdit pendant les jours ouvrables, le Pombé est autorisé le Vendredi, mais en quantité limitée. On chante et on danse, comme par le passé, mais l'auteur de toute fantaisie obscène est puni d'amende ou de réclusion. L'ivrognerie entraîne la suppression d'un Posho. L'adultère vaudrait aux coupables la peine du carcan, autrefois supportée avec indifférence, aujourd'hui devenue une honte vivement ressentie.

— Burton a tracé de l'Africain un portrait assez pessimiste : « Bon caractère et cœur dur, il est batailleur et circonspect, bon à un moment, cruel, sans pitié et violent le moment d'après; sociable et sans affection, superstitieux et grossièrement irréligieux, servile et oppresseur, têtu et pourtant volage et amoureux de changement; attaché au point d'honneur, mais sans aucune trace d'honnêteté en parole ou en action, avare et économe, et cependant, irréfléchi et imprévoyant. » La vérité est, qu'indompté et féroce, lorsqu'on l'abandonne à ses instincts, le nègre devient doux et soumis, sous une discipline à la fois paternelle et sévère. C'est un malheureux, gâté par les mauvais traitements et les mauvais exemples. Passant de l'extrême paresse à l'activité fébrile, résigné passivement à la douleur et confiant dans le moindre palliatif, l'Africain n'obéit encore qu'à l'impulsion ou à la contrainte. Inutile de lui demander un raisonnement personnel. Les faits particuliers tombent bien sous son observation, parfois subtile, mais les faits généraux lui échappent. Et pourtant, ne désespérons point de cette race, encore si loin de son émancipation définitive, et pour laquelle la sujétion à des lois tutélaires est le premier des bienfaits. L'enfant nègre, on l'a constaté, est aussi apte à se développer moralement que le fils d'Arabe, mais il importe de surveiller, surtout, l'époque où, de l'adolescence, il passe à la puberté. Il ne faut point laisser s'endormir ce cerveau, plus hâtivement formé et par conséquent plus vite réfractaire aux acquisitions nouvelles. Comme chez l'Européen, une hygiène soutenue, un entraînement sans relâche peuvent imposer à la nature une prolongation de croissance. C'est sur l'enfant nègre, repétri en quelque sorte, dans le moule européen, qu'il faut compter pour constituer, au centre de l'Afrique, un futur corps de nation. Sa boîte osseuse doit s'élargir sous le marteau infatigable de la pensée et, de génération en génération, en arriver à une activité semblable à celle des noirs acclimatés et régénérés des Etats-Unis d'Amérique. En dépit de l'opinion, formulée naguère, par les Pères du Saint-Esprit, les résultats obtenus sont déjà probants. Ici, le seul fait de vêtir nos petits sauvages qui, partout ailleurs, en Afrique, courent nus jusqu'à l'âge nubile, leur a donné une certaine retenue. Sachons jeter dans leur cœur la semence du vrai, du bien et de l'utile, et la moisson lèvera, comme cette terre trop vivace livrera un jour tous ses trésors à ceux qui auront su l'assainir par l'agriculture et par l'industrie.

CHAPITRE XXXIV

Un accident de chasse. — Mort du docteur Southon. — Une perte pour l'Europe. — Défrichements. — Grillades de gibier. — A chacun son coin de terre. — Déception des voisins. — L'interprète de Mousamouèra. — Sorcier contre Sorcier. — L'Esprit en cage. — Un Ruggieri nègre. — L'intérieur du Mganga. — Causeries. — Croyances et superstitions africaines. — Ex-votos. — Mausolées et Cairns rustiques. — Ce qui reste d'un nègre mort. — L'ombre vivante. — Rêves et réalités. — Les Mouzimous. — La peur des revenants. — Avatars dans le corps des lions. — Baobabs-tombeaux. — Les ombres souterraines. — Fétichisme. — Sacrifices aux Esprits. — « L'homme est bon, les Esprits sont mauvais. » — Exorcismes. — Les animaux sacrés. — Les Daouas. — Epreuve du poison. — Hypnotisme judiciaire. — Bons et mauvais sorciers. — Corps pour corps — Idolâtrie. — Les premiers hommes. — O Darwin! — Le cap Kabogo. — Père et Mère. — L'Esprit du Lac, sa voix et ses manifestations. — Les frais du culte. — Sorcières. — Prestige de l'Islam. — Prière arabe. — Un Don Juan nègre. — A la chaîne. — Des bonbons de sel. — Mounié Komba. — Le guet-apens. — Remontrances au Sultan de Karéma. — Restitutions. — Fièvres, dysenteries, ophtalmies. — En plein hôpital! — Médecine et pharmacie. — Remèdes indigènes. — Le reste de nos écus.

M. Copplestone m'écrit d'Ourambo, pour me faire part de la mort du docteur Southon. Ce solide lutteur, qui avait su résister aux redoutables assauts de la malaria africaine, est tombé victime d'un simple accident de chasse !

Voici tous les détails de ce malheureux événement, qui grossit d'un nom nouveau nos tables nécrologiques.

M. Southon était parti dès l'aube, pour chasser l'antilope, accompagné d'un boy portant son fusil. Le nègre précédait, tenant l'arme sous le bras, horizontalement, la crosse en avant. Ils cheminaient depuis quelque temps dans les bois, lorsque, par suite du heurt contre une branche, le coup partit, et M. Southon reçut toute la charge dans l'avant-bras, horriblement fracassé. Le docteur put se traîner jusques chez lui, perdant beaucoup de sang et souffrant comme un damné. A ce que me disent les hommes du courrier, il aurait essayé de s'amputer lui-même, sans attendre l'arrivée de M. Copplestone, mandé à la hâte, et qui accourut cinq jours après, presque aussitôt suivi du docteur

Böhm, que Mirambo, lui-même, avait fait prévenir à Igonda. Mais il était trop tard. L'inflammation avait gagné le haut. Une seconde et douloureuse amputation, faite par nos amis, ne put conjurer la catastrophe finale. Quelques heures après, M. Southon expirait, en pleine activité et en pleine carrière.

Depuis mon séjour à Ourambo, nous étions en correspondance suivie, aussi cette nouvelle me laisse-t-elle des regrets, faciles à concevoir. Parmi tous les Européens, rencontrés par moi, en Afrique, le docteur Southon était, certainement, un des mieux taillés pour défier les atteintes du climat, et pour remplir jusqu'au bout, sa tâche glorieuse.

Le rôle, tout pacificateur, qu'il jouait auprès de Mirambo, l'influence qu'il avait su acquérir sur ce chef, réputé incivilisable, lui donnaient, au point de vue européen, une importance capitale. Qui sait s'il ne serait point parvenu à réaliser la grande idée de centralisation politique, évidemment inspirée par lui au Bonaparte noir et, qui ouvrirait, enfin, l'Afrique centrale au grand mouvement européen? Voir une pareille mission arrêtée net, et perdue par le plus vulgaire des accidents! En vérité, comme le disait Balzac, le hasard est parfois d'un bête!

Août. — Tous nos colons sont aux défrichements, pratiqués sur une large échelle.

On met le feu aux hautes herbes, séchées par le Soleil. Ambatchs et matétés pétillent comme un bouquet d'artifices, et les innombrables nuées d'insectes, asphyxiés par l'âcre fumée qui s'en dégage, retombent dans le brasier crépitant. Askaris et Colons sont postés aux alentours, pour traquer le gibier, chassé par les flammes et qui tombe effaré dans leurs pièges, ou sous leurs coups. Le lendemain, nous retrouvons, grillés dans les cendres, force sangliers, des antilopes, des lapins et des volatiles sauvages.

La future glèbe, enrichie encore par les cendres végétales —corrigeant l'acidité du terrain, provenant des matières végétales en lente décomposition — reçoit des alignements et des divisions. Chaque métayer du Boma y trouve son lot, à charge d'abandonner la moitié du produit éventuel à la communauté.

Le sol est retourné, au moyen des houes envoyées de Tabora.

Comme dans les poèmes de Virgile, on arrache les racines que l'on brûle encore, le soir, pour assécher la terre meuble, mais sans détruire, malheureusement, celles, trop profondément ancrées, et dont un extirpateur Julien aurait si facilement raison ! Aux Européens incombera la tâche d'importer ici la charrue, qui réconciliera infailliblement les nègres, avec l'art sacré, cher à Cincinnatus et à Turenne.

Ainsi, en plein travail agricole, la colonie offre les tableaux les plus pittoresques et les plus mouvementés.

Comme c'était à prévoir, les habitants des villages voisins ne voient pas nos opérations d'un bon œil. Ils étaient accoutumés à nous servir de fournisseurs, et voilà que la Station se met en mesure de se suffire à elle-même ! Leur désappointement s'explique. Dans leur idée, les Oua-Zoungous, disposant de richesses inépuisables, ne devaient jamais songer à faire cultiver le sol. Peu s'en faut qu'ils ne se considèrent comme volés. Heureusement, nos greniers, abondamment fournis, rendent inutiles de nouveaux ravitaillements, que, dans les circonstances présentes, les indigènes nous refuseraient peut-être, ou qu'ils nous compteraient à des prix exorbitants.

Mon vieil ami, Kanghérennghèré, a voulu exploiter la situation, pour nous tirer une plume de l'aile. Interprète des désirs du grand Mousamouèra, il a réclamé deux bœufs du Mouzoungou, pour apaiser le courroux de l'Esprit du Lac, soi-disant irrité contre nous. Les indigènes nous attribuent, en effet, le retrait des eaux, commencé un peu après l'arrivée du capitaine Cambier. « Les Hommes Blancs voulant des terres, ont forcé l'Esprit à se retirer. Mais Mousamouèra ne laissera point leur audace impunie. Il a attendu les travaux de culture pour se venger. » Le retors et naïf Mganga essaie de renouveler les jongleries qui ont si peu réussi à sa commère, lorsque, appuyée de tout le village, elle somma M. Cambier de s'établir aux portes même de Karéma. Il est venu m'annoncer que l'Esprit lui avait fait à notre sujet les plus terribles menaces. Faute de deux bœufs, livrés immédiatement, Mousamouèra doit déchaîner contre nous tous ses Oua-Totos, serpents, crocodiles, etc., instruments de sa colère. Le Lac s'élèvera de nouveau et engloutira la Station Belge. Toute la contrée sera inondée !

Comme je ne me soucie pas de faire à la cupidité du malin

vieillard, exploitant les superstitions populaires, le sacrifice de deux têtes de bétail, sur les vingt que la Station possède, je m'avise de le payer de la même monnaie.

— Mousamouèra n'est pas l'ennemi des Hommes Blancs, lui dis-je d'un ton sévère. S'il a retiré ses eaux, c'est parce qu'il nous aime et nous favorise. Mais il est furieux contre le Mganga et les gens de Karéma qui le laissaient mourir de faim. Aussi, quand tu prétends avoir reçu ses ordres, tu mens avec effronterie.

Kanghérennghéré a voulu protester de son caractère sacré, mais je ne lui ai pas donné le temps.

— Peux-tu me dire, seulement, où demeure à présent l'Esprit? lui ai-je demandé.

Il m'a indiqué alors l'îlot, situé au nord de la Station, en affirmant que, la veille, il s'y était encore rendu, pour consulter le Mouzimou.

— Tu mens encore! ai-je repris avec force. Mousamouèra en est parti depuis longtemps. C'est nous qui le nourrissons et qui l'hébergeons... C'est grâce à nous qu'il n'a pas envoyé ses Oua-Totos contre ses fils ingrats.

Et, indiquant la maisonnette, où je me retire pour consigner mes observations météorologiques :

— C'est là qu'il est, ai-je dit avec un geste terrible. Il a quitté à jamais son île pour vivre avec nous, au sein de l'abondance. Deux fois par jour, je lui porte de la nourriture et vais prendre ses ordres. Désormais ses désirs et ses volontés n'auront que moi pour interprète. Il dit que tu n'as jamais correspondu avec lui, et si je ne l'avais pas supplié de t'épargner, parce que tu es un bon Foundi, et que je te croyais un homme sincère, tu aurais déjà eu de ses nouvelles. Toi, l'organe de Mousamouèra ? Ose donc le lui dire à lui-même !

J'ai fait mine d'entr'ouvrir la porte de mon observatoire, et le sorcier de se reculer avec épouvante. Lui-même, oracle menteur d'une puissance, qu'il fait parler à sa guise, croit, paraît-il, à l'Esprit du Lac ! Depuis ce jour, les indigènes, qui viennent jusqu'à la Station, regardent avec une terreur respectueuse la hutte, où, de mon autorité privée, j'ai colloqué le Mouzimou. Le lendemain, on m'apporta une chèvre et de la farine pour lui, mais je refusai sèchement, en disant que je me chargeais, seul, de pourvoir à l'entretien de l'Esprit !

Quant à Kanghérennghèré, j'ai jugé bon de le rassurer. Entre sorciers on se doit des égards. S'il n'a point obtenu ses bœufs, je

Les Défrichements.
(Dessin de A. Heins.)

lui ai porté quelques jours après l'assurance que Mousamouèra ne lui en voulait plus.

Singulier type que ce Kanghérennghèré, connu à cinquante lieues à la ronde et qui, du vivant de Kangoa, était le véritable maître du pays !

Quoique en disgrâce, il a conservé tout son prestige, en qualité de gentilhomme forgeron et d'augure-médecin. Débordé par la jeune cour de Yassagoula, mais donnant le mot d'ordre au parti vieux, ce Ruggiéri nègre s'est majestueusement retiré sous sa tente, c'est-à-dire dans sa hutte, presque aussi vaste que le Songhèro du Sultan.

Kanghérennghèré, grand et maigre, doit approcher de la soixantaine, ce qui est ici un âge assez avancé. Par son nez, presque droit, et les méplats plus accentués de son visage énergique, il tranche sur la masse, banalement prognathe, de ses congénères. Le front, chez lui, est haut et à larges pommettes, les yeux pétillent de ruse et de pénétration. Quoiqu'il affecte de ne rien regarder, il voit tout et se renseigne sur les détails, en apparence les plus insignifiants. C'est, dans sa sphère, un grand politique et qui a conscience de sa valeur morale.

Deux peaux de chèvre, attachées à la hanche par une lanière, composent son vêtement et laissent à découvert un buste émacié, quoique aux larges épaules, aux côtes saillantes, comme celles d'un fakir indou. Le pas de ses jambes nerveuses est ferme et décidé. Pour tout ornement, il porte, au poignet droit, des bracelets d'amulettes, dont il fait commerce.

Sous l'auvent de sa hutte, pétille le feu de sa forge primitive et, à l'intérieur, se trouve son dispensaire de Daouas, contenus dans de petites calebasses, aux bouchons de manioc et de formes particulières, suivant la classe des philtres et des remèdes : plantes bouillies ou séchées, poudres, extraits, fiels et graisses d'animaux, dents et griffes, cornes de chèvres faisant office de ventouses, etc., etc.

Dans un coin, sont remisés de grossiers fétiches, ayant, en guise de nombrils, des fragments de miroirs, piqués et éraillés, fatiguant le regard, et où, arrivés à l'état voulu d'hypnotisation, ses naïfs clients voient tout ce qu'il veut bien leur suggérer.

Kanghérennghèré, imbu d'une foi robuste et, je le crois, sincère, dans sa science héritée, ou d'expérimentation personnelle, ne se lasse point de me recommander ses recettes. Chaque fois qu'il arrive au Fort, c'est avec un chapelet de calebasses, passé autour du cou, et j'ai toutes les peines du monde à empêcher mes hommes de lui acheter ses drogues suspectes.

Devenu fort réservé, dans le village même, l'ancien ministre fait de fréquentes visites à la Station, toujours chargé d'un modeste présent de maïs ou d'arachides.

—*Maholo, Mouami!*—« Salut, Majesté!» dit-il en s'inclinant jusqu'à terre, et en frappant respectueusement dans ses mains.

Ma Majesté lui fait un accueil gracieux et lui octroie quelque lambeau d'étoffe, qu'il se passe immédiatement à la hanche. Parfois, je l'invite à s'asseoir sur le Barza, où je le fais causer sur les origines de ses étranges pratiques.

— En premier examen, il serait difficile de découvrir, chez les Africains, la moindre trace d'idées religieuses, proprement dites, car ce serait profaner les mots que de les appliquer à de confuses et contradictoires superstitions.

Comme nous avons pu le constater, à plusieurs reprises, sur les routes suivies par les caravanes, et surtout en forêt, on voit suspendus aux arbres, en guise d'ex-votos, des morceaux de cotonnade, des bottes de paille, des tessons de terre-cuite, des crânes d'hommes ou d'animaux, dont on ignore complètement la signification. Quelquefois, deux arbustes, plantés aux bords opposés d'un chemin, ont été réunis en arcade par des mains pieuses. Mais dans quel but? En certains endroits, on rencontre de grands amoncellements de terre, mêlée de rocailles, de morceaux de bois, de branches, de feuilles, de débris de toute espèce. Beaucoup sont là de temps immémorial, sans cesse honorés et grossis. Ils marquent, dit-on, la place où a succombé, où l'on a enterré un chef quelconque, le théâtre d'un événement heureux ou malheureux. Quoiqu'il en soit, les indigènes sont persuadés que partout il revient des Esprits. Aussi, pour se rendre les Mouzimous favorables, chaque porteur, embarrassé de son fardeau, lance à tour de rôle, au moyen du pied, singulièrement délié, un peu de sable sur le tertre en miniature, qui remet, en la mémoire du voyageur, les fameux cairns écossais. Les Askaris, ayant les mains libres, se baissent pour ramasser quelques poignées de feuilles ou de menus branchages, qu'ils déposent dévotement sur le tas. Aussi, quelques-uns de ces mausolées rustiques, bien que réduits par les vents, les pluies et les orages, ont jusqu'à trois ou quatre mètres d'élévation.

Malgré mes interrogations patientes et réitérées, je n'ai pu constater chez aucun indigène, pas plus que chez nos hommes, Askaris ou porteurs, d'idée quelconque, concernant une vie future. Les corps, ensevelis, leurs spectres apparaissent bien quelquefois, mais cela ne tend à prouver qu'une chose, c'est que les morts ne le sont qu'à demi !

— Qu'est-ce qui reste de nous après le trépas ? ai-je demandé, un jour à un Maroungou, homme d'assez de sens, en toute autre matière.

— Ceci ! m'a-t-il répondu, en me montrant son ombre.

C'est cette ombre vivante, qui revient sous forme de fantôme. Lorsqu'elle n'apparaît plus, elle est sensée morte, comme le corps qui la contenait naguères.

La notion de l'âme agissante, distincte et indépendante du corps, est une idée supérieure, réclamant des facultés intellectuelles, héritées d'ancêtres, déjà accessibles à certaines abstractions.

Quel problème, pour ces pauvres sauvages, alors que nous ne le résolvons qu'au moyen de théories, plutôt dogmatiques que philosophiques !

Et cependant, l'existence du nègre est double, du moins il en est persuadé. L'œil du sauvage, faisant seul foi, pour lui, ses rêves et ses visions deviennent forcément choses vécues. Ce qu'il a *vu* pendant son sommeil, il croit l'avoir vu en réalité et rien ne lui ôtera de l'esprit que les mêmes faits ne puissent se reproduire à l'état de veille.

L'homme, étant *deux*, où va l'autre *moi*, pendant que le corps repose, au vu de tous, dans sa hutte ? Et quelle est la plus active de ces deux existences, confondues par le nègre, avec autant de bonne foi que certains paysans russes, croyant que la vie n'est qu'un mauvais rêve, et le rêve la réalité ?

On ne réveille pas toujours immédiatement un dormeur. Il arrive aux nègres de s'évanouir. Des blessés, tenus pour morts, reviennent à la vie. Il y a encore les cas d'extase, de catalepsie, de somnambulisme, surtout, pendant lesquels le corps se meut inconsciemment, accomplissant des actes conscients. Pendant ces phénomènes, inexplicables pour l'Africain, que devient son autre *lui ?* L'insensibilité temporaire, étant considérée comme une absence réelle, la mort devient une vie simplement suspendue, quoique déjà sortie de l'orbite ordinaire.

CHAPITRE XXXIV

On rêve des défunts, donc ils n'ont pas cessé totalement d'exister. Ce n'est que, la première terreur émoussée avec les regrets, et le souvenir des morts ne hantant plus le sommeil des vivants, que la séparation devient complète. Or, cet état peut se prolonger pendant assez longtemps.

Toutefois, la destruction complète du corps entraîne égale-

GYNÉCÉE MAROUNGOU.
(D'après une photographie.)

ment celle de l'ombre. Et, dans cet ordre d'idées, on s'expliquerait l'usage de certaines peuplades, mangeant leurs vieillards par la seule crainte des revenants. De là, aussi, la précaution de pourvoir les absents de toutes leurs aises, afin de leur ôter prétexte à revendication et à réapparition.

Chaque famille a ainsi ses Mouzimous d'ancêtres qui, croit-elle, exercent une influence souveraine sur sa destinée. On leur construit, à côté de l'habitation même, de petites huttes de deux ou trois pieds de hauteur. Des provisions y sont déposées, pour que l'Esprit, visitant son village natal, y retrouve, comme de son vivant, le vivre et le couvert. Lorsque l'Africain désire quelque chose, il se rend à la chapelle de son Mouzimou ancestral, dans lequel il a une foi bien plus ferme qu'en ses fétiches, dont je parlerai plus loin, car il le suppose bon et dévoué.

— « Mouzimou de mon père, de ma mère ou de mon aïeul, viens-nous en aide pour semer, pour faire la moisson. Ecarte de nous les maladies. Fais que nous ayons ce qu'il nous faut. »

Si la prière a rencontré un accueil favorable, une chèvre est immolée, et on fait couler le sang dans la hutte votive. Quant à la chair, elle est mangée par la famille, qui en réserve quelques morceaux pour le fantôme secourable.

Toutes les tribus ne nourrissent point, pour leurs morts, ce culte reconnaissant. Les Oua-Gogos en ont une peur effroyable, et leur attribuent tous les maux dont ils sont frappés. Nous avons vu que la nuit, pour rien au monde, ils ne s'aventureraient hors de leurs tembés. C'est que, chez eux, les corps ne sont pas inhumés, mais simplement déposés dans le creux de grands baobabs, pour éviter qu'ils ne deviennent la proie des hyènes et des chacals.

Ici, et dans l'Ou-Nyamouézi, les ombres de certains morts, renommés, restent l'objet d'une vénération spéciale. On leur fait des offrandes publiques, et la tribu, tout entière, les considère comme des protecteurs permanents. Ce sont de vrais Saints, sans la Puissance supérieure, auprès de laquelle ils devraient servir d'avocats, et dont la conception primordiale fait défaut.

Ainsi, les tremblements de terre passent pour être provoqués par les efforts d'une ombre royale. cherchant à entr'ouvrir la croûte du sol, pour annoncer malheur à quelqu'un de ses descendants.

Chose singulière, très éloignée de l'idée de la résurrection, le nègre croit, mais seulement à l'avantage de ses maîtres, à une espèce de métempsycose. C'est ainsi que le corps du Lion, par exemple, est considéré, par lui, comme hanté par le double d'un chef illustre. Lorsque, par exception, les gens de la tribu en tuent un, le Sultan se fait apporter le cadavre pour lui rendre hommage. A cet effet, il se prosterne devant le fauve royal et frotte respectueusement son front contre le sien.

Imbu de ces idées de résurrection, un chef du Zambèze, croyait voir, dans Livingstone, l'incarnation d'un Italien mort, qu'il avait beaucoup connu. Rien d'étonnant à tout cela. Les Africains rêvent souvent d'hommes changés en bêtes sauvages, et vice versa. Ils doivent donc considérer ces transformations et ces avatars, comme rentrant dans le domaine des prodiges inexplicables, mais *prouvés* par le soi-disant témoignage de leurs sens.

Les riverains du Tanganika se montrent en avance de quelques échelons, sur les Oua-Nyamouézis et les Oua-Gogos, attardés à la croyance, anti-déiste, des revenants.

Chez les premiers, la tradition vague d'un commencement, d'une Création, constitue un progrès réel, dans la voie des idées abstraites, auxquelles le cerveau du nègre semble obstinément rebelle. Cependant, ces peuplades ne dépassent pas encore la seconde évolution religieuse, c'est-à-dire celle du fétichisme. Ce qu'ils adorent, c'est, ou un simple morceau de bois sculpté, ou deux cornes d'antilope, ou tout autre symbole, généralement commun à la population tout entière, et exposé en plein air au beau milieu du village. Beaucoup de huttes ont encore leurs fétiches privés, dieux lares dont les fervents seraient bien embarrassés de définir les attributions. Pour les mieux honorer, on leur élève des huttes en paille tressée, on les orne de perles ou de coquillages, on dépose devant eux des vases remplis de sorgho, etc. Mais l'Africain n'a pas l'air de compter beaucoup sur la bienveillante intervention de ses fétiches. Il les considère plutôt comme exerçant de malfaisantes influences, qu'il essaie de conjurer par des offrandes, des ornements et des sacrifices.

Le Soleil, Être Suprême pour les Guèbres et pour les Parsis, devient pour lui un ennemi et non un bienfaiteur.

— « Ne dessèche-t-il pas les eaux qui fertilisent le sol ? Ne fait-il pas mourir les hommes dans les tortures de la soif, au milieu des Poris arides ? Ce n'est pas lui qui mûrit les moissons, c'est la pluie, et cette pluie, il l'empêche souvent de tomber. »

— « Le grand Mouzimou, dit-il encore, c'est le Soleil. Mais il ne nous aime pas et nous fait mourir. »

La Lune lui est plus sympathique, sans pourtant qu'il songe à l'élever au rang de divinité.

En réalité, le fond des croyances africaines consiste en un grossier et instinctif manichéisme. Convaincus du dualisme permanent de puissances, favorables et malignes, ils réservent leurs hommages pour ces dernières. Le Bon, ne pouvant faillir, ils ne s'en occupent pas. Aux mauvais génies, les prières, les invocations, les sacrifices. Tous les malheurs ne proviennent-ils pas de leur influence directe ?

En fait d'affections corporelles, par exemple, ils n'admettent point que les organes puissent être attaqués par des causes logiquement matérielles. S'ils souffrent, c'est qu'ils sont hantés. Aussi, le sorcier ne cherche aucunement à attaquer le mal, mais à chasser le Démon. Un homme ne peut pas mourir naturellement. Il est tué par un Esprit ou victime d'un sortilège. L'éternuement, même, résulte de l'expulsion d'un être invisible !

Presque seuls, les Oua-Soukoumas croient à l'influence de la médecine. Leurs préparations et leurs simples représentent, pour eux, non des philtres, mais des remèdes. Ils excellent surtout à guérir le bétail, à l'instar de nos maréchaux de campagne, tous plus ou moins vétérinaires, voire rebouteurs et médecins sans diplôme. Singulière concordance ! Nous avons dit, en effet, que les Oua-Soukoumas sont presque tous forgerons.

Dans les régions traversées de cours d'eau, le Crocodile est un animal sacré, comme le Chat pour les anciens Egyptiens. L'homme, qui en tuerait un, serait impitoyablement massacré. Le Serpent est également vénéré, surtout par les gens de Zanzibar et de la Côte orientale africaine. La position de sa tête suffirait pour faire rebrousser chemin aux porteurs et aux soldats d'une caravane, si l'on n'avait l'adresse d'intéresser, par un présent secret, le devin de la localité à interpréter favorablement l'augure. En revanche, la trouvaille d'une tortue de terre, remplit les hommes de confiance, au début d'une marche pénible. Ceci s'explique, d'ailleurs, les chéloniens hantant généralement les régions humides. En Afrique, j'en ai vu percher dans les branches des arbres, à la recherche des feuilles fraîches.

Les champs, si facilement ravagés par les grands quadru-

Trophée africain. — (Dessin de A. Heins.)

pèdos, les singes et les oiseaux, les chemins réputés dangereux, les rivières, les lacs, recèlent des Esprits ayant, pour interprète de leur volonté, le Mganga du village.

Dès le début de notre longue route, nous avons vu qu'au seul sorcier incombe le soin des instructions judiciaires, facilitées par l'épreuve du poison *(Mouavi)*. Il lui suffit de graduer les doses, pour arriver à un résultat quelconque, et de s'en fier au hasard, s'il n'a déjà des soupçons, confirmés à volonté. Le coupable en est parfois quitte pour quelques nausées, pendant que l'innocent se tord dans les affres de l'agonie, impitoyablement achevé par ses compagnons fanatisés.

Presque toujours, d'ailleurs, la victime du Mouavi confesse, avant d'expirer, son crime véritable ou imaginaire, tellement le Mganga exerce d'autorité sur sa nature impressionnable. Ainsi les sorcières, jugées par nos anciens tribunaux ecclésiastiques, finissaient par accepter, pour vraies, les grossières enquêtes de leurs juges, et se figuraient avoir eu véritablement commerce avec le Démon. Rien d'extraordinaire dans cette substitution de pensée, surtout après les stupéfiantes découvertes, opérées par la science moderne, dans le domaine de l'hypnotisation.

Il y a deux sortes de sorciers. Le bon, le *Mganga*, prédit l'avenir, guérit au moyen de simples et de philtres et fait tomber la pluie, prépare, en grand secret, les amulettes qui protègent en voyage (*Daoua ya Indjiani*), celles qu'on emporte sur soi à la guerre (*Daoua ya vitani*) et les préservateurs de la fièvre (*Daoua ya Omma*), etc., etc. Ses talismans et ses recettes lui viennent de ses ancêtres, sorciers comme lui, et qui s'en sont servis avec un égal succès.

Le mauvais sorcier, ou *Mtchaouï*, jette des sorts et contrecarre les bons offices de son collègue officiel, qui passe d'ailleurs Mtchaouï, à la mort du premier Sultan, et se voit occis pour défaut de prévoyance. Mais j'ai déjà dit tout cela, à propos du cadavre d'un de ces augures noirs, ignominieusement écartelé, pour avoir *laissé* décéder son maître.

Dans l'Ou-Nyamouézi et dans l'Ou-Kaouendi, ce ne sont pas seulement les sorciers, qui partagent le sort des chefs défunts. Il est d'usage d'égorger, ou de tuer à coups de lance, quelques jeunes filles, sur la fosse du monarque dont on célèbre les funérailles, cela afin de lui former un harem, dans l'endroit où il va attendre sa mort complète. Les cadavres de ces infortunées sont ensevelies avec celui de leur bourreau posthume, dont la tête est pieusement déposée dans un panier. Les femmes d'un chef mort, se réunissent pour le pleurer pendant une grande partie du jour et de la nuit qui précèdent et suivent les obsèques. Quant aux hommes de la tribu, ils portent, en signe de deuil, le fer de leur lance incliné vers le sol.

Les Maroungous, habitant la Station de Karéma, l'emportent encore sur les habitants, établis à l'Est du Lac, en ce sens qu'ils sont déjà idolâtres, troisième étape de l'évolution religieuse. Leurs chefs, tout-puissants, comme ceux de l'Ou-Emba, n'ont d'autres limites à leur volonté que cette volonté même. Ce sont des dieux sur terre, vénérés et adorés comme tels.

Dans les villages de cette peuplade, on peut voir, à la porte des huttes, des figures taillées dans le bois et hautes de près d'un mètre. Ces images ont forme humaine. Leur coiffure et leur tatouage reproduisent fidèlement ceux de la tribu qui leur fait honneur. Toujours, elles servent à représenter un défunt, autrefois objet de reconnaissance ou de terreur, et dont on implore toujours l'intervention.

Au milieu du Boma se dresse une image fantastique à plusieurs têtes : quatre ou sept. Quatre, d'après l'explication qu'on m'en a donnée, pour découvrir les coupables, à tous les points de vue de l'horizon ; sept, je l'ignore, à moins que ce ne soit pour faire la police de nos sept péchés capitaux.

D'après les traditions populaires de l'Ou-Kaouendi et de l'Ou-Nyamouézi, la terre aurait toujours existé, mais longtemps sans porter de créatures humaines. Un jour (quand et comment, on l'ignore), un couple tomba des nuages. Ces premiers parents étaient faits comme nous, avec cette différence, cependant, qu'ils étaient munis d'un appendice caudal.

O Darwin !

N'ayant rien de mieux à faire, ils se mirent à croître et à multiplier. Au bout de quelques générations, les queues tombèrent et les hommes, se trouvant en trop grand nombre, se divisèrent et se battirent. Pour se distinguer les uns des autres, ils adoptèrent des signes caractéristiques. Les Oua-Kaouendis se tatouèrent les tempes, et les Oua-Nyamouézis s'ébréchèrent, en triangle, les deux incisives supérieures.

Autre légende contée par Kanghérennghéré, auquel j'ai dû les extirper mot à mot, à l'aide de petits présents et d'attentions de toute nature :

« Il y avait, autrefois, dans la terre, des hommes comme nous, et qui vivaient en tribus. Mais lorsque l'intérieur en fut plein, elle trembla et s'ouvrit, rejettant un homme et une femme, dont nous sommes tous issus. Leurs innombrables enfants se divisèrent en peuplades et formèrent, qui les Oua-Djijis, qui les Oua-Kaouendis, qui les Oua-Fipas, qui, encore, les Oua-Nyamouézis. Et nos père et mère sont sortis du Kabogo. »

Ce qui donne à cette tradition un grand caractère d'ancienneté, c'est que le cap Kabogo, situé au Nord de Karéma, avance dans le Tanganika deux pointes de terre, appelées *Père* et *Mère* par les indigènes.

L'équipage de toute embarcation nègre, qui double ces pointes, a soin d'abandonner, sur la plage, comme tribut filial à la mémoire des premiers parents, quelques perles, un doti d'étoffe ou tout autre objet de certaine valeur. Ce qui plus est — et ici nous semblons toucher au domaine du merveilleux — chaque année, au commencement et à la fin de la saison des pluies, plusieurs fois par jour, s'élève, dans la direction du cap Kabogo, un bruit inquiétant, ressemblant au grondement lointain de plusieurs pièces d'artillerie de gros calibre. C'est Mousamouèra, le puissant Esprit, qui fait entendre sa voix. Je ne me charge pas d'approfondir la nature de ce bruit singulier, que j'ai plusieurs fois pu constater par moi-même. Ce que j'ai remarqué, c'est qu'il retentit ordinairement, vers le soir, et par les forts vents d'Ouest. S'agit-il de lames, s'engouffrant dans les cavernes, ou de courants souterrains, débouchant avec bruit ? Je laisse à résoudre la question à mes successeurs.

— « Mousamouéra, dit encore mon vieil ami, dont j'avais usurpé les fonctions, est un Esprit très méchant, qui sait tout ce qui se passe sur Terre et sur le Lac. Il a pour exécuteurs de ses hautes œuvres, les crocodiles et les serpents. Une autre de ses attributions consiste à veiller à ce que les morts ne sortent pas de leurs tombeaux, où il les tient renfermés avec un soin jaloux. »

Il arrive, pourtant, assez fréquemment, on l'a vu, qu'ils bravent sa surveillance, pour apparaître à leurs descendants.

Mousamouéra veut des présents à propos de tout et fait le diable quand on le néglige. Gare à ceux qui restent pour lui les mains vides. Présent, pour empêcher la récolte de périr sur pied ; présent, si on a l'imprudence de brûler les herbes avant la date réglementaire ; présent, lorsqu'on a enterré, sur son domaine, un homme appartenant à une tribu étrangère ! La crainte qu'il inspire est si forte qu'au moment d'entreprendre un voyage sur le Lac, les indigènes déposent un doti de cotonnade, près de la rivière des Anglais.

Enfin, on ne peut pas même se marier sans prévenir l'exigeant Esprit et se l'être rendu propice. La moindre négligence, à cet égard, entraîne des malheurs irréparables.

Pour correspondre avec Mousamouéra, chaque homme de la tribu se confectionne un fétiche, consistant, pour la plupart du temps, en quelques morceaux de bois passés à une cordelette ou à un fil de laiton, dont on s'orne le poignet, la cheville ou le col. Cette grossière amulette est portée au Mganga qui, par ses charmes, y attache des vertus bienfaisantes, conjurant les maladies et tous autres dangers.

A Karéma, c'était une sorcière qui, à l'exclusion de tout compère mâle, faisait connaître les volontés de l'Esprit. J'ignore s'il en est ainsi dans les autres tribus riveraines. Le cas échéant, ne pourrait-on pas en déduire que la femme,—ainsi que chez nous, aux époques sabbatiques du moyen âge— est considérée comme pactisant avec le démon ?

Dans la pensée intime des nègres, elle est peut-être, aussi, cause première de tous les maux, et cette conviction pourrait bien expliquer le joug sous lequel elle est systématiquement tenue, malgré ses aptitudes de pythonisse. Mais qui pourrait y voir clair dans le salmigondis de superstitions puériles, formant les bases contradictoires des croyances locales ?

En somme, le Dieu ou les dieux des peuplades africaines, sont des puissances foncièrement malveillantes, qui accablent de maux, de revers et d'avanies, les pauvres hommes *injustement*

A LA CORRECTION. (Dessin de E. BROERMAN.)

frappés. Car ces gens, affamés de pillage, et qui tuent sans remords, se croient absolument irréprochables. Avec ces idées-là, comment leur faire accepter la notion d'un Dieu créateur, juste et miséricordieux, qui récompense les bons et punit les méchants ? De longtemps, encore, le prêtre européen, catholique ou protestant, ne parviendra à chasser des croyances invétérées, négation ignorante des conceptions plus élevées de nos systèmes religieux. Seul, peut-être, le Musulman exerce ici quelque pression morale, grâce aux nombreux esclaves qui lui vouent, presque sans exception, un dévouement filial. Il lui suffit de dire : « Vous ferez comme moi » pour être obéi dans la mesure du possible. Ce Dieu, unique et bon, que l'Arabe adore comme le Chrétien, l'Africain esclave ne le comprend point encore, probablement, mais il *veut y croire*, ne fût-ce que par esprit de soumission, tandis que, libre chez les Hommes Blancs, — contre lesquels on le met politiquement en défiance, et qu'en vertu de leur neutralité même, il estime impuissants à le protéger — il se refuse à faire abandon des idées de sa race, dans une simple question de conscience. L'Arabe a, d'ailleurs, sur nous, un autre et prodigieux avantage. Dans l'exercice scrupuleux de son culte, il émeut et frappe l'imagination. Voyez-le, quand le Soleil se lève, adresser sa poétique prière au Maître Inconnu !

Lorsque en voyage, et éloigné de sa demeure, il n'a point de terrasse où accomplir ses dévotions, solennement, il déplie sa natte sur un tertre, un exhaussement de terrain ou un bloc de rocher, et de là, tenant les yeux fixés dans la direction du Nord, il fait franchir à sa pensée extasiée, la distance qui le sépare de la Mecque. Tantôt humilié devant son Dieu, tantôt debout, les deux mains étendues devant le visage, il prononce les paroles sacrées, prescrites par l'Islam. « Que Dieu me bénisse ! Et qu'il me préserve du règne de l'Esprit méchant ! » Et, de nouveau, il se prosterne, le front contre le sol, pour se relever Seigneur et Père de tout un peuple, attentif à ses lois. Comme cette mimique, comme cet appareil auguste doit sembler imposant au naïf Africain, qui, en cherchant à les imiter, se rapproche insensiblement d'un idéal religieux, bientôt aveuglément accepté !

Par curiosité, j'ai conservé le texte de la prière obligatoire du Livre Sacré que les esclaves, mêmes, sont obligés de réciter deux fois par jour. Elle est courte, simple, mais empreinte d'une incontestable grandeur.

FATIL HATOUL KITAB.

Bismillahi Euraghmân, Euraghimm, el Hamdoul il Allahi, rabi el alaminn, euraghmân, Euraghimm, Maliki yo Middine. Iyaka na boudou, Iyaka nastaïn, Ihidina Sirata moustakimm, Sirata el azina enn-amta aleïka, réyeril mardoubi, aleïkam ouala ed Dalinn.... Aminn.

(Au nom de Dieu clément et miséricordieux, louange à Dieu, maître des mondes, plein de miséricorde et de clémence, maître du jugement dernier. C'est toi que nous adorons ! C'est à toi que nous sommes soumis, dans le droit chemin, dans la voie de ceux qui jouissent de ta grâce, et non de ceux contre lesquels tu es en courroux ou qui se sont égarés.)

Cette prière, psalmodiée, ou plutôt déclamée crescendo, se commence debout, le visage tourné dans la direction de la Mecque et les mains croisées sur le ventre, ou pendantes. Puis, le croyant élève les bras au Ciel, se passe les mains sur les yeux, et finit par se prosterner, les coudes et le front touchant la terre.

— Un Askari, marié, du nom de Mounié Amani, a voulu marcher sur les traces de Makenndé, non comme assassin, mais comme séducteur. Ce don Juan nègre, se flattant d'éluder mes ordonnances, est allé fureter du côté des femmes, arrivées du Maroungou. Abusant de sa qualité de Mgouana, auprès de ces pauvres sauvagesses, il a réussi à en détourner quelques-unes de leurs devoirs. Pour cela, il profitait du moment où les maris, employés aux champs, ne pouvaient s'opposer à ses galantes entreprises. Mais la chose s'est ébruitée.

Le plus triste de l'histoire, c'est que ses inconscientes complices ne ressentaient pour lui aucun engouement. C'est par des menaces, et l'étalage d'une autorité usurpée, qu'il les pliait à ses caprices. Les malheureuses, en lui cédant, croyaient simplement subir les conséquences de leur nouvelle position.

En Afrique, la loi du vainqueur n'a pas de limites et Mounié

Amani s'en est effrontément targué, malgré les proclamations d'affranchissement faites à nos métayers. J'ai mis immédiatement le coupable à la chaîne, avec la compagnie de discipline, employée au tracé des routes et aux défrichements pénibles. Le Djémadar semble traiter la chose de bagatelle, et invoque, comme excuse, la supériorité de race. Ah ! si un simple Mchenzi se permettait d'en conter à la femme d'un homme de la Côte ! Les fusils partiraient tout seuls. Mais de la part d'un Mgouana, le viol même ne tire pas à conséquence ! Je saurai réprimer ces mœurs, par trop Œil-de-Bœuf, et mettre mes honnêtes et bons Oua-Maroungous à l'abri de pareilles surprises.

A ce mot de chaîne, mes lecteurs ont sans doute dressé l'oreille. Tout comme eux, j'ai commencé par me révolter contre le système du *Mniororo*, en usage sur tous les points de l'Afrique, et ai tenté de le remplacer, dans les cas graves, par celui de la prison. Mais peu s'en est fallu que la garnison tout entière ne se soulevât !

Un de mes Askaris, pris sur le fait de vol de poisson, commis au détriment d'un pêcheur Ki-Fipa, avait été enfermé par moi dans les combles du bastion Popelin. L'imbécile, parfaitement nourri, ne discontinua point ses lamentations de toute la nuit et ses *Olé ! Olé !* déchirants, non seulement nous empêchèrent de dormir, mais encore attirèrent autour de la Station toutes les hyènes du district, guidées vers les champs de carnage par les gémissements des blessés. Le lendemain, le Djémadar, Capitani, Forhan et Mahomed Maskam vinrent me demander, non point la grâce du coupable, mais la commutation de sa peine en chaîne et en bastonnade.

La réclusion et l'isolement sont, en effet, pour l'Africain, la plus dure des conditions et, par humanité, force m'a bien été de revenir à la méthode arabe, qui, tout bien considéré, est admirablement appropriée au tempérament de la race. A moins de laisser impunis tous les méfaits, la chaîne sera toujours, pour un chef de station, le seul moyen de répression, accepté par les nègres, sans haine et sans désir de vengeance.

Quoique le travail à la chaîne soit considéré, en Afrique, comme la *plus douce* des pénalités, il empêche, naturellement, nos correctionnaires de cultiver, pour leur propre compte, en dehors des heures obligatoires. D'un autre côté, nourris au Kibaba, il leur est impossible de gagner sur un Posho, fixé libéralement. Il en résulte, pour eux, un retranchement de menus profits, auquel ils se montrent bien plus sensibles qu'à la honte même du châtiment. Ce châtiment, d'ailleurs, est levé à la moindre marque de bonne volonté de leur part, et le délinquant reprend paisiblement sa place, parmi ses compagnons, sans se croire le moins du monde lésé dans sa considération. Aussi n'ai-je presque jamais de récalcitrants, et les punitions ne se prolongent-elles guères au delà d'une semaine.

Quatre sauniers de l'Ou-Vinnza sont arrivés ici, avec charge complète. Les Oua-Maroungous se montrent très friands de sel gemme, qu'ils croquent avec délices, à l'état de cristaux.

Les sacs, contenant la délicieuse denrée, sont longs et étroits, comme les coussins, parfois disposés, à l'intérieur, sur le rebord des fenêtres. Ils se portent sur l'épaule, et pèsent, remplis, 70 à 80 livres. J'ai acheté ceux de mes visiteurs, car la provision du Fort touchait à sa fin. Pour un sac de sel, au Marougou, on a tout ce que l'on veut : une pirogue, un bœuf ou un homme. Les Oua-Vinnzas le recueillent presque à fleur de terre, dans leur district, et en font un commerce considérable.

— Un homme libre de la Côte, du nom de Mounié Koumba, commandant une caravane de 20 hommes, est venu nous demander l'hospitalité. Il rapportait une douzaine de dents d'éléphant, de chez Kapoufi, le plus grand Sultan de l'Ou-Fipa, qui habite aux environs du Lac Léopold II.

Après s'être reposé quelques jours à la Station, il a voulu continuer sa route, mais nous est revenu, le surlendemain, grièvement blessé à la main, et avec six hommes, seulement, blessés comme lui. La petite caravane reposait, sans défiance, dans le Cambi des environs de Kafissya, lorsqu'elle a été attaquée, de nuit, par une cinquantaine de nègres, armés de fusils et de lances. Quatorze hommes sont tombés sous les coups des brigands. Mounié Koumba, et les débris de son escorte, n'ont échappé à la mort qu'en se cachant dans les bois. Ils sont arrivés jusqu'au Lac, dans un état à faire pitié, n'ayant sauvé du désastre qu'une couple de fusils. Le malheureux chef, que j'ai pansé, ainsi que ses hommes, soupçonne les habitants de Karéma de cet odieux guet-apens. Je me transporte sur le théâtre de la lutte et constate, en effet, que toutes les traces se dirigent vers le village de Yassagoula. Les indiscrétions des habitants, eux-mêmes, ne me laissent bientôt aucun doute à cet égard.

Investi, par Mirambo, d'une autorité souveraine sur les Sultans du voisinage, je n'avais pas eu jusqu'ici l'occasion d'intervenir dans leurs faits d'armes. Le moment est venu de mon-

LE DJÉMADAR EN PRIÈRE.
(Dessin de E. Duyck.)

trer de la vigueur. Il faut que les hôtes du fort Léopold soient sacrés, sous peine de voir bientôt compromise notre propre sécurité. Capitani, accompagné de quelques Askaris, s'en va sommer le jeune chef de punir les coupables, et de faire restituer à Mounié Koumba les dents et les armes volées. Mais Yassagoula essaie de rejeter la responsabilité de l'attaque sur les gens de Katamba. L'enquête n'aboutit pas. Cependant, une partie de l'ivoire et quelques armes rentrent petit à petit. Je me contente de cette demi-satisfaction, mais en me réservant, à la première incartade, d'y aller un peu plus rudement. Kanghérennghéré, que je vais voir, se charge d'avertir son maître de ma résolution et de lui recommander la prudence. Peut-être ai-je grand tort de montrer tant de modération. Mais à moins de faits graves, nettement établis, la neutralité ne m'est-elle pas imposée par les principes de l'Association ? En attendant qu'ils repartent, sous la protection de Sef bin Raschid, qui ira prochainement licencier ses Askaris à la Côte, et y engager une nouvelle caravane, Mounié Koumba et ses hommes habiteront la Station. Je leur fais distribuer quelques secours en étoffes. En reconnaissance de mes soins et de ce prêt, bientôt remboursé en ivoire, les six Oua-Ngouanas se chargent d'approvisionner nos cuisines de gibier. Quant à leur maître, sa blessure commence seulement à se fermer.

— Contrairement à l'avis de certains voyageurs, qui estiment la saison des pluies comme la moins favorable de l'année, l'époque actuelle me paraît bien autrement insalubre, à Karéma, du moins,

Nombre de nos gens sont atteints de fièvre. Mon Djémadar lui-même garde le lit, et je crains de le perdre.

Les vêtements de laine sont encore la meilleure protection, contre les brusques changements de température, et les maladies qui en résultent. Mais ils vous rendent tellement frileux que je ne dors qu'avec un veston de cuir souple, doublé de flanelle, et sous trois larges couvertures. Le nègre, qui repose impunément à l'air libre, n'ayant pour se protéger qu'une simple pièce d'étoffe, résiste mieux au froid nocturne que l'Européen. Sa peau noire absorbe une plus grande quantité de calorique. Lorsqu'en temps de marche, mes hommes conservent encore une grande partie de leur chaleur naturelle, j'ai souvent été obligé de me relever, pour la provoquer, chez moi, au moyen de quelque violent exercice.

Nos Africains se rendent bien compte de cette loi physique, et sitôt que le Soleil se lève, ils vont s'y exposer pour faire provision de chaleur.

Une vingtaine d'Askaris sont atteints d'ophtalmie. Une dysenterie épidémique s'est aussi attaquée à mes hommes, que je

CHAPITRE XXXIV

traite à l'ipécacuanha. Deux femmes ont succombé le mois dernier. Un soldat hâve et maigre, dispensé depuis quelque temps de tout travail, est mort phtisique. Bref, la Station ressemble à un hôpital !

A moins de connaissances spéciales et étendues, il serait dangereux de s'embarrasser ici d'une pharmacie compliquée. Peu de médicaments suffisent, et des plus rudimentaires, car il importe, surtout, de les administrer à propos. Ne jamais le faire à hautes doses aux natifs. J'ai remarqué que nos remèdes européens agissent d'autant plus violemment sur eux, que la nourriture est plus simple et moins variée. En cas de maladie grave, il vaut mieux s'abstenir de toute médicamentation et laisser agir la nature que de procéder, empiriquement, sur des diagnostics nécessairement imparfaits.

Qu'un médecin de profession emporte en Afrique un régiment de poudres, d'onguents, de petits pots et de bouteilles, rien de plus naturel. Il connaît les moyens de les utiliser. Mais lorsqu'on envoie ici des profanes, presque complètement étrangers à l'art de guérir, il est superflu de les charger d'une foule de drogues, dont ils ne sauraient ni ne voudraient faire usage. Il y a, à la Station de Karéma, de nombreuses et gentilles fioles, contenant des poisons plus foudroyants les uns que les autres. Beaucoup ont perdu leur étiquette. Que fera-t-on jamais de cet attirail, capable d'inspirer des appréhensions à feu Mithridate lui-même ? En dehors de la quinine, de l'élixir Warburg, de la teinture d'iode (usage externe !), du laudanum, des purgatifs ordinaires, du sulfate de zinc, du sel de Saturne, de l'ammoniaque, du nitrate d'argent et de quelques caustiques, dont tout le monde connaît les effets, je n'ai touché à rien du tout. Par contre, des articles élémentaires, tels que la farine de graine de lin, le chiendent, le soufre, la réglisse, etc. qui nous auraient été si utiles pour les inflammations d'intestins et les maladies cutanées, nous ont fait souvent défaut.

Qui prévoit trop ne prévoit rien.
Le mieux est l'ennemi du bien.

Voici quelques prescriptions, dictées par l'expérience, et dont ceux qui me succèderont à ce poste, d'éternel combat contre la nature, pourront faire leur profit.

Plus encore que pour les fièvres, les aliments solides sont défendus en cas de dysenterie. L'eau de riz, pure et simple, suffit à soutenir le malade. En prenant de l'huile de ricin aux premiers symptômes, on conjure très souvent le mal. S'il s'est pourtant déclaré, et persiste, c'est encore à l'huile de ricin qu'on recourt, puis à l'ipécacuanha, dans de l'eau tiède, accompagné de lavements à l'eau de riz ou au blanc d'œuf. Les injections, en solutions d'acide phénique, ne s'emploient que dans les cas désespérés. J'en ai eu, malheureusement, à Tabora comme à Karéma! Judicieusement employés, ces remèdes simples sont souvent efficaces. Je dirai même qu'ils réussissent presque toujours. Mais le meilleur moyen préventif, la meilleure hygiène à suivre, consiste dans la précieuse ceinture de flanelle que, pour ma part, je n'ai pas quittée pendant mon séjour en Afrique. C'est ce qui m'a valu, probablement, de ne jamais payer mon tribut au terrible fléau qui, combiné avec la fièvre, a emporté tous mes infortunés compagnons de voyage!

Pas plus que nous, les gens de l'escorte et les naturels ne sont à l'abri de la fièvre africaine, qui a déjà fait tant de victimes dans nos rangs. Le sol, formé de strates superposées et compactes d'argile, de sable et d'humus, où pourrissent lentement les débris végétaux de plusieurs saisons, reste malheureusement réfractaire à l'action de l'Air et du Soleil, les deux grands désinfecteurs. Et c'est pourquoi le séjour prolongé de la tente ou de la hutte de feuillage est si souvent mortel aux caravanes. Disons-le, quatre mois pleins de campement agreste ou sylvestre, dans des régions surchauffées ou fangeuses, ébranleraient la plus robuste constitution. Les inconvénients de cette existence nomade se feraient sentir, d'ailleurs, tout aussi bien en Europe que dans l'Afrique Orientale. Envoyez, à petites journées, dans les mêmes conditions d'étapes et de manque de confort, nos soldats de Bruxelles à Breslau — ce qui représente à peu près la distance séparant Bagamayo du Lac — et certainement des cas de fièvre et de malaria se présenteront chaque jour.

J'ai expérimenté, sur les nègres de la Station, l'effet de la teinture Warburg, et en ai obtenu des résultats merveilleux. Le docteur Van den Heuvel employait l'acide arsénieux. D'autres spécialistes préfèrent l'aconit ou la strychnine. Bien entendu, je n'ai pas l'outrecuidance de préconiser aucun remède particulier. Je me borne à constater ce qui m'a réussi. D'ailleurs, chacun a son système et, d'ordinaire, les voyageurs agissent à contre-pied de ce qui leur est recommandé.

Les cas d'empoisonnement ne sont pas rares, étant donnés surtout les philtres que les sorciers vendent aux naturels. Il y a aussi les champignons, que les Africains se vantent cependant de connaître à merveille. A défaut d'émétique, il peut suffire d'avaler de la poudre à canon, délayée dans un verre d'eau. Dans les cas graves, si les pieds sont déjà froids, il est urgent de faire chauffer des pierres au feu et de rappeler la chaleur naturelle, fût-ce au prix d'une brûlure.

Nous avons parfois des hommes mordus par les serpents. Le meilleur caustique est encore la poudre à canon, introduite dans la plaie, et allumée bel et bien. Cet expédient énergique, bien connu des indigènes, nous a toujours réussi. Les morsures de scorpion se guérissent au moyen de jus de tabac, qu'on se procure aisément en nettoyant un tuyau de pipe. Pour les maux de ventre, le laudanum est précieux. Il agit surtout sur les nègres, dont il guérit la plupart des affections internes.

Au passage des marais, il est prudent de boire quelques gorgées de vin d'Espagne au quinquina. Le sulfate de zinc s'emploie avec succès dans les maladies d'yeux, et le perchlorure de fer coupe généralement court aux hémorragies. J'emploie l'essence de camphre contre l'insomnie, et pour combattre les miasmes qui, à certaines époques, s'élèvent du sol détrempé ou en fermentation. Enfin le vin de champagne constitue un tonique, presque souverain, dans les cas d'anémie peu graves. Mais c'est là un remède qui ne se trouve pas précisément ici à profusion !

En exploration, comme dans les stations africaines, pendant la Massika, le vin peut rendre d'excellents services; et quoi que l'on prétende, les spiritueux également. S'il est dangereux d'en abuser, il serait tout aussi absurde de s'en abstenir complètement. Question de tempérament, d'ailleurs, et d'empire sur soi-même. Pris en petite quantité, le soir, après une rude étape, à travers des régions humides ou par le froid, plus sensible ici, par contraste, le cognac est bienfaisant et j'en ai plus d'une fois éprouvé les effets salutaires.

Il est bon de tenir compte de la pharmacopée indigène, presque toute à base végétale, et à laquelle j'ai recouru plus d'une fois avec succès. Plusieurs arbres, croissant dans les environs de la Station, fournissent des remèdes dont je me contenterai de citer quelques-uns.

La racine du *Mfoumbé*, bouillie en tisane, est à la fois employée contre les maladies de poitrine et les ophtalmies.

Les décoctions de bois de *Mtéréra* guérissent aussi les maux d'yeux; on s'en sert pour laver les enfants nouveau-nés.

Pour couper la gonorrhée, mes hommes mâchent la feuille du *Msongati*, dont la racine bouillie fournit aux enfants la glu, au moyen de laquelle ils attrapent les petits oiseaux. Pour la syphilis qui sévit, sur certains points de l'Afrique, avec une malignité extrême, nous avons vu que les nègres emploient brutalement le sulfate de cuivre dissous à l'eau froide et qui leur est vendu par les marchands de la Côte.

Le fruit et la racine du *Msakomkalanga* et du *Msansa* donnent un onguent pour les bubons. On combat les maux de ventre au moyen de tisane de racine de *Miogo-Yogo*, dont le fruit, ressemblant à la nèfle d'Europe, est comestible.

Contre les refroidissements, on emploie la tisane de fruits de *Mpitipiti*, et la dysenterie se guérit par une décoction de racine de *Msana*.

Les maladies les plus communes parmi les indigènes sont la phtisie, la petite vérole, la dysenterie, la fièvre intermittente ou chronique, la gale, les maux de gorge, les ulcères, la syphilis et la gonorrhée, les hernies ombilicales, les convulsions et les rhumatismes, les callosités, les dartres et l'éléphantiasis.

Depuis que j'ai eu la chance de réussir quelques cures, les indigènes me consultent de préférence au Mganga.

Pour la fièvre et les rhumatismes, mes hommes se contentent de se coucher près du feu, jusqu'à rétablissement de la sudoration.

— Le *Popelin* est enfin revenu du Maroungou, avec le reste de nos colons et les Askaris de Sef bin Raschid. Au bout de peu de jours, chaque nouveau ménage a sa hutte et, le dimanche suivant, je marie nos derniers célibataires.

Les travaux, un moment interrompus par la maladie, reprennent de plus belle.

CHAPITRE XXXV

De l'esclavage arabe. — Théories et faits. — « Veux-tu de la liberté ? » « Non ! ». — Un doux exil. — La possession de l'homme par l'homme. — Abondance et sécurité. — Tous esclaves ! — Tyrans et tortionnaires. — Essorillés. — La natte sacrée. — Supplice des adultères. — Les hécatombes de Mtéça, le converti. — Pas de prisonniers inutiles ! — La Traite rachetant de la mort. — A la chaîne. — Joyeux de leur sort ! — Le missionnaire incompris. — Les caravanes actuelles. — La servitude arabe est un bienfait pour l'Africain. — L'ancienne Chasse à l'Homme. — Rôle de l'Islam en Afrique. — Allures patriarcales. — Hommes libres et esclaves. — La main qui récompense et qui châtie. — Royauté forcée. — Dangers d'une émancipation prématurée. — Les fauves en liberté. — Etapes du progrès. — L'exploitation personnelle du sol, sa culture au moyen d'esclaves, le métayage et le fermage. — La charrue en Afrique. — Acclimatation de bétail. — Les Mouches-Vampires. — Entre le servage russe et le travail forcé. — Comment se fait la besogne à Karéma. — Indigènes, hommes de la Côte et ouvriers d'Europe. — Quelques chiffres comparatifs. — Briquetiers et bûcherons. — Impossibilités de l'embauchage. — « Cultiver, c'est travail d'esclave. » — Tableau de la population de la Station de Karéma, au mois de septembre 1882. — Noms et sobriquets.

Bien des fois, le mot esclave s'est rencontré sous ma plume, et chaque fois j'ai hésité à aborder, ici, cette question brûlante, depuis longtemps jugée en Europe.

Parti, avec les idées communes à ma race et à mon pays, je me garderai bien de renier les principes du droit moderne, proclamant l'émancipation de l'homme et l'inviolabilité de ses droits naturels. Mais sur cette terre, encore dans sa genèse sociale, livrée à tous les excès de l'absolutisme, de la passion brutale, de la soif de pillage et du mépris de la vie humaine, les mots n'ont pas la même signification que chez nous.

Hélas ! cette liberté, héritage sacré de nos aïeux et fruit de luttes séculaires, arrosée de larmes et de sang, l'Africain ne la comprend ni ne la désire. Après un séjour de deux ans en Afrique, il m'est impossible de me le dissimuler. Elle lui serait un fardeau dangereux et le signal de profonds bouleversements.

A Tabora et ailleurs, j'ai maintes fois interrogé les esclaves appartenant aux résidents arabes.

— D'où est-tu ?
— De l'Ou-Emba, Maître.
— Tu voudrais bien, sans doute, retourner dans ton pays ?
— Oh non !
— Et pourquoi non ?
— J'ai un bon Maître et je suis heureux.

Quelques-uns se plaignent.
— *Baba yangou, Mkali sana* (mon Maître est dur, méchant).
— Pourquoi restes-tu chez lui ?
— *Nimezoéa Kouaké.* (Je suis habitué à lui).
— Tu ne voudrais pas t'en aller ?
— Non, car j'ai ici une maison et je n'en trouverais plus là-bas. J'ai des terres et je gagne beaucoup. Quand j'ai payé mon Maître par mon travail, le reste m'appartient, et j'achète de l'étoffe.
— Que feras-tu de ton étoffe quand tu en auras beaucoup ?
— Je m'achèterai un esclave, qui *travaillera pour moi*.

Ainsi, le droit de possession de l'homme par l'homme, est si universellement reconnu en Afrique, qu'en pleine servitude, le nègre songe déjà à s'en prévaloir à l'égard de ses congénères, pour le cas où, *enrichi* par l'esclavage même, dont il proclame les bienfaits, il aurait le moyen de passer maître à son tour !

Mais quant à regagner son district, où l'attend un joug bien autrement cruel et redoutable que celui du travail forcé, il n'y songera même pas. Demandez à un nègre, fixé depuis deux ans, seulement, dans une colonie arabe, s'il voudrait revoir sa patrie, et il vous répondra par le sourire dédaigneux du paysan, devenu citadin, auquel on proposerait de revenir à son toit de chaume. Je me trompe, et la comparaison est inexacte. Dans nos pays d'égalité, le paysan enrichi pourra se laisser séduire par la perspective de faire figure au village, tandis que l'ex-Mchenzi ne pourrait retrouver chez lui qu'une complète et dégradante sujétion, sans émancipation possible.

Esclave ! L'Afrique toute entière est remplie d'esclaves, et les nègres, passés au service des Arabes, sont si fiers de leur nouvelle position, équivalant pour eux à une régénération complète, qu'ils se parent ostensiblement du titre d'hommes civilisés, voire

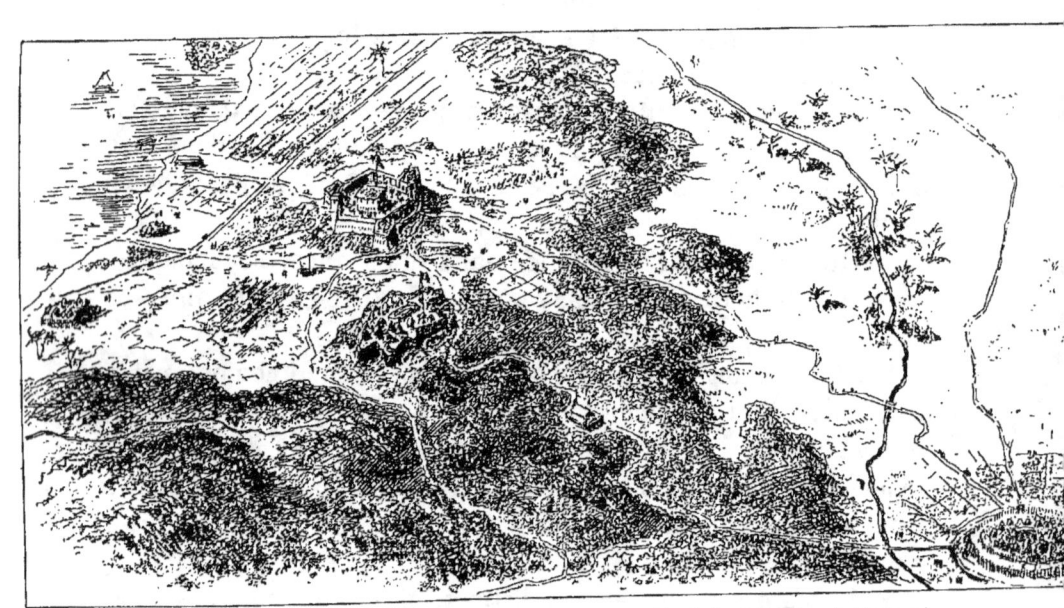
Panorama de Karéma en 1882. (Dessin de A. Heins, d'après les indications de l'Auteur.)

CHAPITRE XXXV

libres, auquel n'a peut-être point droit la vingtième partie du moindre village de l'intérieur.

En effet, en dehors des Mtémis (Rois), des Mouamis (empereurs), des membres des familles régnantes, des Oua-Gaoués (nobles) et des Rougas-Rougas (guerriers) émancipés du travail de la glèbe, toute la population mâle et femelle relève de maîtres absolus.

Et quel joug sinistre, que celui-là !

La domination arabe, dont il est possible de se racheter, est un inappréciable bienfait au prix de l'atroce et éternelle tyrannie des Sultans de l'intérieur.

Au Sud et à l'Ouest du Tanganika, ces Sultans sont tellement féroces qu'ils feraient pâlir les souvenirs sanglants des Néron et des Busiris. La moindre distraction, considérée comme une atteinte à leur pouvoir déifié, entraîne de cruelles mutilations.

Ils ne se montrent qu'entourés de bourreaux, ployant sous le faix de leur besogne. Pas un jour, pas une heure, peut-être, où le sang innocent ne ruisselle à flots. Mes gens m'ont raconté, en frémissant encore d'horreur, les immondes spectacles dont ils ont été témoins. Certains chefs de l'Ou-Emba tiennent leurs dérisoires audiences au milieu du village, et le peuple tout entier est obligé de se rassembler autour de leurs nattes. Afin de prendre ses sujets en défaut, le Monarque affecte de donner ses ordres à voix basse, et malheur à celui qui ne l'entend pas ! L'infortuné est immédiatement essorillé. Aussi faut-il voir le pauvre bétail noir, tremblant sous le couteau du royal boucher, se presser avec angoisse pour saisir ses moindres paroles. Ceux qui se trouvent au premier rang, poussés par leurs compagnons affolés, sont encore plus exposés. En effet, la natte du Sultan étant sacrée, l'imprudent qui l'effleure, seulement, a le pied coupé d'un coup de hache. Tout cela est calculé de façon à fournir le plus possible de victimes quotidiennes, sans préjudice des supplices savamment raffinés, infligés aux véritables criminels. Les femmes trouvent bien moins encore grâce devant l'exécrable monstre. Une simple plainte en adultère, basée souvent sur d'absurdes et gratuits soupçons, entraîne pour elles d'épouvantables tortures. On les empale au moyen de tisons enflammés ou de fers de lances rougis au feu.

Stanley a rapporté les autodafés, ordonnés de sang-froid par

Mtèca, le grand Empereur, qu'il espérait rallier aux idées chrétiennes.

Ce monarque avait, cependant, dans le caractère, des côtés grands et héroïques, que le voyageur américain s'est plu à louer. Mais sa conversion éphémère n'a rendu que plus odieux son retour final aux instincts de sa race. La fin de sa carrière a été marquée par des excès inouïs. Une lettre de M. Sourdel, Révérend Père de la Mission Algérienne, me fournit à ce sujet des détails affreux : « Il faut que je me fasse violence pour vous écrire, lit-on dans sa correspondance, car je suis plongé dans la tristesse. Cette nuit, nous avons fait faire la première communion à un de nos néophytes, condamné injustement à mort et qui doit être brûlé vif, la nuit prochaine, avec *plusieurs centaines* de ses compatriotes. Vous dirai-je la cause de ces horreurs ? Vous la devinez sans doute. Le roi Mtéca, toujours malade, s'aigrit de jour en jour et ne veut pas qu'il n'y ait que lui à souffrir et à mourir. »

Les funérailles de Mtéca ont été marquées par de nouvelles hécatombes. C'est par troupeaux que ses sujets ont été immolés sur sa fosse, afin de l'escorter pompeusement au séjour des ombres.

Dans les guerres fratricides qui désolent le Continent noir, les tribus victorieuses ont pour principe de ne pas faire inutilement de prisonniers.

Tous les hommes valides, capturés les armes à la main, seraient impitoyablement massacrés, sans les courtiers arabes qui les achètent en masse et, par conséquent, leur sauvent bel et bien la vie. Les femmes et les enfants, seuls, se voient réduits en servitude dans les villages mêmes, car, d'eux, il n'y a à redouter ni révoltes ni coups de main. Le nombre d'existences, ainsi préservées, se monte chaque année à plusieurs milliers, et irait sans cesse augmentant, n'étaient les mesures prohibitives qui sont venues restreindre la traite, humaine et bienfaisante, on l'avouera, dans de pareilles conditions.

Cependant, il n'entre point dans les intentions des puissances chrétiennes de contester la souveraineté absolue des Sultans africains, dont on nous recommande de respecter prudemment l'autorité. Ici, en effet, le Sultan est tout, le sujet rien. Non seulement, le chef indigène tue ses prisonniers, en parfaite tranquillité de conscience, mais il tyrannise son propre peuple sans qu'il y ait lieu, pour nous, d'intervenir dans sa façon d'entendre le pouvoir.

Permis à lui d'écraser ses sujets de corvées, de disposer de leurs personnes et de leurs biens, de fouler aux pieds les droits sacrés de la famille, d'emprisonner, de mutiler, de brûler vifs des malheureux, passivement soumis à son bon plaisir. L'Europe laisse faire, car il lui serait impossible d'extirper un despotisme accepté et défendu par ses premières victimes. Mais pourquoi entraver justement une délégation de pouvoirs — si atrocement exercés par les princes indigènes—à des hommes d'une race reconnue, elle, pour son respect de la vie humaine, et dont l'intervention, intéressée ou non, a valu au sol africain des travailleurs utiles et moralisés, en arrachant aux tyranneaux de l'intérieur autant de lamentables victimes? Au nom de qui, cette prohibition, presque barbare, étant donné ses effets si contraires aux sentiments prétendûment philanthropiques qui l'ont dictée? Au nom de l'Africain même, arraché par la traite à une existence horrible, pour jouir d'une liberté relative et d'un bien-être à lui inconnu jusqu'à ce jour!

Je comprends parfaitement la douloureuse indignation de Livingstone, à la vue de longues files de nègres, enchaînés par le cou et cheminant sous la conduite de marchands arabes. Il y a là, en effet, quelque chose de révoltant pour la dignité humaine, quoique de fort ordinaire pour les pauvres ilotes, marchant sous le joug, avec une sereine indifférence. Mais les nègres n'appartiennent, en quelque sorte, véritablement à l'Arabe, que dans les centres soumis à son autorité. En cédant ses prisonniers ou ses sujets aux marchands d'hommes, le Sultan africain ne manque pas de dire à ces derniers : — « Enchaînez-les bien, car s'ils se sauvent, je n'en suis pas responsable. » Et il est douteux, en effet que, livrés à eux-mêmes, les nouveaux esclaves résisteraient à la tentation instinctive de reprendre le collier séculaire de leurs chefs ingrats. Il ne faudrait pas croire, cependant, qu'ils s'affectent le moins du monde de leur changement de position, dont ils reconnaissent tous les avantages. Ils savent parfaitement que, pesante au début de la route, leur chaîne s'allègera au fur et à mesure qu'ils approcheront des possessions arabes, représentées comme des lieux de délices, et qu'ils ne la porteront plus, arrivés à destination. La plupart, même, marchent allègrement, échangeant de joyeux propos avec leurs gardiens et se faisant dépeindre par eux la vie attrayante que les nègres mènent à Nyangoué, à Oudjiji, à Tabora, à Bagamoyo et à Zanzibar. Plus de supplices ni de châtiments arbitraires! Plus d'incessantes levées de boucliers, représentant pour eux la ruine et le deuil! La vie matérielle largement assurée, à eux et à leurs familles, qui les accompagnent presque toujours. Une sécurité parfaite. Des récompenses et des plaisirs succédant à des exactions quotidiennes, à des angoisses et à des douleurs sans fin!

Déjà, dans leurs chants, ils célèbrent les flatteuses promesses d'un si brillant avenir. Vous les étonneriez beaucoup, en vous apitoyant sur leur sort. Des esclaves enchaînés n'ont-ils pas salué d'éclats de rire et de méprisants quolibets, les transports indignés d'un saint clergyman qui les avait rencontrés en route pour leur nouvelle et heureuse patrie?

En les voyant passer, attachés les uns aux autres, l'homme de Dieu, peu familiarisé avec de pareils tableaux, s'était jeté à genoux, au milieu du sentier, en s'écriant : « Mes frères, j'implore Dieu pour qu'il vous délivre! Et vous, infâmes marchands de vos semblables, soyez maudits! »

Les nègres, croyant avoir affaire à un fou, se laissèrent aller aux éclats d'une gaîté bruyante.

Quant aux Arabes, peu s'en fallut qu'ils ne fissent un méchant parti à l'homme, qu'ils considéraient simplement comme un émissaire de concurrents déloyaux et jaloux!

Une chose qu'il ne faut pas perdre de vue, c'est que chaque Africain de l'intérieur, acquis par des propriétaires arabes, est une victime arrachée aux cruautés de son souverain, un être humain reconquis au travail, à la moralité et au bien-être, une force ravie à la destruction et reportée du côté de l'humanité et du progrès matériel. En regard de ces inappréciables avantages, que peut peser une chaîne de quelques jours, bien moins lourde qu'un fardeau de Pagazi et portée, d'ailleurs, sans humiliation comme sans révolte?

Tous les traitants d'esclaves, a-t-on dit, ne sont pas également bienveillants et humains. Livingstone assure avoir été témoin de scènes révoltantes, dans lesquelles il était bien trop politique pour intervenir.

Mais les exemples de conducteurs, abandonnant, sur la route, leurs nègres épuisés ou accablés par les fièvres, constituent, heureusement, l'infime minorité et sont flétris par la population arabe toute entière.

Les marchands se montrent généralement très soucieux de l'état sanitaire de leurs hommes. Ne sont-ils pas intéressés à les conduire à bon port, ne fût-ce que par esprit de spéculation ? Ils ne leur imposent que des étapes modérées, les nourrissent bien, leur parlent avec bienveillance et les soignent dans leurs affections. On les voit souvent faire des haltes coûteuses de plusieurs jours pour leur permettre de se rétablir. Les couleurs, sous lesquelles on les représente, sont donc singulièrement chargées. On ne pourrait pas plus arguer de faits isolés et condamnés par tous, qu'on ne serait en droit de représenter tous les officiers d'une armée, ou tous les instituteurs d'un pays, comme des êtres injustes et brutaux, sur la foi de quelques soldats malmenés et d'enfants indûment battus de verges.

Les souverains indigènes, ayant sur leurs sujets des droits absolus et sacrés, l'Africain se résigne parfaitement et presque toujours avec joie à être vendu aux courtiers faisant la traite. Il considérera également, comme son Maître légitime, l'Arabe qui l'aura acquis, à son arrivée dans les établissements privés de la Côte ou de l'Intérieur. Mais une fois établi à poste fixe, il devient une propriété intransférable, si ce n'est par héritage, ou aux proches mêmes de son nouveau Seigneur.

Tant qu'il n'a pas atteint l'âge de la puberté, le fils d'esclave reste avec le Maître de ses parents. Si ce dernier est bon pour lui, s'il a su se l'attacher, le jeune nègre continuera à lui vouer ses services, par une sorte d'abandon volontaire de sa liberté. Dans le cas contraire, il le quittera sans scrupules.

En général, on ne peut assez le répéter, les Arabes traitent fort doucement leurs esclaves. Croyant, comme le Chrétien, en un Dieu juste, ennemi du mal, ils en agissent avec eux comme à l'égard de pupilles, auxquels ils doivent bienveillance et protection. A défaut de justice, l'intérêt personnel leur imposerait, d'ailleurs, la modération, car la possession d'esclaves constitue pour eux une importante source de revenus.

Reste la grande et sérieuse objection des moyens immoraux

et sanguinaires, longtemps employés pour se procurer des convois d'esclaves. Et ici, malheureusement, l'exemple n'est pas venu des Arabes. Les Portugais et les Anglais eux-mêmes, ont précédé les traitants béloutchis dans la traque du bétail noir. Mais, chose caractéristique, presque toujours les chasseurs d'hommes étaient guidés et renforcés par des tribus nègres, dont ils soutenaient seulement les querelles, à condition de bénéficier des prisonniers. On pourrait même affirmer, que leur féroce cupidité, au lieu d'augmenter l'effusion de sang, l'a au contraire restreinte. N'importe! Cette complicité était horrible et hautement criminelle. Elle a, d'ailleurs, soulevé de redoutables représailles. Aujourd'hui, de pareils faits deviennent de plus en plus isolés. A quoi bon enrégimenter à grands frais des compagnies de mercenaires, lorsqu'en s'adressant directement aux chefs africains, on peut se procurer plus d'esclaves qu'on n'en voudrait et à des prix dérisoires? La race des chasseurs d'hommes a heureusement disparu dans ces parages et quelques tentatives isolées, d'ailleurs exagérées, sinon inventées à plaisir, ne pourraient entrer en balance avec les innombrables victimes, arrachées chaque année, par les Arabes, à la férocité des Sultans de l'intérieur. Et c'est là le côté négligé, sinon ignoré en Europe, d'une question, qu'il faut étudier sur place, au lieu de la juger utopiquement, sans chance aucune de solution.

Que l'on réglemente l'ancienne traite, qui a donné lieu, et donne peut-être lieu encore, à d'audacieux coups de main ; que l'on interdise les transports des nègres au delà des mers — quoique, partout ailleurs, la servitude paraisse douce en comparaison du joug africain ; — que des restrictions soient apportées à la possession et à l'exportation des esclaves, et les pénalités existantes, aggravées par Saïd Bargash à l'égard des propriétaires sottement cruels. Mais qu'on ne s'obstine pas à entraver vainement l'achat régulier d'esclaves de l'intérieur, pour les possessions musulmanes. Le rôle de l'Islam est peut-être fini en Europe. En Afrique, il ne fait que commencer. Dans ma conviction intime et mûrement pesée, si quelque chose peut émanciper et sauver les malheureux habitants de ce vaste continent, c'est bien l'esclavage arabe, stage indispensable d'une lointaine et hypothétique émancipation. Dans un pays où le mot de liberté est interprété par droit à la paresse, la servitude est une consé-

L'Union des trois races.
(Dessin allégorique de E. Broerman.)

quence nécessaire et fatale de l'incurie de la race tout entière.

Bien que plus humain, encore, que les Arabes, l'Européen est loin de jouir parmi les nègres du même prestige et de la même considération. Et cependant, on le sait bon et généreux, ne manquant jamais à la parole donnée. A quoi faut-il attribuer cette différence?
A ceci :
L'Africain, éloigné de sa tribu, privé de son chef naturel, éprouve *le besoin* de remplacer ce dernier. Si la servitude est pour lui le résultat des hasards de la guerre, il ne s'en courbera que plus docilement sous sa destinée, puisque, *admirateur* fanatique du courage et de la force, il trouve même légitime le massacre des siens, qui l'a livré, enfant encore, au despotisme du vainqueur.
Le musulman, auquel on l'a vendu, hérite de ce respect, pour ainsi dire instinctif, car on le voit armé et fort, redouté des Sultans de l'intérieur et en rapports constants avec eux. Il se mêle même à la vénération, dont il est l'objet, un sentiment véritablement filial, car je le répète, l'esclavage arabe est pour l'Africain un état enviable et doux, auquel il se garderait bien de se soustraire. Envoyé dans l'intérieur, au service des caravanes, le nègre revient fidèlement rendre compte, à son maître, du gain réalisé. Aussi les Arabes n'engagent-ils jamais des hommes libres dans leurs plantations et dans leurs ateliers. Leurs soldats, mêmes, sont des esclaves, du dévouement desquels ils sont certains. Lorsque, pour être secondés et obéis à prix d'argent, nous sommes obligés de soumettre nos Askaris à une étroite discipline, le joug des Arabes est tout patriarcal. Leurs nègres deviennent pour eux comme des enfants, élevés, d'ailleurs, avec leurs propres fils, et, comme ces derniers, bien traités, bien nourris, bien habillés, tandis que nos hommes libres, enrégimentés militairement, ne nous doivent leurs services que jusqu'à concurrence de leur paie. Aussi, nous trichent-ils autant qu'ils le peuvent. Aucune solidarité de sentiment ne les attache à leurs maîtres provisoires, dès qu'ils croient pouvoir traiter avec eux d'égal à égal.

Mais poursuivons ce curieux parallèle, de nature à brouiller toutes les idées reçues en Europe. Les hommes rachetés et émancipés par nous — et qui s'obstinent à se croire esclaves — nous considèrent comme leurs Sultans, plus aimés, sans doute, que ceux de leurs villages natifs, mais par cela même, moins redoutés et moins obéis.

L'Arabe, lui, se fait le chef de famille de son personnel, qu'il n'a presque pas besoin de surveiller. On lui donne le doux nom de Baba, père, et la salutation « *Chikamo* » (J'embrasse tes pieds) est la reconnaissance affectueuse de ses prérogatives.

Un blanc répugnerait à l'idée de manger au même plat que ses hommes. L'Arabe partage volontiers ses repas. Il nous serait pourtant facile de l'imiter jusqu'à un certain point. Il suffirait de distribuer nous-mêmes leur nourriture aux nègres, ou tout au moins de présider à cette répartition. A celui qui a bien travaillé, l'écuelle bien garnie ; au paresseux, à l'insoumis, la portion congrue, bien que suffisante. De temps à autre, quelques mètres d'étoffe distribués, comme encouragements, aux meilleurs sujets. Le moins d'intermédiaires possible. Il faut que l'Africain voie toujours la main qui le nourrit, qui le récompense et qui le réprime.

Dirai-je que c'est ainsi que je procède et que ce nom de père, refusé à bien d'autres, m'est enfin reconnu ?

J'ai eu quelques désertions dans mon personnel, et je n'ai pas besoin d'ajouter que mes procédés n'y étaient pour rien. Tous mes hommes manquants, ont, de leur propre mouvement, imploré bientôt leur rentrée à la Station. Ils comptent aujourd'hui parmi mes meilleurs ouvriers, et leur fugue irréfléchie ne leur a fait que mieux apprécier les avantages de leur condition présente.

Malheureusement, le nègre ne saisit pas encore l'idée abstraite d'une société. Il ne comprend pas qu'un autre homme, étranger pour lui, se substitue de plein droit à celui qui l'a dressé à l'obéissance, auquel il croit et *veut appartenir*.

Pour éviter ce grave inconvénient, il serait bon que les Européens qui se relaient dans nos stations, se disent les frères des chefs qu'ils remplacent. C'est le seul moyen d'obtenir d'emblée une autorité réelle et indiscutable.

Comme tout Européen placé à la tête d'une station, que je le veuille ou non, à Karéma je suis *Mouami,* et plus roi que les misérables Sultans qui briguent humblement mon alliance.

CHAPITRE XXXV

Des chefs, *mes vassaux de par la délégation des pouvoirs de Mirambo*, me paient tribut comme à leur Suzerain. Cette situation, je ne l'ai pas faite. Elle s'est imposée par la force des choses. Il n'y a pas d'autre titre, d'ailleurs, que celui de Mouami pour désigner un chef de village indigène, Arabe ou Mouzoungou. Si à l'heure actuelle, et sans préparation, je m'ingéniais à vouloir convaincre mes sujets, anciens esclaves, passés de la plus immonde servitude sous la plus bienveillante direction, que je n'ai sur leurs personnes d'autre droit que celui qu'ils s'entêtent à me reconnaître, ou bien, ils ne me comprendraient même pas, et croiraient que je me moque d'eux, ou bien, dégagés imprudemment d'un lien supporté avec délices, ils retourneraient immédiatement à l'état sauvage et pilleraient, peut-être, la Station, considérée comme étant sans Maître légitime.

D'un côté, la soumission, l'amour et la reconnaissance. De l'autre, le mépris, la révolte et la ruine certaine. Espérer le moindre raisonnement de leur part, compter sur leur fidélité intéressée, équivaudrait à vouloir faire rentrer docilement dans leurs cages, les fauves échappés d'une ménagerie. La liberté absolue serait pour mes nègres un poison qui leur troublerait la raison, et ferait fermenter la lie contenue au fond de ces natures, seulement respectueuses de la force et du pouvoir souverain, reconnus par leurs mœurs.

Si même, par un prodige d'influence morale, je réussissais à conserver leur sympathie, ces pauvres ilotes, ivres de licence, ne pourraient se contraindre au point de me continuer des services, laissés à leur seule discrétion. Je ne pourrais songer à réclamer longtemps d'aucun d'eux la besogne, accomplie gaîment aujourd'hui, parce qu'ils me croient le droit de l'imposer. Leur seule préoccupation serait de se procurer le plus vite possible assez d'étoffe pour acheter à leur tour un esclave qui travaillât pour eux. Et, lorsque j'ai parlé de pillage, je n'étais pas en deçà de la vérité. En se partageant nos marchandises, les malheureux ne croiraient pas nous causer un bien grand préjudice. Dans leur pensée, les richesses des blancs sont inépuisables et ils leur croient aisé de les renouveler dans des proportions illimitées !

Je ne parle pas de l'effet désastreux produit sur tous les Chefs limitrophes. Si je m'avisais de proclamer que j'ai émancipé mes soi-disant esclaves, je serais considéré comme un ennemi, comme un révolutionnaire dangereux, le pire des anarchistes, un brandon de discorde, un danger public, contre lequel il serait urgent de s'armer. On marcherait en masse contre la Station belge, abandonnée à la première alarme par son personnel noir, et l'œuvre de civilisation de l'Association Internationale Africaine serait à jamais perdue.

Faute d'autre titre, je suis donc le Mouami de la Colonie de Karéma, et j'exerce une autorité sans limites, dont je comprends, d'ailleurs, toute la grave et lourde responsabilité.

Notre système de gouvernement, tout de transition, est un mezzo-termine entre l'ancien servage russe et l'organisation du travail forcé, qui a fait la splendeur des Indes Néerlandaises, grâce à l'initiative, alors géniale, du général Van den Bosch. C'est en m'inclinant devant les usages du pays même, que j'étends mon influence et consolide ma position. Certain d'être obéi, je ne donne, pourtant, aucun ordre, dont je n'indique en même temps le but et le motif. Je récompense souvent et j'évite de punir, fermant volontairement les yeux sur des défauts et des irrégularités sans danger pour la sécurité, la morale et le bon ordre public. Lorsque je suis obligé de châtier, ce n'est jamais qu'après avoir fait avouer au coupable même, que sa faute mériterait un traitement plus sévère. Jamais on ne m'en a voulu de mes rigueurs. Toujours, on s'est montré sensible à mes largesses. On redoute mon mécontentement, bien qu'il ne se traduise point par d'humiliants sévices. Mais on m'aime encore plus qu'on ne me craint. Le secret de ma puissance réside dans une égalité de caractère, affectée également par M. Ramaeckers, imitant, d'ailleurs, en cela, les Arabes, qui ne s'emportent jamais, mais ne laissent passer aucune faute sans réprimande ou répression immédiate.

Je crois avoir établi que si, en Europe, la liberté est indispensable au développement de la richesse et du bien-être national, en Afrique le servage est supporté gaîment par une race, réfractaire, cependant, par préjugé, aux travaux de l'agriculture. Le progrès a ses étapes fatales, inéluctables; mais tout changement social — même d'accord avec les principes de la plus pure justice — introduit par une race supérieure, peut ne pas constituer toujours un progrès. A l'esclavage antique a succédé pour nous le servage féodal, qui eut sa raison d'être et sa nécessité. La

Russie l'a conservé jusques dans les temps contemporains, et l'économiste de bonne foi se demande encore, si sa suppression, non préparée, n'a pas été préjudiciable aux intérêts du vaste empire, tiraillé aujourd'hui entre la confiance aveugle des classes populaires et les revendications sanglantes de la bourgeoisie radicale (1). Lorsque la civilisation moderne permet encore de pareils conflits, comment espérer que, de prime saut, les farouches et ignorantes tribus africaines soient à la hauteur d'une liberté idéale ?

Le devoir des hommes de race supérieure, ayant déjà accompli quelques-unes de leurs principales évolutions sociales, ne consiste-t-il pas à étudier le tempérament, les dispositions naturelles des populations, sur lesquelles s'exerce leur influence ou leur autorité ? Et ne serait-il pas criminel de dédaigner les seuls moyens susceptibles de développer graduellement des natures qui s'ignorent ?

Mais abandonnons le terrain politique et le domaine de la philosophie, pour nous en tenir aux côtés purement matériels de la question, suffisamment élucidée, déjà, au point de vue *humanitaire local*.

Historiquement et scientifiquement, nous reconnaissons quatre systèmes pour activer la production agricole et concourir à l'amélioration physique et morale de ceux qui s'y adonnent.

1er *système*. L'exploitation personnelle, devenue chez nous la plus logique, sans aucun doute, et celle « la plus propre, non seulement à augmenter la production du sol et le bien-être du cultivateur, mais encore à développer chez lui les habitudes d'ordre, de prévoyance et de moralité » (J. B. Say).

Mais en Afrique, le travail agricole personnel est, pour le moment, impraticable, tant pour l'élément arabe que pour les travailleurs blancs. Question de race, de climat et de nombre.

L'Arabe est pasteur, nomade, industriel, commerçant, apte à tout ce qu'on voudra, mais lorsqu'il s'expatrie, il croit au-dessous de sa dignité de travailler la terre et résisterait difficilement, je crois, à la foudroyante influence d'un soleil impunément bravé par les indigènes. Cette dernière raison s'oppose-t-elle également aux tentatives de colonisation de l'homme blanc ?

---

(1) La nouvelle de l'assassinat du Tzar m'était parvenue à Tabora.

Les Boers ont établi à l'évidence qu'il n'en est rien. Mais une cause, bien autrement sérieuse, rend l'expérience difficile : le mouvement obstiné de l'émigration européenne vers l'Amérique et l'Australie, à l'exclusion de toute autre terre, en partie inexplorée. Or, il n'y a que par l'Arabe et par le Blanc que la condition des peuplades africaines puisse s'améliorer et un commencement de civilisation pénétrer sur le Continent noir.

2ᵉ *système*. — L'exploitation du sol, au moyen d'esclaves ou de serfs, attachés à la glèbe, et que nos économistes trouvent défectueux. Le travail forcé serait, selon eux, le plus coûteux qui existe, l'esclave n'employant que la moitié de sa force animale et ne travaillant que par la crainte des châtiments.

Ici, nouveau contraste.

C'est le travail esclave qui produit le plus! A l'état libre, l'Africain ne cultive pas au-delà de ses besoins immédiats et méprise la glèbe, son unique ressource. Réduit à l'état de servitude, il se multiplie pour son maître et accomplit avec entrain des tâches que, libre, il jugerait *inexécutables*. En le couvrant de sa protection paternelle et en le dispensant de songer aux responsabilités de l'existence, il semble que l'Arabe en fait un homme nouveau. Et, comme nous l'avons vu, sous cette tutelle, pourtant coercitive, le nègre s'estime aussi heureux, que ses congénères, sujets des Sultans de l'intérieur, se trouvent misérables et exposés.

3ᵉ *système*. — Le métayage. On sait en quoi il consiste. Le propriétaire du sol en permet la culture, à condition de percevoir une quotité des produits, déduction faite des frais d'entretien.

Ce système serait ici parfaitement impraticable à *l'état libre*.

Nous avons vu que les Oua-Ngouanas *ne veulent pas cultiver le sol, à moins de posséder eux-mêmes un ou plusieurs esclaves*.

On ne trouverait donc aucun métayer indigène, pour contribuer personnellement à la mise en rapport d'une propriété, quelque bénéfice qu'il en pourrait recueillir. « Cultiver est travail d'esclave » objecte-t-on; « si vous voulez défricher, achetez des esclaves. Nous avons assez longtemps été esclaves et manié la houe. Lorsque nous nous trouvons avec les Blancs, nous sommes des hommes libres, et nous voulons vivre comme tels. »

NOTRE BÉTAIL. (Dessin de A. HEINS.)

Le préjugé d'infériorité sociale, attaché aux hommes travaillant la terre, est presque indéracinable. Il faudra des prodiges de persuasion et d'expériences probantes pour relever, aux yeux des Africains, le travail agricole. Mais vis-à-vis du nègre esclave, ou qui se considère comme tel, le métayage peut être appliqué avec succès. Notre essai de colonisation lui emprunte ses principaux avantages.

Pour ceux qui nous accuseraient d'abuser des Africains, sauvés par nous de l'abjection, de la misère, et peut-être des supplices, je consignerai ici les conditions dans lesquelles ils se trouvent sur le territoire de la Station. Chacun d'eux reçoit en métayage un hectare de terrain, à charge de le mettre en rapport, d'après nos instructions et sous notre surveillance. C'est, si vous le voulez, la culture forcée, puisque le choix des produits nous appartient. La moitié de la récolte revient intégralement à l'ouvrier noir qui est, de plus, habillé à nos frais. Le travail n'est obligatoire que de 6 heures du matin à 2 heures de l'après-midi, avec un arrêt pour le premier repas. Passé ce temps, l'indigène est libre de cultiver, à son seul bénéfice, tel autre morceau de terrain qui ne lui est jamais refusé, et nos hommes, au grand complet, profitent de cette latitude. Aussi, tous auront-ils bientôt des étoffes de réserve qui leur constitueront un petit capital. Ajoutez-y les gratifications accordées en guise de primes, et vous verrez que plus d'un laboureur d'Europe troquerait volontiers son sort contre le leur. Malheureusement, les Européens se comptent ici, tandis que les Arabes font de plus en plus tache d'huile et seront peut-être un jour les maîtres réels de tout l'intérieur. Il faut donc s'en reposer, surtout sur eux, pour civiliser cet immense continent, longtemps réputé incivilisable, et favoriser leurs moyens d'action plutôt que de les entraver. Et c'est pourquoi j'insiste si formellement sur le côté véritablement pratique et social de leur lente conquête, et sur les résultats immenses qu'ils ont su déjà obtenir.

Sans aucun doute, un jour prochain, peut-être, le métayage succédera partout à la servitude actuelle, mais lorsque le despotisme abject des Sultans indigènes pourra efficacement être neutralisé. Pour cela, il importe de rallier le plus possible de leurs anciens sujets aux avantages de l'agriculture. Or, c'est à quoi tend la domination arabe qui, loin d'exploiter des déshérités et des ilotes, relève les Africains et en fait des travailleurs utiles et heureux.

Quant au 4ᵉ système, celui du fermage pur et simple, c'est-à-dire la prise à bail, moyennant une rente, de terrains cultivables, on pourra en reparler lorsque l'Afrique Centrale aura une autre monnaie que des coudées de cotonnade, des rangs de perles et du fil de fer et de laiton.

Comment en arriver, cependant, à modifier scientifiquement le sol de l'Afrique, meurtrier et fébrigène par son excès même de fécondité? Comment, surtout, relever, aux yeux du nègre à l'état libre — boudant la glèbe qu'il lui faudrait péniblement remuer au tranchant de la houe — le travail agricole, considéré par lui comme assujetti et dégradant? La réponse est simple. Il faut, coûte que coûte, introduire sur le Continent noir, la charrue, d'origine égyptienne et dont les Arabes, surtout marchands, exploitant ces régions, ont eu le grand tort de ne pas se soucier jusqu'aujourd'hui.

L'impossibilité d'acclimater les animaux de trait en Afrique n'est qu'une fable, attendu que l'Ou-Gogo, l'Ou-Nyaniembé et l'Ou-Nyamouézi regorgent de bétail, qui se reproduirait encore bien plus abondamment si l'on songeait à tirer parti des plaines immenses, envahies actuellement par les herbes sauvages, et qui pourraient se transformer en pâturages succulents.

On a trop médit de la mouche *Tsétsé*, représentée comme livrant *partout*, aux races bovines, une guerre d'extermination. Je ne l'ai guères rencontrée, pour ma part, que dans les Bogas humides et forestières de Katavi et de Katakoi. Mortelle au Zébu, la Tsétsé ne peut rien contre le cuir résistant du buffle, dont les troupeaux libres sillonnent ces immenses solitudes. Or, le buffle, capturé jeune, doit pouvoir se domestiquer, comme autrefois l'éléphant d'Afrique, redevenu sauvage en se voyant traqué impitoyablement.

Je ne sais si je me trompe, mais au lieu d'imposer l'odieuse houe aux Africains, confiez-leur la conduite d'un attelage de bœufs, remplaçant avantageusement vingt esclaves, et ils se montreront fiers, plutôt qu'humiliés, de cette besogne d'hommes intelligents, placée si haut en Beauce et dans la Brie, ces pays des *fins laboureurs*.

Dans le fait, peut-on légitimement faire un grief au nègre,

d'exécrer un travail aussi pénible, que le remuage des terres pied à pied ? On serait plutôt en droit de s'étonner du singulier entêtement des fermiers du Var, se bornant encore au primitif *Aratron* des Phocéens et à la *Fourca* des Romains, et de plaindre les demi-sauvages du Centre et de l'Est de la France, qui se croiraient ruinés s'ils mettaient plus de cent sous à leurs charrues dérisoires.

Quant aux districts, infestés par les mouches-vampires, pompant leur venin aux amas de végétation décomposée, qui pourrait, par le défoncement des terres, constituer un si riche engrais, n'a-t-on pas la ressource, toute moderne, et bien autrement expéditive, des charrues à vapeur, facilement démontables et plus transportables, à coup sûr, que les compartiments étanches des petits steamers, amenés à dos d'homme jusqu'aux plages du Tanganika ?

Pour rendre cette courte étude quelque peu complète, certains détails pratiques ne seront pas superflus :

Lorsque j'ai pris le commandement du Fort Léopold, il s'y trouvait 48 Oua-Rimas, hommes libres, et 12 serfs ou gens du Pays. M. Ramaeckers, quoique s'étant procuré fort difficilement ces derniers, avait parfaitement réussi à les dresser. Avec le seul aide de ses douze serfs, notre compatriote avait opéré le défrichement d'un demi-hectare, et une belle rizière était venue remplacer la jungle primitive. Or, il lui aurait été matériellement impossible d'obtenir le même résultat avec ses 48 Oua-Ngouanas, gens qui fuient justement la Côte, parce qu'ils ont le travail agricole en horreur.

Engagés, pour un terme de deux ou trois ans, à raison de 5 dollars par mois, en sus du Posho, nos volontaires ont promis, cependant, de nous aider en toutes choses, et ils savent que la moindre infraction au service est passible d'une retenue sur leur salaire, payable seulement au retour. Et cependant, lorsqu'il s'agit de remuer le sol, nous ne pouvons plus en obtenir rien de bon. J'en ai la conviction intime, si les hommes libres sont encore indispensables pour la création de stations nouvelles et le maintien de garnisons de défense, dans des régions perdues comme Karéma, c'est que les nègres de l'intérieur ne connaissent pas le maniement de nos armes. Il s'agit donc tout simplement de discipliner ces derniers et de leur faire comprendre qu'en défendant la Colonie, c'est leur propriété même qu'ils sauvegardent, pour les transformer en soldats courageux, fidèles et dévoués.

Les travaux de construction de notre Maison Centrale, nous ont permis de faire quelques observations comparatives sur la somme de travail, fournie en moyenne par nos Africains.

Un noir, homme libre, fouillant la terre avec toute l'activité qu'on est en droit de réclamer de lui, n'en déplace pas seulement en un jour, un mètre cube, lorsqu'un bon terrassier européen en déplacerait six sans se surmener.

Nos quarante briquetiers, bien surveillés, ne parviennent pas à livrer quotidiennement plus de mille adobes. Il est vrai que nos briques en valent 6 de Boom (1). La production totale est donc de 400 briques par jour, mais il va de soi que la main-d'œuvre est simplifiée d'autant. Or, un briquetier belge assisté de 3 apprentis enfants, accomplit cette besogne à lui tout seul !

Pour des travaux réclamant un certain art, tels que la charpente, la ferronnerie, etc., la proportion est encore plus affligeante. En effet, nous avons eu à former tous nos ouvriers, généralement trop âgés pour s'assimiler des métiers nouveaux. Les Arabes, étant les seuls qui possèdent des esclaves forgerons, menuisiers, etc., les louent à des prix inabordables.

En s'en tenant aux seuls gros travaux, n'exigeant point de connaissances spéciales, comme les terrassements, les défrichements etc., le travail du noir, homme libre, est donc à celui du blanc comme 1 est à 7 1/2.

Mettons maintenant en parallèle les prix moyens accordés à l'engagé nègre et à l'ouvrier blanc.

Nos Askaris, solde et nourriture comprises, nous reviennent à 9 piastres par homme, soit 45 francs, par mois de 29 jours (comput arabe). Un bon travailleur belge, pour un même espace de temps, à raison de 3 francs par journée, et pour 24 journées, en déduisant les dimanches, gagnerait, net, 74 francs.

Admettons, pour la facilité du calcul, que le salaire libre soit réduit à 36 francs par mois, nous arriverons à un prix moitié

---

(1) Village situé, aux environs d'Anvers, sur la rive orientale de l'Escaut, et dont les briqueteries entrent pour une forte part dans la construction belge.

moindre que celui payé à l'ouvrier belge, mais pour un travail 7,6 de fois moindre aussi. D'où une main-d'œuvre coûtant 3,75 fois davantage.

En conservant le chiffre actuel de 45 francs, cette main-d'œuvre serait 5 fois plus élevée que chez l'ouvrier belge.

Un Maroungou, envoyé dans la forêt, y abat et en rapporte 10 troncs de jeunes arbres lorsque l'homme libre n'en livre que 3.

Comparons, cependant, les prix, auxquels nous reviennent ces deux travailleurs de la même race, mais non placés dans les mêmes conditions.

Les Askaris Oua-Rimas, hommes libres, engagés au Zanguebar, réclament, solde et nourriture comprises, 108 piastres, soit 540 francs par an.

Les Oua-Roungous, ou hommes du Pays, nous considérant comme leurs maîtres légitimes, ne nous coûtent, les 3 premières années, que 15 piastres (prix d'achat) plus 18 piastres (nourriture et entretien), soit 33 piastres ou 165 francs par an.

Rappelons, maintenant, ces diverses données, et mettons en parallèle le prix de revient et la somme de travail des trois catégories comparées.

Rendement de travail.

ENGAGÉ LIBRE	HOMME DU PAYS	OUVRIER BLANC
1	3.3	7,5

Coût, ou salaire.

5	0.1	1

Quelques voyageurs — notamment M. Houzeau, directeur de l'Observatoire de Bruxelles (1) — ont affirmé que la puissance

---

(1) M. Houzeau a donné sa démission en 1881, afin de sauvegarder d'importants intérêts agricoles qu'il avait en Amérique.

de travail du nègre égale celle de l'homme blanc. Mais M. Houzeau n'a vu des nègres qu'en Amérique et aux Antilles, où les Africains transportés, acclimatés et dressés, se trouvent dans de tout autres conditions que ceux restés au Pays natal.

Au centre de l'Afrique, le *Struggle for Life* américain n'existe pas, le véritable paupérisme est inconnu et, pour les classes laborieuses, les différences sociales sont presque insignifiantes.

Le nègre, le plus infime, peut avoir ici son champ de maïs ou de sorgho qui lui produise amplement de quoi suffire à tous ses premiers besoins, les seuls dont il ait cure. Dans l'état actuel, je le répète, on ne convertira pas plus le nègre libre de l'intérieur qu'on n'a converti les Peaux-Rouges d'Amérique, condamnés à disparaître devant les empiétements Yankees.

Tout au plus obtiendra-t-on quelques résultats isolés comme ceux — justement en Amérique — des petites colonies indiennes agricoles du Canada.

Nous avons cherché à embaucher des ouvriers salariés dans les villages environnants. A chaque fois que nous en avons demandés, un ou deux, tout au plus, se sont présentés à la Station, dans l'espoir d'une paie, énorme pour la localité. Mais au bout d'un mois, ils disparaissaient pour ne plus revenir. Ce seul mois d'un travail, accompli en rechignant, suffisait à en faire des propriétaires, désormais affranchis de tout labeur. Il en est de même des Oua-Fipas qui viennent nous vendre du poisson, du sorgho, des arachides ou des patates douces. A peine ont-ils converti en étoffes les petites provisions, représentant seulement l'excédent de leurs dernières récoltes ou de leur pêche, qu'ils s'en vont acheter un esclave, dans une localité où l'homme coûte un peu moins qu'un âne, qu'un bœuf ou qu'un sac de sel. Tranquillisé sur son avenir, l'ouvrier noir ou le marchand, grassement payé par nous, n'a plus d'autre occupation que de cultiver lui-même son chanvre et son tabac, de s'endormir en fumant lentement sa pipe et d'achever de s'abrutir par d'indigestes libations de Pombé.

STATION BELGE DE KARÉMA

COMMANDANTS: Capitaine CAMBIER : 1879-1880
Capitaine RAMAECKERS : 1880-1881

COMMANDANTS: Lieutenant BECKER : 1882
Lieutenant STORMS : 1882-1885

KARÉMA EN 1882, VU DU TANGANIKA

FORT LÉOPOLD
(Fondé par le Capitaine CAMBIER)
Maison centrale du Capitaine RAMAECKERS.

Étables

BOMA DES COLONS MAROUNGOU'S
(Construit et peuplé par le Lieutenant BECKER)

Mausolée Rama...

Garage et Chantier

Campement et Marché
des OUA-FIPAS

Port

Village des Pêcheurs
attachés à la Station

Le « Poisson »
(Dhow, gréé en yacht)

Le « Cambier »
(Steam-Launch)

CHAPITRE XXXV

Comme suite de ce travail, je crois intéressant de donner le tableau exact de la population de Karéma, dès le mois de septembre 1882.

ASKARIS OUA-RIMAS, MARIÉS,

HABITANT LE FORT LÉOPOLD,

au moment de mon retour, 25 avril 1882.

1. GHAN MOHAMED, Djémadar Béloutchi.
2. FORHAN MKOUBA, Akida, esclave et ancien chef des esclaves du Djémadar.
3. MOHAMED MASKAM, Métis Béloutchi, Akida et couturier.
4. ABDALLAH MKAMI, Akida.
5. KIRONGOZI, Nahoza ou patron de boutre.
6. MAHIMMBO, Employé à la laiterie.
7. MOUNIÉ MKOU, Askari.
8. SOULEYMAN, »
9. MOUNIÉ MADI, Actuellement à Tabora.
10. HOUSSEIN, »
11. MOUNIÉ PEMMBÉ, Employé à la laiterie.
12. SOUDI, Askari.
13. PESSA, »
14. DJOUMA KASSOUMBA, Askari.
15. MOUNIÉ NDJA, »
16. OUTCHOUNGOU, Aide charpentier.
17. DJOUMA MDOGO, Askari.
18. SOUNGOURA.
19. BILALI, Askari.
20. MOUNIÉ AMANI, Courrier.
21. ABDALLAH MANYÉMA, Askari.
22. MSALANGHÉ, »
23. MAHENNGO, Courrier.
24. RÉHANI, Askari.
25. ALMASSI MOALIMOU, Non marié, répudié par sa fiancée et devenu un objet de risée pour ses camarades.
26. SADI KASSOUMBA, Askari, fumeur de chanvre.
27. MSOMALI (Le Clou. Il était en effet bien maigre !) Askari.
28. MVOUANI, Askari.
29. FARDJALLAH, »
30. SANTY, »
31. SOULEYMAN MDOGO, »
32. MAKOUMBA MOUNGOU, »
33. GHAMSINE, »
34. MAMBO, Aide charpentier.
35. OSMAN, Couturier.
36. RÉHANI MKOUBA, Askari.
37. MALI A BOINA, »
38. FORHAN MDOGO, »
39. KIDOGO, »

40 Mounié Amir, Askari.
41 Mabrouki,   »
42 Almassi Mdogo,   »
43 M'Hamed bin Djémadar, Askari.
44 Tofiki,   »
45 Kamaya, Employé au potager.
46 Mzée Hasani,   »

HOMMES DU PAYS (AGRICULTEURS)

attachés à la station à l'époque de mon retour.

Hommes.	*Femmes.*
1 Hamici Mbouzi, Vivandier et surveillant, marié à	1 Mauzetti, et leur fille.
2 Ismaïli, Fiancé à une jeune fille de Karéma, Kikasa,	2 ? 3 Ouyamba.
4 Maoua,	4 Sourita, et sa fille.
5 Karoulélé,	5 Souria, id.
6 Kafifi,	6 Msango.
7 Kombo,	7 Mtouala.
8 Ghamsi Mgbéni, Ismaïli, garçon de 6 ans.	8 Bafti.

Ces hommes sont devenus, par droit d'ancienneté, brigadiers de leurs nouveaux camarades, et leurs femmes participent à ce degré d'autorité, dans la surveillance de leurs compagnes.

HOMMES DU PAYS,

entrés à la fin de juillet 1882.

Hommes.	*Femmes.*
1 Kalyanga, marié à	Tenkémia.
2 Kiongozi,	Tchanda (1 enfant de un an).
3 Ismaïli,	Mama Ourori.
4 Kiési,	Karimmba.
5 Kasennghéouéré,	Mbouisia (petit garçon de un an).
6 Kalilo,	Kisemmbo.
7 Foulankourou,	Mama Koukouou.
8 Kalimmba,	Mama Msonguéra.
9 Soungoro,	Kaïmba.
10 Lousinnga, Sultan,	Kalounga.
11 Kapouïta,	Gounda (un fils).
12 Katounda,	Kasénya (2 fils de 2 à 3 ans).
13 Kaondé,	Mama Kasemmbé.
14 Mouissa-Maouessa,	Mooura (1 fille de un an).
15 Karounda,	Kirombo.
16 Pounga-Niézé,	Oualia.

17 Msania, marié à   Ouyamba.
18 Makongoro,   Kasennghé.
19 Kip. ra Moto,   Mama Masanga.
20 Kombo,   Mina Songhéra.
21 Kisaouï,   Mama Tanganika.
22 Kaouenngo,   Doualla.
23 Kaouenghé,   Djina Mapoué.
24 Mti Angouïzé,   Ina Mouindo.
25 Mkouéza,   Namlézi.
26 Honga,   Mia Kaïmba.
27 Kapoma.   Toundoua.
28 Loukapoua,   Mouania.
29 Kiouélé,   Masanga.
30 Kaninnga,   Kalounga.
31 Mchota,   Mama Tchongoua.
32 Maroufou,   Ndimoa (1 enfant de 3 ans).
33 Méréouessi,   Ndimpanga.
34 Mdjenga,   Kanteppa.
35 Ouadi-Mtémi,   Mama Manda (1 enfant de 2 ans).
36 Louononzi,   Ndimihouéré.
37 Soko,   Naroukouéza.
38 Mléka,   Narimbipo.
39 Mouama,   Ndikaloulou (1 enfant de 2 ans).

FEMMES SANS ÉPOUX.

40 Kaouango, avec un enfant de 2 ans.
41 Ouyamba,   id.   3 ans.
42 Ouzalé,   id.   à la mamelle.
43 Ditoundoua.

PERSONNEL DE LA MAISON.

Capitani, Surveillant des cultures.
Férouzi   ⎫ (renvoyé à la Côte).
Assani   ⎬ Domestiques.
Snati   ⎫
Risiki   ⎬ Cuisinières, femmes de charge.
Madennguè ⎭
Tchano   ⎫
Songoro   ⎪
Barouti   ⎬ Boys nègres.
Toumbo   ⎭

RÉCAPITULATION.

46 Askaris, leurs femmes et leurs enfants. . 100 personnes.
Gens du pays, anciens et nouveaux, leurs
  femmes et leurs enfants 109   »
Un ménage de Oua-Fipas.   8   »
Personnel de maison 10   »
                                  Total. . 227

En me comptant : Deux cent vingt-huit habitants.

Tous ces noms, je les ai relevés d'après l'indication même de leurs porteurs. Mais je ne réponds pas qu'ils n'aient pas varié depuis.

Le nom africain n'est, à proprement dire, qu'un sobriquet, indéfiniment variable. Nous avons vu, en effet, que Mirambo, qui s'appelait d'abord Mtélia, comme son grand-père, a pris successivement les dénominations de *Faiseur de cadavres*, de *Mange-Tout*, de *Cinq-Flambeaux*, etc., sans préjudice des autres qualificatifs que l'avenir lui garde.

L'Européen, même, est ainsi plusieurs fois baptisé, et souvent sans qu'il se doute de ses qualités nouvelles. Stanley, à ce qu'il dit, était pour son escorte, *l'Homme à la main ouverte*, tandis que Tipo Tipo le nomme *l'Homme au poing fermé*. Cambier est connu sous le nom de *Maître sévère*. Popelin sous celui de *Brasier ardent*. M. Ramaeckers, souvent absorbé par ses observations astronomiques, a été appelé pendant un certain temps, le *Maître des étoiles*.

Le lieutenant de Leu, assez tatillon pour ses hommes, en avait reçu le titre de *Pili-Pili* (poivre).

M. Copplestone, fondateur de la Station d'Ouyouy, est appelé *Kidjiko* (cuillère); par exemple, je n'ai jamais su pourquoi.

Lors de mon premier séjour à Karéma, j'ai porté le nom de *Sarmalla* (Charpentier), et, à Tabora, celui de *Foundi*. J'ignore dans quelle gilde je suis rangé actuellement.

Parlant assez couramment le Ki-Souahili, je ne puis être aussi bien au courant des différents dialectes de l'intérieur. Voici, cependant, entre beaucoup de noms, qui, peut-être, sont remplacés aujourd'hui par d'autres, quelques sobriquets curieux, solennellement inscrits dans mon registre d'Etat-Civil :

Hommes (Askaris et Anciens).

Kirongozi (Guide et chef des porteurs).
Pessa (monnaie), très accessible à un pourboire.
Djouma (Vendredi, comme le sauvage de Robinson Crusoé).
Kassoumba (Fumeur de chanvre).
Mounié (Maître, propriétaire).
Mkouba (Grand).
Mdogo (Petit). *Ki-dogo* (Tout petit.)

CHAPITRE XXXV

Mzée (Vieux).
Toumbo (Ventre).
Capitani (Chef).
Almassi (Diamant).
Férouzi (Pierre précieuse).
Barouti (Poudre).
Mounié Pemmbé (Propriétaire d'ivoire).
Amani (Ami de la paix).
Mvouani (Se plaisant sous la pluie, aimant l'eau).
Ghamsine (Cinquante). Probablement, son prix d'achat en dotis d'étoffe.
Makoumba Moungou (Denier à Dieu).
Mambo (Affaires de commerce).
Ndja (Affamé).
Outchoungou (Amertume, fiel, voire poison).
Soungoura (Lapin, corruption de Soungourrou).
Moalimou (Pédagogue, homme qui enseigne, mais ne pratique pas).
Mali à Boina (Propriété fructueuse du maître).
Mabrouki (Nom anglais, venant de l'illustre John Churchill).
Mbouzi (Chèvre).

Hommes (Oua-Maroungous).

Makongoro (Cri de guerre des Rougas-Rougas de l'Ou-Nyamouézi).
Maroufou (Pombé du Maroungou, vin de palme).
Méréouessi (Graine oléagineuse).
Soko (Marché en Ki-Souahili, mais en dialecte Ki-Maroungou, gorille, homme des bois).

Femmes du Maroungou

Mama Ourori (La mère du district d'Ourori).
Mama Koukouou (La mère usée!)
Kalounga (Cimetière?)
Mina Songourra (La femme lapin).
Souria (Concubine). *Sourita* (Petite concubine).
Mama Tanganika (Ainsi nommée, parce qu'elle a accouché pendant la traversée du Maroungou au Fort Léopold), etc., etc.

CHAPITRE XXXVI.

Sœur Anne, ne vois-tu rien venir ? — Départ de Sef bin Raschid. — Les distinguos du Coran. — Voyage à Kilando. — Le lieutenant Storms arrive. — Retour de M. Constant. — Fièvre et gale africaine. — Au galop ! — Une escorte modèle. — Mon successeur. — L'Afrique rêvée et l'Afrique réelle. — *Nil mirari*. — Changement de front. — Visite au tombeau de M. Ramaeckers. — La fin de ma tâche. — Le *Popelin*, transformé en cutter. — M. Storms attaque le taureau par les cornes. — Exhaussement des murs. — Toujours les ravitaillements. — Les hommes ! — Les femmes ! — Trop timides pour rien refuser. — A la chaîne ! — Nos Ménélas. — Nouveaux hôtes. — Seconde attaque des gens de Karéma. — Nous partirons en corps. — Lancement du *Popelin*, transformé. — Service de pêche. — Les deux Lions. — Honneurs funèbres rendus à la reine du désert. — Superstitions arabes et indigènes. — Veuf et orphelins. — Mort du Paria. — Les choses se gâtent à Karéma. — Quatre Askaris blessés et leurs fusils volés. — Demande d'explications. — Insolente réponse de Yassagoula. — Deuxième et troisième sommations. — L'assaut. — Victoire. — Aux flammes de Bengale. — Feu sur les maraudeurs ! — Mort de Réhani. — Les prisonnières. — Démarche de conciliation de Kanghérennghèré. — « Ce sont des jeunes gens ! » — Pardon conditionnel. — Le Chaouri. — Plates excuses et remontrances. — La paix est faite. — Indemnité de guerre. — Kanghérennghèré remonte au pinacle. — Sans rançon. — Effronterie. — Derniers apprêts. — En route pour l'Europe !

12 septembre. — Rien de la Côte, où je dépêche un courrier. Ce silence m'étonne. Les lettres seraient-elles restées en souffrance à Tabora ?

Deux jours après, Sef bin Raschid part avec ses 20 Askaris, dont l'engagement expire et qu'il va licencier.

Il en engagera de nouveaux pour escorter une caravane de ravitaillement, en étoffes, devenue indispensable, par suite du rachat et de l'entretien coûteux de nos colons Maroungous.

Pendant ses différents séjours à Karéma, mon fidèle et intelligent lieutenant est devenu à moitié Européen. Partageant ma table, il a pris goût à notre cuisine et ne boude plus devant un verre de bon vin. On peut s'arranger, d'ailleurs, avec le Coran, qui permet le *jus de la vigne*.

Sef lit et écrit parfaitement, à présent, le Ki-Souahili, en nos caractères, et j'étais justement en train de lui apprendre le français. Il n'est pas probable que nous nous revoyions à Karéma, car l'époque de mon propre départ s'avance. C'est avec les plus vifs regrets que je prends congé de ce brave et honnête garçon, devenu pour moi un ami véritable.

Mounié Koumba, totalement guéri, vient me faire ses adieux et m'exprimer sa reconnaissance.

Le lendemain, j'envoie quelques hommes sur le *Popelin*, chercher des provisions fraîches à Kilando, village riverain, situé un peu au delà de Kallialya, et dont les habitants n'ont pas de raison de se formaliser de nos cultures.

19 septembre. — Sâdi, ancien Askari et courrier du capitaine Cambier, m'apporte, enfin, une lettre de M. Storms qui se trouve à Gongoué, avec une centaine de porteurs et autant de soldats d'escorte. Le lieutenant des grenadiers Constant, dont on m'avait annoncé l'arrivée, ne l'accompagne point. Dès son débarquement à Zanzibar, il a dû s'aliter, pris des fièvres et atteint, par surcroît, des tenaces éruptions africaines. A l'heure présente, M. Constant est probablement de retour en Europe.

C'est le capitaine Cambier, lui-même, qui a recruté les soldats d'élite de notre compatriote, et l'a mis au fait des voyages d'exploration. Grâce à ce corps résolu et expérimenté, non seulement M. Storms a eu la chance de ne se voir arrêté nulle part, mais encore d'éviter les retards et les frais de quelques Hongos importants. La caravane a doublé, de nuit, certains Bomas de l'Ou-Gogo, et les indigènes, cloîtrés dans leurs tembés, par la crainte des revenants, ne se sont pas seulement doutés de son passage. Je suis stupéfait de la rapidité avec laquelle s'est accompli ce voyage, qui n'a pas réclamé plus d'une centaine de journées.

Il est vrai que M. Storms n'est point passé par Konongo, ainsi que je le lui avais conseillé. Il n'aurait pu se dispenser de rester quelque temps auprès de Mirambo.

Venu d'Europe, pour relever M. Ramaeckers de son poste avancé, il n'en a appris la mort qu'à Zanzibar. Lors de son arrivée à Tabora, où il avait à engager de nouveaux porteurs, quelques Pagazis de Gongoué s'étaient présentés. Après avoir dépassé l'ancien Boma de Simba, ils l'ont forcé de prendre la route, tout aussi facile, il est vrai, passant par leur village, mais au bout de laquelle, se voyant chez eux, ils ont refusé d'aller plus loin.

Aussi pressés d'arriver que M. Storms, les Askaris, portant demi-charge, se sont bravement partagé ce qui restait de celles de leurs indélicats compagnons.

La vaillante troupe est en marche, et bientôt fera son entrée dans la Station. Aussitôt, je me porte à sa rencontre, et vers 3 heures de l'après-midi, à la place même où, deux ans auparavant, le capitaine Cambier m'avait trouvé, assis sur un bloc de rocher, et activant le défilé de l'arrière-garde, je serre la main de mon successeur, qui a pris l'avance sur sa caravane. Le lieutenant Storms, habillé de coutil blanc, et monté sur un âne Ki-Nyamouézi, paraît assez fatigué de la longue étape qu'il fournit, depuis l'aube, par un Soleil dévorant. Il me semble même légèrement congestionné. C'est un homme d'une quarantaine d'années, grand et fort et portant entière une longue barbe, d'un châtain foncé, solidement charpenté et qui rappelle le capitaine Popelin par la rondeur de ses allures, sa résolution et son air d'inaltérable bonne humeur. Il a été longtemps en garnison à Anvers, sans que nous ayons eu l'occasion de nous rencontrer. Mais, bon nombre de mes amis, étant devenus les siens, nous nous trouvons tout de suite en pays de connaissance.

M. Storms est venu, comme moi, en Afrique, poussé par la nostalgie des voyages et un ardent besoin d'initiative. Il ne se dissimule point le rude apprentissage par lequel il lui reste à passer, mais me semble un peu prévenu par la facilité même avec laquelle il est arrivé jusqu'au Lac. Le Continent mystérieux ne répond pas à l'idée grandiose qu'il s'en était faite jusqu'ici. Il en est ainsi de la plupart des voyageurs, à leur début, et moi-même je l'ai éprouvé.

Nourris des nombreuses relations, où s'est allumée notre vocation, doublant par l'imagination la beauté des sites, décrits par nos prédécesseurs, nous nous attendons à trouver, réunis sur nos pas, toutes les féeries, tous les poétiques dangers, toutes les aventures extraordinaires, éparpillés dans cent volumes. Avant de nous mettre en route, nous nous sommes tracé un programme, comme les jeunes filles, avant d'aimer, se créent un idéal d'amour. Ce ne sont qu'éblouissantes scéneries, rencontres palpitantes, chasses fantastiques, difficultés vaincues, héroïques combats, enivrants triomphes. Mais, aux prises avec

PÈLERINAGE AU MAUSOLÉE RAMAECKERS. (Dessin de A. Heins.)

l'austère réalité, il faut en rabattre. Tous ces ingrédients, piments, souvent rares, d'un assez déplaisant ordinaire, ne se présentent que de loin en loin. Il faut un séjour de quelque durée pour discerner et savourer le véritable pittoresque, pour apprécier le moindre bien-être, succédant à des semaines de privations, pour s'apercevoir de la difficulté qu'il y a à réaliser, ici, les choses les plus simples.

Pendant sa course hâtive à travers l'Afrique, accomplie dans des conditions exceptionnelles de sécurité, M. Storms n'a point trouvé à étancher sa soif d'imprévu. Celui qui le suivra, éprouvera peut-être une déception encore plus vive. C'est la règle. Au capitaine Cambier, les émouvantes hésitations et les surprises d'une course à l'aventure. M. Popelin, malgré les alertes de la guerre, et grâce aux éléphants de Carter, a eu déjà la partie plus belle. La troisième expédition a recueilli, en route, encore sa large part d'incidents dramatiques et de situations inquiétantes. M. Storms, lui, est venu d'une traite, grâce à l'organisation de son escorte et à la paix générale, réaction d'une violente période de combats. Il ne lui en faut pas davantage pour considérer un voyage d'exploration, dans ces contrées, comme une simple promenade, un peu longue, toutefois, et passablement fastidieuse.

Le *Nil mirari* actuel du lieutenant Storms passera, en mettant la main à la pâte. En entendant notre fameux orgue de Barbarie, orgueil de la Colonie, moudre en son honneur « les plus brillants morceaux de son répertoire » il éclate de rire. Au dîner, pour lequel mes cuisinières avaient mis, comme on dit vulgairement, les petits plats dans les grands, l'aristocrate mange son pain et son beurre, comme si on n'avait qu'à se baisser pour en prendre ! S'il savait combien de temps il m'a fallu avant de me régaler d'une simple tartine !

Mais, pendant que nous festinons, la nuit est venue. M. Storms, visiblement indisposé par la fatigue et les chaleurs des dernières marches, lutte difficilement contre le sommeil. Ses *Stouédis*, qui lui sont très dévoués, ont simplement installé leurs nattes sur le Barza. Après avoir pris le café, lui-même va goûter dans mon ancienne cellule, un repos bien mérité.

— Le lendemain, arrive toute la caravane, drapeau en tête,

tambour battant et aux sonneries de fifres et de clairons. Les mousquetades traditionnelles nous saluent. Tout est en joie et en révolution. Me rappelant son gros rire de la veille, je demande à M. Storms : — « Faut-il faire jouer l'orgue ? » — « Comment donc ! » me répond-il, tout joyeux de voir son escorte, déboucher de la montagne. « En avant la musique ! »

Dès le matin, mes Askaris particuliers, sous le commandement du Djémadar, sont allés s'établir dans le Boma de nos métayers indigènes. Je vais, moi-même, habiter le cottage, destiné à M. Constant, et récemment délaissé par Sef bin Raschid. M. Storms et ses hommes ont pris possession de la Maison de Pierre qu'ils ne quitteront plus.

Le lendemain, visite aux travaux. J'explique à mon successeur l'alpha et l'oméga de la Colonie ; je la lui montre à sa genèse et dans son développement actuel. A l'abondance, qu'il trouvait toute naturelle, j'oppose les épreuves passées. Il paraît fort surpris lorsque je lui raconte comme quoi nous avons dû souvent nous nourrir d'herbes et de champignons qui pouvaient être vénéneux. Nous allons voir la forge, où le gros Ouleidi entend mes instructions ; l'atelier où le sarmalla est en train de remplacer, par des portes, les anciennes clôtures en matétés, et de renouveler les fenêtres du Barza. Puis nous passons la revue des bûcherons et des laboureurs, pour revenir aux magasins. Chemin faisant, j'apprends à notre compatriote les corvées et les minuties de chaque jour ; la distribution du travail ; l'inspection rigoureuse des différentes brigades ; le règlement du Posho, le système des achats, avec l'évaluation des ressources qu'offre chaque localité. J'entre aussi dans des considérations sur le caractère nègre et l'esprit des populations voisines. Je lui fais connaître les différents Chefs, avec lesquels il va se trouver en rapports constants, et lui donne des notes précises sur les échanges de présents, sur l'étiquette indigène, sur l'attitude à prendre et les ménagements à garder, tout un monde de détails qui l'intéressent au plus haut point.

Déjà ses idées se modifient et il en convient franchement. A la fin de la journée, ce n'est plus le même homme. Tout s'est agrandi à ses yeux et a pris de l'importance. Et, pénétré de la complexité de sa tâche, il donne congé à l'imagination, pour s'en tenir aux modestes, mais absorbantes exigences de la seule réalité.

Au cours de cette inspection, il s'est établi entre nous une sympathie réelle, résultant, peut-être, de la communauté des vues. A la fin de la journée, nous sommes déjà une paire d'amis et avons abandonné le vous majestatif, pour le tutoiement régimentaire.

—M. Storms a connu personnellement M. Ramaeckers. Un de mes premiers soins est de le conduire sur les hauteurs où se dresse le monument funèbre élevé par mes soins. Je ne m'y rends jamais sans un pénible serrement de cœur. Nous nous découvrons avec respect devant cette tombe auguste, et l'ombre de la mort, soudainement évoquée, achève de faire voir à mon compagnon la vie africaine, sous son jour précaire et militant.

Enfin, me voilà libre de regagner la Patrie ! Cependant, M. Storms, en m'entendant parler de faire mes malles, m'arrête :

— Mais tu restes ici, n'est-ce pas ? On m'a surtout envoyé pour établir, de l'autre côté du Lac, la Station que devait fonder Popelin. En mon absence, pourquoi ne conserverais-tu point le commandement de Karéma, pour y achever les travaux, dont tu as la clef, les ayant organisés ?

— Pourquoi ? D'abord, j'ai hâte, après de longues et réelles fatigues, de me refaire un peu. Quoique j'aie eu la chance d'y résister jusqu'ici, je t'avoue que la mort de tous mes compagnons n'est pas faite précisément pour m'engager à prolonger l'expérience. D'ailleurs, l'engagement de mes hommes est expiré. Inutile de songer à les retenir. Ils ont actuellement une assez bonne somme à toucher, et brûlent de la jeter par portes et fenêtres à Bagamoyo.

— Mais j'ai ici mes Askaris.

— Tes Askaris ? Ils t'obéiront parfaitement, à toi, qui les as recrutés et envers qui ils se croient engagés personnellement. Mais moi, je ne suis pour eux qu'un étranger, sans autorité aucune. Mes hommes partis, je me déclarerai complètement impuissant à maintenir les tiens dans le devoir.

— Pourtant, les Askaris de Ramaeckers se sont parfaitement comportés ?...

— Oui, parce que j'avais été chargé, justement, de les dresser et qu'entre un Bamboula et moi, il n'y avait pas à hésiter pour eux. Je ne me fais, du reste, aucune illusion sur leur dévouement. S'ils ont marché à ma fantaisie, c'est simplement parce qu'ils croient que, par moi seul, ils peuvent être payés à la Côte.

— C'est très ennuyeux ! Je vais me trouver débordé ici et empêché d'aller fonder ma Station, à moi. Le successeur de Constant doit être en route, mais en attendant, je ne saurais mener à bonne fin tout ce que tu as commencé ici.

— Oh ! Si ce n'est que cela, je puis rester encore quelques semaines, pour parer au plus pressé. Nous ne serons pas trop de deux, d'ailleurs, car la saison des pluies s'avance !

Cet accord fraternel conclu, nous nous sommes mis à l'œuvre, *arcades ambo*. Pour éviter tout conflit entre les hommes de M. Storms, vrais Zanzibarites, et les miens, originaires, pour la plupart, de la Mrima, nous veillons à ce que les différentes brigades ne se mêlent point. Et il en résulte une émulation commune, qui produit les meilleurs résultats.

Un de mes projets de prédilection consiste dans la transformation, en cutter, de notre daou. A cet effet, on s'est déjà occupé de la voilure, et, sitôt le *Popelin* revenu de Kilando, je me mets activement à l'œuvre avec Sadallah et quelques hommes. Outre le gréement et les changements intérieurs, il y a force réparations à faire. Tout cela nous prendra quelque temps.

De son côté, M. Storms a saisi le taureau par les cornes. Comme je lui ai fait remarquer, la trop faible inclinaison des toits, en terrasse, cause renaissante de détérioration et d'humidité, il a résolu de les élever de 50 centimètres. De son escorte, il n'a conservé que 65 Askaris, armés de mousquetons lisses. Les Akidas, seuls, ont des Winchester à magasin à cartouches. Les autres, licenciés et payés, ainsi que les porteurs, ont été renvoyés, sans avoir seulement le temps de souffler. C'est avec le personnel restant, renforcé du mien, qu'il entreprend sa rude besogne, et quelque peu risquée aussi, car il faut qu'elle soit terminée avant la prochaine Massika. Mais le lieutenant Storms sait réaliser ce qu'il a résolu. J'applaudis sans réserve à sa virile activité, à son entrain communicatif et, surtout, à l'étonnante facilité avec laquelle il s'assimile toutes les besognes.

Les formes sont tirées des magasins. On gâche l'argile, mêlée de pierrailles; les houes creusent le sol gras et résistant; bientôt les adobes séchées s'entassent sous nos hangars. La Colonie n'a jamais offert plus de gaieté et d'animation.

Parmis les Askaris de M. Storms, se trouvent deux excellents chasseurs qui, chaque jour, fournissent une bonne quantité de gibier. Le bateau, revenu de Kilando, nous a rapporté 40 grands sacs de toile à voile, faits avec nos vieilles bâches, pleins de sorgho. Chaque sac en contient au delà de 300 kilogrammes. Nos fourrageurs, ont, de leur côté, fouillé les environs, et les indigènes, prenant leur parti de la situation nouvelle, leur ont cédé le surplus de leur réserve.

Donc, rien à craindre de la famine, malgré l'accroissement considérable de la population. Quelle différence avec l'époque difficile, où, manquant de tout, j'étais obligé d'aller moi-même faire assaut de jactance avec le Sultan Kallialya, pour en obtenir quelques misérables provisions! Ce n'est point à tort que MM. Ramaeckers et Popelin se laissaient aller parfois à des idées pessimistes. L'aimable Thompson serait bien surpris de voir, ce que de simples Belges sont parvenus à réaliser, dans la région, condamnée par son omniscience.

Le chef des Askaris de M. Storms est Daraschin ou Raschid, une de nos vieilles connaissances, rencontré sur les ruines encore fumantes de Mdabourou.

Faute de ménagères, ses hommes sont forcés de cuire euxmêmes leur Ougali ou de venir manger chez nous. Or, l'arrivée de 65 célibataires, tous Oua-Ngouanas de la Côte, de mœurs fort relâchées et imbus de leurs privilèges, en fait de galanterie, ne laisse pas que de causer certaine perturbation et nous sommes obligés d'exercer la plus rigoureuse surveillance pour empêcher les fugues extra-matrimoniales.

Malheureusement, les femmes de nos Colons ne restent pas toujours dans l'enceinte du Boma.

Passé quatre heures de l'après-midi, elles sont chargées d'arroser dans la cour de la Station, les arbres fruitiers qui, faute d'eau, périraient, par ces journées de fortes chaleurs. A cet effet, on les voit, comme les canéphores antiques, porter sur la tête de grandes cruches appelées Mitounghis, qui se fabriquent à Karéma. Une dizaine de Moina-Ouakés, incapables de résister aux séductions d'un homme de la Côte, ou intimidées par les nouveaux venus, se sont laissé débaucher par eux.

De là, plaintes amères des maris et châtiment immédiat.

Comme il y a récidive, de la part de ces dames, elles sont impitoyablement mises à la chaîne, et dépierrent d'un côté, pendant que leurs complices défrichent de l'autre.

Ce n'est pas que M. Storms pèche par excès d'indulgence. Il s'entend, au contraire, fort bien à mener ses soldats.

Bon enfant, mais à cheval sur la discipline, il ne leur passe rien. Seulement, absorbés par nos travaux, nous n'avions pu prévoir les infractions, entraînées par une licence, ici, générale.

L'adultère n'est vraiment un crime en Afrique que pour les tribus guerrières. Les populations agricoles ne s'en affectent point outre mesure.

La preuve en est dans la bénignité de nos Ménélas, qui, au bout de quelques jours, sont venus demander, eux-mêmes, la grâce de leurs Hélènes. Mais nous nous sommes montrés inflexibles, et notre sévérité a produit le meilleur effet.

Voyant que nous ne badinions pas, en matière de législation conjugale, les Askaris de M. Storms se sont mis en quête d'épouses, dans les villages voisins, et bientôt la Colonie sera enrichie de 65 nouveaux ménages.

—Entre le Fort et le Boma, est venue camper une petite caravane, commandée par un frère cadet du Djémadar, et arrivée du Maroungou, sur des barques louées aux pêcheurs Oua-Fipas, dont les visites deviennent de plus en plus fréquentes.

Bientôt, Hamici, le nègre à barbe blanche, qui voyage pour le compte de Ghan-Mahomed, est venu s'y joindre. Tout ce monde est rappelé ici par l'annonce de mon départ prochain, et veut profiter de mon escorte. Mais, me souvenant de l'avis du docteur Van den Heuvel, je ne me soucie pas de m'embarrasser d'ivoire, denrée précieuse, allumant la cupidité des indigènes et sujette, d'ailleurs, à de forts Hongos.

Le Djémadar, son frère et Hamici, apprenant ma détermination, sont venus me trouver pour plaider leur cause.

— Nous serons infailliblement attaqués, disent-ils, là où, protégé par l'alliance de Mirambo, vous passerez sans encombre. Nous abandonner, c'est nous vouer à la ruine et peut-être à la mort.

Pendant que les hommes sont au travail. (Dessin de A. Heins.)

CHAPITRE XXXVI

Autant par humanité que par réflexion, car leur argument est juste, je me laisse attendrir, mais en stipulant, toutefois, que toute majoration de tribut, comme tous frais entraînés par leur présence dans ma caravane, resteront à leur charge. Ils s'en vont très satisfaits et commencent leurs apprêts de départ.

Ce changement de résolution m'a été encore inspiré par un fait assez grave, que j'ai oublié de rapporter en son lieu et place. On a vu que M. Storms avait licencié 35 Askaris, sur les 100 engagés par le capitaine Cambier. Lestés d'une certaine quantité d'étoffes et munis de leur traite, ces Askaris ont été attaqués dans le Pori, un peu au delà de Kafissya, mais heureusement sans perdre d'hommes ni de marchandises, grâce à leur vigilance. Quinze d'entre eux se sont sauvés dans la direction de Tabora. Les vingt autres sont revenus, en bon ordre, au Fort Léopold, pour accuser les gens de Karéma, auteurs probables de l'agression.

Pour ce qui me concerne, je n'en doute pas un seul instant.

Le jeune Sultan, enhardi par notre attitude réservée, affecte des allures de plus en plus pillardes. Son entourage lui tourne la tête, et il n'est pas éloigné de se poser en petit Mirambo.

J'ai fait immédiatement envoyer chez lui, pour lui adresser des remontrances, mais il a nié effrontément toute participation de ses hommes à ce coup de main, et les preuves morales, que nous possédons de sa duplicité, ne suffisant pas à légitimer une répression violente, force nous a bien été de laisser tomber la chose. C'est égal! Que Yassagoula y prenne garde, nous pourrions finir par nous fâcher!

Dans les conditions présentes, il devient donc fort dangereux, aux petites troupes, de s'aventurer dans ces parages, et mon devoir est de protéger les gens qui ont joui de notre hospitalité. Je ramènerai les 20 Askaris de M. Storms. Il me constitueront, sans grands frais, un notable supplément d'escorte. Moyennant un léger Posho, ils pourront transporter une partie de mes bagages. Nous verrons si les Rougas-Rougas se hasarderont à renouveler leur tentative contre une troupe de cette importance.

Octobre. — Le *Popelin*, tiré sur le sable, est décidément modifié en cutter. Nous l'étrennons, sous sa nouvelle forme.

Il se comporte très bien dans le vent. On le lance à la mer, au moyen de grosses bûches, faisant office de roulettes. Cent hommes doivent être requis pour cette besogne. On pourrait désirer un port plus favorable. Mais tel qu'il est, nous nous en contentons. Pour être un peu moins commode, il n'a jamais offert de difficultés sérieuses à notre petit mouvement nautique.

Notre Steam-Launch, remisé sous un hangar, est également en bon état.

Le service de pêche, établi dans la Redoute, sous la direction d'un Maroungou, du nom de Makongoro, est aujourd'hui complètement organisé, et nous a déjà été d'un grand secours. Actuellement le poisson donne peu. Mais la bonne saison va bientôt reprendre.

— Depuis quelque temps, des lions venaient rôder autour de notre parc à bestiaux. Comme une après-midi, je me trouvais, vers quatre heures, occupé à combiner les derniers travaux du Boma Maroungou, j'entendis de grands cris poussés par les Askaris de M. Storms : — « *Simba ! Simba !* » Le Lion ! Le Lion ! Aussitôt je saisis mon fusil et me précipitai au dehors. Mais plusieurs coups de feu avaient déjà retenti, suivis de clameurs triomphales.

Voici ce qui s'était passé :

Comme M. Storms, à la tête de quelques hommes, se trouvait à une centaine de mètres du tertre, sur lequel est construit le Fort Léopold, un couple de lions, poursuivant un sanglier, s'était aventuré jusqu'à portée de leurs armes.

Les deux félins, habitués à voir tout fuir devant eux, dévoraient leur proie à belles dents, lorsqu'une grêle de balles vint interrompre leur festin. Aussitôt le mâle, effrayé, avait détalé du côté de l'Est, gagnant en quelques bonds les hauteurs, pendant que sa malheureuse compagne, la cuisse fracassée, semblait l'appeler au secours par ses rugissements. M. Storms l'avait achevée, et j'arrivai juste à temps, pour assister à la prise de possession.

La présence de lions, sur le territoire de Karéma, est assez rare. Lorsque la contrée était plus riche en bétail, leurs visites, paraît-il, se renouvelaient fréquemment. Maintenant, ils han-

CHAPITRE XXXVI

tent de préférence la plaine giboyeuse de Katavi, où ils trouvent ample pâture.

Ce n'est pas sans raison qu'on a donné au Simba le titre de Roi du désert. Ces fiers monogames, chassant ordinairement par couple, se partagent la contrée, par vastes zones, dont ils ne s'écartent point et où ils ne souffriraient aucun rival. Les lionceaux, devenus adultes, émigrent aussitôt pour se choisir des réserves particulières, et ce n'est que lorsque le mâle d'une région est mort, qu'une famille nouvelle se risque à occuper son empire.

Il n'y a guères que les Européens qui se risquent à affronter pareil gibier. Les naturels, eux, sont enchantés lorsqu'ils réussissent à l'éloigner par leurs cris et leurs gestes, ainsi que, terrassé par la fièvre, je l'avais vu faire dans le Pori de Tchounio. Mais M. Storms avait commandé le feu, et les soldats nègres, enhardis par son assurance, s'en étaient donné à cœur joie. Pas un d'entre eux qui ne se vantât, à présent, d'avoir abattu seul la lionne.

Suspendu, par les pattes, à une forte branche, le félin abattu fut porté en grande pompe dans l'intérieur du Fort, par plus de vingt hommes, entonnant l'hymne guerrier des Oua-Ngouanas.

Aussitôt, le bruit de cette prouesse courut le pays, avec la rapidité de l'éclair, et si les portes du Fort ne s'étaient point fermées réglementairement, à 6 heures, le soir même, nous aurions reçu de nombreuses visites. Le lendemain, ce fut une procession continue d'indigènes, accourus pour rendre honneur au Simba. Tout le village de Karéma afflua chez nous, et, des premiers, le Sultan Yassagoula, avec sa suite.

Le jeune monarque, suivant le cérémonial, usité en pareil cas, se coucha à plat ventre devant la lionne abattue, et frotta solennellement son museau noir contre le mufle fauve de la reine du désert.

Les hommages funèbres rendus à notre lionne, j'ai procédé au dépouillement de sa fourrure, et les cuisiniers, scandalisés, ont reçu ordre de faire rôtir, à notre intention, le filet de la peu odorante venaison.

Mais ni M. Storms ni moi, ne pouvons aller au delà de la première bouchée, tant est coriace et forte cette chair, réclamée avec empressement par les Oua-Chenzis de Karéma, qui, en l'absorbant, croient s'assimiler une partie du courage et de la force du Simba.

Ils se sont même emparés des entrailles pour en triturer leurs Daouas. Quant à la carcasse et aux parties de rebut, elles ont été jetées, au pied du tertre, en pâture aux animaux de proie.

Ce ne sont pas seulement les nègres de l'intérieur qui attribuent aux parties mortes du Lion, des vertus merveilleuses. Les Arabes, sous ce rapport, le leur disputent en ignorance et en naïve crédulité. Notre Djémadar est persuadé que sa chair guérit la paralysie partielle, et qu'on fait disparaître les affections cancéreuses en buvant de son sang. Pour se débarrasser de la fièvre, assure-t-il, il suffit de se coucher, chaudement emmitouflé, sur une fourrure de Simba, et un emplâtre composé de fiel de lion et de miel, est souverain contre les écrouelles. Un onguent de graisse de Lion inspire de l'audace, et fait fuir devant soi, dans le Pori, les grands fauves terrifiés. Bref, il ne serait partie, poils, ongles ou dents, qui n'eût ses propriétés souveraines, attestées par de nombreuses légendes.

Ghan Mohamed est persuadé encore, qu'en battant un tambour tendu de peau de Lion, on rend les ânes malades, et que les chèvres meurent, pour s'être désaltérées à l'endroit où a bu, avant elles, le Simba.

Qui rêve de Lion en déduit aussitôt des présages heureux ou funestes. Si c'est une femme grosse, elle se croit certaine d'accoucher d'un garçon. Le Lion fuit-il devant le songeur malade, on tient la guérison pour assurée. Au contraire, le songeur bien portant, se voit-il terrassé par lui, il se résigne à une prochaine attaque de fièvre. Enfin, se trouvât-on entouré d'ennemis, on s'estime assez préservé de leurs embûches, pour avoir rêvé d'un Lion, tranquillement couché à son côté.

Chose étrange, les hyènes voraces, qui s'abattent sur toute proie morte, et viennent se la disputer jusqu'aux portes des habitations, n'ont point osé paraître. En revanche, le mâle, se reprochant probablement sa pusillanimité, est venu rôder pendant trois nuits consécutives, avec ses lionceaux, autour de la Station. Averti de sa première visite, je me transportai du Boma au Fort, mû par l'espoir d'un maître coup de fusil. Oui, je l'avoue, la fourrure de ce veuf inconsolable avait éteint en moi tout sentiment de commisération. J'ajouterai, toutefois, pour ma défense, qu'il me semblait urgent, aussi, de préserver notre bétail d'une attaque éventuelle. Dans cet espoir, je veillai une bonne partie de la nuit, sur la terrasse, et pus voir le Simba, escaladant le tertre, suivi de ses petits, tous trois poussant des gémissements plaintifs. Les lionceaux, accroupis près de la porte, aspiraient l'air, probablement encore chargé des âcres émanations de la fourrure, fraîchement enlevée. Quant au père, il bondissait éperdu, ne me laissant pas le temps de viser, et le plus souvent, longeant les murailles, dans l'angle mort du bâtiment, où je ne pouvais que l'entendre rugir, du haut de mon observatoire. Me croira qui veut, mais j'aime autant, aujourd'hui, n'avoir point sa mort sur la conscience. Ce pauvre lion et ses petits me faisaient peine, jetant dans la nuit leurs plaintes lamentables et leurs cris de légitime vengeance.

—Mon paria de l'îlot de Mousamouéra est mort. Depuis quelque temps, déjà, il ne venait plus prendre les petites provisions que je lui faisais porter, deux fois par semaine, car le bonhomme n'était pas précisément habile à son dur métier. Un soir qu'il avait laissé sa hutte entr'ouverte, il est devenu la proie d'un crocodile. Naturellement, les habitants de Karéma n'ont pas manqué de transformer le gigantesque saurien en un des Oua-Totos de l'Esprit du Lac, irrité de voir profaner si longtemps sa résidence sacrée.

—Les choses se gâtent à Karéma. Quatre de mes Askaris, qui s'y étaient rendus pour leur Posho, en sont revenus sans fusils et la face ensanglantée.
Le soldat est le même partout. En Europe, chaque changement de garnison laisse en souffrance bon nombre de dettes criardes, d'un recouvrement difficile. Pourtant, les fournisseurs trop confiants peuvent encore s'y faire rembourser, en écrivant au colonel du régiment. Mais, en Afrique, le moyen de courir après les mauvaises paies ?
Nos Askaris doivent donc quelques bagatelles, qu'on leur a réclamé avec défiance, sachant qu'ils se trouvent sur leur départ. Au lieu de s'adresser à moi, qui aurais exigé paiement immédiat et, au besoin, soldé le tout, sur la somme due à la

Côte, on leur a cherché querelle. Ils ont eu beau promettre de s'exécuter, le parti jeune, encouragé par la politique ambiguë du Sultan, s'est livré à des voies de fait et, après avoir blessé ces quatre malheureux, les a dépouillés de leur fusils.

J'aurais pu ne pas intervenir dans de semblables querelles, mais le fait de s'emparer d'armes, qui nous appartiennent, ne peut être toléré.

Il faut agir et, cette fois, sans faiblesse. Le retour des hommes, couverts de sang, a d'ailleurs causé dans la Colonie une émotion profonde. Les camarades des soldats blessés menacent de se porter en armes sur le village, si satisfaction ne leur est donnée, et, fort probablement, nous nous trouverions impuissants à les arrêter. Ce sont Chaouris sur Chaouris, députations sur députations. La fermentation croît en violence. Je n'obtiens un peu de calme qu'en promettant une prompte solution.

Désireux de m'entourer de tous les renseignements, et voulant jusqu'au bout mettre la justice de notre côté, j'ai fait mander Kanghérennghèré, resté mon grand ami, malgré sa dernière déconvenue. L'ancien ministre me confirme que les quatre Askaris n'ont rien fait pour s'attirer un pareil traitement. Ils ont offert de me faire prévenir. Mais on n'a pas voulu les écouter. Une troupe de jeunes gens s'est jetée sur eux, en proférant des menaces contre les Hommes Blancs, et sans les notables de l'ancienne Cour, mes hommes étaient massacrés. Le Mganga assure qu'il y a eu un coup monté, ce dont je me doutai, du reste, bien un peu.

Quelque temps après l'agression, nous envoyons au village, Bilali, l'un des Akidas de M. Storms, accompagné de quatre Askaris armés. Je fais dire à Yassagoula que j'accepte la responsabilité de toute dette, grande ou petite, contractée par mes hommes; que de plus, je m'engage à punir ceux d'entre eux qui seraient convaincus d'un fait blâmable quelconque.

En retour, j'exige le châtiment des indigènes qui ont blessé mes Askaris, et surtout de ceux qui ont osé s'emparer de *mes fusils*. Ce faisant, je me montre d'une modération extrême. De par la volonté de Mirambo, c'est moi qui suis et demeure le véritable maître de Karéma, et le jeune Chef n'ignore pas que, seul, j'ai sauvé son village de la destruction. Mirambo le lui a fait notifier à lui-même, en l'avertissant de m'obéir en toutes choses. S'il y avait eu un motif de plainte contre mes hommes,

VEUF ET ORPHELINS.

(Dessin de A. HEINS.)

il était du devoir du Sultan de m'avertir. Et c'est une latitude que je lui laisse, encore, par dérogation aux usages en vigueur dans l'Afrique entière.

Yassagoula, qui reçoit fort mal mes ambassadeurs attitrés, me fait insolemment répondre qu'il n'a pas à intervenir dans les querelles de ses *enfants*. Or, je m'étais déclaré absolument responsable des *miens*. Encore une fois, celui qui, en Afrique, manifestement offensé ou lésé par un voisin, ne frappe pas, est considéré comme impuissant à frapper. Yassagoula, monté par les gamins de sa Cour, prend pour timidité notre attitude pacifique. Déjà, deux petites caravanes, venant de chez nous, ont été attaquées, celle de Mounié Koumba et les Askaris licenciés de M. Storms. Une première fois, le Sultan s'est vu contraint, seulement, à la restitution d'une partie de l'ivoire volé, mais le sang répandu n'a pas été payé. Dans la seconde affaire, faute de preuves, nous avons dû nous abstenir. Autant d'indices, pour le présomptueux tyranneau, de la crainte qu'il croit nous inspirer. Ses dernières avanies ont, surtout, pour cause, le dépit engendré par nos exigences, relativement à l'ivoire de Mounié Koumba. Le Sultan s'est tout bonnement remboursé, en faisant saisir nos fusils. Et, cette fois, c'est directement à nous qu'il s'attaque, et non plus à des hôtes de passage et à des soldats licenciés, de la cause desquels, nous aurions pu, à la rigueur, nous désintéresser.

Il faut marcher, ou demain, peut-être, la Station serait attaquée par ces insensés qui croient nous faire peur ! Certes, nous n'en ferions qu'une bouchée. Mais il s'agit aussi d'assurer la sécurité de la route, afin de n'avoir plus à protéger nos caravanes par des forces anormales.

Toutefois, je me résous à tenter un nouvel effort, pour vider pacifiquement le conflit.

Une seconde ambassade exige qu'on nous amène immédiatement les hommes qui ont blessé les nôtres, et leur ont volé *nos fusils*.

Yassagoula, comme je m'y attendais, me répond dans le style de Léonidas : — « Viens les prendre. » Aussitôt je fais faire une distribution de cartouches à mes soldats et à une vingtaine d'Askaris de M. Storms, embrigadés à part, à cause des jalousies régnant entre les nègres *civilisés* d'Oungoudia et les *demi-sauvages* du littoral. Mes hommes, au nombre de 60, sont divisés en trois pelotons, l'un commandé par moi, un autre par Forhan, et le troisième par Bilali, notre premier envoyé. Vers 6 1/2 heures, nous nous mettons en route, sans rencontrer âme qui vive sur notre chemin. Nous franchissons en silence, et dans l'ordre le plus parfait, la montagne qui nous sépare du village. Mes hommes, tous aguerris et disciplinés, affectent la plus entière confiance. Quant à M. Storms, il est resté à la Station, pour faire face, de son côté, à une attaque éventuelle.

Arrivés près de la rivière, située à 400 mètres, à peu près, du Boma, j'envoie deux Akidas sommer une dernière fois le Sultan d'avoir à nous faire réparation. Ils reviennent porteurs d'une réponse outrageante.

Dans mon esprit, notre expédition devait se borner à une simple manifestation armée. En nous voyant résolus à pousser les choses à l'extrême, Yassagoula, me disais-je, s'empressera de mettre les pouces, et un Chaouri, conduit d'une façon un peu raide, en aura raison. Je commence à croire ce jeune chef encore plus sot et plus imprévoyant que je ne me l'étais figuré.

Mon ordre de bataille est communiqué. Deux pelotons, contournant le Boma, vont se poster devant les deux entrées secondaires, tandis que je marche sur la grande porte, toute large ouverte. Rien n'indique qu'on fasse des préparatifs de défense. Un silence profond règne, et la lune, brillant dans l'azur, jette sur la campagne sa clarté blafarde. Nous entrons. Aussitôt, de l'intérieur, s'élève une vive fusillade. Mon bon et fidèle Réhani tombe frappé de trois balles dans le ventre. Un autre est légèrement blessé à la main. Je commande l'assaut du point d'où part le feu, pendant que les deux autres pelotons forcent leurs portes respectives et brûlent de nombreuses cartouches. L'ennemi surpris par cette tactique, pourtant si simple, court d'un côté à l'autre. Pour éclairer le théâtre du combat, Forhan a mis le feu à une hutte, dont il a délogé les tirailleurs. Nous voyons que nous avons affaire à quatre ou cinq cents hommes, armés de fusils, d'arcs et de lances. Evidemment ces braves gens s'apprêtaient à nous rendre visite, si nous ne les avions prévenus. Affolés et démoralisés, ils tirent au hasard, le bras tendu, sans viser. Peu de leurs coups portent. Mes hommes, qui savent, d'ailleurs, que c'est de moi qu'ils tiennent leur haute paie, font des prodiges de vaillance. Mahomed Maskam se tient obstinément devant moi, et le vieux Djémadar, qui ne me quitte pas d'une semelle, se bat comme un Béloutchi, c'est tout dire.

Cependant l'incendie va grandissant, et une véritable panique s'empare de l'armée assiégée, mise en déroute par une poignée d'hommes.

Se voyant pris, de tous les côtés, et exposés à un feu bien autrement sûr et meurtrier que le leur, les Rougas-Rougas du Sultan fuient en désordre, par les portes laissées libres, abandonnant leurs femmes et leurs enfants. Bilali, commandant l'entrée de l'Ou-Fipa, faisant face au Midi, canarde les fugitifs et fait un grand nombre de prisonniers. En moins d'un quart d'heure, nous sommes maîtres de la place. Une vingtaine de femmes sont restées avec leurs enfants. On les emmène à la Station et, quoique conduites par quelques hommes seulement, aucune ne fait mine de s'échapper. Quant au Sultan, il a pris la fuite avec ses héros imberbes. Le vieux Kanghérennghéré, lui-même, s'est sauvé dans le Pori.

Ce qu'il y a de plus fâcheux, c'est que l'incendie a gagné la moitié du village. Mais au bout de trois semaines, il n'y paraîtra plus. On a pu sauver heureusement la plus grande partie des réserves de maïs.

Cependant, quelques hommes de la petite caravane, campée momentanément sur notre territoire, nous ont suivis en maraudeurs, sans que je m'en sois aperçu. Croyant qu'il s'en allait, comme de toutes les guerres africaines, où le pillage est de rigueur, ils se sont mis en devoir de faire leur main.

Je surprends l'un d'eux, en train de désarticuler, avec son couteau, le pied d'une épouse du Sultan fugitif, pour s'emparer du jambelet, en ivoire gravé, qu'on met aux femmes destinées à la couche royale, alors qu'elles sont toutes jeunes encore, et qui leur demeure rivé au-dessus de la cheville.

Sans m'amuser à parlementer, je casse, d'un coup de revolver, la tête du misérable, et remets la malheureuse entre les mains de ma suite, après un premier pansement.

Les maraudeurs sont chassés à coups de crosse, avec menace de fusillade, s'ils s'avisent de reparaître.

Une vingtaine d'Askaris, seulement, restent commis à la garde du Boma, à moitié détruit, et je retourne, avec les deux tiers de ma troupe, au Fort Léopold, où le pauvre Réhani a été transporté, sur une civière de feuillage.

Nous ne le sauverons pas.

Ses souffrances sont horribles, et il se tord, comme un serpent blessé, en demandant, en grâce, qu'on l'achève.

Vers le matin, il expire, seule, mais lamentable victime d'une expédition couronnée de succès.

— Le lendemain, tout est rentré dans l'ordre. Les femmes prisonnières, bien traitées, bien nourries, et laissées libres de vaquer à leur désir, ont l'air de trouver toute simple leur nouvelle position.

Elles ne s'étonnent que d'une chose, c'est de n'avoir point été mises à la chaîne, comme cela se pratique en pareille occurrence. Pas un regret pour leurs vaillants époux, qui les ont chevaleresquement laissées là, dans la bagarre. Elles causent joyeusement avec les épouses de nos Colons, et se mêlent, de leur propre mouvement, à leurs travaux. Quelques-unes, séduites par notre air bienveillant, nous viennent présenter leurs négrillons et sautent de joie lorsque nous leur faisons présent d'un lambeau d'étoffe. Nous avons défendu, sous les peines les plus sévères, à nos Askaris de s'émanciper avec elles. Et je crois, Dieu me pardonne, qu'elles en sont un peu désappointées !

Nos travaux ont, d'ailleurs, repris, comme si de rien n'était. On continue à faire des briques et à entourer les champs de clôtures de matétés. Nos vingt hommes campent toujours à Karéma, dans la prévision, non réalisée, d'un retour offensif. Ici nous nous contentons de doubler les soldats, préposés à la garde de notre pêcherie et des hangars, sous lesquels se trouvent remisées nos deux embarcations. Quant à Yassagoula et à ses sujets, ils ne donnent plus signe de vie.

— Ce n'est que le samedi 15, que j'en entends parler. Vers 9 heures du matin, j'avise la tête du vieux Kanghérennghéré, au menton duquel frétille une petite barbiche grise, ressortant et disparaissant, par intervalles, derrière un bloc de rocher.

C'est moi qu'il guette apparemment, car j'ai toujours eu d'excellents procédés pour ce forgeron diplomate, rentré probablement en faveur, et dépêché comme médiateur.

Sitôt que je l'aperçois, je me hâte de lui faire des signes engageants et il vient à moi, d'un air timide, en frottant les paumes de ses mains contre les peaux de bique qui lui servent de vêtements, geste considéré ici comme la marque d'un grand embarras et d'une profonde humilité.

— Eh bien! lui dis-je, en souriant, *Ghabari gani?* (Quelles nouvelles) ?

L'ambassadeur entre en propos :

— Ce sont, dit-il, des jeunes gens, sans expérience. Si lui, Kanghérennghèré, était resté ministre, jamais rien de pareil ne serait arrivé. Mais le Sultan ne l'a pas consulté... Il s'est cru plus sage que les vieux et plus fort que les Blancs. Yassagoula confesse ses torts et s'en repent... Il donnera satisfaction au puissant Mouzoungou...

— Quelle réparation? Je suis maître de son village et de son territoire. S'il s'avisait d'y retourner, sans mon agrément, il tomberait sous nos fusils.

— Il est vrai... Tu es le Maître et tu l'as toujours été... Mais, je te sais bon et généreux... J'ai consulté Mousamouéra...

— Comment? Tu oublies que l'Esprit habite chez nous, et ne veut plus rien avoir de commun avec les traîtres, lâches et oublieux habitants de Karéma?...

Il baisse la tête avec confusion.

— Mouami, la saison des pluies approche... C'est le temps des cultures et nous n'avons plus rien à manger!... Permets que nous rentrions sur nos terres... Plus jamais tu n'auras à te plaindre de nous... surtout si le Sultan me rétablit dans ma charge... Tout le malheur vient de ce qu'on m'a destitué.

Je me mets à rire. Le vieux renard n'a vu, dans tout ceci, qu'une excellente occasion de repêcher son ancien ministère.

— De par la volonté de Mirambo, vous me deviez respect et obéissance. Quand même ton Sultan aurait remporté la victoire, ta position n'en aurait été que plus critique. Mon ami Mirambo serait accouru et vous aurait tous massacrés jusqu'au dernier!.. J'avais sur vous une autorité absolue... Vous l'avez méconnue.. Lorsque j'étais assez indulgent pour ne réclamer qu'un simple Chaouri, vous vous êtes armés contre moi... J'aurais pu vous réduire en esclavage, je ne l'ai pas fait.. Pourquoi?... Parce que les Hommes Blancs ne font la guerre que lorsqu'ils y sont forcés et n'abusent jamais de la victoire... Eh bien! soit! Je vous permets de rebâtir votre village, avant les pluies, et de reprendre vos cultures... Mais vous paierez tribut, en travail, à mon Frère Blanc. Seulement, je vous préviens qu'il a moins de patience que moi... A la première faute, gare à vous!.. Il vous tuera sans pitié...

Kanghérennghéré s'en est retourné, enchanté de l'issue de sa négociation. Il va s'en faire gloire, auprès de son piteux souverain, et dire qu'il a tout fait. Pour lui faciliter sa rentrée aux affaires, j'ai exigé qu'il assistât au Chaouri fixé pour demain. Le voilà, du coup, plus puissant que jamais, et lié, à notre égard, par ses intérêts les plus immédiats.

16 octobre. — Grand Chaouri. Vers 9 heures, Yassagoula arrive, avec ses dignitaires, de Kafissya, où il s'était réfugié. Kanghérennghéré l'accompagne, avec une mine aussi triomphante que celle de son maître est défaite et contristée. Siranda a été mandé comme conciliateur. Quant à Tchiata, il a envoyé Tongo, son Nyampara en chef. Chaque Sultan, ou délégué, est entouré d'une suite nombreuse qui encombre le barza, où nous siégeons solennellement, le lieutenant Storms et moi. Prévenu de l'ébouriffante pipe, mon successeur, plus patient que le capitaine Popelin, parvint à garder son sérieux. Pour ce qui me regarde, je suis de longue date cuirassé contre le rire.

Le Chaouri commence. Yassagoula, d'une voix sourde et embarrassée, balbutie quelques plates excuses. D'après la commode méthode africaine, il rejette la responsabilité de sa trahison sur quelque mauvais Esprit, qui l'aurait ensorcelé. Je lui fais observer qu'il lui faudra soigner ça, attendu que, si le mauvais Esprit s'avisait de revenir, nous serions obligés de le déloger à coups de fusils.

— Quel motif de haine avais-tu donc contre nous? lui dis-je d'une voix sévère. Avant notre arrivée ici, vous étiez pauvres et misérables. Grâce à nous, vous possédez tous, aujourd'hui, des étoffes et vous nous vendez ce que vous voulez. J'ai fait plus. Lorsque Mirambo voulait brûler ton village, et réduire tous tes sujets en servitude, je suis intervenu et lui ai demandé grâce. Etait-ce agir en bon Maître et en véritable Ami? Comment les gens de Karéma et toi, leur chef responsable, avez-vous reconnu ces services? Une première fois, vous avez massacré et pillé une caravane qui venait de chez nous... Vous avez voulu faire de même, pour des soldats qui avaient été à notre service... Enfin, vous avez blessé quatre de nos hommes et poussé l'audace jusqu'à voler *nos* fusils. Et, lorsque je t'ai demandé satisfaction, tu m'as répondu avec insolence!... Nous avons pitié de toi, parce que tu n'es qu'un enfant!...Mais, garde de retomber dans le même péché!.. Mon Frère Blanc, dont j'ai dû arrêter le bras, te tuerait comme un buffle...Sois fidèle et dévoué, et tu auras tout à gagner avec nous... Nous oublions ton offense... Les Oua-Zoungous savent pardonner... Toutefois leur patience a des bornes, souviens-t-en. Et souviens-toi pareillement de la maxime de Salomon, le grand prophète des Arabes : « Celui qui creuse la fosse tombera dedans et la pierre retournera contre celui qui l'aura roulée. »

Ce beau discours, que Kanghérennghèré appuie, en hochant complaisamment la tête, laisse Yassagoula sans réponse. L'ex-ministre se porte garant de la conduite à venir et, séance tenante, est rétabli comme premier conseiller de la Couronne. Nous concluons la paix. Une chèvre, pauvre animal, faisant fonction de bouc émissaire, la scelle de son sang innocent. On la partage en deux. La moitié est déposée sur la natte, devant Yassagoula, et l'autre devant le lieutenant Storms. Comme tribut et indemnité de guerre, nous exigeons une somme de travail, à fournir par les habitants de Karéma, et qui sera délimitée plus tard. Cette dernière clause est indispensable pour sauvegarder notre prestige. L'abandon de toute réparation matérielle, serait regardée comme un acte de faiblesse et une prime d'impunité, que nous ne tarderions pas à solder durement; ce serait à recommencer tous les jours. Déjà, la remise gratuite des femmes prisonnières, dont la loi africaine nous autorisait à disposer souverainement, provoque un étonnement indicible, non seulement chez le jeune Sultan de Karéma et Kanghérennghèré son ministre, mais encore chez les médiateurs présents à l'entrevue. Ils ne comprennent pas, qu'après avoir consacré des sommes importantes à faire venir du Maroungou, nos Colons et leurs femmes, nous nous dessaisissions d'esclaves, conquises les armes à la main, et dont les vaincus n'auraient pas songé, seulement, à réclamer l'échange.

De fait, les pauvres ilotes semblent médiocrement flattées de leur mise en liberté. Plus d'une eût préféré rester à la Station, dont leurs compagnes, de quelques jours, leur avaient fait des éloges enchanteurs. Mais diable! Les principes sont les principes! Bon gré mal gré, il leur faut rejoindre l'époux couard qui ne les regrettait que parce qu'il ne pouvait plus les exploiter.

Tout à fait rassuré par cette restitution, pour lui stupéfiante, l'effronté Yassagoula en profite pour nous demander quelques étoffes. On peut toujours essayer. Mais, par exemple, nous le renvoyons à Karéma, voir si nous y sommes.

Au résumé, cette affaire, si heureusement terminée, ne nous coûte qu'un mort et quelques blessés. Les ennemis, eux, ont laissé dix-sept hommes sur le carreau. Quant à l'incendie du village, c'est une bagatelle. Avant les premières pluies, tout sera rebâti, et la prochaine récolte remettra nos chers voisins complètement à flot.

Quelque douloureuses qu'elles soient, nos pertes ne peuvent entrer en comparaison avec celles qu'une plus longue impunité aurait poussé les habitants de Karéma à nous infliger.

Grâce à cette répression sanglante, déjà un peu tardive, le district sera accessible aux caravanes et nous n'aurons plus à songer qu'à nos travaux, tout pacifiques.

Novembre. — Les travaux se sont poursuivis avec un redoublement d'activité. M. Storms se trouve au courant, aujourd'hui, des moindres détails, et l'exhaussement des murs de la Station étant terminé, il a assumé la direction de tous les services.

Quant à moi, qui n'ai plus rien à faire, je procède à mes derniers emballages.

Le Djémadar a encore accompli un dernier voyage à Kilando, pour approvisionnements.

Je laisserai à l'ami Storms, Ouleidi, mon forgeron, dont je fais renouveler l'engagement. Quant à Sadallah, moins indispensable, il a manifesté le désir de retourner à Tabora.

A partir de la Côte, pendant les trois ou quatre premières journées de marche, le voyageur est encore obligé de tout solder en roupies (fr. 2.11 c.) ou en pessas (monnaie de cuivre portugaise, valant à peu près quatre centimes).

Il s'ensuit, qu'outre la cargaison d'étoffes et de perles, d'usage exclusif dans l'intérieur, les caravanes se munissent d'une cer-

CHAPITRE XXXVI

taine quantité de numéraire. J'ai trouvé, dans les magasins, toute une charge de cuivre, et quelques roupies, demeurées sans emploi par suite du décès des capitaines Popelin et Ramaeckers. Jointes à ma réserve particulière, elles constituent un trop-plein assez difficile à écouler. Une occasion se présente. Mes Askaris, embarrassés de leur batterie de cuisine, se bornant, en temps de marche, au strict nécessaire, viennent me proposer de la racheter. Je leur prends le tout en bloc, et distribue les ustensiles, encore en bon état, à nos Colons du Maroungou. Cet acte de libéralité sera mon cadeau de départ.

Il excite dans le Boma une véritable ivresse. Combien il est facile de rendre heureux ces pauvres gens, pour lesquels tout objet, nécessitant une main-d'œuvre quelconque, constitue un trésor! Grâce à une centaine de francs, dont je ne trouverai pas le placement, je fais le bonheur de cinquante familles! Mes Askaris ne sont pas moins satisfaits, car ils pourront payer en monnaie, leurs derniers fourrages.

17 novembre. — Le jour est venu, pour moi, de prendre le chemin de la Patrie. Dès l'aube, tout mon ancien personnel m'a fait ses adieux. Les marques de regrets, que je reçois, me touchent jusqu'aux larmes.

Les Colons, mêmes, ont tenu à me serrer la main.

Ma caravane se compose, outre les Askaris du Djémadar, de 20 hommes licenciés, attaqués à Kafissya, et des deux petites troupes qui sont venues se mettre sous notre protection.

Au moment de mon départ, les tambours battent. M. Storms m'escorte, pendant quelque temps, sur les bords du Lac, que nous suivons jusqu'à Issoumboua où, depuis la veille, le Djémadar a établi son Cambi de partance. Nous nous séparons, au moment où mes hommes s'engagent dans la jungle.

Une fraternelle accolade et adieu !

Adieu, aussi, beau Lac, miroitant aux feux du jour! Adieu, terre, d'abord ingrate et devenue enfin féconde !

Adieu, naïfs et insouciants enfants de l'Afrique, reconquis à la liberté et au travail! Vous reverrai-je jamais? Oui, je l'espère. Mais d'abord, il faut que j'embrasse les miens, que je reprenne, sur le sol natal, des forces nouvelles. Puissé-je ne pas y regretter les erreurs de la barbarie, par le contraste des abus de la civilisation !

CHAPITRE XXXVII

A pied. — Mes fidèles. — Les terreurs de Tchiata. — Un martyr de la Science. — Mort du docteur Kaizer. — La grêle ! — Guéris par les fourmis. — Au nouvel Ourambo. — Les difficultés pour l'ivoire. — L'expédition allemande va à Karéma. — Incendie de Waidmansheil et de ses collections. — Incivilisables. — Un loustic à quatre mains. — Double départ. — L'âne et le singe. — Labourage en musique. — Chirurgie. — Aux approches d'Ourambo. — Mes Askaris se rassurent. — Les Révérends Willougby, Daue et Shaw. — Mirambo est à la chasse. — Visite du Mouami. — « Vous avez été trop bon ! » — L'ivoire de Mirambo. — A Tabora. — Les fourberies de Scapin-Bamboula. — La caravane de Mohamed Biri. — Fausses traites. — Aucun secours. — Rentrée flatteuse. — Les anciens amis. — A la Mission Française. — Mariage de Risiki et de Madenngué. — La bande rouge. — Encore l'ivoire. — Six pains de froment. — Les ivrognes d'Ouyouy. — Hardiesse prudente. — Les Révérends Edmunds et Blackburn. — Réclamations. — Ivre-mort et malades. — *Christmas day*. — Désertions et renforts. — Le désert devenu Oasis. — Le Capitaine Hore et ses compagnons. — En détresse.

En arrivant à Karéma, M. Storms avait deux ânes, l'un de Mascate, l'autre acheté dans l'Ou-Nyaniembé. Il m'a cédé le second qui servira, surtout, à porter mes bagages particuliers. Il n'y a guères qu'au début du voyage, et en traversant les premiers Poris, qu'on m'ait vu faire usage de cette monture. Au lieu de se laisser rôtir passivement, — par le soleil, dardant à pic sur les herbes desséchées, — j'estime qu'il est sain de réagir contre les insolations par une marche régulière, entretenant l'équilibre entre la chaleur intérieure et la température extérieure. Piéton déterminé, j'ai fourni, en cette qualité, les plus rudes étapes et si, à Tabora, même, j'entretenais un bourriquet, ce n'était que par simple question de décorum.

Le Djémadar, pressé de réaliser, est enchanté de retourner à la Côte. Il chemine, pieds nus, derrière moi, avec un entrain juvénile. La campagne, du reste, a été bonne pour lui. Indépendamment des bénéfices réalisés sur l'Association, grâce au prix élevé, arrêté par Séwa l'Hindi — qui, agissant pour le compte d'autrui, a généreusement taillé en plein drap — Ghan Mohamed a trouvé dans la Station Belge, un précieux point de ralliement et d'opérations pour son commerce d'ivoire. Son frère et le vieil

Hamici, flanqués seulement de quelques hommes, ont pu arriver à des résultats, impossibles aux trafiquants arabes, travaillant sans grand personnel et sans capitaux importants.

Ils reviennent avec plus de cinquante défenses, acquises à vil prix, et qui représenteront, même vendues aux Arabes de Tabora, jaloux d'en monopoliser le commerce, une somme considérable.

Avec le vieux Djémadar, l'Akida Forhan, Capitani, mon homme de confiance, Mohamed Maskam, le couturier-conteur, et le charpentier Sadallah, composent mon escorte particulière. Leurs femmes sont chargées de leur petit matériel de campagne.

Risiki et Madenngué, présents de Tipo Tipo — et que je verrai à établir à Tabora — font la cuisine. Tchiano et Barouti portent mes deux singes. J'ai laissé le balafré Songoro, comme boy, à M. Storms. Comme, dans l'intervalle, il a trouvé moyen de se brouiller avec son ex-ami, la séparation s'est, cette fois, accomplie sans déchirement. Tchiano, d'ailleurs, grille du désir de voir Bagamoyo et Zanzibar, tandis que Songoro, fort aimé de nos Colons du Maroungou, a demandé lui-même à rester à Karéma, où il prend des airs d'importance.

Grâce à l'appoint des vingt Askaris de M. Storms, revenus à la Station, après l'attaque dans le Pori, mes hommes, tous armés, sont au nombre de 70. Les troupes du frère du Djémadar et d'Hamici, réunissant ensemble un chiffre à peu près égal de soldats, notre caravane est suffisamment en force pour tenir tête à n'importe quelle agression.

En fait de bagages, je n'ai emporté que le strict nécessaire. Mes curiosités naturelles ou ethnographiques, dépouilles d'animaux, herbiers, échantillons de bois et de minéraux, armes, tissus, ornements en cuivre et en ivoire, fétiches, instruments de musique, etc., etc., occupent quelques grandes caisses. Deux ballots d'étoffes me suffiront jusqu'à Tabora, car j'ai remis au Djémadar l'avance du Posho mensuel, à répartir entre ses hommes, ce qui rend inutile l'engagement d'un ou de deux Gombozis spéciaux. Nous pourrons donc marcher bon train.

En passant par Kafissya, j'insiste pour voir le gros Tchiata qui, averti de mon approche, s'est retranché dans la hutte de ses quatre femmes. Les allures de ce personnage n'ont jamais été marquées au coin d'une rigoureuse franchise et la récente algarade de son fils Yassagoula, — recueilli, et peut-être instigué par lui, — le met dans une position encore plus fausse qu'auparavant. Après quelques pourparlers, je suis admis dans son harem, où il me reçoit comme un homme qui n'a pas la conscience bien nette. Pendant notre entretien, — abrégé par l'odeur nauséabonde qui me chasse de ce buen-retiro, Tchiata ne me perd pas des yeux et tressaille, à chaque fois qu'il m'arrive de toucher à ma ceinture, garnie d'un couteau de chasse et d'un revolver. Vainement, il cherche à rompre les chiens au sujet de l'affaire de Karéma. Je l'y ramène avec obstination.

— Ton fils a promis de se tenir tranquille. C'est à toi de le fortifier dans ces bonnes dispositions, car une prochaine fois, il ne s'en tirerait point à si bon compte. Mon Frère Blanc voulait venir le chercher jusqu'ici, et il aurait brûlé ton village, si je ne l'en avais pas empêché. Il est grand et fort, et je t'engage à ne lui donner aucun motif de plainte. On peut pardonner quelque chose à un jeune homme, presque un enfant, égaré par de mauvais conseils, mais un Chef de ton âge... et de ton poids, doit savoir ce qu'il fait. J'ai tenu à t'avertir. A mon retour, si j'apprends que tu t'es montré bon voisin, je te ferai cadeau d'un fusil.

Tchiata m'écoute, l'oreille basse, en caressant machinalement la figurine sculptée du bâton qui lui sert de sceptre. Repoussant l'offre de camper dans le village même, je conduis ma caravane deux lieues plus loin.

— A peine les Askaris ont-ils fini d'élever leurs cabanes de branchages, que quatre hommes nous rejoignent, venant de Karéma. Ils composaient, avec un Akida, toute l'escorte du docteur Kaizer qui, à peine guéri de sa fièvre et de son ophtalmie, avait été faire une reconnaissance sur les bords du Lac Léopold II (anciennement Rikoua).

L'intrépide savant avait trop présumé de ses forces, et cette excursion devait lui coûter la vie.

Le Lac Léopold, situé au Sud de la Station Belge, près du territoire du Sultan Kapoufi, ayant été jusqu'ici assez peu exploré, M. Kaizer se proposait de dresser, enfin, un relevé exact de ses eaux. Affaibli par un séjour, déjà trop prolongé, dans la région basse et humide de l'Ougalla, le docteur s'est laissé entraîner aux plus graves imprudences.

Ses hommes me racontent que, pendant toute la nuit, il était resté sur les bords du Lac, entrant jusqu'à mi-corps dans les eaux glacées, et sautant dans sa pirogue sans prendre la précaution d'allumer un feu pour se sécher. L'explorateur le plus robuste n'y aurait pas résisté, à plus forte raison un homme, relevant d'une dangereuse maladie. Ce n'est que, vers le matin, seulement, qu'il revint se coucher dans sa tente, mais pour ne plus se relever. La mort l'a pris pendant son sommeil. Selon toute probabilité, M. Kaizer a succombé à une paralysie du cœur, éventualité prévue par lui, et qui ne l'a pas empêché d'aller jusqu'au bout de sa dangereuse mission. Ainsi que la foi, la science a ses martyrs !

La mort de M. Kaizer a mis ses hommes aux prises avec les plus sérieuses difficultés. Non seulement, Kapoufi n'a consenti à laisser enterrer le corps, que moyennant la presque totalité des étoffes emportées, mais il voulait encore retenir les effets et les papiers du défunt. Grâce, pourtant, à l'énergie de l'Akida du docteur, ce précieux bagage a pu être transporté jusqu'à Kilando, d'où les quatre Askaris ont gagné Karéma, pour réclamer l'envoi d'une embarcation. M. Storms a fait immédiatement droit à cette demande, et le *Popelin* est peut-être déjà en route, pour ramener le brave Akida et son pieux dépôt. Quant aux hommes, chargés d'aller porter la triste nouvelle à Igonda, ils se joindront à notre caravane.

— Le lendemain, Cambi en plein désert, aux environs de Katakoi. La Massika s'annonce par un violent orage, accompagné de grêle. Nos hommes se sauvent dans les taillis d'acacias et sous les arbres, pour s'abriter contre les grelons anguleux et d'une grosseur inquiétante, qui leur meurtrissent la peau. Beaucoup d'entre eux n'ont jamais vu de grêle et, comme les anciens Gaulois, ne sont pas loin de craindre que le ciel ne leur tombe sur la tête.

— *Mvoua ya Maoué!* s'écrient-ils, avec surprise. « Il pleut des pierres ! »

— *Itayayouka, Ousiogopi! Oué-é!* « Ça fondra. N'ayez pas peur, vous autres ! » disent, en se moquant, ceux qui sont déjà abrités.

Succédant à la grêle, une forte pluie crève sur le Pori desséché, qui l'absorbe avidement.

— Le 20, vers 2 heures de relevée, campement à Ougoué. Nous courons la poste et je serai peut-être obligé de raccourcir les étapes, car nos hommes, ayant encore besoin d'entraînement, ne résistent pas au Soleil. — Le transport de ma tente a réclamé un Gombozi supplémentaire, que je suis parvenu à engager aux environs.

Trois heures et demie de marche nous séparent du mtoni de Ohanda. Nous les faisons le lendemain, pour ne repartir que le 21, vers trois heures de l'après-midi. Ce repos est nécessité par l'état où la marche a réduit nos hommes qui, pour se débarrasser de leurs cloches, usent d'un moyen héroïque. Ils se fourrent les pieds dans des nids à fourmis noires, et se font outrageusement piquer. L'acide formique constitue, paraît-il, un caustique qui les soulage presque instantanément.

Mais le remède doit être aussi dur que le mal, à en juger par les véritables souffrances que j'éprouve moi-même à la moindre piqûre. Rien de douloureux comme les attaques de ces féroces hyménoptères, atteignant parfois deux centimètres de longueur, et qui enfoncent si profondément leurs mandibules, qu'en les arrachant de la partie mordue, la tête reste fichée dans la peau. Nous sommes obligés de nous dévêtir, pour en avoir raison. Aussi, dans le voisinage des fourmilières, nos hommes courent-ils comme si le diable les emportait, à moins, comme je viens de le dire, qu'ils n'aient les pieds malades.

A Karéma, nous en étions infectés, dans les commencements, et n'avons pu nous en débarrasser, qu'à grand renfort de poudre insecticide, dont heureusement nous avions une provision suffisante. Non seulement les fourmis blanches nous mangeaient tout, mais les noires venaient, la nuit, faire l'assaut de nos couchettes. Je me souviens d'avoir vu ma cellule envahie par leurs grouillants bataillons, couvrant le sol, tapissant les murs et accrochés sur le moustiquaire de façon à intercepter la lueur de ma veilleuse. Usant de la méthode indoue, j'ai fait plonger, le lendemain, les pieds de mon lit dans des boîtes à conserves, pleines d'eau, et, voyant sans doute, qu'il n'y avait plus rien à faire, elles se sont rabattues immédiatement sur les Askaris, réfugiés, cependant, sur des *Vi-Tanda* aériens, élevés de plusieurs mètres.

LES QUATRE COMMANDANTS DE KARÉMA. (Dessin de G. VANAISE.)
Le capitaine CAMBIER, le capitaine RAMAECKERS, le lieutenant BECKER et le capitaine STORMS.

CHAPITRE XXXVII

—Ce n'est pas la première fois que je campe en cet endroit. Du monticule, où se dresse ma tente, on domine un pays étonnamment fertile, pittoresque et accidenté. Ohanda, complètement détruit, ne s'est pas encore relevé de ses cendres. Toute la population, ayant été réduite en servitude et vendue dans des districts éloignés, l'ancien et florissant village grossit le nombre des tongos, jalonnant le Pori.

— Dans la soirée du 21, vers 8 heures, nous bivouaquerons dans un endroit dépourvu d'eau, car il n'a pas encore plu ici. Reparti avant l'aube, la caravane s'arrête, à 10 heures du matin, à Kaloungou, où j'achète quelques volailles. Le jour suivant, vers midi, nous entrons, sans avoir été inquiétés, sur la route, dans l'ancien Boma de Simba.

Nous campons en dehors de l'enceinte. Déjà des difficultés s'élèvent à propos de l'ivoire, emporté par les gens du Djémadar. Comme Hongo, on leur demande des *hommes*, ce à quoi, en ma qualité de chef de la caravane, je ne veux, ni ne puis consentir. Grâce à mes représentations et surtout au titre d'ami de Mirambo, le nouveau Chef se contente d'un grand lingot de cuivre, qu'il fera tourner en bracelets. Ghan Mohamed et son frère se montrent fort reconnaissants de l'issue heureuse de mon intervention. — « Sans toi, Maître, me disent-ils, nous serions obligés de laisser sur la route la plupart de nos esclaves. Et alors, qui porterait l'ivoire ? » C'est là toute leur préoccupation. J'en avais une autre, celle de sauvegarder les droits de l'humanité.

Le Moinangou, appartenant, comme je l'ai dit, à la famille de Mirambo, est un beau et grand jeune homme, très actif et élevé à l'école du Mouami. Si le Sultan détrôné, qui bat toujours la campagne, le prend sans vert, il aura de la chance !

Malgré les réquisitions, le Nouvel-Ourambo est peu fourni de vivres. Nous ne pouvons nous en procurer qu'en quantité minime. J'avais d'abord l'intention de suivre la ligne droite, jusqu'à Konongo, et je m'étais fait énumérer tous les villages de cette route. Mais le Moinangou me dissuade de donner suite à mon projet. A cette époque de l'année, il n'y a presque plus de provisions de réserve, et il doit le savoir mieux qu'un autre, car ses fourrageurs ont contribué à faire table rase. Les habitants, réduits eux-mêmes à la portion congrue, jusqu'aux prochaines récoltes, non seulement ne nous fourniraient rien, mais profiteraient encore de l'occasion pour nous rançonner. Ces renseignements, dont l'exactitude est évidente, me forcent de prendre par Igonda, où je ferai mes adieux définitifs aux membres restants de l'Expédition allemande.

— Repartis, le lendemain, 24, au commencement de l'après-midi, nous atteignons, vers 7 heures du soir, le Cambi de Kilimani (sur la montagne). Il pleut toujours, et mes hommes ont beaucoup de difficulté à faire du feu.

A leur exemple, j'ai emporté une bonne réserve de sorgho et de riz concassé, que je fais bouillir dans une certaine quantité d'eau. Cette bouillie, saine et réconfortante, prévient la dysenterie, et notre premier soin, arrivés à l'étape, est de la faire préparer par les femmes.

25 novembre. — Nous descendons la montagne, à cet endroit presque à pic, et continuons notre marche à travers forêt. Vers 8 heures du matin, à la hauteur du village de Mounié Pamballa, on s'arrête quelques instants pour manger un morceau sur le pouce, car la traite sera longue. Ce n'est qu'à 6 heures que le camp s'improvise, encore en plein désert.

— Le 26, nous faisons des vivres chez Moina Mlimouka. J'achète, pour moi, une demi-douzaine de poules et distribue, comme Posho, une chouka aux 20 Askaris-porteurs de l'ancienne escorte de M. Storms. Le 27, nous dépassons, vers 9 heures, le village de Kambagousia, et campons, dans l'après-midi, sur les bords de l'Ougalla. La plaine, où coule la rivière, est semée de coquillages sur une étendue de plus de dix lieues.

— Le 28, campement à Kisinndé et le 29 à Msimbili. J'envoie en avant les quatre hommes qui ont assisté le docteur Kaizer dans ses derniers moments. A mon arrivée à Igonda, je trouve MM. Böhm et Reichard très affectés de la mort de leur compagnon, quoiqu'ils la connussent déjà depuis quelques jours. Malgré les distances, ces sortes de nouvelles se transmettent fort promptement dans cette partie de l'Afrique, soit par les courriers spéciaux, soit par les caravanes, soit encore par les porteurs qui se rendent à Tabora ou en reviennent.

Ces messieurs faisaient justement leurs préparatifs pour

Karéma, d'où ils pousseront jusqu'au Lac Moéro. Ayant recueilli sur le district d'Ou-Gonda tous les renseignements désirables, ils vont compléter leur œuvre, sans s'en laisser détourner par la fin malheureuse de leur vaillant ami. « Jusqu'au bout. » Cette devise du capitaine Popelin est celle de la plupart des voyageurs qui résistent, pendant les premiers mois, au climat africain.

Le mépris de la mort entre, comme ressort principal, dans de pareilles entreprises. Ce mépris n'est peut-être, au fond, qu'une confiance aveugle dans l'avenir. On a beau voir tomber autour de soi les champions les plus aguerris, même dans les rouges transports de la fièvre, on ne veut point songer au trépas. Toujours on se flatte d'échapper aux dangers, pourtant touchés du doigt, et embrassés, à chaque pas, dans leur menaçante horreur. Qu'importe, si cette présomption optimiste — que pour ma part, je confesse nourrir à un haut degré — produit les mêmes résultats que le fatalisme oriental?

L'Expédition Allemande a fait une autre perte, toute matérielle, il est vrai, mais bien fâcheuse, aussi, au point de vue scientifique. Par l'imprudence d'un boy, le cottage où MM. Böhm et Reichard finissaient de classer leurs dernières collections, a été complètement réduit en cendres. Ces messieurs se trouvaient malheureusement à la chasse, et les indigènes, assez indifférents à l'égard du feu, n'ont fait aucune tentative pour lui disputer des trésors, dont ils ne pouvaient apprécier la haute valeur. Le cottage, établi au bord de la rivière, et qui portait le nom de *Waidmansheil*, abritait, outre de nombreux échantillons d'histoire naturelle et d'ethnographie, un magnifique album de dessins et d'aquarelles, qu'il sera impossible de reconstituer entièrement. Je me souviens, entre autres, d'une vue très complète de la Station de Karéma, prise par ces messieurs, lors de leur dernier séjour au Fort Léopold, et dont je me proposais de demander une copie.

D'abord assez en faveur, MM. Böhm et Reichard ont vu peu à peu se refroidir leurs rapports avec Madame Barbe-Bleue. L'improbation, nettement formulée par les Oua-Zoungous, au sujet des massacres, provoqués par son investiture, et peut-être, aussi, la jalouse pression de la politique arabe, devaient transformer l'ancienne influence morale de nos amis en quasi impopularité. Aussi, est-ce sans regret qu'ils quitteront ce district, dont, un instant, ils avaient rêvé la régénération. Le progrès condamne l'effusion du sang, et la sauvage Afrique n'a point un dogme politique ou religieux qui ne se fonde sur lui.

— Nous restons deux jours pleins à Igonda, où je divise ma caravane en deux sections. Le gros, sous la conduite du Djémadar, se rendra directement à Tabora, où, pour éviter des ennuis dans l'Ou-Gogo, Ghan Mohamed vendra son ivoire, tandis qu'accompagné d'une vingtaine d'Askaris, je ferai un crochet jusqu'à Konongo. Seulement, il m'est fort difficile de trouver ces vingt hommes. Les uns, anciens esclaves de Mirambo, et vendus par lui, craignent d'être reconnus et repris; les autres, nourris des fables et des complaintes guerrières, que l'on sait, manquent de courage pour aller trouver dans son antre, le Croquemitaine de l'Afrique Centrale. Il faut à Capitani et à Assani des prodiges de persuasion pour me constituer une escorte sûre, parmi les soldats les plus résolus, disciplinés au Fort Léopold.

— Ma caravane s'est renforcée d'un voyageur nouveau. Il s'agit d'une guenon papion, du nom de Nyoko, dont M. Reichard me fait présent avant de partir. L'expédition allemande en possédait deux, parfaitement apprivoisées, et qui couraient librement dans le village. Nyoko est, sans contredit, la plus familière et la plus intelligente. Grande et forte, comme un enfant de 10 ans, le poil long et fauve, le museau allongé, armé de dents pointues, et le postérieur rouge et pelé, comme tous les individus de son espèce, elle entre dans les huttes des indigènes, qui lui font bon accueil, partage leur ougali, leur vole du tabac, qu'elle chique et mange avec gourmandise, et, perchée sur la palissade du Boma, s'amuse à leur sauter sur le dos, à l'improviste, pour faire la toilette à leur chevelure crespelée. Grande éplucheuse de vermine, elle fait passionnément la guerre aux insectes et aux pellicules, savourés par elle avec un amusant clappement des lèvres. Nyoko, d'ailleurs, ne dédaigne ni la viande de chevreau ni le poisson sec. Son éclectisme, en fait de cuisine, si l'on n'y prenait garde, lui serait même fatal. Plus d'une fois on a dû la traiter pour des indigestions rapportées de la maraude.

3 décembre. — Ghan Mohamed est parti avec ses hommes, et

je me dispose à en faire autant avec les miens. Pour éviter les récriminations des porteurs, chargés de ma tente, je l'ai fait disposer sur le dos de l'âne. Tchiano, chargé de la conduite de Nyoko, l'attache à la longe du baudet, mais celle-ci, effrayée d'un pareil compagnon, prend sa course à travers champs. La tente fait demi-tour et passe sous le ventre de l'âne, qui rue avec fureur. La guenon, tenue court, culbute, traînée et meurtrie, hurle, aboie et siffle ! Mes hommes se précipitent à son secours ; tout le village, ameuté au bruit de l'algarade, se tient les côtes de rire.

Enfin, on dégage la pauvre Nyoko, qui chemine de bonne grâce, tenue en laisse par mon boy, mais n'entend plus approcher de maître Aliboron, au seul aspect duquel elle tire sur sa chaîne, en poussant des cris de terreur.

— Partis vers 8 heures du matin, dans la direction Nord-Nord-Ouest, nous campons à 1 heure de relevée à Itoungouro, petit village de l'Ou-Nyaniembé, placé sous la domination de Séki. La pluie tombe dru, mais sans gêner beaucoup mon escorte, qui a eu le temps de faire provision de calorique.

— Le pays, d'abord accidenté, puis plat, offre peu de ressources alimentaires. De l'humus, noir et fécond, naît une végétation particulièrement vivace. Malheureusement, les villages y sont des plus clair-semés et la population agricole fait défaut. Là encore, une colonie européenne pourrait réaliser des merveilles, en transformant ce Pori en centre de production et de commerce. Le tabac y est d'une belle venue et d'un crû excellent, ce qui prouve à l'évidence la bonne qualité du sol.

Le 4, après avoir longé encore, pendant quelque temps, les bords de l'Ougalla, nous campons à Itounda. Ordinairement, à moins de marches forcées, nous partons dès l'aube.

Le 5, dépassé une dizaine de petits villages, non ceints de palissades et entourés de terres cultivées. Toute la population est aux champs. Les trompes rustiques s'appellent et se répondent, et les laboureurs, ornés aux bras et coiffés de clairs grelots, se plaisent à les faire tinter en cadence, à chaque coup de houe, nettement rythmé. On chante, aussi, à pleins poumons. Nulle part je n'ai vu autant d'entrain et de gaîté.

Moyennant un doti de Mérikani, je fais achat d'une corne de grande antilope, élégamment recourbée, sur laquelle Tchiano sonnera désormais, pour les gens de l'escorte, la diane et la retraite.

Le soir, nous couchons près du dernier village du district d'Ousoké, placé sur la route ordinaire de Tabora à Oudjiji. De nombreuses caravanes y passent et s'y ravitaillent. Aussi, comme partout où l'élément agricole et local se trouve en contact avec l'élément marchand et nomade, les habitants se montrent-ils sociables et hospitaliers.

— A Oussissia, distant de 5 lieues à peine, nous avons dépassé la limite qui sépare l'Ou-Nyaniembé de l'Ou-Nyamouézi. Un Nyampara de Mirambo, devenu chef de village, y habite une hutte assez modeste. C'est un homme gros et fort, aimant à rire, et qui me fait un accueil, d'autant plus chaleureux, qu'il a besoin de mes services comme médecin. Deux de ses hommes, attaqués par des Rougas-Rougas, sont assez grièvement blessés, le premier d'une balle dans la cuisse, le second d'un coup de lance dans le côté.

Quoique les entours de la plaie soient affreusement gonflés, l'homme, atteint d'un coup de feu, guérira. Je lui extrais assez facilement la balle et recommande de lui humecter la blessure avec de l'eau fraîche. Quant à l'autre malheureux, il est condamné. Je ne le cache pas à mon hôte, tout en lui laissant une petite provision de linges et d'arnica. Il paraît assez désappointé de mon pessimisme. Sans doute, comme la plupart des nègres, attribue-t-il aux Hommes Blancs la toute-puissance médicale. A la façon dont il insiste, pour que je guérisse son blessé, il est facile de voir qu'il me soupçonne de mauvaise volonté et que toutes mes explications sur l'art de guérir, ses exigences et ses limites, n'ébranlent point ses indéracinables préjugés.

— Forhan et Capitani sont partis à l'avance pour annoncer mon arrivée à la Mission anglaise d'Ourambo, car aucun de mes Askaris n'aurait osé se charger d'une pareille commission. Depuis qu'ils sont entrés sur le territoire du Mouami, les plus déterminés se serrent autour de moi, comme des moutons, surpris par l'orage, autour de leur berger. Pour les rassurer, je ris et plaisante. A chaque instant, je m'attends à les voir retour-

CHAPITRE XXXVII

ner sur leurs pas. Et peut-être bien, m'abandonneraient-ils, s'ils ne craignaient de se voir barrer la retraite.

Le soir suivant, nous campons à Ounzaré, petit village entouré d'une faible palissade. Ici, pas besoin de grandes fortifications. Le nom seul de Mirambo suffit, pour inspirer aux indigènes une sécurité entière.

8 décembre. — Nous dépassons plusieurs villages, dont les habitants accourent à notre rencontre, et nous font l'accueil le

L'Ane et le Singe.
(Dessin de A. Heins.)

plus engageant. Les caravanes, devenant assez rares dans ces régions, il est de l'intérêt général de leur en faire reprendre la route, par des procédés hospitaliers. D'autre part, la sympathie que Mirambo professe pour les Hommes Blancs, est naturellement partagée d'office par ses sujets. Aussi, mes Askaris n'ont-ils plus peur. Ils marchent d'un air crâne et causent gaiement avec les terribles Oua-Chenzis, à l'égard desquels ils commencent même déjà à affecter leurs anciens airs de supériorité. Ceux-ci ne s'en formalisent point, et nous escortent jusqu'au haut de la montagne où est établie la Mission. Nous y arrivons avant 9 heures du matin.

Trois Révérends anglais, MM. Willougby, Dane et Shaw, y ont remplacé le docteur Southon, à l'exclusion de tout nouveau résident laïque. Les deux premiers habitent la maison principale, l'un soignant l'autre, car M. Willougby, fortement éprouvé par les fièvres, garde le lit en ce moment. M. Shaw m'offre l'hospitalité dans un joli cottage, élevé sur la gauche de la plantation. C'est un vigoureux Anglais, qui a fort bien résisté au climat. Il m'accompagnera à Konongo. Les Askaris, auxquels on fournit des vivres en abondance, campent tout à portée.

Nous passons, M. Shaw et moi, à Konongo, toute la journée du lendemain. Mirambo n'est point encore retourné de la chasse, où il se trouvait à l'arrivée de Forhan et de Capitani. Sur l'invitation de ses Nyamparas, nous faisons fête à un copieux ougali, accompagné d'un kitoéo de courges, à l'huile d'arachides. La chère n'est pas précisément exquise, mais offerte et mangée de bon cœur. Notre promenade nous a donné une faim du diable et, comme moi, le révérend Shaw a eu le bon esprit de se familiariser avec la cuisine du pays.

— Grand émoi parmi les Askaris ! Le Mouami, en personne, vient nous surprendre à la Mission. En me voyant secouer familièrement la main à un aussi formidable personnage, ils sentent s'évanouir leurs dernières terreurs.

Mirambo se montre d'une humeur charmante. Sa campagne contre les Oua-Ngonis, dont je lui demande des nouvelles, et qui ne laissait pas que de lui inspirer quelques soucis, s'est terminée par une paix honorable. Je lui rends un compte fidèle des évènements de Karéma.

— Tu as été trop bon, me dit-il. Pourquoi rendre les femmes ? Il fallait mettre le village tout entier à la chaîne et donner la terre à tes gens.

Et il m'offre de faire bâcler la chose par son Moinangou.

— Justement, reprend-il, nous manquons d'esclaves.

On pense si je le supplie de s'abstenir de toute intervention sanglante ! Le noir despote ne comprend rien à ma clémence, et me reproche de « gâter les gens ».

Mirambo s'étonne aussi de ne pas avoir reçu la visite, annoncée, de M. Storms. Je mets cet oubli sur le compte de la hâte qu'avait notre ami d'arriver à la Station et de la nécessité, pour lui, de passer par Tabora, où nous avons conservé un agent.

— Tes frères ont tort de ne pas passer par ici, répète-t-il en hochant la tête. Comme je ne puis plus que difficilement envoyer de caravane à la Côte, ou m'arranger avec les Arabes, tout mon ivoire serait pour ton Roi.

Le fait est que si nos statuts ne défendaient pas strictement de faire le commerce, nous pourrions réaliser ici d'importants bénéfices, car, outre le trésor particulier du Mouami, ses exploits guerriers l'ont rendu maître d'immenses quantités d'ivoire, dépouilles opimes, incessamment renforcées. Je l'étonne beaucoup en lui apprenant que, chez nous, les Rois ne sont pas marchands. Il propose alors de m'avantager, personnellement, en tenant à ma disposition autant de charges que j'en pourrai prendre, au prix de 5 pièces de Satini, par frassilah, ce que naturellement je suis encore obligé de refuser.

— Ni esclaves, ni ivoire ! semble se demander le Mouami désorienté. Que viennent donc chercher si loin les Hommes Blancs ?

Mirambo déplore vivement la mort du docteur Southon, pour lequel il avait l'affection la plus absolue, bien que l'ancien résident anglais refusât obstinément de lui céder les conserves d'Europe, dont les Révérends actuels se montrent prodigues.

Mirambo affecte en tout un désintéressement et un instinct de probité, bien faits pour surprendre ceux qui ont eu affaire à d'autres chefs africains. Ainsi, il me remet encore un revolver, trouvé par un de ses hommes, dans un campement abandonné. Cette arme, qui appartient peut-être à M. Stokes ou à M. Copplestone, doit pourtant avoir à ses yeux une haute valeur. Lorsque je lui demande ce que je pourrais bien lui apporter d'Europe à mon retour probable, il se contente de demander un fusil, comme celui appartenant aux malheureuses victimes de Mpimboué, et qu'il n'aurait tenu qu'à lui de garder dans son arsenal. Quoique je sois venu les mains vides, il me comble de présents. En rentrant à la Mission, j'y ai trouvé plusieurs chèvres et force provisions à mon adresse. Quel point d'appui l'Association trouverait chez ce monarque nègre, malléable pour les seuls Européens !

— Départ le lendemain vers 11 heures, après un solide déjeuner de bœuf et de mouton rôti. Quatre jours après, nous entrons à Tabora. Le Djémadar, tout de blanc habillé, et suivi de son personnel, est venu à ma rencontre. Et ce sont des questions à perte de vue sur Mirambo et sa capitale.

Ghan Mohamed s'est établi dans un tembé, situé tout près de mon ancienne habitation de Tchem-Tchem. Il m'y a préparé mes logements. Quelques Askaris occupent les communs. Le reste s'est logé chez les habitants de la ville indigène.

— Dès l'arrivée de M. Storms à Karéma, j'avais instruit mon successeur des menées de Mohamed Biri, en lui soumettant l'opportunité de se passer, enfin, de ses services équivoques. Dans l'impossibilité d'instruire à fond, et de prouver, maintenant, une tentative de rébellion, inspirée par les folles visées d'un esprit malade, il me semblait prudent de nous en débarrasser pour le premier motif venu, son état de santé par exemple, pour faire se passer les choses en douceur. Mais M. Storms se trouvait dans une assez singulière position. Chargé par M. Cambier de conserver un correspondant à Tabora, il avait fait des propositions de maintien à Mohamed, dont il ignorait naturellement les frasques, et qui les avait acceptées verbalement, en se mettant complètement à ses ordres.

— C'est, me répondit mon successeur, attacher trop d'importance à une escapade, probablement grossie par l'esprit d'antagonisme du Djémadar. Qui nous dit que Bamboula, s'exagérant sa mission, n'a pas cru devoir s'en référer tout d'abord à l'Association, représentée par M. Cambier ? Il faut prendre ces gens là comme ils sont. A supposer, qu'en sa qualité de Tripolitain et d'ancien Cavash, il ait eu l'espoir de succéder à son maître et de te passer effrontément sur le corps, il doit être guéri aujourd'hui de son ambition. Maintenons-le donc, dans son poste effacé, jusqu'à instructions contraires. Il y sera parfaitement impuissant à nous nuire, en quoi que ce soit, et nous rendra au contraire des services. D'ailleurs, toi-même, ne l'as-tu pas laissé tranquille jusqu'à ce jour ?

— Hélas! oui, soupirai-je, et ce fut peut-être mon plus grand tort ! Je n'ai pas voulu trancher dans une question qu'on aurait pu considérer comme m'étant trop personnelle. Mais je ne partage pas ta confiance. Attends-toi à quelque diablerie de M. Bamboula. Rien ne m'assure qu'il se contentera de sa position actuelle et, encouragé par l'impunité, ne cherchera pas à faire quelque nouvelle dupe au sein de l'Association. Le capitaine Ramaeckers a gâté ce garçon, qui se croit un aigle et qui n'est qu'un nègre comme les autres. Engagé à raison de 12 piastres par mois, le Posho en plus, il a vu son traitement porté à 100 francs, traitement qu'il a conservé à Tabora, renforcé de 24 piastres de Posho. Bien que cette dernière somme soit amplement suffisante, même pour un Africain du Nord, dispensé de tous frais de représentation, Mohamed Biri pourrait vouloir la majorer par des trafics illicites, dont la responsabilité retomberait sur nous. Là, je le reconnais, est le seul danger, mais il faut le prévenir.

— Je crois que tu t'exagères les choses, et cela se comprend, m'a répondu M. Storms en riant. Bamboula a toutes les raisons possibles pour marcher droit. Qu'il t'en veuille, c'est probable, que tu aies à te plaindre de lui, c'est certain, mais, engagé directement avec moi, il n'oserait broncher.

M. Storms, traitant la chose, avec la confiance qu'on apporte généralement aux questions où l'on n'est pas directement mêlé, je me suis abstenu d'insister davantage sur le renvoi immédiat de Bamboula. Au moment de partir, seulement, j'ai cru devoir toucher encore un mot de ce compromettant serviteur :

— Et Mohamed Biri ? Il est convenu que nous le laissons à Tabora ?

— Certainement. Son engagement tient toujours, et il faudrait une infraction grave de sa part, pour le rompre.

— Mais s'il voulait retourner avec moi à la Côte ? Je te préviens, d'abord, que je ne tiens pas du tout à l'avoir dans ma caravane.

— Il n'en a pas le droit! . Sois tranquille, du reste. Il n'aura garde de t'importuner....

Ces détails rétrospectifs étaient nécessaires à l'intelligence de ce qui va suivre, car malheureusement mes prévisions ne se sont que trop réalisées.

Lorsque je vais voir Bamboula, je le trouve tout paré pour la route. Sans prestige et sans relations, l'ex-groom de M. Ramaeckers s'ennuie et prétend retourner à Zanzibar.

— Vous savez que vous ne partez pas ? lui dis-je. Il y a engagement formel entre M. Storms et vous.

— Mais je n'ai rien signé! me répond-il. Je me trouve donc parfaitement libre.

— Vraiment? Eh bien! c'est ce qui vous trompe. Vous resterez ici, jusqu'à ce qu'on vous relève.

— Je ne veux plus rester!... J'en ai assez!... Je veux voir M. Cambier.

— Dans tous les cas, je vous défends de vous mêler à ma caravane.

— Pourquoi cela?

— Parce que M. Storms ne le veut pas.... Tournez-moi les talons!

Cet accueil ne le rebute pas. Depuis ce jour, chaque matin, il vient renouveler ses instances. Cependant, j'apprends par mes hommes qu'il s'occupe, en secret, de l'organisation d'une petite caravane, avec laquelle il se propose, probablement, de me suivre à courte distance.

Après s'être assuré de la complicité des quatre Askaris, que je lui avais confiés, à son départ de Karéma — gens aussi suspects que lui, d'ailleurs, et qu'il m'avait désignés expressément, — il s'adresse à ceux des soldats, congédiés, de M. Storms, qui se proposaient de rester à Tabora, pendant la Massika, où ils auraient trouvé à gagner quelque argent, en s'occupant de travaux agricoles, puis en se louant en qualité de Gombozis. Aussi m'a-t-il fallu les remplacer par des porteurs de l'Ou-Soukouma, fort difficiles à trouver en cette saison, et dont le recrutement me prend un temps précieux. Mohamed Biri s'est rabattu sur les premiers, et a réussi à en débaucher quelques-uns, ce qui m'est, du reste, fort indifférent. J'ai fait, dans cette affaire, tout ce que je devais et me lave les mains du reste. Outre qu'il me serait impossible d'empêcher Bamboula de partir, je ne vois pas même comment, à Zanzibar, nous pourrions rendre ce gaillard responsable de ses intrigues et de ses malversations.

J'ai dit malversations, car le drôle a complètement justifié mes craintes.

Zeid bin Djouma, chez lequel j'achète pour 573 dollars d'étoffes, de houes, de chanvre et de tabac, m'apprend que Bamboula a tiré frauduleusement, sur l'Association, plusieurs traites, crédulement escomptées par lui. Tout récemment encore, il s'est procuré, par ce moyen, une assez forte somme, évidemment destinée à l'organisation de sa caravane de retour, au cas d'une opposition, prévue, de ma part. Se défiant à l'excès des Banians et des Hindis, les résidents arabes ont une confiance absolue dans tout papier négociable sur des compagnies européennes. Ce commerce leur paraît si commode et si sûr, que le prudent Zeid bin Djouma n'a pas même songé à s'informer, auprès de moi, si un agent subalterne, comme l'est Mohamed Biri, avait bien réellement qualité pour lever des fonds. Et cependant, il était averti par lettre formelle, que toute traite, non revêtue de ma signature, ne pouvait être escomptée. Lorsque je lui reproche amèrement son oubli, il invoque une entière bonne foi, qu'il espère bien ne pas voir déçue. Ce qu'il y a de plus clair là-dedans, c'est que, pour ne pas voir ébranler son crédit, l'Association sera forcée de faire bon accueil aux fausses traites d'un sieur Bamboula. Ce n'est pas tout. Il résulte de mes conversations récentes avec M. Reichard, que la Colonie allemande, ayant prié Mohamed Biri d'envoyer, en Europe, plusieurs caisses d'échantillons et de produits, celui-ci a impudemment majoré, à son bénéfice, les frais d'expédition, d'une somme de 110 piastres. Outre que la commission serait énorme, pour n'importe quel intermédiaire, Bamboula, payé par l'Association, à laquelle appartient également la section allemande, n'avait le droit de rien percevoir et a donc commis, de ce chef, une véritable escroquerie.

Et c'est après s'être rendu coupable de pareils abus de confiance, que le coquin ose s'en retourner tranquillement à la Côte, pour s'aboucher avec le capitaine Cambier? Mais, au fait, quel recours a-t-on contre lui? Devant quel conseil de guerre, devant quel tribunal pourrait-on traduire ce noir chevalier d'industrie, investi d'une trop longue confiance? Et qui sait quelles autres gredineries il ne s'est pas permises! Ah! pourquoi ne m'a-t-on averti qu'après son départ, ou à ses premières trahisons! Maintenant le mal est fait. Il faut même me garder d'en paraître instruit. Ce n'est qu'à Zanzibar qu'il y aura peut-être moyen de sévir.

—Scheik Abdallah me comble d'égards. Grâce aux pompeuses descriptions de Ghan Mohamed et de ses hommes, je passe pour avoir accompli des merveilles. On trouve prodigieux qu'en si peu de temps, j'ai pu construire un village, le peupler, organiser des cultures, un service de pêche, etc., etc. Le vice-gouverneur semble regretter de ne pas m'avoir vu profiter de la concession que Séki s'était enfin décidé à m'accorder, et il s'informe si quelque autre Européen ne viendra pas bientôt profiter de ses excellentes dispositions. Autrefois, à mes requêtes multipliées, on opposait autant de fins de non-recevoir. Aujourd'hui que je ne demande plus rien, on est prêt à me jeter tout à la tête.

Pendant les loisirs que me laisse le fastidieux engagement des porteurs, je rends visite à mes anciennes connaissances. Séki, plus alcoolisé que jamais, me demande du cognac. Je lui en promets pour l'époque de mon retour.

Le jour même de mon arrivée, le vieux Soultan bin Ali m'a envoyé de sa cuisine, et j'y vais dîner à plusieurs reprises. Zeid bin Djouma, auquel le Djémadar a vendu tout son ivoire, ne me quitte presque pas. Connaissant mon goût pour les curiosités indigènes, il me fait présent de deux superbes diadèmes, en plumes d'autruches, portés par les Oua-Tatourous.

Tout le monde me fait fête.

— La Mission française, dirigée actuellement par le Père Hautecœur, a pris une extension plus grande. Déjà, une cinquantaine d'enfants y habitent, et les ateliers du père Blanc fonctionnent avec activité. Un personnel, scrupuleusement trié, prend soin des cultures et du bétail, en pleine voie de prospérité.

—J'ai profité de mon séjour pour établir mes deux cuisinières. Une hutte et un lopin de terre en ont fait des partis avantageux. Deux laboureurs de Tabora, ayant obtenu leur assentiment, j'ai le plaisir d'assister à leur mariage, accompli sous les auspices de Zeid bin Djouma.

J'ai habillé aussi à neuf tous mes hommes, dont le costume ne se composait plus guères que de haillons. A cet effet, je me suis procuré quelques pièces d'une étoffe rouge qui leur imprime un aspect singulièrement martial. Transformés en Rougas-Rougas, ils fourniront plus aisément la scabreuse traversée de l'Ou-Gogo. Déjà ils m'avaient demandé, en avance sur leur solde finale, force Mérikani, dont ils se sont fait des chemises. Ainsi équipés et armés de leurs mousquetons lisses, ils se

La Récolte du Maïs. (Dessin de Charles Verlat.)

CHAPITRE XXXVII

promènent fièrement, dans les avenues de Tabora, à la grande admiration des indigènes.

Pour n'avoir plus à m'occuper de la distribution du Posho, je remets au Djémadar 14 diorahs de Satini, qui suffiront pour 40 jours de marche. A moins de complications imprévues, je ne pense pas mettre davantage à franchir les 240 lieues qui me séparent de Bagamoyo. Malheureusement Souétou, qui m'est venu trouver et auquel je pourrais difficilement refuser quelque chose, me demande d'escorter une vingtaine de ses esclaves, chargés de défenses d'éléphants qu'ils vont vendre à la Côte. Le frère du Sultan n'a pas confiance dans les marchands, avec lesquels le Djémadar s'est pourtant arrangé à son entière satisfaction. Toutes les caravanes arabes étant rentrées pour les travaux agricoles, il n'y a guères que la mienne qui puisse rendre ce service au bon Souétou. Ce contingent de porteurs d'ivoire nous occasionnera probablement plus d'un retard, à cause des discussions de Hongo, qu'ils rendront plus âpres et plus longues, par leur seule présence dans nos rangs. J'aurai aussi à faire un crochet par Ouyouy pour y prendre les caisses de curiosités, déposées chez M. Copplestone, avant mon départ pour Karéma. Enfin, nous tâcherons de rattrapper le temps perdu.

23 décembre. — Tout est en ordre. Le père Blanc, qui m'a fait cuire six grands pains de froment pour la route, est venu me serrer la main.

Mes hommes, fidèles à leurs habitudes, ont passé une partie de la nuit en nopces et festins. Aussi supportent-ils, en murmurant, une traite de 8 lieues, par des chemins empierrés et sous les rayons d'un Soleil caniculaire.

La tête de la caravane allait entrer péniblement dans Ouyouy, et j'activais la marche des traînards, lorsque des cris et un mouvement insolite se produisent à l'avant. Voici ce qui se passait. A l'approche de mes hommes, affublés de leurs manteaux rouges, quelques indigènes s'étaient précipités comme des furieux, hors de leurs huttes et, brandissant leurs armes, avaient fait mine de leur barrer le passage. Je n'eus que le temps d'accourir. On allait en venir aux mains. Les Askaris, attaqués sans provocation, n'avaient pas encore fait usage de leurs mousquetons, obéissant à la défense de tirer sans mon ordre, et leurs agresseurs, ivres de Pombé, interprétant leur attitude comme un signe de lâcheté, allaient fondre sur eux.

Profitant du moment d'hésitation, provoqué par l'apparition inopinée du Mouzoungou, je tombe sur les plus déterminés, leur arrache leurs lances, les brise sur le genou et leur en rejette dédaigneusement les morceaux. Puis, sans m'inquiéter des cris de la bande exaspérée, je rétablis l'ordre de marche, en faisant défiler mes hommes devant moi. Qu'on ne me croie pas plus téméraire qu'il ne faut. En pareil cas, la plus grande hardiesse équivaut à l'extrême prudence. En Afrique, plus qu'en Europe peut-être, les foules sont impressionnées par la rapidité et l'autorité de l'action. Il leur faut le temps de se concerter ou de s'exciter pour se résoudre à l'attaque, mais le moindre incident les pousse à la débandade. Encouragés par l'attitude pacifique de mes hommes, dont le nombre grossit, d'ailleurs, à vue d'œil, les ivrognes d'Ouyouy croyaient les faire reculer par quelques menaces. En me voyant, seul, les écarter comme des chiens galeux, ils s'arrêtèrent interdits. Toute intervention énergique suppose, ici, une puissance quelconque, ou des droits. Et c'est ce que je savais depuis longtemps. Ma troupe, devenue à son tour impassible, continua son chemin, sans nouvel obstacle, et je fermai la marche, sans même jeter un coup d'œil sur les indigènes stupéfaits.

C'est ainsi que nous arrivâmes à la Mission anglaise, située, on le sait, à quelque distance du village, et près de laquelle mes hommes établirent aussitôt leur campement.

Deux révérends, qui avaient vu de loin notre aventure, s'avancèrent pour me recevoir. C'étaient MM. Edmunds et Blackburn, remplaçant M. Copplestone, retourné en Europe, et M. Stokes, en route pour Zanzibar, pour recevoir sa fiancée.

Après les premières salutations : — « Les gens du village sont donc bien changés, demandai-je, qu'ils accueillent les voyageurs de cette façon? Je suis déjà venu à Ouyouy, avec quelques hommes, seulement, et j'y ai toujours reçu le meilleur accueil. »

Ces messieurs, aussi surpris que moi-même, ne s'expliquent cette absurde agression, que par les libations prolongées auxquelles tout le village se livre depuis quelques jours. Nous sommes, en effet, en pleine fête des semailles. Probablement, qu'en voyant les manteaux rouges de mes hommes, ils auront cru à quelque invasion de Rougas-Rougas de Séki. Dans tous les cas, il est bon de se précautionner contre un retour offensif.

A cet effet, nous nous rendons tous les trois chez le jeune Sultan, à l'oreille fendue, dont M. Stokes m'a fait faire la connaissance. Mais, arrivés devant la porte du Tembé royal, nous sommes arrêtés par des Nyamparas, à la démarche titubante, qui nous apprennent que leur maître ne peut recevoir en ce moment, pour la raison qu'il est.... ivre-mort.

Nous retournons à la Mission, où mes hôtes tâchent de me faire oublier, par leurs fraternelles prévenances, l'accueil inhospitalier des gens du pays. Presque toujours souffrants, ils ne me semblent pas encore bien familiarisés avec les mœurs de ces peuplades, à l'égard desquelles la résignation parait un indice de faiblesse. Tout dépend ici des débuts. Je les engage vivement à ne rien laisser passer, et à requérir, au besoin, l'intervention rigoureuse du Sultan, que MM. Copplestone et Stokes avaient su mettre complètement dans leurs intérêts.

Quelques provocations ont encore lieu, dans l'après-midi. Des bandes viennent rôder autour du Cambi de mes hommes, qui ne bougent pas, mais font bonne garde.

Le lendemain, nous allons de rechef frapper à la porte du Sultan. Honteux, probablement, de ne pas avoir été en état de nous recevoir, il se dit malade.

J'aurais désiré vider à fond cette question, ne fût-ce que pour empêcher le renouvellement de pareilles algarades; mais les révérends me prient de ne pas insister, dans l'intérêt de leur action future. Les provocations ont cessé, du reste, ce qui prouve que des ordres supérieurs sont intervenus. C'est égal, j'aurais été enchanté de tirer un peu l'oreille du Sultan, sous prétexte de la lui raccommoder.

25 décembre. — Christmas day! Je suis à peu près seul à faire honneur au poudding traditionnel. Mes hôtes sont malades. Je mets à leur disposition mon expérience, déjà vieille de trois ans, et leur laisse quelques recettes dont j'ai éprouvé l'efficacité.

Plusieurs défections se sont produites parmi mes porteurs. Quelques-uns ont déserté. Cela arrive toujours. D'autres, éclopés par une première étape, demandent à retourner. Almassi Moalimou, le souffre-douleur, faisant partie de la troupe de Ghan Mohamed, a disparu. Profitant des trois jours que je passe à la Mission anglaise, Forhan et Capitani ont été à Tabora pour reformer nos cadres de pagazis.

Le 30 décembre, seulement, nous pouvons nous remettre en marche. Sur plusieurs points on récolte déjà le premier maïs. Les semailles doivent se faire ici beaucoup plus tôt que partout ailleurs, favorisées par des pluies précoces. Après avoir dépassé quelques villages sans importance, nous campons, dans l'après-midi, à Péro, c'est-à-dire sur la limite du désert.

31 décembre 1882. — Départ à 7 heures du matin. Nous traversons d'épaisses forêts de Miombos et des parties basses, en pleine verdure. Ce désert si aride et si inhospitalier, lors du voyage d'arrivée, apparaît aujourd'hui comme une gigantesque oasis. Nulle part l'eau ne manque. Elle a envahi les terrains bas et s'étend en ruisseaux limpides. Vers 1 heure, nous campons sur un tertre, et nos hommes procèdent à la confection de l'ougali. Les Missionnaires d'Ouyouy ont reçu avis de l'arrivée prochaine, mais déjà en retard, de la caravane du capitaine Hore, le compagnon de voyage de l'aimable Thompson. En route pour Oudjiji, via Ourambo, l'explorateur anglais transporte, sur des charrettes à deux roues et à gabarit étroit, les pièces d'un Life Boat, en fer, et à compartiments étanches.

Intrigué autant de savoir comment s'exécute ce tour de force — étant donné le passage de nombreux cours d'eau, non guéables, et de sentiers en pleins fourrés— que désireux d'apprendre quel accueil ont rencontré dans le public britannique les vilenies du sieur Thompson, je prends les devants, accompagné seulement de Capitani, d'Assani, et de Forhan, mes fidèles en toute excursion hasardée. Vers 7 heures du soir, seulement, à la lueur des feux lointains, nous joignons la caravane, campée dans la forêt. Porteurs et Askaris ont groupé leurs huttes autour des six tentes de toile verte, réservées à M. Hore et à ses cinq compagnons européens, tous voyageurs laïques, solidement râblés, et taillés pour courir les aventures. Au moment où nous arrivons, on va servir le dîner, et le camp présente la plus grande animation. Inutile de dire que je suis reçu à bras ouverts. Le repas, très confortable, se compose de conserves d'Europe, emportées en quantité, et de pain de pur froment, cuit dans toutes les règles de l'art. Il s'en faut, toutefois, que l'abondance règne dans ces parages et, sans les provisions de réserve, dont ils sont bien forcés d'user exclusivement, les voyageurs blancs feraient maigre chère.

En effet, croyant, au sortir du Mgonda Mkali, trouver à

Itoura du sorgho à suffisance, la caravane n'en a presque point emporté. Or, pas moyen pour elle de se ravitailler. En ce moment, les brigades respectives de trois chariots se trouvent encore en détresse, dans le Pori, et on ne pourra venir à leur secours que lorsque la tête de la colonne aura atteint Ouyouy.

CHAPITRE XXXVIII

Thompson jugé par son ancien compagnon de voyage. — Secours à la caravane en détresse. — Un doti par bourrade. — Mes photographies à l'eau. — Orage. — Itoura. — La tombe du lieutenant Wautier. — Ravages d'un léopard. — Le Baobab solitaire. — La lionne. — Changement de route. — A Moalala. — La seringue à l'oreille. — A travers le fertile Ou-Gogo. — Nous sommes égarés. — Tué un rhinocéros. — De nouveau sur la piste. Mkombola. — Exploit de Nyoko. — Je fais tomber la pluie. — A tâtons. — Disette. — Encore des lions. — Mbuighiri. — Des chèvres pour un collyre. — Le Pori de Tchounio, pendant la Massika. — Les restes d'un courrier. — Une adoption. — Le nourrisson de Nyoko. — Mission de Kisokoué. — M. et Mme Coal. — A Mpouapoua. — Caravanes et Chaouris. — Les courtiers d'ivoire et leur tactique. — Chasseurs d'éléphants de Mlali. — Toujours la montagne. — Premier poste douanier. — Rapatriement d'une jeune négresse. — Lettres du Consul de Belgique et de l'Association. — En l'absence de M. Cambier, je dirigerai l'Agence de Zanzibar. — Deuxième garnison douanière. — Le passage du *Ouamé*. — Piastres et pessas. — Des Harpagons nègres. — Le Mont *Pongoué*. — Nous approchons. — Esclave volé. — Chez Brahimo le Béloutchi. — Le Kingani. — Sef bid Raschid et ses fruits. — A Bagamoyo.

1er janvier 1883. — Laissant partir, en avant, sa caravane, M. Hore, avec lequel j'ai fait réveillon en plein Pori africain, me tient compagnie jusqu'à l'arrivée de mes hommes. Il me raconte les obstacles de toute nature qu'il a dû tourner ou surmonter ; les rivières traversées à gué, en pirogue ou sur des ponts volants ; les charrettes démontées et transportées pièce à pièce ; les sentiers dans la jungle, élargis à la hache. Si l'on pouvait facilement circuler dans l'intérieur de l'Afrique, avec des véhicules poussés ou traînés à mains d'hommes, ce serait trop beau. Ce faible moyen de transport suffirait peut-être à la création d'un certain commerce. Mais sur ce sol desséché, pendant la plus grande partie de l'année, puis converti en marécages, barré de montagnes et coupé de torrents, hérissé d'embuscades, ravagé par la guerre et l'incendie, où les plus fortes caravanes sont obligées de cheminer à la file indienne, le moindre objet, excédant en poids et en volume la charge d'un porteur ordinaire, devient un lourd embarras.

C'est à dos d'homme que, sur les pentes raides, au passage des rivières et dans les défilés rocailleux, il a fallu traîner les lourdes pièces du Life-Boat, et les charrettes mêmes retardaient la marche au lieu de l'accélérer. Annibal a dû éprouver moins de difficultés à passer les Alpes, avec toute son armée, que nos modernes explorateurs à s'enfoncer dans l'Afrique, avec le plus vulgaire camion.

Après m'être enquis des circonstances intéressant surtout M. Hore, j'aborde deux points qui me tiennent personnellement à cœur : M. Thompson et son livre. En effet, c'est en compagnie du capitaine que le jeune Écossais a visité Karéma, et il n'a pas manqué de l'associer à ses gentillesses. Au premier mot que j'en touche, M. Hore m'interrompt en riant :

—Thompson? C'est un écervelé et un blagueur. On le sait bien en Angleterre, où personne ne le prend au sérieux. Son livre est un recueil de farces. Ne m'a-t-il pas, tout le premier, mis en scène d'une façon ridicule ? Je ne sais pas ce qu'il peut avoir contre les Belges, que, pour ma part, j'aime et j'estime infiniment, mais dans tous les cas, je vous prie de me mettre en dehors de pareilles gamineries.

Ce désaveu, franc et correct, m'a fait un plaisir extrême et j'ai cordialement secoué la main du voyageur anglais.

— Rappelez-moi au souvenir du capitaine Cambier, reprit M. Hore. J'ai appris que sa Station de Karéma est un chef-d'œuvre et que ses successeurs ont joliment travaillé à la compléter.

Sur ces entrefaites, ma caravane débouchant dans la clairière, je promis à M. Hore de secourir les hommes restés en détresse dans le Pori.

— Ils ne sont que seize, me dit-il, quatre hommes par charrette, mais n'ayant plus rien. Il faudra au moins deux jours pour leur porter des vivres.

— Pensez-vous qu'ils auront assez de quatre chèvres ?

— Oh ! certainement. Mais n'allez pas vous priver.

— Bah ! Nous avons des vivres au moins jusqu'à Mpouapoua. Et d'ailleurs, il faut s'entr'aider.

Il était 9 heures du matin, lorsque nous prîmes congé. Dans l'après-midi, je rencontrai, au milieu des miombos, les 4 brigades occupées à chercher des herbes et des champignons comestibles. Mes chèvres furent accueillies par eux avec une chaleureuse reconnaissance, et nos hommes y joignirent charitablement quelques poignées de farine de sorgho. En moins de cinq minutes, l'ougali chantait dans le chaudron de cuivre, et les quartiers d'une chèvre, dépecée avec une dextérité parfaite, activaient, de leur graisse pétillante, les feux improvisés. Moi aussi, j'avais fait mes étrennes de 1ᵉʳ janvier !

— Les Oua-Soukoumas sont d'un naturel fier et peu endurant. Un de nos porteurs, bousculé par Forhan, impatienté de sa mollesse, est venu se plaindre, le soir, au Cambi, et a exigé en réparation de cet outrage, un doti d'étoffe. Je le lui ai fait délivrer immédiatement, pour enlever à ses camarades un prétexte, peut-être cherché, de désertion. Malgré mes prescriptions formelles, les Akidas ne peuvent se défaire de certains procédés brutaux. Il convient de dire que leur patience est parfois soumise à de rudes épreuves.

— Rencontré un magnifique baobab. C'est l'arbre de l'Ou-Gogo, dont il annonce l'approche.

Les dernières pluies ont grossi les mtonis de la route. La Koualé, pleine à déborder, roule des eaux impétueuses. Impossible de la traverser à gué. Il nous faut abattre un grand arbre et le faire tomber en travers des deux rives. Anes et chèvres passent la rivière, halés au moyen de cordes, et boivent plus d'une gorgée, à leur corps défendant. Quant aux hommes, ployant sous leur charge, c'est avec la plus grande difficulté qu'ils se soutiennent aux branches, saturées d'humidité. Leurs pieds ont perdu toute leur faculté de préhension, et glissent sur le tronc devenu gluant. Le Pagazi, chargé de la boîte contenant mon appareil photographique et mes clichés, au nombre de 150, fait un faux pas, lâche son fardeau qui disparaît dans le gouffre bouillonnant, et lui-même tombe à l'eau, après avoir vainement essayé de se retenir aux branches qui cèdent sous son poids. On a pu sauver l'homme, arrêté une trentaine de mètres plus loin par un tronc d'arbre, mais ma précieuse boîte, pleine de souvenirs, rapportés avec une jalouse sollicitude est à jamais perdue ! Tout au plus me reste-t-il, dans mes papiers, une certaine quantité d'épreuves mangées du Soleil. J'en ai presque pleuré de rage !

Il était temps que notre passage prît fin. A peine le dernier

LE PASSAGE DE LA KOUALÉ. (Dessin de Charles VERLAT.)

homme a-t-il franchi le pont, de plus en plus vacillant, que les deux berges détrempées s'éboulent, et que l'arbre disparaît dans les remous écumeux.

— Pendant la nuit, l'orage gronde. La forêt où nous campons se tord sous d'immenses rafales. C'est un spectacle superbe, mais fort peu rassurant. Comme le pied de ma couche de campagne s'était brisé en route, j'ai été obligé de la laisser à Tabora, et de me contenter d'un lit d'herbes, recouvert d'une couverture de caoutchouc, que mes hommes me préparent chaque soir. Malgré les 50 centimètres d'épaisseur de cette moelleuse litière, je me trouve dans l'eau, au bout de dix minutes. Monté sur une petite caisse et embrassant le piquet central de ma tente, j'attendais philosophiquement la fin de l'inondation, lorsqu'un coup de vent s'engouffra sous la toile et arracha tout. Seul, mon appui a tenu bon. Enfin, aussi brusquement qu'elle est venue, la tempête s'éloigne, et, grelottants, nous attendons, pour nous sécher, les premiers rayons du Soleil.

— Dès 6 heures, la caravane arpente la Boga, couverte d'un pied d'eau et nous bivouaquons, à midi, sur un endroit élevé où de grands feux nous rendent toute notre gaîté. Le Pori, dans cette saison, offre de ravissants spectacles. Il n'est, d'ailleurs, inhabitable que faute de culture, et sa fertilité, laissée sans emploi, suffirait à l'alimentation de nombreux villages. Mais les indigènes, groupés en peuplades ennemies, laissent subsister, à dessein, entre eux, ces immenses territoires, abandonnés à la seule nature, et qui, en temps de sécheresse, n'offrent aucune ressource au voyageur.

— Le 4, nous campons à Itoura, après une couple d'heures de marche seulement. Nos hommes essaient de fourrager, mais il reste bien peu de provisions dans ces parages, à peu près déserts. Ceux qui ont conservé quelques réserves de moutama, ne veulent l'échanger que contre des houes ou du Mérikani. Or, je n'ai que quelques charges de cette première marchandise, réservée spécialement pour les Hongos, et pas du tout de la seconde, introduite assez maladroitement par les Anglais, en matière d'échange et de tribut. Mon Satini ne trouve que fort difficilement amateur, et je ne puis compenser la qualité de l'étoffe demandée, que par une frayeuse balance de quantité.

C'est à Hékoungou, distant d'environ 5 lieues d'Itoura, qu'est mort, le 19 décembre 1878, le lieutenant des carabiniers Wautier, une des victimes de la première expédition belge. Pendant que le capitaine Cambier se portait en avant, pour négocier avec Mirambo, Wautier chargé de la direction de la caravane, se trouva arrêté en chemin par les terribles fièvres. Soigné fraternellement par le docteur Dutrieux, il tint bon jusqu'au dernier jour. Son héroïque dépouille repose, à l'ombre d'un baobab, dans un terrain acheté par son ami au Sultan indigène. Accompagné de Forhan et de quatre hommes de l'escorte, je vais visiter la tombe, jonchée de rocailles et dont je renouvelle la palissade. La croix, gravée dans l'arbre, subsiste toujours, et j'en ravive les lignes un peu effacées. Le Sultan, qui s'est chargé de faire respecter le mausolée rustique, m'en renouvelle la promesse. Je lui fais cadeau d'une diorah de Mérikani mesurant 30 yards et d'une livre de perles, pour le confirmer dans ses bonnes intentions. Le digne chef est persuadé, d'ailleurs, que notre compatriote revient la nuit, pour défendre sa sépulture contre tout outrage, non seulement des maraudeurs, mais même des hyènes qui, assure-t-il, ne se risquent plus aux alentours. — « *Boina Vauti* était un grand guerrier, proclame-t-il, mais lui et le *daftar* (le docteur Dutrieux) avaient la main ouverte. »

Pendant que nous abattons les jeunes arbres, pour former notre palissade, le Sultan, sur ma demande, envoie au camp une vingtaine de nègres, chargés de vivres, que, par parenthèse, en dépit de la popularité des Hommes Blancs, ils nous font payer horriblement cher.

Un léopard s'est introduit, pendant la nuit, dans notre camp et a dévoré un des petits singes, achetés pendant mon séjour à Tabora. Il a dispersé aussi nos chèvres épouvantées. Mes hommes, envoyés le matin à la découverte, n'on ramènent que 7 sur les 12 dont se composait encore mon petit troupeau.

— Partis à 6 heures, nous bivouaquons près d'une Zioua, ou étang, situé dans le voisinage de grands miombos. Les trois sentiers se présentent, ainsi que l'immense forêt, précédant le lac Tchaïa.

CHAPITRE XXXVIII

Le jour suivant, après avoir dépassé la région forestière, où tomba, avec sa caravane, l'ingénieur Penrose, nous longeons la plaine marécageuse du Tchaïa, s'étendant dans la direction du Nord. La forêt de miombos a fait place aux acacias sifflants. Nous pataugeons dans une boue noire et la marche devient excessivement pénible. Le Cambi est établi, vers 3 heures, un peu au delà d'un colosse végétal, connu sous le nom de Mbouyoni (le Baobab solitaire). Pendant la nuit, nouvelle inondation. Une lionne de petite taille, chassée par la pluie, est venue rôder, aux premières lueurs du jour, autour de notre mince bétail. On lui a fait la chasse. Atteinte d'une balle au défaut de l'épaule, elle a poussé des rugissements formidables qui, heureusement, n'ont pas attiré le mâle, cheminant ordinairement de compagnie avec la femelle. Les Askaris l'ont achevée à coups de lance, et je m'en suis réservé la peau.

— Les pluies continuent. Après une heure de marche, je suis obligé d'arrêter pour faire allumer de grands feux, car mes hommes bleuissent visiblement et sont près de défaillir. Mais nous ne trouvons que du bois vert ou mouillé, et mes allumettes mêmes ont pris l'eau. Ce n'est qu'au prix d'efforts répétés que nous parvenons à faire jaillir la flamme, soulevant des nuages de fumée âcre et suffocante.

Un peu remis, nous cheminons sous des arcades de verdure. La forêt s'étend, ombreuse, sur nos têtes, nous dispensant la fraîcheur souvent désirée, mais que nous troquerions volontiers, aujourd'hui, contre les rayons du plus brûlant Soleil.

Le soir, bivouac à Vicima Viunghi (ou plusieurs puits), plateau ainsi nommé à cause des trous forés dans une excavation générale, fournissant de l'eau blanche, d'un goût fade, particulière à ces régions.

— La plaine n'est guères semée que d'acacias. Mais, vers le milieu de la journée du lendemain, le sol s'élève et les miombos reparaissent. A trois heures de relevée, nous bivouaquons à la bifurcation de deux routes, dont l'une conduit à Mdabourou et l'autre à Ounangouira, village frontière de l'Ou-Gogo, situé au Nord de la route, suivie précédemment.

Des indigènes viennent m'avertir que Mounié Mtoina est en guerre avec le village de Konko, ce qui m'empêche d'aller revoir l'aimable Sultane qui s'était montrée si hospitalière à notre égard. Impossible de savoir la cause des hostilités. Probablement quelque vol de bestiaux ou quelque attaque de Rougas-Rougas. Ces peuplades de l'Ou-Gogo sont batailleuses, par excellence, et tout leur sert de prétexte pour s'arrondir aux dépens du voisin.

Nous prendrons donc le chemin d'Ounangouira, suivi par la caravane de M. Hore, et sur laquelle ses charrettes ont laissé des sillons faciles à relever. Autre considération. On prétend que les Hongos sont assez modestes sur cette voie, beaucoup moins fréquentée que l'autre.

— Départ par un temps couvert. Mes hommes, craignant le froid, je ne fais lever le camp que vers 9 heures. La route, qui se poursuit dans la direction de l'Est, coupe la plaine inondée par les débordements d'une rivière, dont nous longeons le bord verdoyant, jalonné de bois touffus et épineux.

Vers midi, le sol s'élève.

Arrêt sur les hauteurs dominant le Pori.

La caravane, partie dès l'aurore, descend dans la vallée par un versant presque à pic. De nombreux tembés, entourés de champs cultivés et de pâturages, abondant en ânes, en chèvres et en gros bétail, marquent l'entrée dans le district de l'Ou-Gogo. Derrière, la solitude et la faim; devant, l'animation et l'abondance. Nous sommes à Moalala, gros village dépendant de celui d'Ounangouira. Je fais dresser ma tente à l'ombre d'un gigantesque baobab, sur lequel je grave, au couteau, avec mon nom, la date du 10 janvier 1883.

Le Sultan de la localité vient inspecter la caravane, pour le règlement du Hongo. Après deux jours de discussion, il déclare se contenter de 5 houes et de 3 dotis de Satini. Quant à l'ivoire, je ne m'en embarrasse point. C'est affaire aux Nyamparas de Souétou.

En remuant nos ferrailles, j'ai mis à découvert une grande seringue hors de service, devant laquelle le chef Mgogo tombe aussitôt en arrêt.

Curieux de lui en voir expérimenter le mécanisme, je lui offre gracieusement l'instrument, qu'il se passe dans le lobe, démesurément distendu, de l'oreille. Et ses sujets de se presser autour de lui, pour admirer ce joyau d'un nouveau genre ! De toutes parts arrivent des enfants, empâtés de sorgho, et poussant en avant leurs ventres rondelets, au milieu duquel leur nombril ressort, gros comme le poing.

— Le lendemain, nouvelle montée d'une pente, tapissée de végétation, et descente dans une seconde vallée, encore plus semée de tembés. J'en compte plusieurs centaines. Partout on remue la terre. Les habitants du moindre aggloméré prétendent nous faire payer tribut. Ils se portent à notre rencontre et nous

RHINOCÉROS AFRICAIN.
(Dessin de A. HEINS.)

accompagnent en courant, jusqu'à ce que, de guerre lasse, ils s'éloignent en grondant, comme des mendiants de profession auxquels on refuse l'aumône. Le sentier est redevenu large et commode, et, dans la plaine riante, des palmiers borassus isolés, alternent avec des voûtes d'exubérante verdure. Nous campons près d'un petit baobab, où je paie le Hongo au chef d'un Kouïkourou commandant les groupes d'habitation. Cette fois, il me faut donner 6 houes et 4 dotis de cotonnade. Plus on s'enfonce dans la contrée, plus les Sultans majorent leurs prétentions. Ils ne craignent plus, en effet, de nous voir changer de route, comme nous n'aurions pas manqué de le faire si, dès le début, ils avaient forcé la note. Ils s'entendent, paraît-il, à cet effet, et désintéressent les villages frontières, dont la feinte modération sert d'appeau.

— Campé le 13, près du Kouïkourou d'Ounangouira, le plus grand et le plus populeux district que j'aie vu dans l'Ou-Gogo. Il se compose d'une centaine de tembés, ombragés de grands baobabs et entourés de terres étonnamment fécondes. A peine les indigènes doivent-ils y remuer le sol, qui donne, sans efforts, les plus magnifiques moissons.

En certains endroits, il suffit de jeter la semence sur les guérêts, incendiés après chaque récolte.

Le Hongo, pour mes seuls bagages, se monte à 12 houes, 3 dotis de Satini et une pièce d'étoffe de couleur. Toujours des houes ! Pour peu que les demandes aillent en progressant, je n'aurai pas assez des deux charges que j'avais fait emporter à tout hasard.

Le soir, un courrier, venant de la Côte, m'apporte les journaux des mois de septembre et d'octobre.

—Le 14, nous dépassons les villages, placés sous l'autorité du frère d'Ounangouira, auquel nous sommes obligés d'abandonner 6 houes. Repartis, vers 10 heures du matin, nous campons, dans l'après-midi, au pied d'une montagne boisée. Quatre Oua-Gogos, de Moalala, restés dans ce dernier village, nous avaient servis de guides jusqu'ici. Nous espérons pouvoir retrouver facilement la route suivie par M. Hore, grâce aux ornières laissées par ses charrettes, mais la pluie a si bien détrempé le sol, qu'elles ont disparu. Comme nous ne les retrouvons plus, même sous l'ombrage des taillis, force m'est bien de constater que nous sommes égarés. Pendant deux jours, nous errons à l'aventure, tout en conservant la direction générale, traversant des plaines inconnues, gravissant des montagnes dépourvues de sentiers frayés, et semant notre passage de houes et d'étoffes. Le troisième, je fais établir le camp près de quatre grands tembés, assis au bord d'un marécage. Assani me signale un rhinocéros qui se vautre dans la boue à quelque distance. C'est la première fois, depuis mon séjour en Afrique, que je vois un de ces redoutables pachydermes, et j'en suis encore à attendre mon éléphant. Posté à une distance de 80 mètres, je prends tout le temps de viser, et casse l'humérus à l'animal. Il se sauve en boitant, et mes hommes l'achèvent par une décharge générale.

La chair, distribuée aux gens du village, nous vaut de ne payer aucun tribut. Quant aux Askaris, qui la confondent avec celle de l'hippopotame, ils se partagent la peau, coupée en lanières et dont ils se promettent de faire des cannes. Je me réserve la corne, véritablement colossale et destinée au même usage. Le rhinocéros, qui se détourne ordinairement sur le passage de l'homme, n'est terrible que lorsqu'on l'attaque. Il faut s'en défier, aussi, en temps de rut.

— Nous nous égarons de plus en plus. Dans aucun des villages que nous traversons, on n'a encore vu d'Hommes Blancs. A peine en a-t-on entendu parler, par quelques jeunes gens aventureux, qui ont franchi le cercle de montagnes, enserrant ces vallons perdus. Partout, je suis l'objet d'une stupéfaction et d'une admiration sans limites.

Jamais caravane arabe ou indigène n'a même passé par ici, et l'usage du Hongo y est demeuré parfaitement inconnu.

J'en profite pour forcer les étapes, car, bien que la population ne manifeste à notre égard aucun sentiment hostile, je suis impatient de me retrouver en pays un peu moins primitif.

— Enfin, le 16, arrivé à quelque distance d'un village qui porte le nom de Mkondjé, je retrouve trace des voitures.

Vers 9 1/2 h. nous campons à Linndi, petit Boma, souvent ravagé par les incursions des Oua-Houmbas. Les habitants, fort pauvres en bétail, et, en ce moment, encore plus en céréales, ont déjà vu des voyageurs.

Leur Sultan, ne se sentant pas très fort devant une troupe aussi nombreuse, se contente d'un Hongo de 2 dotis de Satini et 1 de Kaniki.

— Nous faisons deux milles à l'heure. Campés dans la matinée du 17 à Mkombola, près de quelques buttes de sable, nous n'y trouvons qu'une eau détestable, à peine suffisante pour bouillir l'ougali des hommes. Les Nyamparas du Sultan, qui étaient venus réclamer l'éternel tribut, s'en retournent avec 3 dotis de cotonnade, lorsque Nyoko, laissée momentanément en liberté, court après celui qui porte l'étoffe et lui saute, à son grand effroi, sur les épaules.

Un coup de sifflet la rappelle. Mais les deux braves, sans demander leur reste, détalent au galop en abandonnant leur Satini. Il m'a fallu le faire porter au village, car à la nouvelle qu'un Sorcier Blanc, accompagné d'une troupe de guerriers rouges, s'apprêtait à déchaîner contre elle des Oua-Totos (animaux féeriques), la population toute entière allait se sauver dans la montagne. Forhan a eu fort à faire pour rassurer les pauvres gens, en proie à une véritable panique.

Pendant ce temps, Nyoko, auteur innocent et, dans tous les cas bien intentionné, de cette scène plaisante, tirait rageusement sur sa laisse rattachée, faisait la belle, partageait l'ougali des hommes, leur extirpait quelques bribes de tabac, par ses grimaces, enfin se livrait aux exercices les plus variés de son désopilant répertoire. Les rares habitants qui avaient osé s'aventurer aux environs du Cambi, la considéraient de loin avec une respectueuse terreur. Le fait est qu'il manque fort peu de chose, à notre clown quadrumane, pour devenir l'égal de la plupart des nègres de l'intérieur. Si je puis le conduire jusqu'en Europe, il ne tient qu'à moi de faire fortune en m'établissant montreur d'animaux savants. Nyoko, qui connaît tout le monde, ne craint personne, à l'exception, toutefois, de mon âne, avec lequel je n'ai pas encore réussi à la réconcilier. En vue des hyènes, fort nombreuses dans ce district, je la garde, la nuit, attaché au pilier intérieur de ma tente, et elle m'éveille, dès l'aube, par ses cabrioles et ses gloussements joyeux.

Le lendemain, une députation de notables vient me supplier de faire pleuvoir. Cette demande est assez fréquemment adressée aux voyageurs Blancs, réputés tout-puissants en fait de variations atmosphériques. Et on pense si, grâce à l'incident de la veille, mon prestige doit baisser pavillon devant celui de n'importe quel sorcier de ma couleur. Par bonheur, j'amenais la pluie. Elle nous suivait depuis plusieurs jours et la présence, à l'Ouest, de nimbus significatifs, me permit d'être prophète à coup sûr. Une heure après, la pluie tombe. Le Sultan, pénétré de reconnaissance, exige absolument que je reprenne le Hongo.

—Campé le 18, un peu avant midi, à Msassa, village composé de plusieurs tembés et assez riche en bétail. Les indigènes, fort pacifiques, loin d'exiger un tribut, viennent m'offrir deux poules.

Faute de grandes herbes et de bois, mes Askaris trouvent à peine de quoi élever leurs huttes. Quant à des abatis de branchages, il n'y faut point songer, quoique la région soit infestée de grands fauves.

Nous nous sommes orientés dans la direction de deux collines assez escarpées. A gauche se dresse une chaîne de montagnes derrière laquelle se retranchent les Oua-Sandaïs, tribus maraudeuses, vivant de pillages. A droite une seconde chaîne circonscrit presque entièrement notre Cambi. Nous avons de nouveau perdu le chemin des voitures. Faute de sorgho, nos hommes se procurent une petite céréale du nom de Ouéré, dont la farine a la couleur de la graine de lin. Ils la mangent, réduite en pâte, mais cette nourriture, à laquelle je goûte, me paraît assez indigeste.

— Pendant la nuit, vers 2 heures, de grands cris me réveillent. Mais, croyant à une fausse alerte, je me rendors avec insouciance. Rien de plus sérieux, cependant. Plusieurs lions, nos feux éteints, ont fait irruption dans le camp endormi, dispersant nos chèvres, et, ce qui est bien autrement grave, s'attaquant aux hommes. Lorsque, vers 5 heures, je sors de ma tente, je trouve toute la caravane sur pied. Un enfant a eu la moitié du crâne emportée, et on se hâte de l'enterrer pour ne pas éveiller la cupidité des indigènes, toujours fort exigeants lorsqu'on laisse un mort sur leur territoire. Quatre porteurs et deux soldats sont mordus, qui au bras, qui à la jambe. Leurs blessures, bien que les mettant hors d'état de porter un fardeau, ne les empêcheront point, cependant, de suivre la colonne.

La crainte des lions, d'ailleurs, agit sur eux, et, pour rester en arrière, il faudrait qu'ils se sentissent à l'agonie. Jusques 8 heures, je suis occupé à les panser. Puis, lentement, nous abandonnons ces dangereux parages, en nous promettant bien de ne plus nous arrêter sur un point, où il nous serait impossible de nous préserver des visites nocturnes, par un Boma en règle.

— A chaque instant, on veut nous forcer à camper. Les Oua-Gogos, tatoués de rouge, sortent de leurs tembés et font mine de nous barrer le passage. La plupart du temps, nous réussissons à les écarter et nous passons ; mais dans les villages de quelque importance, force nous est bien de payer de petits Hongos, heureux encore de n'avoir point à interrompre notre route. Il est une heure de relevée, lorsque nous campons à Mtoumba, dont nous repartons le lendemain, au point du jour.

— Petite halte, pour faire du feu, près de trois tembés dont les habitants nous vendent du sorgho.

A dix heures, nous arrivons à Mbuighiri, village frontière du Pori de Tchounio et où habitent plusieurs Oua-Ngouanas de la Côte. En ce moment, les ophtalmies y sévissent d'une façon alarmante et l'on vient me consulter pour arrêter l'épidémie. Je compose un collyre, à base de sulfate de zinc, dont l'efficacité m'a été démontrée par de nombreuses expériences.

Les malades, reconnaissants, m'amènent plusieurs chèvres, qui reconstituent, fort à point, le petit troupeau dont les derniers restes ont été mis en fuite ou dévorés par les lions de Msassa.

— Quelques simiens à la robe noire, grivelée de blanc, se balancent dans les arbres rafraîchis de verdure. J'en ai abattu un, à coups de fusil. C'était une guenon, tenant encore serré, contre son sein, un petit singe, que je n'avais point aperçu, en visant. Nyoko s'en est aussitôt emparée, pour le bercer, doucement, entre ses bras. Cette adoption ne laisse pas que d'avoir des côtés touchants. Notre guenon a pris son rôle au sérieux. De jour, pas plus que de nuit, elle ne quitte son nourrisson, et montre les dents quand on l'approche. Elle, jusqu'alors si gloutonne, ne mange que lorsque le petit est rassasié, et lui garde, dans ses bajoues, des provisions d'ougali, mendié aux hommes de l'escorte. Et puis, elle lui fait la toilette, lissant son poil sombre, qui contraste avec sa propre fourrure, à elle, d'un roux châtain. La différence de race n'a fait que renforcer chez elle le sentiment maternel, inopinément éveillé. Tchiano, seul, a le droit de caresser le petit ; mais Barouti a beau offrir à l'ombrageux papion, des noix d'arachides, dont elle est friande, il ne le souffre pas dans la tente. Cela depuis qu'un jour il s'est avisé de lui tirer la queue.

—Le Pori de Tchounio, dont j'avais gardé de si cruels souvenirs, a revêtu aussi sa robe printanière. Tout y verdoie et rayonne ; tout y est gaîté, fraîcheur, enchantements et repos, pour le regard émerveillé. Aux plaines incendiées, succèdent les hauteurs imposantes, les bassins fertiles, et les vallées circulaires. Nous nous trouvons au centre d'un véritable réseau de montagnes, offrant les sites les plus inattendus. Mais la mort a laissé son stigmate sur cette page riante du livre de la nature. Près d'une mare, où caquètent des bandes d'oiseaux aquatiques, blanchissent des ossements humains, et un paquet de lettres à notre adresse, datées de 1881, indique qu'ils appartiennent à un malheureux courrier, tué par les bandits du désert, la soif ou la faim. Chaque lettre étant envoyée, pour plus de sûreté, en triple expédition, celles-ci ne m'offrent rien de nouveau. Mais quel drame, dans une pareille rencontre, et comme l'imagination d'un Gustave Aymard, d'un Gabriel Ferry, d'un Jules Verne ou d'un Dennery y trouverait matière à situations empoignantes! Aveux d'amours illicites ou de trahisons, fatalement retrouvés par le mari trompé ou par la victime de machinations infernales, paternités timides mises au jour, secrets politiques ou indications de trésors enfouis, que sais-je, toute la série de moyens scéniques, soi-disant invraisemblables, et le plus souvent dépassés par la simple réalité.

22 janvier. — Depuis plusieurs jours, je me trouvais réduit à la seule cuisine indigène. Plus de conserves, plus même d'épices et de vinaigre, pour relever les fades bouillies de sorgho ou de maïs et les fèves bouillies sans sel. Les chèvres des Oua-Ngouanas de Mbuighiri ont heureusement fait trève à ce peu réconfortant ordinaire. Mais mon carême va prendre fin. Dans la montagne, à une lieue et demie de Kisokoué, s'élève un ravissant cottage, flanqué d'un jardin magnifique, de vergers et de potagers. La plupart des légumes d'Europe, choux, pommes de terre, carottes, oignons, etc., etc., y atteignent des dimensions plantureuses. Cette oasis sert de résidence à la famille de M. Coal, un des Révérends, rencontrés naguère à Mpouapoua. Le digne missionnaire a fait venir sa femme d'Europe, et un bel enfant, né ici même, leur rend douces et brillantes, les longues heures d'un volontaire exil. Je passe, au sein de cette intéressante famille, toute la journée du 23 et celle du lendemain, après avoir envoyé ma caravane m'attendre à Mpouapoua.

Madame Coal, un vrai type pris dans le *Vicaire de Wakefield*, est aussi bonne que vaillante. Elle lutte, un peu péniblement encore, contre l'action corrosive de ce pays, qui abat les hommes les plus fortement trempés, mais la calme énergie de sa nature réagit, assez notablement, déjà, pour faire espérer une prochaine et complète acclimatation.

—Le 24, avant 4 heures de l'après-midi, j'entre dans la Mission de Mpouapoua, où le Révérend Price me reçoit, en l'absence de son collègue Baxter. C'est avec délices que je revois cette superbe résidence, qu'il me semble avoir quittée d'hier, tant les souvenirs m'en sont restés vivaces et charmeurs. A l'étranger, plus que partout ailleurs, certains tableaux, certaines scènes, ressortent en clair sur le fond assombri des jours néfastes.

Mes hommes, largement approvisionnés, ont mis le temps à profit, et la journée de repos que je leur accorde, non moins que le règlement du Posho des Askaris, contribue à redoubler leur joyeuse humeur. Ils ont, d'ailleurs, ici, nombreuse société. Deux caravanes arabes, venant de la Côte, où elles ont placé de l'ivoire, et revenant chargées d'étoffes à Tabora, sont campées depuis deux jours près de la Mission.

L'une est commandée par Raschid bin Ghamis, et l'autre appartient à Salim bin Raschid, riches marchands, dont j'ai eu le loisir de cultiver la connaissance. Une grève de porteurs, incident assez fréquent, hélas! les arrête, dans cette région pleine de ressources.

Voici le motif de la grève. Les Oua-Pagazis, des deux caravanes, ayant appris les souffrances de l'escorte de M. Hore, éprouvée par la faim dans le Pori, réclament une forte augmentation de salaire. Des deux parts, il y a, comme on dit, du tirage. Les chefs veulent bien accorder quelque chose, mais les porteurs formulent des réclamations inacceptables. Aussi les Chaouris battent-ils leur plein. J'assiste à quelques-unes de ces assemblées, tenues avec une gravité imperturbable, mais bien faites pour donner sur les nerfs aux plus déterminés amateurs de congrès.

Point de bruit, de récriminations violentes. Tout se passe dans les formes les plus exquises. Akidas et Kirongozis disputent point par point, représentent cent fois de suite, sans se lasser, les mêmes arguments, se réunissent et se séparent, le sourire sur les lèvres, et, une heure, après recommencent sur de nouveaux frais. Dans le camp des porteurs, gens de l'Ou-Nyamouézi, l'agitation se traduit d'une façon plus appréciable, mais sans entraîner pourtant de provocations bruyantes. On dirait que ces gens-là ne sont pas fâchés d'une halte, pendant laquelle le Posho ne cesse pas de courir. Les uns et les autres savent bien que les choses finiront par s'arranger. Quant au temps perdu, il n'entre en compte, ni pour les Arabes, ni pour les indigènes et, cependant, les premiers perdent, de ce chef, une certaine somme d'argent. Mais les marchands de Tabora sau-

Mon dernier campement.
(Dessin de E. Duyck.)

ront s'arranger pour faire supporter le coulage par leurs clients.

La situation tend à s'aggraver par le retour d'accès de fièvre, provoqués par les premières fraîcheurs de la Massika. Quelques porteurs ont déserté et les Akidas parlent déjà d'engager des Gombozis. Cette menace produit ordinairement un effet décisif. Les irréconciliables se retirent, et le reste reprend tranquillement son service, moyennant les plus légères concessions.

Il est fort curieux d'observer le contraste de nos porteurs avec ceux des deux caravanes arrêtées. Tandis que nos hommes, enchantés d'avoir dépassé les régions guerrières et les Poris sauvages, sentent la Côte, et se livrent aux éclats d'une joie bruyante, les malheureux, à la veille d'affronter les dangers et les privations, dont, pour nous, la phase est déjà loin, se désolent et se lamentent. Jean qui rit et Jean qui pleure !

Quelques courtiers d'ivoire se sont mêlés aux porteurs d'étoffe. A partir de Mpouapoua, nous en rencontrerons tous les jours, car en cette saison, l'imprévoyance des indigènes aidant, il est fort difficile de se ravitailler. C'est sur quoi spéculent les Hindis et les Banians, qui intéressent à leur jeu des hommes libres, rompus au métier et excellant dans ces sortes d'aventures. Guettés, circonvenus et dupés par eux, il est fort rare que les porteurs d'une caravane indigène arrivent jamais jusqu'à la Côte. Accompagnés, seulement, de quelques hommes, chargés d'étoffes, recrutant des Gombozis au fur et à mesure des nécessités, au besoin, chargeant sur leurs propres épaules plusieurs frasilahs d'ivoire, ces courtiers s'entendent fort bien à semer l'alarme et à profiter des situations critiques. Ils ont toujours perdu une partie de leurs hommes et de leurs marchandises dans des embuscades ; ils ont eu faim et soif ; enfin, ils tracent de la route qu'il restera à fournir, aux crédules Oua-Chenzis, un tableau si effrayant que ceux-ci, malgré les ordres les plus formels de leurs Sultans, finissent par rebrousser chemin. « Impossible de passer » dit-on. « Le pays est en guerre ! Les grains sont brûlés... Un tel tient la campagne, avec les Rougas-Rougas... Nous serons forcés, nous-mêmes, d'attendre ici que la route soit libre... Retournez chez vous. Il vaut mieux vendre votre ivoire à un prix raisonnable, que de le faire prendre par les brigands, ou de tomber d'inanition sur la route. » Et ils font valoir leurs étoffes de contrebande, miroiter leur fil de laiton et bruire leurs chapelets de perles. Au besoin, il paieront l'ivoire à prix fort, pour s'en assurer le monopole, mais le plus souvent, fins comme l'ambre, pour deviner les besoins, ils l'extorquent à vil prix. Comme je l'ai dit d'ailleurs, les indigènes ont toujours le mauvais bout dans leurs essais de commerce direct. Même pour leur Posho de route, ils se laissent indignement voler et mangent, souvent, en entier, le prix de l'ivoire qu'ils ont réussi, par miracle, à vendre à Bagamoyo. C'est ce qui arriva à Mirambo, un jour qu'il s'était entendu avec un Suisse du nom de Philippe Broyon, pour expédier à la Côte une caravane d'ivoire. Revenus à Selle Magazi, les hommes n'avaient plus un ballot de marchandises.

Ils y avaient puisé à même, faisant nopces et festins, gaspillant, s'arrêtant en route, incapables, enfin, de mesurer la part juste qui leur revenait pour leurs frais de nourriture. Mirambo traita de voleur son associé suisse, qui était pourtant le plus honnête homme du monde, et ne renouvela plus sa tentative.

Exploités par les Indous, les porteurs indigènes ne rencontrent guères plus de scrupules chez les Arabes de l'intérieur, commerçants dans l'âme, et qui ne profitent pas, seulement, que des différences de cote entre les étoffes prises à Zanzibar ou à Tabora. Fort souvent, les Pagazis, et même les Askaris congédiés, ne vont pas jusqu'à Bagamoyo pour toucher leur solde. Trouvant à Tabora tout autant de ressources et d'occasions de plaisir, ils y négocient leur traite, sur laquelle l'Arabe escomptera fort bien 20 dollars au lieu de 25, en offrant, pour une valeur de 125 francs, deux pièces de Satini, comptées à 8 dollars pièce, et qui lui reviennent à 50 francs les deux.

Les gens de Souétou sont déjà devenus victimes des courtiers qui ont tendu leur souricière à Mpouapoua. Avec, ou sans autorisation, la moitié d'entre eux sont retournés à Tabora, croyant rapporter des trésors en étoffes. Mais, par exception, ils ne se sont pas fait trop voler. Fort probablement, ma présence leur a fait obtenir des conditions plus avantageuses.

M. Price, à qui j'ai montré le pistolet, à moi remis par Mirambo, le reconnaît pour avoir appartenu à un voyageur anglais du nom de Williams, en ce moment en excursion sur le Victoria-Nianza. Il se chargera de le remettre à son propriétaire, lors de son passage, certain, par la Mission Anglaise.

25 janvier. — Départ à 8 heures du matin, et campement, vers midi, à Toubougoué, en pleine montagne. Nous nous portons dans la direction de Sadani, route, à ce qu'on m'assure, plus courte et plus commode que celle de Condoa. J'aurais désiré revoir le capitaine Bloyet, mais on croit à la Mission qu'il se trouve, en ce moment, à la Côte, pour y chercher sa femme.

Le 26, nous escaladons le versant d'une montagne, bornée au Nord par une plaine immense, où se sont rabattus de grands troupeaux d'éléphants. Campement à Mlali, avant l'heure de midi. Le lendemain, nous poursuivons notre route fatigante, par les hauteurs, en partie cultivées, et aux flancs desquelles s'accrochent quelques habitations rustiques.

Rencontré plusieurs familles de chasseurs d'éléphants, chargés de tout leur attirail de guerre et de cuisine, maintenu sur le dos par une bricole de cuir, passée sur le front. Ils marchent, courbés, avec une rapidité étonnante. Les femmes, aussi encombrées qu'eux, et embarrassées encore de leurs négrillons, portés en sautoir ou conduits à la main, ne sont pas les moins lestes. Ces chasseurs appartiennent à la tribu des Oua-Kamis, et ne se servent, dans leur poursuite dangereuse, que de lances, d'arcs et de flèches.

Nous établissons notre Cambi à Roubéo, d'où nous apercevons quantité de petits villages, pittoresquement échelonnés sur la montagne, comme autant de nids de vautours.

— Toujours les hauteurs et les habitations alpestres. Campement le 28, à Migombana, d'où nous repartons, le 29, pour Mamboya où j'espère rencontrer le Révérend Last, de la Mission de Mpouapoua. Mais ce missionnaire, qui s'est marié dans l'intervalle, est à Zanzibar, et son cottage se trouvant juché fort haut, je reste avec mes hommes.

Bientôt après, nous rencontrons le premier poste douanier du Saïd Bargash, commandé par un Comorréen du nom de Sali bin Abou Bekr. Cet officier, très actif et d'une intelligence remarquable, a pour mission, non seulement d'empêcher la traite des esclaves, mais de contrôler le mouvement des caravanes. Il n'en laisse point passer une seule, sans permis en règle du Prince de Zanzibar. Cette surveillance a pour but d'empêcher la vente de la poudre, aux Sultans de l'intérieur, et surtout à Mirambo, contraint, par cette interdiction impolitique, à se procurer des munitions par le pillage. Au moment de notre arrivée, on amène justement devant mon homonyme, un chef Ki-Nyamouézi, surpris dans le désert, et soupçonné de vouloir franchir frauduleusement la ligne douanière. Mais le pauvre diable, qui n'avait pris cette route que pour raison d'économie, est parfaitement muni de son billet.

Quelques courtiers d'ivoire se trouvent encore ici, et les derniers porteurs de Souétou, au moment de toucher au port, s'arrangent sottement avec eux.

A L'AFFUT DES CROCODILES.
(Dessin de CHARLES VERLAT.)

CHAPITRE XXXVIII

— Je trouve ici deux lettres à mon adresse, l'une de M. Van der Elst, nommé Consul de Belgique à Zanzibar, en remplacement de M. Deville, l'autre du Comité de l'Association.

M. Van der Elst m'annonce que M. Cambier s'est embarqué pour le Bas-Congo, avec une troupe d'Askaris, et le Comité me charge de faire l'intérim à l'Agence Belge. Voilà mon rapatriement indéfiniment retardé! Mais le service avant tout. Sur ma demande, le commandant envoie deux hommes prévenir de mon arrivée prochaine.

Sali bin Abou Bekr a offert, il y a deux mois, l'hospitalité à un voyageur européen du nom de Wissmann, venant de Saint-Paul de Loanda, par Nyangoué. Cet Allemand a laissé ici une jeune femme, appartenant à un de ses hommes, et fort malade de la petite vérole. Parfaitement rétablie, l'abandonnée me supplie de la ramener à la Côte, ce à quoi j'accède volontiers.

— Dans la journée du 30, après avoir dépassé les villages de Magoubika et de Simbo, nous campons, vers 4 heures de l'après-midi à Mkoundi. Cette région, fort accidentée, rappelle beaucoup celle de l'ancien Ou-Savira.

Le 31, arrêté à Mtoa Maoué (rivière aux pierres) sur les bords de laquelle nous procédons à une lessive générale. De gros blocs, garnissant le lit du cours d'eau, ont probablement donné son nom à la localité, siège d'une nouvelle garnison douanière.

1ᵉʳ février. — Les villages se rapprochent à vue d'œil. Vers 11 heures, nous traversons, en canot, le Ouamé, large d'une cinquantaine de mètres, au courant fort rapide en ce moment, et infesté de crocodiles. Etabli sur l'autre rive, où il habite un modeste abri de branchages et de boue, le passeur indigène est accouru en voyant poindre la tête de la caravane.

L'embarcation ne contenant qu'une dizaine d'hommes, nous mettons deux heures à opérer ce transbordement, en remorquant, comme toujours, nos ânes et nos chèvres, regardés d'un œil d'envie par les gigantesques sauriens guettant à fleur d'eau. Pour leur enlever la tentation de s'approcher, je leur envoie quelques balles, qui ricochent sur leurs dures carapaces. Détail assez original : le prix du passage, se bornant à 3 dotis de cotonnade ordinaire, n'est fait que lorsque la moitié de la caravane se trouve déjà sur la rive opposée. De la sorte, pas de contestation possible. Il faut en passer par les exigences, heureusement fort modestes, de notre noir nautonnier.

— Campé dans le village, je distribue aux porteurs un dernier Posho en étoffes. Les vivres deviennent fort cher, et nos provisions s'épuisent. Mais bientôt nous pourrons nous servir de notre monnaie.

On dirait que mes hommes sentent Bagamoyo. Déjà, le matin, ils prêtent l'oreille, espérant entendre le canon de Zanzibar. Nous dépassons grand train une dizaine de villages Ki-Zaramos, cachés derrière les taillis, et déjeunons, près de la rivière, dont nous avons tour à tour suivi ou abandonné les méandres. Au loin, le double faîte boisé de Pongoué, que l'on aperçoit également de Zanzibar, se découpe sur l'azur estompé de buées marines. Je n'ai plus même besoin de donner le signal du départ. La caravane tout entière, se montrant la haute montagne avec de gros rires, se défie à la course. Malgré les fortes étapes, personne ne se plaint de la fatigue.

Hommes, femmes et enfants trottent et galopent avec un entrain infernal.

Barouti prend à peine le temps de fourrer, de temps à autre, ses pieds gonflés dans une fourmillère ; Tchiano, avec ses singes, se livre à de véritables matchs d'entraînement. A trois heures, seulement, l'on s'arrête, après avoir marché depuis l'aube.

— Le lendemain, vers midi, nous sommes déjà au pied des Pongoué, commandant orgueilleusement la Côte et l'intérieur. L'ascension de ces géants doit offrir de magnifiques spectacles, car la contrée est étonnamment pittoresque et fertile, mais je suis trop éreinté pour l'entreprendre. Quant à mes hommes, ils dansent sous prétexte de se délasser. Les fourrageurs sont revenus avec une insignifiante quantité de vivres, mais l'on jeûne sans murmurer.

A partir de cette région, tout se paie en cuivre ou en argent, et cependant il serait impossible de s'y faire rendre seulement sur une roupie, attendu que les indigènes enfouissent leur monnaie, aussitôt reçue, et ne s'en servent jamais ! Il leur suffit d'avoir conscience de leur trésor pour se croire riches et ils mourraient de faim, plutôt que d'en faire rentrer une obole à Zanzibar. Par un singulier renversement, ces Harpagons nègres, les seuls qui acceptent, en échange de leurs produits, de l'argent monnayé, n'en entravent que plus sûrement la circulation.

Pendant la soirée, un esclave, volé par le chef du village, est venu me trouver pour que je le ramène à son premier maître. Je lui dis de se mêler à la troupe et lui donne quelque monnaie. Son évasion, d'ailleurs parfaitement légitime, s'accomplit sans éveiller de soupçon.

Chemin faisant, nous croisons une caravane de Oua-Nyamouézis se rendant à Tabora.

En passant par une forêt, mes hommes ont découvert quelques arbres de senteur, auxquels ils ont emprunté des branches, façonnées par eux en massues. Je m'en fais couper une, que j'emporterai en souvenir de nos dernières étapes.

Vers 10 heures, nous arrivons aux plantations isolées d'un vieil officier Béloutchi, du nom de Brahimo, qui vend aux caravanes le produit des vastes champs de manioc que Saïd Bargash lui a permis d'établir. Cet homme jouit d'une grande réputation de sagesse et de probité. Les plus expérimentés chefs d'escorte, ne dédaignent pas de le consulter.

Il nous faut creuser assez profondément le sol pour avoir de l'eau. La température est d'une lourdeur insupportable et la chaleur, provoquée par le voisinage de la mer, provoque des transpirations abondantes.

Depuis deux jours, je n'ai presque plus fermé l'œil.

5 février. — Enfin, le dernier jour de marche va se lever à l'horizon.

Dès quatre heures du matin, les Pagazis ont repris gaiement leur fardeau, d'ailleurs considérablement allégé. Et la course recommence, enragée, presque furibonde. Au bout de 3 lieues d'un train d'enfer, nous passons le noir Kingani gonflé d'hippopotames et de crocodiles, où notre ami De Meuse accomplit son premier exploit de chasse.

Dissimulé derrière un pli de la berge, je lâche quelques coups de feu sur un immense saurien, s'ébattant à fleur d'eau, et que j'ai la chance d'atteindre à l'œil. L'animal se soulève, plonge vivement, et, au bout de quelques minutes, reparaît à la surface, le ventre en l'air, pour s'en aller, expirant, à la dérive.

Un peu au delà, je vois arriver le fidèle Sef bin Raschid, suivi de quelques hommes, chargés d'ananas, de dattes, de mangues et de bananes, dont la caravane se régale avec délices. Nyoko, qui n'avait plus vu de mangues depuis Tabora, est comme folle de joie. Elle s'empresse de bourrer son nourrisson, déjà lesté de dattes sucrées et, par mesure de précaution, s'en garnit les bajoues, tendues à crever.

A 9 heures du matin, enfin, nous rentrons, tambour battant, à Bagamoyo, au milieu d'un vacarme infernal de mousqueterie, de claironnades, de cris et de chants forcénés.

CHAPITRE XXXIX.

Avant-dernière installation. — A la Mission du Saint-Esprit. — Un sur quatre ! — En noce ! — Les hâbleries. — Impatiences de maître Tchiano. — Le *Cœur de l'Afrique*. — Contraste. — *Anavaa mail*. — Petits présents de départ. — Chez le gouverneur de Bagamoyo. — Visite de Séwa. — *Biashara ni Biashara*. — Vers Zanzibar. — Où flottent nos couleurs ! — L'agence belge. — En famille. — Tous malades ! — *So early in the morning !* — L'atrium des Askaris. — Arrivée de Bamboula. — Sa fable. — Pas d'argent ! — A l'hôtel. — Encore une dupe. — Audience du Saïd. — Un terrain brûlant. — Mort d'Abdallah bin Nassib et du Scheik. — Mohamed Massoudi, gouverneur de l'Ou-Nyaniembé, et Tipo-Tipo, gouverneur de Nyangoué. — Nouvelles instances. — « Envoyez-moi des Européens. » — La tâche commune. — Pèlerinage au cimetière européen. — Les tombes du capitaine Crespel et du docteur Maes. — Présents officiels et privés. — Règlement des Askaris. — Deux auxiliaires modèles. — Une Zénobie africaine. — Les Somalis. — La haine des Blancs. — Traques de fauves. — Retour à la vie civilisée. — Visites. — M. Stokes à Zanzibar. — Retour du père Bauer. — Etudes de mœurs indigènes. — Le précieux girofle. — Nattes et vanneries. — Les petits métiers à Zanzibar. — Joailliers, cordonniers, chaudronniers, revendeurs. — Cannes de peau de Rhinocéros. — Le Soko. — Kali-Hadji. — L'Européen du Désert. — Bamboula s'embarque. — Il manque d'être arrêté. — Arrivée de M. Maluin. — Il tombe malade et retourne en Europe. — Les incendies. — Chez les Arabes. — Chars à Zébus. — Les blanchisseurs. — Le palais de campagne du Sultan. — Le harem saïdial. — Concerts publics. — Les grandes écuries. — L'heure du bain. — Nostalgie. — Arrivée du capitaine Cambier. — Départ de Zanzibar. — Le *Malacca*. — A Bombay. — Les espiègleries de Nyoko. — Suez. — A Marseille. — Une fugue. — Le sol natal.

Le brave Sef, au courant de mes goûts, m'a préparé une jolie maison, pourvue de tout le confort que peut fournir un centre aussi important que Bagamoyo. J'y trouve quelques bouteilles d'excellent vin et des conserves, obligeamment envoyées à mon intention par notre consul. La nappe est mise et je fais à huis-clos un tronçon de chère-lie, en compagnie de Sef qui, on le sait, ne boude point la purée septembrale, proscrite par le Coran.

Dans l'après-midi, je me rends à la Mission du Saint-Esprit, où déjà la nouvelle de mon arrivée est parvenue. Le père Bauer auquel j'aurais été enchanté de serrer la main, se trouve malheureusement encore en tournée, dans le district de l'Ou-Doué, en sa qualité de Vicaire apostolique pour la Côte orientale, mais le Père Aecker, supérieur, et surtout le frère Oscar, parfaitement guéri et plus passionné que jamais pour la chasse, me font 'accueil le plus chaleureux. Tout de suite, le dernier s'empare de moi pour connaître les ressources cynégétiques des régions par où j'ai passé. Ai-je vu des éléphants ? Combien de lions sont tombés sous mes balles ? A ma grande honte, j'avoue que, sauf ma lionne du Mgonda Mkali, une couple de léopards, la guenon du Pori de Tchounio, quelques chevaux de rivière, une demi-douzaine de zèbres, une vingtaine de buffles, pas mal d'antilopes et beaucoup de gibier à poil et à plume, je n'ai point causé grand dommage à la faune africaine. Mais je lui conte les exploits de Roger, qui le pénètrent d'une admiration sympathique. Il le connaît bien, d'ailleurs, et ils doivent avoir fait ensemble plus d'une triomphante partie de chasse.

A mon tour, je m'informe des progrès du jeune léopard, dont, lors de mon premier séjour, le Nemrod en soutane avait entrepris l'éducation.

Mais l'ingrat félin, pas plus que les nègres devenus adultes, n'a voulu mordre aux bienfaits de la civilisation. Un beau jour, il est allé rejoindre ses pareils dans le jungle sauvage. Peut-être bien que les Pères du Saint-Esprit, qui ne le regardaient pas d'un œil trop rassuré, ne sont pas tout à fait étrangers à l'évasion de cet inquiétant élève.

Comme il y a trois ans, un festin plantureux est préparé en mon honneur. Hélas ! à cette époque, nous étions quatre à savourer la chère exquise des bons pères et à recevoir leurs vœux de prospérité ! Que d'hommes vaillants et résolus n'ont pu jouir qu'une fois de cette hospitalité fraternelle. Un prompt retour a sauvé Robert De Meuse d'un dénouement fatal, mais le capitaine Ramaeckers et Armand de Leu, qui envisageaient l'avenir avec une si radieuse confiance, reposent, fauchés en pleine carrière, sous le sol africain !

Je passe toute la journée du lendemain à Bagamoyo, où le Djémadar a sa résidence. Mes cuisiniers m'ont demandé congé et Forhan est allé voir sa famille. Quant à Assani et à Mohamed Maskam, ils font... la noce, avec les Askaris qui m'ont réclamé quelques avances sur leur solde globale, payable seulement à Zanzibar. Comme Posho d'attente, je leur alloue à chacun dix pessas par jour. Fidèles à leurs habitudes de gaspillage, ils se rattrapent de trois années de retenue et de tempérance, en jetant l'argent par portes et fenêtres. Quelques-uns viennent me saluer en titubant, parés de vestes brodées d'or. Toute la journée, ils ont absorbé des flots de Pombé, et fait carrousse dans les lieux suspects, où le personnel des caravanes et les matelots, courant des bordées, dépensent, en quelques heures, les économies de plusieurs mois. Chez tous les deux, même imprévoyance, même caprice pour les choses voyantes, malsaines ou inutiles, mêmes et incurables habitudes de débauche, exploitées, par les industriels interlopes. Et les hâbleries, les fanfaronnades, les fables d'aller leur train. A entendre nos musards, tous sont revenus maçons, foundis et sarmallas émérites. Mohamed Maskam, le plus blagueur de tous, se pose en héros et se vante même d'avoir été chez Mirambo, dont il avait une peur atroce. J'obtiens ma bonne part de ces exagérations. « Les *autres* n'étaient que des voyageurs, de simples touristes, mais moi, j'ai fondé en moins de quatre mois, avec leur secours, une ville, le fameux Boma, en comparaison de laquelle Zanzibar n'est qu'une simple bourgade ! Et puis, lorsque Karéma allait être détruit par les troupes de Mirambo, j'ai osé aller trouver, seul, le féroce Mouami, *que j'ai mis à la raison* et qui est devenu mon ami. Tous les Sultans me craignent ! Celui de Karéma, qui m'avait offensé, a vu brûler son village et est venu humblement faire sa soumission. Rien ne me résiste ! Pas une attaque sur la route ! Pas une chouka d'étoffe, payée pour l'ivoire de Souétou et du Djémadar ! » Bref, j'ai acquis ici, en quelques heures, une réputation éclatante, et l'on se presse avec admiration sur mon passage.

Tchiano, grisé par un mouvement tout nouveau pour lui, grille de se joindre à la troupe en liesse. Il me supplie vainement de le laisser sortir « rien que pour une heure » et, plus d'une fois, j'ai dû arrêter le petit drôle, au moment où il allait résolument me brûler la politesse. Pour le mâter, je menace de le faire reconduire à Karéma par la première caravane, tandis que s'il se conduit bien, on pourra l'employer à l'Agence. Cette crainte et cet espoir le font enfin se résigner à garder la maison. Le fait est que, même pour moi, le contraste des villes de l'intérieur avec ce centre populeux et bruyant, est fait pour étourdir. Tout est relatif. Encore sous l'impression des villes d'Europe, le voyageur ne voit, d'abord, dans Bagamoyo, qu'un gros village, aux installations rudimentaires, un vulgaire port africain, assez peu digne d'intérêt. Mais après un séjour de quelques années dans les vastes solitudes du Continent Noir, les nuances qui lui échappaient auparavant deviennent sensibles. Entre Tabora même, où tout le monde se connaît et vit renfermé chez soi, et Bagamoyo, animé d'une véritable activité commerciale, il y a la distance qui sépare, chez nous, Hasselt d'Anvers ou de Bruxelles. Et, en me rapportant à Karéma, avec sa petite garnison d'Askaris ennuyés, sa colonie Maroungoue, menée militairement, son voisinage de grossiers Oua-Chenzis et ses rares visiteurs Oua-Fipas, je découvre à Bagamoyo des allures très caractéristiques et très vivantes. Il est vrai que, lors de mon premier passage, la fièvre ne me laissait guères le loisir de courir les rues et de faire des études de mœurs.

Ce port, nommé à juste titre le *Cœur de l'Afrique*, attendu que toutes les pulsations de l'intérieur semblent s'y répercuter, offre le spectacle d'un mouvement d'échange régulier et permanent. Ses nombreux stores et ses bazars, abondamment fournis d'articles locaux ou d'importation étrangère ; ses boutiques indigènes, à la remuante clientèle ; ses débits de boissons, toujours visités ; ses tombés délabrés, encombrés de marchandises précieuses, où Hindis et Banians affairés embauchent les escortes, achètent, vendent, font la banque et l'usure ; sa population composite de détaillants, d'agriculteurs. de pêcheurs de requins, de soldats et de porteurs, offrent la diversité et le brio que peuvent, seuls, produire le conflit ou l'accord des intérêts.

Partout l'on s'agite, l'on s'évertue à la poursuite de l'argent ou à la recherche du plaisir. Et, lorsque l'époque des caravanes approche ou bat son plein, l'agitation devient fiévreuse et désordonnée. Les allées et venues, les transports, les achats, les chaouris, les promenades bachiques, les mousquetades et les sonneries de clairons, provoquent un tohu-bohu indescriptible.

Même la prétention à l'élégance et aux bonnes manières, affectée par les gens de la Côte et qui me paraissait si plaisante au début, m'est expliquée aujourd'hui. Il est certain que les femmes ont ici un chic particulier qui les fait admirer et envier par les pauvres négresses de l'intérieur. Elles suivent les modes, ni plus ni moins que le high-life de nos capitales. Les étoffes, venant d'Europe, sont impatiemment attendues par elles et portées aussitôt que par les belles petites de Zanzibar. Une couleur, un dessin nouveau font mettre au rancart les toilettes encore fraîches, remplacées sans nécessité, et dont l'opulente défroque est briguée par les paysannes des environs. C'est ce qu'on appelle : *Anavaa Mail*, « être habillé de la malle. » Ces différences, imperceptibles pour les nouveaux venus, un séjour prolongé en Afrique les rend curieuses à étudier, et je n'ai point cru pouvoir me dispenser d'en donner ici un léger crayon.

Je comble de joie les femmes de mon escorte en leur faisant don, à chacune, d'une pièce de cotonnade aux couleurs voyantes. Et c'est encore reconnaître bien modestement les nombreux services qu'elles m'ont rendus pendant la route, avec un désintéressement absolu. Non seulement les excellentes créatures se sont occupées de mon ménage de campagne, cuisinant, savonnant, après les plus rudes étapes, mais encore, de leur propre mouvement, elles ont fait obligeamment office de porteurs. Autant l'Africain a horreur du travail et cherche à s'alléger la tâche, autant la femme nègre aime à se rendre utile. Aussi est-elle exploitée sans vergogne par les Oua-Chenzis polygames, dans le seul but de transformer leurs épouses en véritables bêtes de somme. Tel n'est point le cas, cependant, pour les Askaris de mon escorte, la plupart mariés à Karéma et qui, n'ayant qu'une seule femme, font preuve à son égard d'une réelle galanterie.

— Dans l'après-midi, je rends visite au Gouverneur arabe de Bagamoyo, jeune fonctionnaire, à l'air intelligent et sérieux, qui me reçoit à merveille. La rumeur publique lui a appris les travaux d'Alcide que mon escorte m'a glorieusement attribués. En bonne politique, je juge inutile de diminuer l'excellente opinion qu'il a conçue de moi, et en profite pour faire valoir l'esprit d'organisation et l'influence des Européens en Afrique.

Séwa l'Hindi vient me voir. Comme il ne m'appartient point de récriminer contre des conventions, où je n'ai été pour rien, et que, d'ailleurs, force nous sera de recourir encore à ses services, je m'abstiens de lui reprocher les engagements usuraires qui nous ont suscité, à Tabora et ailleurs, les éternelles réclamations des hommes d'escorte.

Autant que nous, les voyageurs qui nous ont précédés et même suivis ont eu maille à partir avec leurs Askaris, cependant grassement payés et dont les exigences croissaient en raison des concessions faites après coup. Lorsque Séwa recrute des soldats pour ses propres caravanes, il s'en faut, paraît-il, qu'il leur accorde des conditions plus avantageuses qu'aux nôtres. Mais tout exploités qu'ils se sachent, les mécontents n'ont garde de se rebiffer en route, de peur de ne plus retrouver, au retour, le banquier complaisant, toujours prêt à leur avancer quelque bagatelle sur un engagement futur.

De fait, je ne vois pas en quoi l'on pourrait sérieusement en vouloir à Séwa de tirer parti d'une position acquise, non sans gros sacrifices et sans longs efforts. On ne quitte pas les riches provinces de l'Inde, pour venir faire du désintéressement sur la déplaisante et malsaine côte d'Afrique. Fidèle aux habitudes de sa race, avide de tout gain, arraché à la gêne ou à l'inexpérience, le rusé traitant rançonne à la fois l'Européen et le nègre sans cesser de se croire un parfait honnête homme. C'est à eux à se mettre à même de ne plus passer sous ses fourches caudines, ce qui, pour le moment, serait presque impossible, faute de concurrence sérieuse. Et ainsi font, à son exemple, l'Arabe ou le Béloutchi, attirant *con amore*, à eux, le plus de couverture possible.

Étions-nous plus délicats, aux beaux jours de la troque, lorsque nous échangions des bouchons de carafe et des miroirs de poche contre plusieurs fois leur pesant d'or? Et les marchands européens, débitant leurs articles outre-mer, se gênent-ils pour plumer leurs propres compatriotes, soumis à des tarifs de haute fantaisie?

Sorti de ses marchés, au cours desquels il se montre d'une rapacité sémitique, Séwa est le meilleur fils du monde. Fastueux et hospitalier, il vous traite en roi, après vous avoir écorché en vrai sergent de gabelle. Il n'est politesse qu'il ne fasse à ses *amis* les Européens. Je le crois même sincère dans ses gentillesses à notre égard. Mais les affaires sont les affaires! *Biashara ni Biashara!* Pour l'application de ce proverbe, il n'est pas besoin d'être Hindi et d'opérer à cheval sur Zanzibar et Bagamoyo.

7 février. — Tous les Askaris, y compris les hommes de

NOTRE BAGALA. (Dessin de Robert Mols.)

CHAPITRE XXXIX

Ghan-Mohamed, m'accompagneront à Zanzibar, car, bien qu'en excellents termes avec mon Djémadar béloutchi, je n'entends point qu'il prélève sur eux une trop forte usure. Les étourneaux ne sont guères ferrés sur le chapitre de la comptabilité et ils se laisseraient fort bien dépouiller, en n'y voyant que du feu ; tandis qu'en les payant moi-même, déduction faite des avances reçues, tant à Karéma qu'à Bagamoyo, ils n'auront à remettre, à leur embaucheur, que la commission réglementaire.

A huit heures du matin, nous nous embarquons tous, hommes et bêtes, sur un seul et grand Bagala, nolisé à mes frais. L'âne et le singe, non encore réconciliés, sont placés au milieu, crainte de fugue ou d'accident. La mer, fortement houleuse, nous secoue de la belle façon, et nous louvoyons, vent contraire, passant à marée haute sur les bancs de sable, embarrassant l'entrée de la rade. Vers midi, la côte de Zanzibar apparaît vaguement, estompée de buées grises. Le Kaskazi, ou vent Nord-Est, pousse l'embarcation, lourdement chargée, dans la direction du Sud. Un Steam Launch, croiseur du *London*, ayant un lieutenant à bord, fait le service de la rade. Il visite les boutres hindis, battant tous pavillon anglais, et veille à ce qu'il ne soit point contrevenu aux conventions interdisant la traite. J'arbore le drapeau de l'Association et il passe son chemin. Plus loin, nous nous trouvons en face du *London* lui-même, et des navires du Saïd Bargash. Sur d'autres bâtiments, flottent au vent les couleurs françaises, allemandes, américaines! Pourquoi la Belgique, qui aspire à jouer un rôle dans ces parages, et dont le mouvement commercial a tant besoin de protection et d'extension, n'est-elle pas représentée, elle aussi ? Un petit prince arabe croit devoir relever son prestige par une flotte de guerre, acquise à grands frais dans les chantiers d'Europe, et la Belgique, dont la marine a pourtant un passé si glorieux, ne pourrait seulement lui opposer une frégate ou un aviso !

Nous avons un tambour à bord de notre Bagala. Je le fais battre, en guise de salut.

— Il est près de 6 1/2 heures lorsque nous débarquons. La plage est garnie de curieux et, parmi eux, se trouve M. Van der Elst, notre nouveau consul de Belgique. Nous nous serrons affectueusement la main, au bruit des coups de feu et des roulements de tambours traditionnels. M. Van der Elst m'attend pour dîner, mais auparavant il faut que je case mon personnel à l'Agence, établie dans le quartier de Changani, tout près du port et à côté de l'hôpital des Sœurs Catholiques. C'est un bâtiment en corail gris, appartenant au Saïd, à un étage seulement et pourvu d'une terrasse. Quoique de dimensions restreintes, et enclavée entre d'autres constructions, l'Agence Belge est fort bien aménagée pour le commerce. Au rez-de-chaussée, se trouvent les magasins, formant carré autour d'un atrium qui se prolonge jusqu'au haut, et où coucheront mes Askaris, sur des nattes de joncs.

De larges piliers en pierre soutiennent la galerie des appartements à l'étage, répétant la disposition des magasins sur lesquels ils s'étendent.

Derrière est située la cour, entourée de hautes murailles ; et, dans l'écurie, un cheval, celui du capitaine Cambier, sans doute, tire solitairement son fourrage, en semblant broyer du noir.

Pas de Barza extérieur. On n'en voit guères à Zanzibar dans le quartier européen. Les magasins contiennent, seulement, un solde de marchandises et quelques fusils.

— M. Van der Elst, longtemps drogman à Constantinople, est établi ici, dans le voisinage de l'Agence, avec sa dame et une jolie fillette d'une huitaine d'années. Ce sont des gens charmants et qui me font mille amitiés. Ils se plaisent beaucoup à Zanzibar dont, sauf quelques indispositions de chaleur, le climat leur a épargné jusqu'ici ses traîtreuses atteintes. Chose bizarre, habitué que je suis à ne plus voir que des visages d'ébène ou déjà basanés par le Soleil, je trouve à tous les Européens un air malingre et maladif. Cette famille empressée et joyeuse, qui se félicite à bon droit de son florissant état de santé, je l'aurais crue déjà minée par la fièvre. C'est, paraît-il, l'impression commune à tous ceux qui viennent de l'Intérieur et en rapportent, comme moi, du reste, leur propre épiderme, outrageusement roussi.

Naturellement, je n'ai garde de communiquer à mes hôtes ma première et impertinente pensée, et je rengaine ma commisération dans le plus profond de mon cœur.

Repas exquis, assaisonné de touchante cordialité, et soirée

délicieusement passée en bonnes et longues causeries. On me met sur le chapitre de mes impressions de voyage. Puis, nous parlons du Pays que bientôt je vais revoir ! Ce sont, encore, les faits de la politique, à laquelle je suis resté si longtemps étranger. La mort de Gambetta, une nouvelle qui a plus d'un mois de date, a produit ici une sensation profonde. Il est fort tard

Une Reine Somalie.
(Dessin de G. Vanaise.)

lorsque je regagne l'Agence, en compagnie de Sef, qui est venu me prendre.

— La voix stridente des cuivres me réveille. Ce sont les hommes du Saïd Bargash qui se rendent à l'exercice, et dont la musique fait retentir à toute volée l'air populaire anglais : *So early in the morning!*

Dans leur atrium, mes Askaris trompent leur ennui en

chiquant du bétel. La bouche sanglante, ils crachent sans gêne sur les murailles et transforment leur logement en étable d'Augias. On leur compte leur Posho quotidien, de 10 pessas, et, ayant délégué quelqu'un d'entre eux, pour aller aux provisions, ils s'apprêtent, en l'absence des femmes, restées à Bagamoyo, à faire leur cuisine dans la cour.

Sur ces entrefaites, mons Bamboula, que je n'attendais pas de sitôt, se présente avec son escorte particulière, forte seulement d'une quinzaine d'hommes. Il paraît fort désappointé de ne pas trouver le capitaine Cambier à l'Agence, et plus encore de m'y voir installé. Mohamed Biri vient me demander effrontément de l'argent. Il réclame 180 piastres, pour frais de route et débours, prétendûment faits pour l'Association. Mais il perd contenance, lorsque je lui parle des 110 dollars *volés* à la section allemande. Je lui signifie que son compte ne peut être réglé qu'à Bruxelles, attendu que je ne prétends pas endosser la responsabilité des traites souscrites par lui à Tabora. Avant de passer à l'Agence, Bamboula est allé chez le Consul belge, avec sa fable toute prête. Il prétend que le capitaine Ramaeckers, avant de mourir, lui *a défendu* de m'ouvrir les portes de Karéma. De plus, j'aurais porté atteinte à sa dignité d'homme de confiance et me serais rendu coupable de mauvais traitements à son égard. A Tabora, je l'aurais « laissé manquer de tout. »

Mohamed Biri, en l'absence de tout engagement signé, veut retourner, sans plus attendre, en Europe, avec les effets de son Maître, et justifier sa conduite auprès du bureau de l'Association Il espérait que M. Van der Elst serait intervenu pécuniairement, mais celui-ci s'est contenté de me le renvoyer.

— Oui, vous retournerez à Bruxelles, lui dis-je, et le plus tôt sera le mieux. Pour de l'argent, vous n'en aurez pas. Mais comme je ne vous veux pas chez moi, je paierai moi-même vos frais d'hôtel, jusqu'au jour où je serai enfin débarrassé d'un mauvais drôle et d'un malhonnête homme.

En conséquence, je m'en vais trouver M. Chabot, un Marseillais qui a fondé ici l'Hôtel de l'Afrique Centrale, où M. Van den Heuvel exécuta naguères le suave Thompson.

Le prix de la pension est de 6 roupies, soit 13 francs par jour.

CHAPITRE XXXIX

Mais j'obtiens, pour Mohamed Biri, un rabais de plus de moitié. Et c'est encore payer bien cher pour l'entretien d'un semblable personnage !

Cependant, Bamboula, déçu, enrage de ne pouvoir courir le guilledou. Le vivre et le couvert ne lui suffisent pas et il doit se voir, du reste, harcelé par les hommes de son escorte, qu'il a promis de satisfaire à Zanzibar. Se prévalant du rôle important qu'il jouerait dans l'Association, il parvient à emprunter de l'argent à un Syrien, auquel il signe des bons. Celui-ci, mis en défiance par certaines rumeurs, vient me trouver. Je refuse catégoriquement d'acquitter des obligations auxquelles je n'ai rien à voir, et il se retire désespéré.

Moi-même, d'ailleurs, j'ai besoin d'argent pour payer les hommes du Djémadar et pour organiser la caravane de ravitaillement destinée à M. Storms. A cet effet, je m'adresse à la maison suisse Widmer et Cie, qui m'escomptera trois traites de la valeur globale de 2,100 livres sterling, sur M. Rothschild de Londres, le grand banquier, fâmé à Zanzibar et dans toute l'Inde.

— Dès le troisième jour de mon arrivée, j'obtiens du Sultan une audience particulière, à laquelle je me rends en compagnie de M. Van der Elst. Nous portons le costume de visite, pantalon, gilet noirs et veston blanc. Sa Hautesse, après avoir exprimé ses regrets de la mort de MM. Ramaeckers et de Leu, m'interroge sur nos travaux à Karéma. Je lui raconte, en élaguant prudemment certains détails, de nature à froisser sa dignité saïdiale, mon entrevue avec Mirambo, qu'il affecte de considérer toujours comme un grossier sauvage, dont ses *fidèles* Arabes de Tabora finiront bien par avoir raison.

J'aurais désiré lui toucher un mot des équivoques procédés d'Abdallah bin Nassib et de son vieux renard de frère, mais ce sujet lui semble désagréable, car chaque fois que je tente de revenir à Tabora, il m'en éloigne obstinément. Ce n'est pas le moment, non plus, d'élucider la question du fameux matériel de guerre, toujours détenu par Zeid bin Djouma.

D'ailleurs, M. Sergère a dû parler de tout cela et il serait dangereux de s'aventurer sur un terrain aussi brûlant, avant de savoir au juste comment ont été accueillies les révélations du négociant marseillais.

Après une longue conversation, Saïd Bargash, qui s'est

montré des plus affables, lève l'audience en me remerciant de mes soins paternels à l'égard de ses sujets faisant partie de l'escorte.

J'ai agi prudemment en ne parlant point au Sultan d'Abdallah bin Nassib. A l'égard de ce malfaisant personnage, justice a été faite, ou du moins il ne nuira plus à personne en ce monde. Au sortir du palais, M. Van der Elst m'apprend, qu'interné à Zanzibar et en pleine disgrâce, l'ex-gouverneur de Tabora y est mort. Le bruit a même couru que, sous le coup des accusations les plus graves, il s'était empoisonné, utilisant, ainsi, pour se tirer d'affaire, les talents spéciaux qui lui avaient fait sa sinistre renommée.

Autres nouvelles, auxquelles j'étais loin de m'attendre. Scheik Abdallah a également payé son tribut à la nature, et c'est Mohamed Massoudi, le frère de Tipo Tipo, qui le remplacera probablement, comme gouverneur arabe de l'Ou-Nyaniembé. Quant à Tipo Tipo lui-même, encore actuellement à Zanzibar, où, pour porter et pour protéger ses étoffes, il rassemble une formidable caravane de 1000 Askaris et d'un nombre presque double de Pagazis, il a été nommé par Saïd Bargash, gouverneur du Nyangoué. Je ne m'étais pas trompé un instant sur la portée politique de cette énergique figure, rendue plus importante encore, par de vastes propriétés et d'immenses richesses.

Tipo Tipo, fidèle à ses amitiés, est le premier à me rendre visite et, depuis, nous nous voyons tous les jours. Plus que jamais, il insiste pour que je vienne le rejoindre dans le Manyéma :

— Envoyez-moi des Européens, dit-il, et, là-bas, ils pourront faire belle et utile besogne. Je ne serai jamais pour eux un Séki ou un Abdallah bin Nassib, car la terre africaine est assez grande pour que chacun y fasse ses affaires. Arabes et Européens ont tout à gagner à s'unir étroitement pour transformer ce Continent, jusqu'ici inutilement fécond, et à y déverser le trop-plein de leurs industries. Voyons, viendrez-vous m'aider à commencer cette tâche ?

— Oui... Je l'espère, du moins.

— Je vous attendrai donc... Et n'oubliez pas de m'apporter d'Europe, une tente et un lévrier.

TIPO TIPO.

(Dessin de A. Hubert.)

— Près de la Mission catholique, et à quelque distance de la ville, est établi le cimetière, consacré aux Européens. C'est là que reposent, au milieu de quelques marins et de résidents, en petit nombre, le capitaine Crespel et le docteur Maes, tombés presque au début de la première expédition belge, en Afrique. J'y vais faire un pieux pèlerinage. Les grandes pierres tombales et les croix commémoratives sont entourées de jardinets, entretenus par les religieux.

Sous un ciel d'azur, baignant de rayons vermeils une végétation luxuriante, ce cimetière a presque un aspect riant. Rien n'y parle de mort.

Qu'importe d'ailleurs !

C'est par le souvenir des services rendus et des actes de dévouement, que le regret s'éternise, et non par une décoration conventionnelle, destinée à disparaître ou à se transformer dans le creuset du temps.

— Séwa, qui continue à me choyer, autant, je crois, par sympathie personnelle, que parce qu'il va s'agir d'une nouvelle caravane de ravitaillement, m'a apporté de la part du Sultan — son grand ami et peut-être son associé en bien des entreprises — une magnifique peau de tigre du Bengale, toute montée et mesurant plus de trois mètres, de la tête à l'extrémité de la queue. Il a ajouté personnellement à ce joli présent, outre deux vases en argent, quelques curiosités indigènes, dont il me sait amateur. Ainsi, mon petit musée africain se forme peu à peu, grâce encore plus à mes amis qu'à mes achats particuliers.

— Le huitième jour de mon arrivée, a lieu, en roupies et en pessas, le paiement des Askaris. J'ai prié le Consul de Belgique d'assister à ce règlement, assez compliqué, à cause des nombreuses avances faites, tant à Karéma, que pendant la route et à notre entrée à Bagamoyo. Il y a encore les retenues et les amendes, pour défaut de service, ou infractions aux règlements, qui donnent lieu à des réclamations déchirantes.

Ayant la mémoire fort courte et ne tenant note de rien, mes soldats nègres sont consternés à l'énumération des sommes inscrites à leur passif. Ils nient effrontément, discutent, pleurent et se désolent. Mais mon livre fait foi. Le Djémadar qui, de son côté, a ses écritures en bon ordre, confirme les miennes et ils n'ont plus qu'à se résigner. Cette petite comédie était inévitable, et quelque fatigante qu'elle paraisse, je ne pouvais y échapper.

Enfin, les comptes sont réglés et, passant de la tristesse à la joie, mes Askaris prennent congé de moi en se recommandant pour la première expédition que je serais appelé à commander. Après s'être habillés de neuf des pieds à la tête, ils s'en retournent festoyer à Bagamoyo, jusqu'à épuisement de finances. Le Djémadar, qui a retenu ses avances et sa commission, me baise la main et m'assure de son dévouement éternel. N'importe, quand et pourquoi, assure-t-il, je puis compter sur lui, dût-il rompre des engagements plus avantageux.

Le vieux Béloutchi semble réellement ému. De fait, je l'ai toujours traité avec beaucoup de déférence et, comme Sef, je crois qu'il m'est sincèrement attaché. Ce dernier demeure à Zanzibar, dans sa propre maison. Il est venu me voir tous les jours et s'afflige beaucoup de mon départ prochain. Et moi aussi, braves gens, j'ai appris à vous connaître et à vous aimer !

Si les Européens rencontraient, en Afrique, beaucoup de pareils auxiliaires, que de merveilles n'accomplirait-on pas, comme en se jouant !

— La mousson du *Kaskazi*, ou vent du Nord, a amené à Zanzibar de nombreuses barques Somalies, venant, pour la plupart de Mbaraoua. Elles sont chargées de peaux de léopards, de tapis de laine, aux couleurs éclatantes, de nattes et d'objets de vannerie, en paille et en joncs teints, d'œufs d'autruche, que les Arabes emploient beaucoup dans leur ornementation mobilière, voire d'objets de joaillerie en argent, curieusement travaillés, dans le goût oriental. En retour de ces curiosités, qui revêtent un cachet vraiment artistique, les farouches chasseurs de fauves remportent chez eux des étoffes, des armes, de la poudre et du plomb.

L'une de ces barques a amené une reine Somali, probablement désireuse de se renseigner sur le mouvement des modes à Zanzibar. J'ai rencontré Sa Majesté, peu vêtue, flânant sur les quais, entourée de ses noirs mousquetaires. Un simple pagne de couleur lui ceint la taille, laissant à découvert le buste, ample et puissant, orné de plaques d'argent forgées et niellées retenues par des chaînettes de même métal, et une forêt de cheveux emmêlés lui sert de diadème naturel. Elle a vraiment grand air, cette Zénobie africaine, jetant autour d'elle des regards dédaigneux, tout au contraire des femmes de l'intérieur, promptes à s'émerveiller de tout.

Les Somalis forment une race à part dans le triangle formant le cap Guardafui. Rien en eux du nègre proprement dit, chez lesquels, la face prognathe et les extrémités grêles, trahissent un type inférieur, et dont ils se distinguent par leur nez droit, leurs épaules carrées, leurs longues jambes et leur chevelure plutôt bouclée que crépue. Il y a chez eux à la fois de l'Egyptien sémite et de l'Arien caucasique, et les guerres antiques doivent avoir produit chez eux bon nombre de croisements. Salomon ne fut-il point amoureux de la noire Balkis et Marc-Antoine de la brune Cléopâtre?

Ces singulières peuplades, fanatiquement musulmanes et exécrant l'Européen, sembleraient rebelles à toute civilisation si, comme je viens de le dire, leurs industries, probablement empruntées aux Arabes, ne comportaient certaines et délicates recherches.

Peu de voyageurs ont parcouru impunément leurs sauvages réserves, établies en plein désert. Leur haine pour les blancs va si loin, qu'ils ont déplacé le phare de Guardafui, aujourd'hui abattu, rien que pour provoquer la perte des équipages, trompés sur le dessin de la côte africaine. Ainsi, les nuits de tempête, certains villages bretons, invoquant le droit d'épave, attachent encore une lanterne au cou d'une vache boiteuse, afin de faire se briser, contre les récifs, les navires croyant à une embarcation naviguant impunément en plein fond.

Acharnés à la poursuite des fauves, les Somalis se livrent à de redoutables traques de lions et de léopards. Des tribus entières, simplement armées de lances, forment d'immenses cordons concentriques, qui se rapprochent et se renforcent peu à peu. Inquiets d'abord, puis rendus furieux, les animaux féroces font dans leurs rangs des ravages d'autant plus cruels, qu'ordre est donné par le Sultan de capturer le gibier corps à corps, afin de pouvoir le vendre vivant aux pourvoyeurs de nos Jardins Zoologiques, ou de ne pas endommager sa fourrure. Les griffes des léopards s'enfoncent dans les chairs, en faisant d'horribles blessures, les premiers chasseurs s'abattent dans des mares de sang, mais qu'importe! Les grands fauves, auxquels s'accrochent des grappes humaines, toujours renaissantes, finissent par se rendre, étranglés ou couverts de liens. Or, sait-on ce que les Banians paient une peau de léopard, qui a parfois coûté la vie à plusieurs hommes? Deux ou trois roupies, c'est-à-dire cinq à sept francs, car les Somalis connaissent l'usage de l'argent-monnaie qu'ils préfèrent aux étoffes, peut-être pour le convertir en joailleries. Ces mêmes peaux sont revendues à Zanzibar, au prix de 6 à 10 roupies.

— A l'activité fébrile et aux fatigues des derniers mois a succédé un délicieux far-niente. Les journées se passent, calmes et reposées, sans les impérieuses et renaissantes préoccupations de la vie au désert.

Le soir, lorsque la fraîcheur s'étend sur l'île brûlée de Soleil et se pâmant d'aise aux réconfortantes brises marines, je vais passer quelques heures « dans le monde ». Un quart de siècle de réclusion, sur une île déserte, m'aurait, je crois, moins dépaysé que ces trois années d'assimilation voulue, avec des races si en dehors de notre orbite social! Non seulement la gravité arabe a déteint sur moi, mais je me sens devenu sauvage en bien des points. Je pèse mes paroles, j'hésite à donner mon avis. Bref, moi qui n'avais déjà pas trop de souplesse, avant de partir pour l'Afrique, je me sens incapable de faire, ce qu'on appelle vulgairement « des frais ». Heureusement que, dans les soirées intimes où je me rends, on est rempli pour moi d'indulgente cordialité. Tantôt c'est chez M. Ledoulx, le Consul de France, avec la famille duquel nous avons accompli la traversée de la Mer des Indes, tantôt chez M. Miles, faisant l'intérim au Consulat anglais, en l'absence de sir John Kirk, présentement en Angleterre, plus souvent encore chez M. Van der Elst, où mon couvert est mis une fois pour toutes. Le cercle de mes relations s'étend de plus en plus. Chaque soir, il me faut choisir entre trois ou quatre invitations, et je suis obligé d'écourter mes visites pour ne désobliger personne.

Je ne puis aussi négliger mes anciennes et bonnes connaissances. M. Stokes, fiancé en Angleterre et marié récemment à Zanzibar, est installé dans les environs. Nous nous voyons quelquefois. Le Père Bauer, revenu de l'Ou-Doué, passe quelques jours à Zanzibar avec le Père Aecker. Jamais je ne fus à la fois plus oisif et plus occupé.

Parfois, les fortes chaleurs amorties, je me rends à la plaine, où les résidents anglais cultivent le noble jeu de *Lawn-Tennis*. Il y a encore les visites à bord des navires de guerre. J'ai fait connaissance avec l'équipage du *London*, envoyé ici pour empêcher la traite; l'aviso de guerre français, le *Boursaint*, commandant Boutet, ayant mouillé en rade de Zanzibar, venant de l'île Maurice, j'en visite les officiers. Et puis, une fois par mois, arrive et repart la malle, ce qui, pour la Colonie étrangère, constitue toujours un événement.

— J'ai encore la grande et attachante ressource des études de mœurs indigènes, qui, à Zanzibar, où tout se fait en plein air, offrent des spectacles d'une inépuisable originalité.

Mes lecteurs connaissent déjà, par les premiers chapitres de ce livre, la physionomie animée des rues de Zanzibar. Je leur ai montré les cortèges d'Arabes, en costume de gala, se rendant solennellement à la Mosquée, ou se faisant visite, montés sur des ânes fastueusement caparaçonnés; ils ont vu, par les yeux de l'imagination, les femmes et les Sourias, pataugeant, voilées, dans les détritus jonchés partout; les portefaix, fournissant gaîment leur lourde tâche; les condamnés à la chaîne, employés aux travaux particuliers du *Cirkali*; les indigènes dormant sur le seuil de leurs huttes enfumées, etc., etc.

Complétons ce tableau par une petite revue des métiers, exercés *coram populo*.

A certaines saisons, sur les places et les piazettes, le long du port, des culs-de-sac, des plus minces artères, comme des *Doukanis* banians ou goanais, le parfum pénétrant du girofle combat heureusement les senteurs fétides du requin séché. Zanzibar fait un commerce presque aussi considérable de cette précieuse épice, que de l'huile d'arachides, expédiée à Marseille, où on la mêle au suc de la grasse olive.

Le girofle, ancienne spécialité des Hollandais, dont l'héroïsme marchand disputa l'extrême Orient au fanatisme militaire et religieux de leurs anciens oppresseurs, n'est point cependant, malgré ses affectations multiples, d'un placement illimité. Mais à Zanzibar, sa culture continue à fleurir en dépit de la concurrence. Ses diverses préparations et son emballage occupent une notable partie de la population féminine indigène, fort experte en ces sortes de manipulations. Les unes ensachent simplement la fleur séchée, avant son épanouissement, dans des nattes roulées, affectant la forme de ballots cylindriques, cousus aux extrémités. D'autres trient les boutons, employés en médecine, comme tonique et comme réconfortant, les antolfles, ou mères girofles, espèce de drupe produit par la fleur complètement développée, et qui se mange, confit dans du sucre, en guise de digestif, à bord des navires au long-cours.

On sait que l'huile, ou essence de girofle, a joué autrefois et joue encore un grand rôle dans les potions cordiales. Elle cautérise aussi la carie des dents et, mêlée au cold-cream, est d'un certain effet externe dans les affections paralytiques. Enfin, les distillateurs et les parfumeurs en font usage dans leurs eaux spiritueuses et leurs pommades de santé.

La confection des nattes et des objets de vannerie, est également du ressort du sexe faible, pendant que les hommes ourlent des pagnes et des chemises, façonnent des turbans et passementent des bonnets.

Ces nattes en paille, ou en feuilles fibreuses, se composent généralement de bandes étroites, rapportées et teintes, sans préoccupation d'harmonie chromatique, mais où, par un singulier hasard, on rencontre fréquemment la combinaison des couleurs nationales belges : noir, jaune et rouge.

Il y a d'abord la *Mkéka* locale, de forme rectangulaire, mesurant 2 mètres 30 à 2 mètres 50 de longueur, étendue indifféremment sur la *Kitanda*, cadre de bois servant de couchette, et garni d'un treillis serré de cordes, ou jetée sous l'auvent des huttes, où le nègre indigène fait sa méridienne et sa sieste. On en a déjà de très jolies pour la bagatelle de deux roupies, c'est-à-dire environ fr. 4.25.

Vient ensuite la *Msala*, ou tapis d'oraison, dont le nom dérive du verbe *Kou-Sali* (prier). Elle est oblongue et presque de la longueur de l'homme, qui en se prosternant sur elle, ne touche jamais le sol du front. Les bandes y affectent la disposition concentrique des grands paillassons, vendus en Belgique, et, je le crois, aussi, dans certaines régions de la France, pour être placés sous la table où l'on mange, et empêcher les miettes de pain beurré de graisser le parquet. Faites également de bandes multicolores, elles conservent souvent, au centre, la couleur brute de la paille ou du jonc lavé. Le prix en est des plus mo-

Triage du Girofle. (Dessin de J. Smits.)

dérés, et il m'étonne de ne pas les voir encore introduites dans la décoration, de plus en plus éclectique, de nos appartements. Fortement tressées, de matière résistante, non seulement elles feraient à merveille sur nos paliers et dans nos corridors, mais formeraient des faux-lambris de l'effet le plus original. Les peintres, à la recherche de gammes vigoureuses, y trouveraient certainement de nouvelles et curieuses ressources.

Les femmes de Zanzibar se servent, pour colorer leurs nattes, de substances tinctoriales très vivaces. Une certaine boue donne le noir, l'orpiment et le curcuma les jaunes, l'orseille le pourpre, les herbes diverses les verts clairs ou foncés. Je suis persuadé qu'un spéculateur qui ferait venir des nattes de Zanzibar, les mettrait bientôt en vogue.

Il y a aussi celles de Madagascar, nommées ici *Boukini*, du nom malgache de cette île. Les *Boukini*, assemblées de pailles ou de roseaux plus fins, mais également disposés par bandes multicolores, sont affectées à Zanzibar à des usages aériens, persiennes, écrans, tentures, etc.

En fait de vannerie indigène, nos dames accueilleraient avec faveur certains paniers en osier teint et à couvercle pointu, en forme de clocheton, qui feraient d'excellentes corbeilles à ouvrage.

Ce sont, pour la plupart, les Indous et les Banians qui exercent, à Zanzibar, ce que j'appellerai les métiers virils, car le nègre indigène ne peut guères être employé qu'en qualité de couturier ou de simple manœuvre. En eux se concentre le vrai mouvement industriel et commercial. S'ils sont arrivés, disposant d'un certain capital, ils s'établissent aussitôt marchands de joaillerie, d'argent coulé, battu, ciselé ou filigrané, d'après les types apportés de Bombay ; de boîtes de santal, à incrustations de nacre, recherchées par les Arabes ; d'armes, d'essences, etc. Débarqués pauvres, ils ne tardent point à se faire un pécule à force d'activité et d'inébranlable persévérance.

Les Indous sont grands chaudronniers. Ce sont eux qui fabriquent, dans leurs forges en plein vent — dont des nègres attisent le brasier et font manœuvrer les soufflets pour quelques pessas — les grandes marmites évasées, à l'usage des caravanes et dont le cuivre leur arrive du pays natal, par les boutres du Saïd ; les cafetières, à cols minces et étroits, couronnées en forme de dôme arabe ; les pots, ressemblant aux chapeaux à bords plats des paysans zéelandais ; les plats, larges ou élégants, plus ou moins *engravés* de dessins à l'intérieur et sur lesquels se servent les fruits, les pâtisseries, les aliments, etc.

D'autres sont selliers, cordonniers, savetiers. Accroupis devant leurs maisonnettes, ils font alterner la babouche relevée de l'Indou avec la sandale mauresque. Leur patience est souvent mise à rude épreuve par la clientèle pauvre qui les assiège et discute avec acharnement sur le prix de la moindre réparation. Que de fois j'ai vu ici la répétition localisée du *Niente da fare*, cette perle du Vénitien Rotta ! Certes, ils perdent plus de temps dans ces oiseux marchandages qu'à leurs autres travaux, plus chèrement payés. Mais jamais leur flegme ne se dément et plutôt que de refuser un ressemelage d'une pessa, ils laisseraient en souffrance des chaussures de luxe, commandées à jour fixe et dont, à force d'éloquence, ils s'ingénient à retarder la livraison.

Je ne puis oublier aussi la fabrication de cannes en cuir d'hippopotame ou de rhinocéros, taillandé en lanières, séchées, étirées, puis arrondies au rabot concave, d'importation européenne. Ces cannes portent le nom de *Faro*. Ne pas confondre avec la bière de ce nom, chère aux anciens comme aux nouveaux bourgeois de Bruxelles.

Le capitaine Cambier, dans sa conférence à la Société royale belge de Géographie, a parlé des revendeurs indigènes (1), établissant, sans patente, au coin des rues populeuses de la peu odorante cité, leurs semblants d'éventaires. Le nègre qui dispose seulement d'une roupie, se garde bien de travailler. De grand matin, il a soin de se procurer au Soko quelques marchandises, de consommation courante, détaillées par lui en fractions infinitésimales : pains de tabac, gentiment découpés, riz débité par poignées, bouchées de poissons secs, arachides, côtes de melons, bananes détachées de leurs régimes, ananas — ce fruit qu'aimait tant et trop peut-être le pauvre capitaine Crespel ! — mangues, dattes ou pulpeux jaquiers, exhalant, comme le

---

(1) Voir l'appendice du 1er volume, rubrique *Zanzibar*.

dourian javanais, une odeur de fromage. Il faudrait n'avoir point une piécette dans sa poche pour résister à l'envie de leur acheter quelque friandise, et Dieu sait si le nègre zanzibarite est dépensier de son naturel ! Leur vente faite, il se trouve que nos ingénieux marchands ont triplé leur capital. Mais ce qui vient de la flûte s'en retourne au tambour. Le plus souvent, il ne leur reste rien, le lendemain, pour recommencer leur petite spéculation de la veille. Et c'est fort heureux, car sans cette incurie, la ville de Zanzibar ne serait peuplée que de revendeurs !

— L'ancienne Europe, celle qui, autrefois, avait le pied sur toutes les poitrines et faisait travailler tous les bras sur les côtes d'Afrique et dans l'extrême Orient, occupe sa place, secondaire à la vérité, dans le cosmopolite Zanguebar. Les métis portugais, qui y sont établis, méritent l'estime qu'il faut refuser aux Goanais de Macao, devenus les factotums et les complaisants des négociants chinois. Eux, du moins, travaillent, s'ingénient et se régénèrent, par une franche abdication de leur morgue périmée.

On est tout surpris de voir figurer, sur bon nombre de stores, exclusivement consacrés au débit d'articles européens, le nom prestigieux des Souza, devenu presque synonyme de bazar. Il y a ici des Souzas de toutes les catégories et à tous les degrés. Le plus important, dont le fondateur a su conquérir une véritable importance commerciale et, à ce titre, est admis dans l'intimité du Sultan, fait des affaires superbes. On y trouve depuis le hareng saur mordoré de Hollande, jusqu'au vin, coiffé d'or ou d'argent, de la capiteuse Champagne. Un explorateur, débarqué en Afrique, après avoir perdu en route tout son encombrant attirail, pourrait le renouveler dans les vingt-quatre heures, à Zanzibar, sans écart appréciable de tarif. Je conseillerai même aux voyageurs de ne pas commander en Europe trop de vêtements, car, pour un prix égal, voire inférieur, ils pourront se renouveler ici leur garde-robe de campagne, établie en parfaite expérience de la température et des éventualités.

Le grand Souza, *Souza Mkouba*, c'est ainsi qu'on l'appelle, n'est point un homme ordinaire. Non seulement son aptitude marchande se prouve par une fortune opiniâtrement conquise, mais encore par le soin qu'il a pris de s'assimiler presque toutes les langues commerciales du marché oriental. Chinois, Malais, Hindous, Arabes, Béloutchis et Malgaches, pourraient lui parler en leur idiome, certains d'être compris et servis consciencieusement.

Les Goanais besogneux sont, ainsi que je l'ai dit, tailleurs à la machine à coudre, cuisiniers dans les maisons européennes ou à bord des malles, bouchers, boulangers, épiciers, taverniers, blanchisseurs, etc.

Ceux qui exploitent ce dernier métier, d'un rapport assez fructueux, restent à poste fixe dans leurs échopes, pour repasser le linge. Ils ont à leur service plusieurs nègres, auxquels ils distribuent la besogne, à l'exclusion de toute femme, dont les mœurs du pays leur interdiraient d'ailleurs l'emploi. De grand matin, les garçons indigènes du *Dobi* s'enfoncent dans l'intérieur de l'île, vers les sources d'eau vive, poussant devant eux des ânes, chargés d'un double et volumineux paquet de linge, qu'ils battent à la main, sur des pierres plus ou moins lisses, et font sécher au Soleil, après l'avoir tordu, dans des endroits découverts où l'herbe est drue et courte. Puis, ils s'en reviennent nonchalamment à la ville.

A tout prendre, ce sont eux qui ont la vie la plus commode, attendu que, pendant qu'ils prennent de l'exercice et se rafraîchissent le corps, par leurs ablutions forcées, mais hygiéniques au premier chef, le Maître, aussi dur à cuire que les cyclopes à gages, africains ou mogols, des chambres de chauffe transatlantiques, reste toute la journée exposé aux ardeurs malsaines d'un foyer entretenu. Et puis, leur tâche remplie, ils peuvent vaquer à leurs plaisirs, tandis que le malheureux Dobi doit rapporter encore, lui-même, crainte d'erreur ou de méchef, le linge à sa clientèle. Très certainement, la profession de blanchisseur, à Zanzibar, du moins, n'est point un métier de fainéant.

Rien d'étonnant à ce que le Dobi perde la tête et rende parfois un faux-col pour un caleçon. Les plus consciencieux, en recevant du linge non marqué, l'estampillent immédiatement d'un chiffre indélébile. Aussi, les Européens, en destination de Zanzibar, ne doivent-ils pas négliger de faire numéroter et *initialer* leur trousseau de voyage.

Le prix du blanchissage est ici d'un règlement tout à fait

primitif. Il se cote à 8 roupies, c'est-à-dire 17 fr. environ pour les 100 pièces, mouchoirs de poche, chemises d'homme, ou vestons. Là où les gens, sujets aux coryzas, croiraient se ruiner, le dandy le plus empesé du *Monde où l'on s'ennuie*, réaliserait des économies sérieuses sur son linge d'apparat.

— Ce qu'il faut voir, c'est le Soko qui se tient tous les jours, au centre de la Cité, derrière la *Guéréza*, cette ancienne citadelle portugaise, convertie en prison.

Dès 6 heures du matin, au lever du Soleil, des ruelles, débouchant sur la petite place, arrivent, en longues files, des esclaves, chargés d'immenses paniers et sous la conduite de leurs Maîtres, cheminant, la canne à la main. Ce qui s'apporte et se vend là de fruits, de céréales, de requin séché etc., consommés par le ventre de Zanzibar est inimaginable. Mais le Soko d'Oungoudia n'est pas qu'une Halle Centrale, à ciel ouvert. C'est aussi un *Rastro*, un *Temple*, un *Marché du Vendredi*, comme nous dirions dans nos villes flamandes. On y trouve de tout, et bien d'autres choses encore ; des provisions de bouche et des articles de toilette ; de la vaisselle de métal ou de terre de pipe ; du vieux et du neuf ; des bibelots de luxe et des objets de rebut. Etoffes venues par la Malle et vestes anglaises de réforme, dont se parent les dandys de la Mrima ; riches tapis et nattes rustiques ; perles et verroteries grossières ; *Djembias* damasquinés d'or et d'argent, sabres sans poignée et poignées sans sabre, houes et matelas, que sais-je ! Tout un monde de choses hétéroclites, entassées presque pêle-mêle et formant l'ensemble le plus pittoresque. Et les marchandages, les disputes d'aller leur train !

Cependant, au plus fort des altercations, de grands silences se font soudain. La foule grouillante se divise et s'écarte respectueusement. C'est que le chef de la police de Zanzibar fait sa ronde, suivi de trois ou quatre de ses noirs satellites. Police bénigne, d'ailleurs, devant laquelle tous s'inclinent parce qu'elle tranche souverainement. Kali-Hadji, ou le farouche Mecquois— ainsi nommé en vertu de ses pouvoirs répressifs, et parce qu'il a accompli le voyage de la Mecque, — est un Comorréen, à l'allure grave et bonhomme, acceptant volontiers les pourboires allongés par les Blancs qui ont besoin de son ministère. Tout récemment encore, il m'a fait ramener ce petit drôle de Tchiano, qui se dérange, ramassé par le guet de Zanzibar, après l'heure réglementaire du couvre-feu. Kali-Hadji, se pliant à nos goûts de collectionneurs, nous fait faire de la place lorsqu'il nous prend envie de fouiller à notre aise dans quelque tas de vieilleries pour y trier des spécimens caractéristiques d'art ou d'industrie indigènes. J'ai fréquemment usé de son précieux patronnage, aussi suis-je fort connu, et je dirai fort bien vu, au Soko de Zanzibar, où l'on m'appelle le *Mzoungou ya Barra*, l'Européen du désert. Pourquoi ce nouveau titre? C'est que le séjour d'Oungoudia, représentée comme le Paradis Terrestre de la Côte africaine, est étonnamment cher à ses habitants. Tous ceux qui osent la quitter pour affronter les périls, naïvement grossis, de l'intérieur, sont à leurs yeux des êtres extraordinaires et quelque peu fous. Aussi y a-t-il peu de vrais Zanzibarites entre les Askaris, recrutés, pour la plupart, à Bagamoyo, parmi les anciens esclaves déjà familiarisés avec la vie sauvage, ou dans les rangs des mauvais sujets, surpris vaguant, la nuit, dans les rues et où le Saïd recrute le gros de ses Askaris officiels. Je dis officiels, car le titre d'Askaris, que s'attribuent les volontaires, escortant les caravanes, ne leur appartient pas, et ils n'ont garde de l'invoquer lorsqu'ils se trouvent de passage à Zanzibar, de peur de s'attirer de méchantes affaires avec les vrais soldats du Sultan, jaloux de garder leurs distances et qui traitent avec un profond mépris les Askaris de contrebande, souvent leurs anciens camarades de peloton. Cet amour de l'île fortunée a inspiré plus d'un poète local et je me souviens même d'une chanson, assez originale, dont je paraphraserai ici la première strophe, désespérant de la pouvoir traduire littéralement : « On est si bien à Zanzibar, où il y a tous les jours du bœuf, du riz, des cocos, du poisson sec et du bétel. Ailleurs, passé la méchante mer, où sont les bois pleins d'animaux féroces, de mangeurs d'hommes et de brigands, il n'y a pas tout cela. On y trouve la famine, la fièvre et la mort. Restons à Zanzibar! »

Oost, West — t' Huis best, dit le vieux dicton flamand. « Est ou Ouest, à la maison on est le mieux. » Mais la sagesse des nations n'est pas celle des explorateurs!

— C'est par le retour d'une des malles de la BRITISH INDIA que, vers la mi-février, j'expédie en Europe, à prix réduit, le sieur Bamboula, auquel je remets, seulement alors, l'argent pour son

Chez M. Stokes. — Environs de Zanzibar. (Dessin de L. Van Engelen.)

voyage. Le Syrien, auquel il a extorqué une assez jolie somme, veut le faire arrêter, mais sur ma promesse de faire retenir le montant de la dette sur la solde de Mohamed Biri, les choses s'arrangent.

Pendant que l'ancien cavash me débarrasse de ses écœurantes menées, le paquebot venu d'Europe débarque M. Maluin, désigné pour assister le lieutenant Storms dans le commandement de Karéma et qui devait partir avec la caravane de ravitaillement en voie de formation. Mais presque aussitôt notre compatriote tombe malade et s'alite. La fièvre se déclare, accompagnée de maux de tête et d'élancements douloureux au côté. Les médecins, réunis en consultation, constatent les débuts d'une maladie de foie et concluent à un renvoi immédiat en Europe. M. Maluin repart sur le steamer saïdial *Avoca* qui le déposera à Aden, et là les correspondances pour regagner immédiatement la patrie ne lui feront pas défaut. En même temps, je télégraphie à Bruxelles, pour provoquer l'envoi immédiat d'un ou de deux Européens, choisis autant que possible parmi les postulants d'un tempérament réfractaire aux atteintes du climat africain.

— Derrière les grandes habitations, en pierre de corail, donnant sur le port, s'étend, comme je crois l'avoir dit, la ville indigène, dont les murs en torchis, et les toits en chaume et en feuilles de cocotier n'offrent aucune résistance à l'incendie. Aussi les sinistres sont-ils fréquents à Zanzibar. Du haut de ma terrasse, j'ai assisté, une de ces dernières nuits, au plus beau feu de joie que j'ai vu de ma vie.

En moins de dix minutes, une centaine de cases flambaient, élevant vers le ciel des gerbes d'artifices et des panaches d'âcre fumée. Malgré le voisinage de la mer, le défaut de pompes rend impossible tout sauvetage immédiat. Forcément, il faut faire la part du feu, et la ville tout entière y passerait si, à la première alarme, les nègres, demeurant en aval du courant d'air, ne s'empressaient de monter sur le toit de leur maison pour le démolir bel et bien. De loin, toutes ces silhouettes, se démenant sur un rideau de flamme, produisent l'effet d'une représentation d'ombres chinoises.

L'incendie a pu heureusement être circonscrit. Il n'y eut guères que deux cents chaumines de brûlées, une bagatelle !

La malveillance ou plutôt l'intérêt personnel, n'est point

étranger à ces désastres, qui mettent en péril des quartiers entiers de la ville noire. En effet, imbus du principe que lorsque la bâtisse ne va pas, rien ne va plus, les différents corps de métiers s'organisent en gildes d'incendiaires, pour remédier aux pertes du chômage, et s'arrangent pour ne pas être pincés en flagrant délit. De là, sans doute, la rigueur des ordonnances de police, condamnant au Mniororo les indigènes surpris dans les rues, passé dix heures du soir. Mais une allumette est si tôt mise et il n'en faut pas davantage, jetée adroitement sur un toit de chaume, sec comme de l'amadou. Le coup fait, si la police arrive, on a son excuse toute prête : « J'ai vu le feu et j'ai couru au secours. » Au besoin, le coupable donne lui-même l'alarme, certain qu'il en brûlera toujours assez pour fournir de la besogne à la corporation souffrante.

Les Arabes et les Hindis se rient de ces espiègleries, dont les conséquences sont, d'ailleurs, assez promptement réparées. Leurs habitations en corail ou en adobes, à terrasses incombustibles, les protègent suffisamment, disent-ils, eux et leurs marchandises et il leur chaut peu du reste. « Cette indifférence égoïste, pensai-je à part moi, pourrait vous coûter cher. En effet, une étincelle s'égare bien capricieusement, sous l'action du vent, et vos Dirichas ne sont pas toujours si bien closes pour vous garer de tout accroc. Espérons que la chose arrive à l'un de vous, pour que l'on organise, enfin, un service de secours, des plus faciles à établir, étant donné la proximité de la mer. »

C'est ce que je me suis permis de dire le lendemain à l'un de mes nouveaux amis, musulman émérite, qui m'honore de ses sympathies particulières, sous prétexte que je porte le nom du beau-père et disciple du grand Mahomet, et aussi parce que, durant mon long séjour à Tabora, j'ai appris, par la fréquentation journalière des Arabes, à me plier à leurs rites et à leurs cérémonies, d'une incontestable grandeur. Savez-vous ce qu'il m'a répondu ? — « *Haïzourou !* (Il n'y a pas de mal!) On a déjà tant fait, que pour faire encore, il faut bien que, de temps à autre, quelque chose se défasse ! »

J'avoue qu'à cette singulière sortie, digne du citoyen Most, je suis demeuré muet d'étonnement devant ce champion d'une race conservatrice par excellence.

Et voilà pourquoi la ville indigène de Zanzibar peut brûler en détail, encore cinq ou six fois, avant qu'on songe à y organiser un corps de pompiers.

— Fort grands seigneurs, cependant, ces Arabes, et braves gens, à part leur insouciance pour tout ce qui ne touche point directement à leur maisonnée, c'est-à-dire au cercle de leur famille, d'abord, inviolable et sacrée, et ensuite à celui de leurs esclaves, faisant partie de leur rayonnement moral, comme les anciens *clients* romains de celui de leur protecteur attitré. Plus réservés, dans leurs liaisons, que les Arabes de Tabora, qui choient surtout l'Européen, pour tromper les ennuis d'un exil intéressé, mais parfois lourd à traîner au sein d'une race réfractaire à toute recherche sociale, ils savent se montrer largement hospitaliers et magnifiques amphytrions. Ce sont, partout, de luxueux tapis de Bagdad et de Smyrne, que ne peuvent fouler ni bottes, ni babouches, ni sandales; des tentures éclatantes appendues aux murailles, des divans moelleux régnant autour des salles de réception. Le café choisi de Moka, les suaves confitures, les fruits délicieux, les boissons rafraîchissantes sont servis dans une vaisselle et dans une argenterie, où le précieux du travail l'emporte sur la valeur de la matière. Rien n'est trop cher et trop beau pour faire honneur à l'hôte d'élection.

La vraie noblesse n'était pas celle qui est allée retrouver, en Orient, les règles de l'antique chevalerie, perdue pour les barbares seigneurs féodaux du moyen âge, et dont les maures de France, d'Espagne et de Sicile ont dû confirmer encore chez nous les imposantes traditions.

J'ai parlé tout à l'heure des boissons rafraîchissantes, servies dans les maisons arabes. Il en est une dont je recommande la recette, pendant les fortes chaleurs. Il s'agit de quelques gouttes d'eau de Cologne, oui d'eau de Cologne, jetées dans une carafe frappée, et additionnées de sucre de canne. Rien de plus aromatique, de plus agréable et de plus sain, à la fois.

L'eau de Cologne entre encore, avec l'essence de roses, pour une large part, dans l'hygiène sarrazine. Les Arabes en font venir en forte quantité d'Allemagne, sans se laisser tromper sur sa provenance. Ils n'accepteraient point du Jean-Marie Farina par alliance, ou par arrière-cousinage. C'est le pur, l'unique, l'authentique qu'il leur faut, comme de l'essence de roses de la première macération. Au sortir du bain, ou plutôt de la douche quotidienne, ils s'en font répandre sur eux des flacons entiers, ce qui leur active le jeu des pores et les entretient dans un parfait état de santé.

Ces douches sont, dans les pays tropicaux, d'absolue nécessité, aussi toutes les maisons de Zanzibar sont-elles pourvues de *Tchôs*, ou cabinets à double compartiment, l'un pour les ablutions, l'autre équivalent à nos water-closets. Au fond du premier, est ménagée, dans la muraille même, une citerne, remplie chaque jour d'eau fraîche par les femmes esclaves, qui vont la chercher au delà de la campagne du Mnazi-Modia et dont cet office constitue l'unique et assez douce fonction. On y puise, par une ouverture ogivale, au moyen d'une large cuiller, et l'eau, répandue sur le baigneur, s'en va par une rigole dans le compartiment d'à côté.

Jamais les Arabes ne prennent des bains de mer, mais les Banians et les indigènes en sont aussi amateurs que nous-mêmes. Le soir, à marée basse, les premiers se répandent sur la large plage, de près de 400 mètres, qui s'étend devant le Harem du Sultan et la maison de M. Greffuhle, pour y faire successivement leurs prières, leurs ablutions et... leurs excréments. Aussi sont-ils tenus en grand mépris par les Arabes, qui ont, au plus haut degré, le scrupule de la pudeur et du respect d'eux-mêmes.

Les nègres, eux, vont plus loin, les femmes d'un côté, les hommes de l'autre, au delà du quartier de Changani. A les voir s'ébattre joyeusement dans les ondes salées, que de fois n'ai-je point été tenté de les imiter, pour retremper mes nerfs amollis par les journées de torride chaleur !

— En vertu de sa population mixte, sans cesse diversifiée par des alluvions hétérogènes, Zanzibar est, par excellence, un séjour hospitalier et tolérant. Jamais de heurts entre les croyants des multiples confessions qui se meuvent à l'aise sur ce terrain neutre. Cependant, les secrètes antipathies de races et de religions se font jour dans les singularités, en apparence les moins explicables.

Ainsi, toutes les Maisons de pierre, de cette colonie composite, où l'élément indigène n'est presque compté pour rien, sont affectées, une fois pour toutes, ou à des Arabes, ou à des Indous, ou aux Européens. Nulle loi, mais une coutume facilement acceptée et inviolablement suivie. Une habitation abandonnée par suite de départ ou de décès, restera vide aussi longtemps qu'un locataire de même croyance, ne viendra point s'y établir. Les Européens n'y mettraient point tant de façon, et ne se croiraient point souillés pour s'abriter sous le toit, témoin des rites domestiques de l'Islam, des différentes sectes bouddhistes ou des disciples dégénérés de Zoroastre. Mais il lui serait difficile, sinon impossible, de se soustraire à la convention locale, attendu que c'est le Saïd lui-même qui construit toutes les Maisons de pierre nouvelles de Zanzibar, et se garde bien de froisser les susceptibilités de ses sujets *commerçants*, par de maladroites confusions. C'est lui seul qui fait mettre des locaux à la disposition des nouveaux Européens, apportant à son étroit empire le renfort de leurs connaissances et de leur activité commerciale.

Autre particularité : les bâtiments un peu marquants — naturellement dépourvus de numéros, — ne portent point les noms de leurs locataires en titre, mais conservent ceux de leur premier occupant, à moins que leurs noms ne rappellent quelque événement ou quelque épisode qui s'y est passé.

La légation britannique, sous ce rapport, bien que portant le titre de *Nioumba ya Balozi* (la maison du consul), ne fait pas exception à l'usage, attendu que c'est M. Kirk lui-même qui l'a fait construire, sur un modèle mixte, arabo-occidental. Et *Maison du Consul* demeurera-t-elle, un simple marchand de pickles et de peak-frean s'y installât-il dans la suite.

— Les zébus servent d'animaux de trait au Zanguebar, comme le Karbau, leur cousin-germain, aux Indes Néerlandaises. On les attelle deux à deux à des tombereaux, roulant sur une paire de roues à jantes et à raies, précédées parfois d'une petite roue d'avant-train. A l'instar des bœufs gaulois, qui « promenaient dans Paris le monarque indolent », cet agreste attelage est soumis au joug, avec cette variante qu'il tire sur la bosse et non sur le front. Les conducteurs de zébus, comme eux d'origine indoue, travaillent ordinairement pour compte des entrepreneurs qui leur font charrier les moellons de corail, la chaux, les pièces de charpente ou la ferronnerie entrant dans les bâtisses nouvelles, mais ils se chargent aussi des transports de fruits et de céréales dans tout l'intérieur de l'île.

Les chars à bœufs sont également fort nombreux à Bagamoyo et sur une grande partie du territoire de la Mrima. Il n'en faut point douter : lorsque, petit à petit, les colonies étrangères étant venues à la rescousse, on aura commencé à relier les plantations par des routes en remblai, carrossables en toutes saisons, le zébu jouera un grand rôle dans l'organisation du Continent noir.

Puisque les caravanes Ki-Nyamouézies s'en font suivre presque jusqu'à la Côte, en dépit de la Tsétsé, de la pénurie des fourrages et de la fréquence des sentiers marécageux, je me demande comment tant d'expériences, en sens contraire, ont abouti à des résultats négatifs. Il y a dû avoir, là, un vice de précautions, auquel on peut et on doit arriver à parer victorieusement.

Attelés à des fourgons de tramway, parcourant à petits relais les régions agricoles, les zébus, iraient, j'en suis certain, facilement jusqu'à Mpouapoua, où convergent toutes les routes de piétons venant de l'intérieur, et permettraient d'y établir de vastes dépôts de marchandises et de céréales, pour le ravitaillement des caravanes et des stations européennes.

Si ce progrès pouvait être réalisé par les Colons allemands, qui se sont établis sur la Côte Orientale, ils décupleraient le nombre des caravanes qui, chaque année, embarrassées de porteurs et de soldats, sèment sur leur route la plus grosse part de leurs marchandises d'échange. Mpouapoua, relié directement et activement avec Bagamoyo, Sadani, Dar es Salam, et les autres ports du littoral, devenus, eux aussi, prospères et florissants, ouvrirait l'Afrique toute entière à la grande culture, à l'industrie et au commerce européens.

Non, ma thèse n'est point utopique. Elle pourrait se réaliser dans un délai merveilleusement bref, si les capitalistes intelligents, un peu moins séduits par les dangereuses blandices de l'agio, avaient le bon esprit de se ménager, sur cette terre presque encore vierge, une réserve à l'abri de tout cataclysme social. L'œuvre de Léopold II n'est pas encore saisie, chez nous, dans sa haute et sagace portée. Mais la pratique Allemagne se chargera peut-être de lui faire produire ses meilleurs fruits.

L'Afrique dans l'Avenir. — Introduction de la charrue. (Dessin de Charles Verlat.)

— J'ai consacré quelques traits aux odeurs de Zanzibar. Il convient de n'en point négliger les bruits.

Ce qui intrigue le plus les nouveaux débarqués sur cette terre mixte, où se répercutent les pétarades des fantasias sarrazines avec les échos des bomas nègres, c'est un choc de métal, uniformément rythmé, bruissant à toutes les heures du jour. A des coups sourds, régulièrement espacés, succède immédiatement un tintement. Ainsi, le batteur de fer, pour bercer sa mécanique besogne, laisse retomber le marteau sur l'enclume, après chaque coup, rudement asséné, façonnant la barre rougie.

Quel mystérieux travail peut s'accomplir ainsi, dans le secret du *home* et faire mouvoir ce carillon qui vibre à la sourdine d'un bout à l'autre de la nouvelle île sonnante ? C'est tout simplement le café que l'on pile dans des mortiers de fer fondu, en faisant balancer, en mesure, le pilon relevé, contre les parois de métal. Le coup mat, écrasant le fruit, torréfié préalablement dans de larges bassines, représente l'utile ; la vibration complémentaire qui le suit, l'agréable. Et cette combinaison, transformant une assez insipide corvée en concert intime, est si goûtée de ses virtuoses, que pour rien au monde vous ne leur feriez piler leur café sans accompagnement.

Dans les quartiers occupés par les artisans Goanais, autre musique, produite, celle-là, par les machines à coudre, faisant songer à une multitude de coucous d'Allemagne, à chaîne continue, dont on relèverait les poids.

En rade, sur le port et dans les rues, c'est la grande symphonie avec soli, chœurs et orchestre, ouverte au signal du canon, tonnant à bord d'un navire impérial et annonçant, avec le lever du Soleil, l'heure de la Prière. Des boutres du Saïd et des navires en rade, partent, tout le jour, des coups de sifflet stridents, ponctués de tintements de cloche, sonnant les différents quarts. Un canot débarque-t-il des passagers, les cris de *Héria ! Héria !* retentissent pour exciter les rameurs. Des chaloupes s'éloignent au milieu d'un bacchanal étourdissant ! Tout le monde donne des ordres, discute et se dispute à pleins poumons. Pendant que les forçats ont commencé leur besogne, au cliquetis de leur lourde chaîne, les femmes esclaves, damant le haut des terrasses, entonnent leurs complaintes, et les portefaix, d'une voix entrecoupée, alternent leurs dialogues et leurs chansons rythmées curieusement. Les lourdes voitures des Indous commencent à rouler, par la ville inondée de Soleil ; les roues des chars à bœufs grincent, écrasant le fin gravier des principales artères ; le trot menu des ânes tranche sur le galop allongé des chevaux. Une caravane rentre-t-elle au port, les tambours et les mousquetons se donnent la réplique. Du haut des mosquées, veuves de minarets arabes, le Muezzin semble donner le *la* en annonçant, de son aigre diapason, chaque heure qui tombe au gouffre de l'éternité.

Des lamentos coupent parfois les joyeux scherzos et les adagios bizarrement modulés. La mort a frappé quelque part. Alors, que le défunt soit riche ou pauvre, de sa Maison de pierre ou de sa hutte sordide, s'élèvent des *Olé!* déchirants, complément obligatoire de toute veillée funèbre.

Puis, c'est le fifre des Askaris du Sultan, commandés à l'anglaise, et qui se livrent aux évolutions de l'école à pied ; la marche sautillante et l'hymne martial des Béloutchis, se rendant à l'exercice, dans la plaine où le *Mnazi Modia* dresse son stipe isolé. Enfin, un incendie se déclare-t-il, la clameur de *Moto! Moto!* « Au feu ! Au feu ! » gagne de proche en proche. On court, on s'empresse ; les toits sont démolis avec des craquements furieux, la flamme crépite, les habitants du quartier menacé fuient, heurtant les unes contre les autres les pièces de leurs primitifs mobiliers. Et c'est la fugue, *con fuoco*, dans sa plus éloquente étymologie.

— Une route large et commode mène à la Maison de plaisance du Saïd, éloignée d'une lieue, à peine, de Zanzibar. Comme Léopold II, habitant plus son château de Laeken que son Palais de Bruxelles, Sa Hautesse fait de fréquents et longs séjours à la campagne, sans négliger, toutefois, de revenir en ville tous les vendredis, pour tenir son Divan hebdomadaire, coïncidant avec les dévotions du Djouma.

Ces déplacements ont toujours lieu en grand appareil. Saïd Bargash se fait précéder de cipayes indous, montant de fringants chevaux de Bombay ou de Mascate, car ses écuries, situées près de l'habitation de M. Greffulhe, sont établies sur le plus grand pied. Grâce aux envois et aux présents qui lui sont adressés, pour se ménager sa bienveillance, il a des chevaux de luxe de toutes provenances et de toute beauté, qu'il prête, d'ailleurs, assez volontiers, tant aux seigneurs de sa Cour, qu'aux Européens qui lui en font la demande. Il suffit de donner un léger bacschich à ses palefreniers, pour choisir entre leurs plus précieux coureurs. Cette complaisance surprendra les sportsmen occidentaux, si jaloux de leurs montures. Mais le terrible mors arabe ayant pour résultat d'endurcir la bouche des chevaux, les cavaliers inexpérimentés ne les gâtent point, pour quelques heures de laborieuse promenade.

Derrière le Saïd, viennent une trentaine de voitures contenant ses femmes et ses Sourias, au nombre d'une centaine. Les eunuques, à la voix grêle, et dodus comme des chapons, se placent sur le siège, à côté du cocher indou, qui a reçu défense de se retourner. Ces dames se voilent, d'ailleurs, par ordre, et, craignant le rapport de leur Ali Bajou attitré, ne commettraient point l'imprudence de pousser le nez à la portière.

Le Harem du Sultan communique au Palais, par un couloir en bois, enjambant la ruelle et qui, malgré ses dispositions vénitiennes, ne représente point précisément, pour Sa Majesté maure, un Pont des Soupirs.

Qu'on se figure un immense bâtiment, précédé d'une bande de jardin, clôturée de grilles, devant lesquelles se promènent deux sentinelles de la garde persane. Pendant le jour, la circulation est libre pour tout le monde, sur la Place, mais la nuit, il n'y peut passer âme qui vive. Les nègres baissent respectueusement les yeux, en longeant le gynécée saïdial, aux fenêtres duquel se presse, à visage découvert, et souvent dans le costume le plus sommaire, l'essaim ennuyé des Sultanes, adressant aux Européens des signes ironiquement engageants. Il n'est pas prudent, toutefois, de rôder souvent dans les environs, car le Saïd Bargash se fait renseigner au sujet des indiscrets, amadoués par les agaceries platoniques de son personnel féminin. Plus d'un complaisant observateur a langui après une audience particulière, qui aurait dû s'en prendre à sa seule curiosité de ces rigueurs calculées.

La possibilité d'un enlèvement a été démontrée du reste, par la fuite de la propre sœur du Sultan, disparue il y a une vingtaine d'années de Zanzibar, en compagnie d'un voyageur allemand, et qui, devenue chrétienne et fixée à Hambourg, pourrait revendiquer en faveur de son fils. une partie de l'héritage paternel. En dehors de ses femmes, le Saïd a des filles à garder. et l'on s'explique parfaitement les précautions qu'il prend, en vue de préserver sa maison d'un nouvel esclandre.

Mais revenons au Harem et à ses hôtes.

De cette volière d'oiseaux captifs et oisifs, s'échappent des gazouillements cosmopolites, des chants, des accords de guzla, voire des grincements de violon, car quelques-unes de ces dames cultivent l'instrument de Sarazate et de notre compatriote Marsik. Il y a là, en effet des Grecques, des Circassiennes, des Arabes, des Vénus d'Abyssinie et de Madagascar. J'ignore si l'Europe y a apporté son contingent, comme dans le Sérail des Khédives d'Egypte. Mais nos Validés auront sans doute reculé devant l'énervement d'une jalouse claustration.

Vivant, paraît-il, en assez bonne intelligence, les Sourias du Saïd babillent, s'habillent et se déshabillent, tuant le temps à fumer le Houka traditionnel, à mâcher la noix d'arec, qui leur fait la lèvre vermeille, à égrener leurs chapelets d'ambre ou de pastilles du sérail, et à agacer les perruches, somnolant, comme elles, sur leurs perchoirs.

Leur grande, et peut-être unique distraction — à part les faveurs impériales, ambitieusement disputées — consiste dans les concerts qui se donnent deux fois par semaine, après la Prière du soir, sur la Place d'Armes s'étendant devant le Palais. Le Djouma est ordinairement réservé à la musique du Sultan. Les Sourias passent, alors, le fameux couloir, et se placent, non voilées, car la nuit tombe, sur le balcon du deuxième étage, courant au-dessus de celui occupé par Saïd Bargash et toute sa Cour.

Parfois le concert est exclusivement égyptien, et compliqué de danses.

Les musiciens, au nombre d'une dizaine, munis d'instruments à cordes, de timbres et de tambours, attaquent des motifs capricieusement rythmés, sur lesquels tournent des Almées, faisant tinter les sequins de leurs colliers et de leurs coiffures et ronfler leur tambourins, munis de grelots. De tous les divertissements offerts à la population, celui-là est le plus goûté. C'en est aussi le plus pittoresque.

Par un beau clair de lune, rien de poétique comme cette

A Suez. (Croquis de Jean Portaels.)

A Suez. (Croquis de Jean Portaels.)

danse, accompagnée en sourdine, avec son cordon de nègres, vêtus de chemises blanches, immobiles et charmés.

La fête terminée, tout ce monde se réveille comme d'un songe merveilleux, et un long cri de joie remercie le magnifique prince qui accorde à ses sujets de pareils délassements.

A part ces exhibitions publiques, payées par la caisse du Sultan, les Almées égyptiennes se louent pour aller danser à domicile. Les Arabes en font grand cas, et les engagent, comme l'on invite à nos soirées les virtuoses, disputés par les dilettante grands seigneurs.

— Cependant, je languis plus que jamais après l'heure différée de mon propre départ. Mon impatience nerveuse menace même de se traduire par des symptômes maladifs. Autant l'exil volontaire, trompé par les fatigues et les dangers d'une route inconnue, les rudes travaux d'organisation et les responsabilités du commandement, peuvent exalter le courage, autant l'éloignement, inoccupé et sans but, abat et démoralise. Enfin, le 15 mars, arrive le capitaine Cambier qui, faute d'un steamer direct, a dû passer par Ceylon et par Bombay. Il a vu, à Aden, Mohamed Biri, qui lui a chanté sa gamme, et est indigné lorsque je lui dévoile les roueries et les infidélités de ce noir chevalier d'industrie.

Huit jours après, mes malles sont faites, ainsi que mes adieux et mes promesses éventuelles de retour à mes nouvelles et anciennes connaissances.

Faute de paquebot, en partance pour Aden, j'ai arrêté mon passage à bord du *Malacca*, navire du Saïd Bargash, en destination... de Bombay. Ma foi, après m'être attardé si longtemps dans la sauvage Afrique, je ne serais pas fâché, avant de regagner l'Europe, peut-être pour longtemps, d'entrevoir aussi l'Inde, ne fût-ce que pour constater si mes rêves, de ce côté-là, ne sont pas supérieurs à la réalité ! Ce dernier crochet ne me reviendra pas bien cher, d'ailleurs. Je n'aurai à payer que 100 roupies, pour le voyage, en première classe, plus la nourriture, cotée à 3 roupies par jour, et les inévitables bacschisch. Comme nous ne sommes que deux passagers européens, un envoyé de la maison Oswald, nommé Muttel, et moi, nous partagerons la table du capitaine, un Allemand qui voyage avec sa femme. Cette dernière latitude est autorisée, à bord des navires du Sultan, pour raison de moralité. Elle a été retirée aux capitaines européens, pour le même motif! Mais, n'en déplaise aux champions vantards de nos mœurs occidentales, les lois de l'Islam garantissent un peu mieux la sainteté du lien conjugal que nos conventions dogmatiques, si lestement violées.

J'embarque mes bagages et mes curiosités, sans oublier Nyoko, dont le nourrisson est mort, d'indigestion probablement, par suite d'excès de zèle de sa mère d'adoption. Capitani, Assani, Forhan, et Mohamed Maskam, le joyeux loustic qui, à l'occasion, prouve qu'il a le cœur bien placé, sont venus, tout exprès, de Bagamoyo, pour me faire leurs adieux. Mon fidèle Sef, naturellement ne manque point à l'appel. Il y a encore Tchiano et Barouti, le premier beaucoup plus chagrin de se séparer de sa guenon que de Songoro, son ancien féal. Le capitaine Cambier s'est chargé de lui, et lui fera faire son stage de cuisinier. Quant à Barouti, il entrera au service du consul Van der Elst.

Naturellement, consul et capitaine sont venus me souhaiter une heureuse traversée, et nous échangeons nos dernières poignées de mains, en nous adressant un cordial au revoir.

Cependant l'heure a sonné, et le *Malacca* va lever l'ancre. MM. Cambier et Van der Elst s'éloignent dans leur canot. Quant à mes amis d'Afrique, auxquels j'ai distribué quelques roupies, acceptées avec gratitude, ils s'obstinent à attendre le dernier moment. Leur barque est là, et ils semblent n'avoir aucun souci de la regagner. Le *Malacca* s'est mis en marche, qu'ils sont encore à me baiser les mains. Je me vois déjà escorté par eux jusqu'à Bombay! Mais après un dernier adieu, ils plongent dans la mer comme une compagnie de grenouilles effarouchées, et, ayant regagné leur chaloupe, me saluent d'un sympathique *Koi-Héri*! (Bonne chance!)

Médise qui voudra des nègres, je les défendrai, moi, en toute occasion!

— Le *Malacca* est un navire déclassé de la *Peninsular and Continental Steam Navigation C°*. Jaugeant 1800 tonnes, et encore en fort bon état, il file de 8 à 9 nœuds à l'heure. Malheureusement, faute d'arrimeurs habiles pour équilibrer également son chargement, il penche terriblement à tribord. Mais la mer est bonne pour la saison.

Les boutres du Sultan font un commerce assez étendu pour nécessiter l'adjonction de bâtiments européens de réforme. Le nôtre transporte certaines quantités d'ivoire à Bombay, où il se travaille principalement.

S'il n'y a point, à bord, d'autres passagers européens que M. Muttel et moi, les voyageurs indous abondent. On les a logés sur le pont, ce qui, par la température de ces régions, ne peut être compté pour un désavantage. Les braves gens ont emporté avec eux leurs provisions de bouche, consistant en boulettes de pâte sèche, fortement pimentées, et en fruits. De temps à autre, ils font bouillir, dans les cuisines de l'avant, un modeste Ougali.

Nous sommes séparés d'eux par une formidable pile de caisses d'oranges, qui interceptent totalement la vue.

— Fermons ce journal où j'ai consigné fidèlement mes moindres impressions de voyage. Ce n'est point à ma personne que j'ai voulu intéresser mes lecteurs, mais au pays d'Afrique, dans ce que j'ai cru surprendre, d'abord, et savoir, ensuite, de cette terre encore toujours à sa Genèse sociale.

Le reste importe peu.

Toutefois, pour ceux qui veulent voir terminer tout ouvrage, à la façon des romans de Charles Dickens, j'apprendrai à mes amis — mais à mes amis seulement — que j'arrivai sain et sauf à Bombay, où je restai une dizaine de jours, logé à l'*Esplanade Hotel;* que j'explorai la ville de long en large et visitai les fameuses caves d'Eléphanta avec une admiration sans seconde ; que je me rembarquai à bord d'un steamer français ; qu'à bord du dit steamer, Nyoko, plus choyé que moi-même, et auquel le capitaine octroyait gratuitement une bouteille de vin par jour, reconnaissait ces excellents procédés, en jetant à la mer toutes les casquettes passant à proximité d'une de ses quatre mains ; que nous traversâmes la mer Rouge par un vent du Nord qui nous fit grelotter ; qu'à Suez, je vis passer le navire *La Belgique,* commandé par mon concitoyen et ami, Henri Govaerts, et fus pris d'une envie folle de retourner avec lui à Bombay, rien que pour avoir l'occasion de parler plus tôt *Flamand;* que je visitai les Pyramides ; que, dans l'Adriatique, une tempête grincheuse cassa tout sur notre pont ; que du détroit de Messine, je vis l'Etna en éruption ; qu'à Marseille, où je restai huit jours, Nyoko fit une fugue dans les arbres de la Cannebière, ensuite de quoi je dus me rendre chez le commissaire de police, pour répondre de cette équipée ; qu'un ingénieur maritime, dont je tairai le nom, offrit de transporter, par bateau, à Anvers, ma pauvre guenon, que j'attends toujours, ainsi que la visite de son tuteur intérimaire.

Inutiles feuillets, précieux pour moi seul!....

Pourquoi décrire aussi l'attendrissement dont je fus envahi irrésistiblement, en foulant le sol natal, après trois ans, trois siècles d'absence, et qui me fit pleurer comme un enfant, dans un banal et vexatoire bureau de douanes?....

Comment je fis le voyage de la frontière française jusqu'à Anvers, où m'attendaient ma mère et ma sœur, je n'en sais rien !....

Mais ce que je sais, c'est que je répétais, avec émotion, le dicton flamand dont je m'étais souvenu à Zanzibar, à propos d'une chanson indigène :

Oost, West, — t' Huis best !

Fin.

APPENDICES

GYMNASES D'EXPLORATION

ET DE

COLONISATION

PROJET PRÉSENTÉ PAR L'AUTEUR

AU

CONGRÈS D'HYGIÈNE ET D'ACCLIMATEMENT

DE BERLIN (1886)

Aux Membres du Congrès d'Hygiène et d'Acclimatement.

MESSIEURS,

Bien que ce Congrès d'Hygiène et d'Acclimatement revête un caractère purement national, les matières qui vous occupent ont un but d'utilité pratique, dont tous les pays peuvent et doivent faire leur profit. De même, vous ne pouvez rester indifférents au concours qui vous arrive spontanément de l'étranger.

D'ailleurs, à notre époque de solidarité humaine et sociale, les questions d'émigration et de colonisation sont devenues d'intérêt général. Et s'il est un terrain où tous les peuples modernes peuvent fraternellement cheminer côte à côte, et la main dans la main, c'est bien ce Continent noir, dont un séjour de trois années m'a permis d'étudier quelques problèmes, concurremment avec vos vaillants explorateurs.

Permettez-moi, Messieurs, de vous apporter le modeste tribut de mes observations personnelles. Peut-être, et je l'espère, me rencontrerai-je en bien des points avec mes anciens compagnons de luttes et de traverses. Mais, dans ce cas, bien flatteur pour moi, la conformité des vues ne pourra que témoigner en faveur de notre sincérité commune et de la conscience de nos travaux respectifs.

La sinistre réputation de l'Afrique a trop longtemps détourné la vieille Europe, souffrant de phlétore, d'un continent immense, aux côtes, seules, ouvertes jusqu'ici au commerce, mais dont les Arabes, eux, connaissent bien les ressources centrales, à en juger par leur persévérance à s'y ménager jalousement des colonies.

Il n'en faut pas douter, la grande culture et l'assainissement des marais, au moyen de l'eucalyptus, peuvent combattre efficacement et même arriver à détruire complètement l'*Omma*, cette redoutable fièvre africaine qui, aujourd'hui, n'atteint pas seulement les hommes, mais encore les animaux. Le premier soin de tout Européen qui veut fonder un établissement temporaire ou définitif à l'Intérieur, doit donc être de défricher la terre aux alentours de sa future Station. Lorsque cette besogne sera faite, il pourra replier ses tentes et abattre ses huttes de feuillage, pour aviser à la construction d'une habitation de pierre ou de bois, assise, par précaution d'hygiène, sur pilotis.

Etant donné la fécondité de la majeure partie de l'Afrique, que de richesses végétales perdues, dont l'excès devient une cause de pestilence et de malaria !

Au lieu des jungles, d'une exubérance sauvage, qui ne profitent à personne et qu'il faut brûler chaque année, on pourrait convertir les Poris inhabités en gigantesques pâturages et rendre les déserts africains bien autrement riches, encore, en bétail, que le fertile Ou-Gogo, où la houe rudimentaire, loin d'être remplacée par la charrue, est encore à peine connue et employée.

Lorsqu'on aura, enfin, mis la main à cette œuvre colossale, mais de nécessité première, qui, naturellement, réclamera des capitaux considérables et des bras en quantité, l'Afrique, devenue salubre, permettra l'introduction du cheval de trait et de labour, actuellement impossible à acclimater, faute de fourrage. Et les transports, facilités, de vivres et de marchandises, qui doivent se faire maintenant à dos de porteurs, — l'âne, même, étant un animal de luxe, usité par les seuls Arabes, — provoqueront la création de routes, de percées, de ponts et de viaducs, ouvrant bien véritablement le Continent noir à l'activité européenne.

A côté de la question des défrichements se pose celle de l'eau, peut-être encore d'un intérêt plus immédiat. Presque partout en Afrique, cette eau est saumâtre, blanche, laiteuse, chargée de principes organiques en décomposition. Dans l'Ou-Gogo, on est obligé de l'acheter aux naturels, bien qu'elle ne fasse point défaut, attendu qu'il leur suffit de creuser le sol à quelques pieds de profondeur pour s'en procurer à suffisance et s'en faire des revenus par l'exploitation éhontée des caravanes altérées. Et cependant, faute du système hydrogère le plus primitif, d'autres régions, dont la fertilité résulte justement de l'existence latente de flaques souterraines, sont les premières à connaître les horreurs de la sécheresse dans la saison du *Kipoi*, hiver sans pluie et aride de ces régions tropicales.

En attendant les canaux et les barrages, protégeant les terrains bas contre les inondations de la *Massika*, et emmagasinant l'eau pour la saison sèche, ne pourrait-on établir, de distance à distance, de grandes citernes, comme à Aden, ou tout au moins des puits forés à une profondeur suffisante ? Celui que j'ai fait creuser à Karéma par mes Askaris, dans un sol réputé marécageux et malsain, m'a donné une eau excellente et réunissant les qualités réclamées par la plus exigente hygiène.

L'Allemagne avec sa population débordante, aventureuse, opiniâtre, depuis longtemps faite aux exodes et étendant partout l'amour du sol natal, semble désignée entre toutes les nations pour ces tâches ardues mais si riches d'avenir. Seule, peut-être, elle pourrait jeter sur le sol africain des groupes serrés de hardis émigrants qui y réaliseraient les merveilles accomplies en Amérique par les Quakers de Guillaume Penn et les Mormons de Brigham Young, et, au Cap, par les Réformés de Hollande et de France, rivaux indomptables des colons anglais. Nous la verrons à l'œuvre sur la Côte orientale, et je ne doute point qu'elle ne résolve le problème qui s'impose à la dernière moitié de ce siècle, déjà si remarquable sous le rapport colonial.

Mais avant de les laisser se lancer dans ce qui, hier, était l'Inconnu, dans ce qu'aujourd'hui encore on connait si peu, il convient de mettre en garde les pionniers nouveaux, suivant la trace de leurs aînés, contre les écueils où ont fait naufrage tant de cœurs vaillants, de natures d'élite et de tempéraments d'acier, faute de données suffisantes sur les pays à travers lesquels ils se dirigeraient à l'aventure, guidés par leur seul amour de la Science et leur dévouement au Progrès humain.

En Afrique, il y a deux hygiènes à connaître et à observer : l'hygiène de voyage et l'hygiène de séjour.

En route, l'entraînement vient en aide à l'inexpérience des nouveaux venus, et l'escorte, engagée à la Côte, les dispense, d'ailleurs, de s'inquiéter outre mesure. Il leur faut commander, certes, mais sans s'occuper des détails. Pour les soins personnels, ils ont le trousseau spécial du voyageur en pays africain, les prescriptions générales contre le froid, le chaud et l'humidité, et la pharmacie portative, bornée aux remèdes principaux : la quinine pour la fièvre, le laudanum, l'ipécacuanha et la chlorodyne pour la dysenterie et les maux de ventre; le perchlorure de fer pour arrêter les hémorrhagies, les phénols pour prévenir l'inflammation des blessures, etc.

Avec ce viatique de campagne, les moins aguerris peuvent se tirer d'affaire ; et si le moral se soutient, le physique résiste d'autant mieux que le corps, toujours en mouvement, neutralise les influences locales, si funestes pendant le repos relatif des stations.

Mais à poste fixe, la véritable tâche commence, surtout si l'on ne voyage qu'à quelques Européens et avec des ressources limitées. En effet, il s'agit de tout créer, tout prévoir, tout diriger, tout contrôler rigoureusement et au jour le jour. Que dis-je! Il n'est plus permis d'hésiter sur quoi que ce soit. Avant de commander, il faut pouvoir indiquer à sa colonie de noirs ignorants, indolents et routiniers, comment ils doivent s'y prendre et toujours prêcher d'exemple: cela, atteint ou non par la fièvre, la dysenterie ou les insolations, constamment prévenues et combattues.

Pour les expéditions nombreuses et richement subsidiées, naturellement la question se simplifie. Mais lorsque, comme dans l'expédition allemande et, permettez-moi de le dire, dans l'expédition belge de 1880, on doit être à la fois organisateur et ouvrier et, après avoir posé la première pierre, ne s'arrêter qu'après avoir arboré sur le toit, parfaitement achevé, le bouquet du couvreur, la responsabilité devient d'une importance, d'une lourdeur extrême.

C'est ce que feu les docteurs Böhm et Kaizer et M. Reichard ont parfaitement compris, avec un dévouement et une abnégation hors ligne. Ces trois éclaireurs de l'active Germanie, ne disposant que de ressources médiocres, ont laissé dans les districts où ils ont étendu leur sphère d'investigation, d'importants jalons de civilisation et de progrès.

Je me souviendrai toujours de l'intelligence pratique déployée par M. Reichard au cours de sa mission. Comme, chez lui, le côté purement explorateur était doublé des aptitudes manuelles qui en faisaient la cheville ouvrière de l'expédition !

Les Missionnaires Algériens et les Pères du Saint-Esprit, de Bagamoyo, suivent, d'ailleurs, le même système d'acclimatement et n'en résistent que mieux aux torpeurs d'un climat débilitant.

Et voyez le résultat d'un système hygiénique bien entendu : des trois membres du groupe allemand de 1880, l'homme qui s'est peut-être le plus heurté aux surprises de l'existence africaine, est revenu, seul, pour attester les victoires scientifiques de ses héroïques, mais téméraires compagnons.

C'est que le travail, bien équilibré, trempe l'homme au lieu de l'user et qu'il n'est rien de tel que de savoir dépenser méthodiquement ses forces, pour les sentir s'accroître de jour en jour.

Au fond de toute utopie, il y a toujours le point de départ d'un progrès. L'exercice alterné de plusieurs métiers, est d'une importance vitale au point de vue de l'hygiène et de la gymnastique rationnelle. Un seul métier, fastidieusement imposé, non seulement lasse moralement, mais peut, à la longue, déformer le corps par l'uniformité des mouvements, tandis qu'en passant d'un métier à un autre, l'intérêt est toujours en éveil et toutes les parties du corps se développent harmonieusement. C'est le système de Fourier, dans son idéal phalanstère, inexécutable *in globo*, mais dont les détails pratiques n'ont pas été perdus pour le bon sens. C'était celui de M. Reichard, passant de la hâche du bûcheron à la truelle du maçon, tour à tour, et dans la même journée, architecte, constructeur d'embarcation, menuisier, forgeron, chasseur, pêcheur, agriculteur ; se défatiguant d'une besogne par une autre et bravant impunément, toujours en mouvement et en action, les ardeurs d'un ciel soi-disant meurtrier.

Je dois dire que son exemple m'a grandement servi pendant mon séjour à Tabora et à Karéma, où, comme lui, il s'agissait de ne bouder à aucun travail, quel qu'il fût. Et je n'ai jamais forgé ou raboté d'aussi bon cœur, qu'après avoir fait de la photographie ou de l'agriculture.

En somme, on pourrait presque dire qu'en Afrique, il faut procéder au rebours de la civilisation actuelle, en ce sens qu'au lieu de tendre à la division du travail, il s'agit, au contraire, de ramener tout à une synthèse pratique.

L'homme blanc, s'y trouvant éloigné des facilités européennes ou américaines, doit pouvoir se suffire, dans tout ce qui est indispensable à son établissement, à sa défense et à sa conservation. Celui qui ne sait point parer aux besoins du moment, — et ils sont nombreux, — fût-il le plus intelligent des spécialistes, se trouvera au-dessous même du nègre, essentiellement pratique, lui, et qu'il a la prétention de venir civiliser. Et c'est pourquoi il convient de se remettre humblement au point de départ de nos industries essentielles, tout en possédant la clef de leurs perfectionnements modernes.

En tout, servez-vous des instruments les plus rudimentaires, dont l'indigène comprenne facilement l'usage et dont il se serve lui-même ou éprouve le besoin de se servir à son tour. En agriculture, la houe antique, en attendant la charrue, possible seulement après la création de pâturages et l'élève généralisée du bétail. En matière de charpente, l'herminette, la scie, le marteau, la tenaille et le foret. En fait de forge, le matériel des indigènes, décrit par Stanley, et les procédés primitifs qu'ils ont appris des Arabes. Ainsi de tous les métiers, avec lesquels il faut se familiariser activement et dont l'exercice vous vaut de la part des indigènes un respect et une soumission qui leur font entreprendre avec confiance, sous votre direction, les travaux les plus compliqués, jugés par eux, auparavant, les plus inexécutables.

A côté de ces aptitudes d'emploi quotidien, dont il importe d'avoir reçu en Europe les premières notions, il est d'autres connaissances qu'on n'acquiert que sur place, faute de données initiales.

Dans la construction, le choix des différentes essences est des plus délicats.

Il existe en Afrique des bois fort résistants, attaqués cependant par des insectes xylophages dont les dégâts défient toute description. En quelques nuits, leurs légions voraces peuvent attaquer les plus solides charpentes, les percer à jour et empoisonner, par surcroît, les chambrées d'une poussière ligneuse qui ronge littéralement les poumons et occasionne de cruelles ophtalmies. Certaines essences résineuses, au contraire, les éloignent. Il s'agit de connaître ces essences, mais en s'informant aussi de leurs propriétés balsamiques, parfois préjudiciables à la santé.

Dans notre brumeuse Europe, nous avons besoin de briques spéciales, réfractaires à l'humidité. En Afrique, on peut se contenter du système arabe des adobes ou *matoufalis*, simplement séchées au Soleil, et dans lesquelles la résistance est compensée par l'épaisseur. Il faut donc apprendre à faire des adobes et de toutes matières qui se présentent. Mais lorsque la nature argileuse du sol le permettra, on y joindra avec utilité la fabrication de briques cuites, pour la construction des terrasses, sujettes à infiltration.

Les munitions de chasse peuvent s'éventer ou se perdre ; les appareils de pêche être détruits ou rongés par les fourmis. Mais on n'est jamais pris au dépourvu lorsqu'on a appris des indigènes l'art facile des pièges à gros ou à petits gibiers, des engins naïfs mais sûrs, pour capter les poissons des lacs et des rivières.

Dans un ordre de connaissances plus relevées, à défaut de la pharmacie d'Europe, souvent inefficace, là-bas, sinon dangereuse, il y a l'étude des simples, cultivés par les Oua-Soukoumas, la seule peuplade chez laquelle, en Afrique, le nom de médecin ne soit pas synonyme de celui de *Mganja* ou sorcier.

L'usage du Ki-Souahili, idiome participant à tous les dialectes du groupe bantou, et parlé dans tout le Centre de l'Afrique, s'acquiert assez vite. Mais il faut bien y joindre un peu d'arabe et s'initier aux dialectes parlés dans les districts d'où l'on tire des vivres et où l'on veut former des alliances.

Que de choses encore à s'assimiler! La manière de procéder à l'organisation d'une caravane, les précautions contre les affections locales, la question des étoffes, des munitions, etc. etc., impossibles à résumer ici, et sur lesquelles j'ai donné quelques détails, extraits de mon livre « *La Vie en Afrique* », dans une brochure spécialement destinée aux membres du Congrès Allemand d'hygiène et d'acclimatement.

Pour réaliser quoi que ce soit de vraiment utile, sur le sol vierge, que nous avons l'ambition d'attirer dans l'évolution moderne, il faudrait en quelque sorte, parodiant le vers de Térence, nous écrier :

« Je suis Européen et rien de ce qui appartient au Monde ne doit me rester étranger. »

Enfin il y a la question de morale, qui touche de près à l'hygiène, et qui se confond avec elle dans bien des cas.

Mais celle de l'Arabe n'est pas celle de l'Européen, ni celle du nègre celle de l'Arabe. Gardons-nous de froisser des idées, parfois séculaires, des traditions enracinées, voire de simples formules de cérémonial et de civilité, quelque absurdes et fausses qu'elles nous paraissent. Toute pression, en ce sens, nous ferait des indigènes, — qu'elles divisent déjà irréconciliablement, — des ennemis mortels. La seule maxime : « Ne faites pas aux autres ce que vous ne voudriez pas qu'on vous fît » maxime qui n'est pas du Christ seulement, mais de toutes les religions humaines, sera comprise partout, parce qu'elle est positive et *sainement* égoïste. Encore ne faut-il point se flatter de la faire adopter dans les relations de tribus à tribus, toujours en guerre, et où la force prime le droit.

De la polygamie, de la polyandrie, nous n'avons point à nous occuper. Ce sont des accidents, des conventions locales qui n'empêchent point la pureté des mœurs. On perdrait son temps et son influence à vouloir en prouver les côtés, pour nous répréhensibles ou dangereux, pour les nègres parfaitement sociaux et licites. Gardons-nous d'intervenir davantage dans les antagonismes de districts et dans les querelles des Chefs. Autant vouloir résoudre, de notre autorité privée, nos conflits européens!

Ces gens ont leurs *us*, leurs préventions, aussi et aussi peu respectables, hélas! que les nôtres, au point de vue philosophique. Mais au point de vue social, traditions et préjugés font loi, là-bas comme chez nous.

Vouloir imposer aux nègres des lumières, auxquelles leurs yeux ne s'ouvrent point et ne pourraient s'ouvrir, serait de la conquête intolérante, lorsqu'il ne peut s'agir que de persuasion et de prudente propagande.

Pour les statisticiens de la science, approfondissant de haut les questions d'exploration, et en tirant des déductions générales, échappées parfois aux simples voyageurs qui leur en ont fourni les éléments complexes et épars, nombre d'observations, que je groupe ici, sans trop d'ordre, pourront paraître oiseuses. Mais c'est qu'en Afrique, je le répète, les plus minces détails acquièrent une importance énorme et déroutent souvent toute prévision purement théorique. Un spécifique, souverain en Europe, peut devenir, sous l'Equateur, nuisible et même mortel, au positif comme au figuré. Tout est matière à exploration personnelle sur le Continent mystérieux, que doivent nous conquérir pacifiquement l'Intérêt Social bien entendu, la Volonté, la Curiosité ou la Foi.

Un tel programme, me dira-t-on, est fait pour décourager les plus entreprenants? Et cependant, tous ceux qui ont séjourné en Afrique et y ont laissé quelques traces, comme explorateurs sérieux, ou comme organisateurs pratiques, ont bien dû le réaliser, après coup, payant chèrement leurs premières inexpériences, mais, par leurs précieuses révélations, rendant aussi la tâche plus féconde, sinon plus facile, à leurs successeurs.

Ici, Messieurs, j'aborderai le point capital de ma thèse, si l'on peut accorder ce nom au faisceau un peu hâtif de considérations, pour la coordination desquelles le temps m'a fait défaut.

Ce point est surtout celui qui m'a conduit à Berlin, et je vais vous l'exposer dans son état embryonnaire en vous laissant juge de son opportunité.

Dans l'état actuel des choses, où se recrutent les explorateurs, revendiquant une part plus ou moins glorieuse dans les découvertes modernes?

Il y a d'abord les intrépides, à vocation irrésistible, se complétant d'instinct, ne reculant devant aucun obstacle et allant de l'avant, comme s'ils se croyaient invulnérables. Ceux-là sont des demi-dieux, souvent martyrs de leur généreuse audace, comme le Prométhée des mythes grecs, mais rayonnant d'un éclat éternel au Panthéon de la Science.

Viennent ensuite les natures simplement entreprenantes et curieuses, passionnées pour la lutte et éprises de l'Inconnu. Ce qu'elles cherchent au loin, ce sont des émotions ou des spectacles nouveaux; il y a chez elles à la fois du casse-cou et de l'artiste, mais on leur a dû de précieux renseignements.

Il y a encore l'ambitieux, désireux d'être quelque chose et le déclassé, mécontent de n'être rien.

Et, enfin, le soldat, le marin et le marchand, insouciants du danger, par état et par profession et confiants dans leur étoile.

Je ne fais point entrer en ligne de compte le simple aventurier, mû par l'intérêt personnel et qui, forban du progrès, demande des lettres de marque à un drapeau quelconque pour abriter ses opérations équivoques.

En somme, nulle sélection, mais nombre de volontaires déterminés, actifs, parfois heureux ; fort peu de vrais voyageurs, réunissant les aptitudes complexes que peut, seul, développer un système raisonné d'enseignement formé de toutes pièces.

Avant de laisser partir en vedette ces recrues de hasard, chargées d'ouvrir à l'Europe besogneuse des horizons trop longtemps fermés à son initiative, il faudrait bien, cependant, s'inquiéter de les rendre à la hauteur de leur tâche, comme on s'applique à Alger et, en Belgique, au couvent de Woluwe-Saint-Etienne, à former des Missionnaires.

A-t-on songé à leur donner la clef des langues, des mœurs et des croyances, divisant les peuplades mêmes auprès desquelles on les envoie plaider la cause de la Civilisation ?

Les a-t-on, surtout, mis à même de se plier aux circonstances et aux milieux ; de s'aguerrir contre la perfidie des climats étrangers; d'imposer aux influences locales ; de résister à la fois aux hommes, aux choses et aux éléments ?

De toutes parts on demande des chefs d'expédition.

Il serait sage de songer à faire aussi des soldats.

Organisez vos cadres, disciplinez-les, préparez-les de longue date aux hasards des expéditions. Initiez vos futurs explorateurs aux connaissances spéciales, dont l'ignorance constitue aujourd'hui un danger permanent.

Et ces chefs que vous réclamez, sans qu'ils aient pu se former à aucune école, ne feront plus défaut. Grâce à une éducation rationnelle, théorique et pratique, les véritables vocations se trouveront éclairées et fortifiées. Et au lieu de voir échouer leurs efforts, par l'incurie d'auxiliaires à gages, vos officiers pourront se reposer sur des lieutenants capables de les comprendre et de les suppléer au besoin.

Pour cela que faudrait-il ?

Tout simplement fonder des : Gymnases d'Exploration et de Colonisation.

L'étude des langues devrait occuper une large place dans ces institutions à programme cosmopolite.

L'anglais et l'allemand sont indispensables au voyageur qui veut se faire prendre au sérieux et, dans les circonstances critiques, pouvoir frapper à toutes les portes.

Pour circuler en Afrique, il faut y joindre la connaissance parfaite du Ki-Souahili, qu'avec une mémoire et une intelligence ordinaires on peut s'assimiler en moins d'une année.

Pour correspondre avec les Musulmans de la Côte et du Centre — seuls au fait des choses du négoce africain, et qui acceptent des traites contre marchandises, munitions et denrées — il serait bon d'entendre l'arabe et de l'écrire lisiblement.

L'enseignement des *Gymnases d'Exploration et de Colonisation* devrait être à la fois scientifique, agricole et industriel.

Il comprendrait :

Des éléments de mathématiques, de physique et de chimie ; d'astronomie, de météorologie et d'hydrographie ; de stratégie, de castramétration, de balistique, de nautique, de topographie et d'orientation ; de géographie tant positive qu'ethnographique, c'est-à-dire renseignant les productions naturelles et les fabricats locaux des régions à étudier ;

Des cours d'hygiène, d'anatomie, de médecine et de chirurgie élémentaires, comportant la connaissance des climats, l'hydrothérapie, l'ordre et les conditions de la marche, le choix des étoffes pour vêtements et literies, celui des campements et des stations ; la connaissance des simples et des essences exotiques ; celle des remèdes généraux contre les fièvres paludéennes et autres, la dysenterie, le scorbut, la variole, l'ophtalmie, l'insolation, etc. ; le traitement des fractures, des brûlures ; les modes les plus expéditifs de pansement ; les opérations urgentes ;

Des principes d'agriculture, de labourage, d'assolement, de pomologie, d'apiculture, d'élève du bétail, de dressage d'animaux de selle ou de labour ;

Des exercices de gymnastique, de natation, d'équitation, de tir, de chasse et de pêche ;

Des manœuvres militaires et nautiques ;

Des travaux de construction de routes, d'aqueducs, de digues, de retranchements, de remblais, de blockhaus, de palissades, de terrasses, d'habitations de pierres, de huttes de feuillage, d'embarcations ; des opérations de drainage, de canalisation, de forage de puits, etc. ;

L'apprentissage gradué des arts et métiers essentiels : forge et fonte de métaux, mécanique, charpente, maçonnerie, briqueterie, charronnerie ; art du tisserand, du tailleur, du cordonnier, du tanneur ; la céramique, la corderie, la vannerie ; la fabrication de l'huile, de la chandelle et du savon ; la panification, la brasserie, la conservation des viandes par la dessiccation, le boucan ou la salaison ; le dépeçage du bétail et du gros gibier ; la cuisine, etc. etc. En un mot l'ensemble des aptitudes ouvrières par lesquelles on peut se suffire sur n'importe quel point du globe.

Il conviendrait aussi de se bien pénétrer d'un Code de Voyage, établi d'après l'expérience et les révélations des voyageurs de toutes les nations. Et ce code règlerait, non seulement les questions de discipline hiérarchique entre Européens, mais les rapports avec les indigènes des différentes régions, étudiés dans leurs mœurs, leurs croyances, leur morale, leurs *susceptibilités*, si dangereuses à éveiller et si difficiles à endormir.

Comme premières lois, il commanderait la patience, la discrétion et l'impassibilité, ces vertus arabes qui ont valu aux sectateurs de l'Islam leur prestige souverain sur toutes les peuplades nègres.

Un fait acquis, c'est que les voyageurs qui résistent le mieux aux explorations lointaines, — et notamment au climat africain, alternant les chaleurs torrides avec les miasmes paludéens, — sont justement ceux qui ont vu le jour, ont passé leur enfance ou se sont fixés dans des régions humides, par exemple, sur le bord des fleuves aux rives plates, ou dans le voisinage de terrains fréquemment inondés.

Partant de ce point de vue, il faudrait établir les *Gymnases*, dont je réclame la création, près d'un large cours d'eau, en tenant compte naturellement du tempérament des élèves, déplacés au moindre symptôme fâcheux. Cet emplacement, qui serait déjà un premier essai d'acclimatement, offrirait l'avantage de faciliter les études nautiques et les travaux qui s'y rattachent.

Une gymnastique, qu'on ne pourrait négliger, c'est celle de l'estomac, le plus indisciplinable des organes. Rien de traître comme l'abandon, non préparé, du régime azoté, suivi dans nos villes d'Europe. L'alimentation, en Afrique, comme dans nos campagnes, du reste, étant à base presque exclusivement végétale, il serait prudent de se faire de bonne heure au riz, au maïs, et même au sorgho, en y joignant le lopin de viande boucanée ou de poisson sec auxquels sont fatalement réduites les caravanes africaines.

Enfin, les élèves devraient se préparer à leurs futures expéditions, par des marches, fournies sac au dos, des campements nocturnes, la construction de huttes de feuillage et d'enceintes rustiques, voire en s'initiant au rôle de fourrier, et en faisant bel et bien la cuisine en plein air.

Ce programme, en apparence d'application ardue, serait, en raison même de son universalité, éminemment propre à stimuler les jeunes gens, dont il développerait en même temps l'intelligence, les forces physiques et l'habileté manuelle. Après avoir passé par son salutaire enseignement, l'élève, auquel on ne permettrait pas de contracter d'engagement avant 25 ans sonnés et éducation accomplie, serait, non seulement trempé, par avance, aux fatigues d'un voyage d'exploration et propre à l'organisation d'une colonie agricole et militaire, mais, réunissant, à un degré suffisant, les notions des sciences modernes à celle des principales industries, il pourrait encore se créer dans son propre pays des carrières honorables.

C'est surtout aux orphelins, qui ont tant de difficulté à se pousser dans le monde, que ces *Gymnases* offriraient un bel avenir. Sans attache qui paralyse leur essor, ils marcheraient à la prise de possession des terres nouvelles avec une jalouse émulation. Ces déshérités, aigris parfois, par leur seul isolement au sein de la patrie, s'y rattacheraient étroitement en la voyant applaudir à leur ambition légitime.

L'horizon en s'élargissant devant eux, les pénétrerait d'orgueil pour une solidarité sociale, au bout de laquelle ils verraient briller, avec la reconnaissance publique, la fortune conquise haut la main.

Placés sous la direction de voyageurs ayant dû s'imposer, eux-mêmes, le double stage scientifique et manuel, sans lequel il ne peut y avoir en pays inconnu que déceptions, périls et désastres, nos *Gymnases* compteraient un corps de professeurs triés entre les spécialistes les mieux au courant des dernières découvertes, sans oublier des officiers de terre et de mer éprouvés, commis aux exercices militaires et nautiques, et des ouvriers d'élite, enseignant, *con amore*, les différents métiers portés au programme.

De pareilles écoles exigeraient naturellement un matériel compliqué et sans cesse accru.

Outre une bibliothèque, contenant toutes les relations de voyage et les traités relatifs aux pays non encore habités par les Européens, elles seraient doublées de Musées, pourvus de collections ethnographiques, d'herbiers, d'échantillons agricoles, de minéraux, de produits naturels ou fabriqués : tissus, mobilier, céramique, armes, engins de chasse et de pêche, modèles d'habitations, d'embarcations, etc.

Mais ces galeries, accessibles au public tout entier, pourraient être constituées sans dépenses exhorbitantes, grâce aux dons des explorateurs, officiellement envoyés en mission ou voyageant pour leur compte particulier. Chaque station lointaine les enrichirait de son contingent de documents exotiques. D'ailleurs, presque partout, des noyaux importants de semblables collections existent déjà et il ne s'agirait que de les compléter à la longue.

Quant aux outils, pour l'apprentissage des métiers, on pourrait recourir utilement aux écoles d'agriculture et aux chantiers de l'Etat, aux ateliers régimentaires, aux arsenaux, voire aux établissements privés, dont les directeurs ne refuseraient pas de s'associer à une œuvre de nature à leur valoir, dans l'avenir, d'inappréciables débouchés.

Je ne me dissimule point, cependant, les charges de l'entreprise. Mais n'ont-elles rien coûté les nombreuses expéditions, compromises par l'inexpérience de chefs imprudents, impitoyablement rançonnés et dont plusieurs sont tombés, premières victimes d'erreurs à prévoir? Certes, les sacrifices que l'Etat s'imposerait pour prévenir de nouvelles déceptions, seraient placés à gros intérêts d'or et d'existences humaines !

Lorsque nos industries et notre commerce paralysés, se trouvent à l'étroit dans les limites du vieux monde, regorgeant de bras sans emploi et de production sans écoulement, pourquoi n'espérer que dans des dévouements isolés, se risquant à l'aveuglette?

A l'héroïque mais inconsistant bataillon des explorateurs-amateurs, se croyant naïvement les égaux des voyageurs de franche race, faisons succéder enfin les bataillons compacts des soldats aguerris de la Science et du Travail ! Armons-les pour les conquêtes pacifiques, fédérant les nations modernes avec les peuplades attardées dans l'ornière de l'inertie sociale ; et que, pour tous, il en résulte une ère de bien-être et de confiance inespérée. Le but de cette croisade universelle est trop convoité pour que chacun hésite à l'organiser d'une façon sérieuse, jaloux d'y arriver des premiers.

Aux champions qu'on envoie au combat on doit une cuirasse. Trempons celle de nos éclaireurs au feu de l'expérience ; éclairons leur cerveau et fortifions leur bras pour étendre le champ de l'activité humaine. En fait d'exploration, la phase des chevaliers errants est close. Celle des corps réguliers commence ; et ces corps-là, il faut les équiper solidement avant de les lancer à la conquête de l'avenir.

Jérôme BECKER.

Lieutenant d'Artillerie de l'Armée Belge.

Bruxelles, 10 Septembre 1886.

LA 4ᵉᵐᵉ EXPÉDITION BELGE

DANS

L'AFRIQUE ORIENTALE

(FONDATION DE LA STATION DE MPALA)

AUX LECTEURS

Comme nous l'avons dit, les éléments de la première partie de ce travail, consacrée aux expéditions belges qui ont précédé la nôtre sur le Continent noir, nous ont été fournis, tant par les rapports envoyés à l'Association Africaine et publiés dans son Bulletin, que par les renseignements complémentaires fournis par nos compagnons de luttes et de traverses. Il s'ensuit que ce bref résumé, loin de porter préjudice aux publications spéciales et complètes, sur les matières seulement effleurées, ne peut qu'attirer sur elles l'attention du public, de plus en plus intéressé aux sciences géographiques.

La plupart des renseignements qui ont servi à la rédaction de la présente notice, sont extraits de la conférence donnée, le 16 mars 1886, par le capitaine Storms, à la Société Royale Belge de Géographie.

Ces fragments, d'un véritable intérêt, nous étaient indispensables pour fermer logiquement notre livre. Ils suffiront à donner à nos lecteurs une idée plus ou moins complète de la question africaine, dans ses phases de début et de transition, sans anticiper sur le récit *détaillé* et mouvementé de l'œuvre accomplie sur la rive occidentale du Tanganika, que le fondateur de la station de Mpala pourrait offrir, dans la suite, au public.

B.

LA QUATRIÈME EXPÉDITION BELGE

DANS

L'AFRIQUE ORIENTALE

(Fondation de la station de Mpala.)

C'est au commencement de l'année 1882, que le lieutenant, adjoint d'état-major, Emile Storms — depuis, promu capitaine — fut choisi par l'Association pour relever M. Jules Ramaeckers du poste avancé de Karéma. Le capitaine Hanssens, désigné d'abord, venait d'être dirigé sur le Congo.

M. Storms, assisté du lieutenant des grenadiers Constant, avait pour mission, non seulement de consolider l'influence belge sur la rive Orientale du Tanganika, mais encore d'établir, sur la rive Occidentale, reliée au futur Etat Indépendant, déjà en projet, la Station momentanément abandonnée, à la suite du décès du capitaine Popelin.

Partis de Bruxelles, le 5 avril 1882, MM. Storms et Constant débarquèrent à Zanzibar le 1er avril. Avant même d'avoir mis le pied sur la terre africaine, ils apprenaient la mort de M. Ramaeckers, ce qui leur imposait l'obligation de brusquer leurs préparatifs.

Malheureusement, M. Constant, atteint presque immédiatement des fièvres africaines, dut être renvoyé en Europe. Néanmoins, il avait eu le temps de prêter au commandant de la 4ème expédition Belge, le concours le plus actif et le plus dévoué. De son côté, M. Cambier, lui apportant le précieux appoint de son expérience, le 5 juin M. Storms put mettre à la voile pour Sadani, accompagné de 126 hommes, engagés dans les conditions de la demi-charge, c'est-à-dire portant à la fois le ballot et le fusil.

C'est du port de Sadani, situé au Nord de Bagamoyo, que partent ordinairement, comme nous avons eu l'occasion de le dire, les caravanes anglaises, en destination de l'Intérieur.

Cinq jours après, c'est-à-dire le 9 juin, notre compatriote s'engageait résolument sur la route de Mpouapoua.

Nous ne le suivrons pas dans tous les détails de son long itinéraire, se rapprochant naturellement, en beaucoup de points, du nôtre. Ce sont — et ce seront longtemps encore, en Afrique — les mêmes déboires et les mêmes ennuis : désertions de soldats nègres, Hongos éhontés, mettant la patience des voyageurs à de rudes épreuves, manque de vivres et d'eau potable, etc.

Toutefois, nous avons cru utile de relever les observations, les renseignements et les traits de mœurs qui nous avaient échappés, et que notre compatriote a exposés, avec une verve pleine d'humour, dans son intéressante Conférence.

On remarquera, au cours de ce résumé, que les considérations du capitaine Storms s'écartent parfois des nôtres. Ce nous a été une raison de plus, pour consigner fidèlement ses appréciations, laissant au lecteur le soin de choisir et de décider, entre deux manières de voir, j'ose le dire, également sincères et consciencieuses.

M. Storms, en traversant la vallée de Mounié-Msagara, où se trouvaient établies des Colonies allemandes, favorisées de plusieurs cours d'eau permanents, a pu constater la fertilité extraordinaire du sol. Toutes les terres arables y étaient déjà soigneusement exploitées.

Dans le voisinage de certaines rivières de l'Ou-Sagara, la culture s'opère pendant toute l'année, sans interruption, et le vanillier et le caféier semblent destinés à y prospérer, grâce au système d'irrigation pratiqué par les Pères du Saint-Esprit, qui ont établi une nouvelle et importante Mission à Mrogoro.

La Côte, proprement dite, étant décidément reconnue insalubre, les Allemands ont sagement porté leurs regards vers l'Ou-Sagara et dans la direction du Nord, vers le Kilima-Ndjaro, district de l'Intérieur, qu'il importera de mettre en communication avec quelques points commodes de débarquement.

Deux routes mènent aujourd'hui à l'Ou-Sagara, celle de Bagamoyo et celle de Sadani, mais ces localités sont insuffisantes, comme ports de commerce sérieux et, d'ailleurs, n'ont pas même de bonnes rades. En effet, les boutres arabes y doivent être chargés et déchargés à assez grande distance de la terre et, vides, s'échouent, à marée basse, tandis que Dar es Salam, situé à deux journées de marche, au Sud de la Mrima, possède un port magnifique, quoique d'un accès encore assez difficile.

Le Saïd Medji, frère du Sultan actuel, reconnaissant l'importance de ce point, avait formé le projet d'y élever une ville. La mort l'interrompit en pleine organisation, et son successeur, suivant en cela une tradition assez sotte, laisse tomber en ruines les constructions commencées, que l'on ne restaurera qu'à une génération suivante !

M. Storms émet l'opinion que les Allemands se tourneront vers Dar es Salam, ainsi que vers Lamo — qui offre un point d'ancrage aussi favorable que celui de Mombas, siège d'une Station britannique — et les mettront en communication, par un système complet de routes, avec leurs Colonies, dès à présent florissantes.

Du reste, déjà Arabes et Hindis ont reconnu l'importance future de ces centres commerciaux et s'y sont établis, pour trafiquer en première main avec les indigènes, prélevant de riches commissions, tant sur l'ivoire, le copal, les arachides, le sésame, l'orseille, la noix de coco, les peaux sèches et les écailles de tortues, revendus aux trafiquants de Zanzibar, que sur les armes, la poudre, les étoffes et les perles, servant de matières d'échange avec les caravanes de l'Intérieur.

Il ne fallut qu'un mois à M. Storms, pour atteindre l'Ou-Gogo, et sauf quelques légers accès de fièvre, son état de santé était resté excellent.

Notre compatriote expose très judicieusement la raison pour laquelle la soumission des caravanes armées, aux Hongos vexatoires, est dictée par les règles de la plus élémentaire prudence. — « Une guerre victorieuse, dit-il, pourrait seule faire renoncer les Chefs de l'Ou-Gogo à leurs prétentions arbitraires. Battus, ils s'enfonceraient, il est vrai, dans l'intérieur de l'Afrique. Malheureusement, la contrée étant devenue déserte, les vivres y feraient défaut. Il en résulterait que les caravanes, qui circulent entre la Côte et Tabora, devraient s'en munir en quantités encombrantes, d'abord pour traverser l'Ou-Gogo, ce qui demande une quinzaine de jours, ensuite pour franchir le Mgonda-Mkali, ce qui exige encore cinq jours de marche, soit donc vingt jours au total. Or, le porteur, devant se charger d'une quantité aussi considérable de provisions de bouche, ne trouverait évidemment plus le moyen de transporter des marchandises, et tout trafic deviendrait impossible. Ajoutez à cela que, dans un pays désert, les attaques de caravanes sont beaucoup plus fréquentes que dans les environs des centres habités. En revenant à la Côte, j'en ai eu malheureusement la preuve. Je venais de quitter Mdabourou pour atteindre Michemba, et voulais contourner, par le Nord, Konko, région récemment dévastée par la guerre et actuellement déserte. Je ne pouvais atteindre Michemba avant quatre heures du soir. Arrivé, vers une heure, au Nord de Konko, j'arrêtai la caravane pour faire reprendre haleine à mes gens. A ce moment même, je fus attaqué par une cinquantaine de Rougas-Rougas, tous armés de fusils. Dès le premier engagement, nous tuâmes trois des assaillants. Je crus d'abord avoir mis l'ennemi en déroute. Mais loin de là, je me trouvai obligé de remiser mes charges et de soutenir un combat nouveau et acharné, qui se prolongea pendant deux heures. Deux mois auparavant, M. Reichard avait été attaqué, un peu plus au Nord et, après une défense qui fait honneur à son courage, obligé de se replier sur Mdabourou. Il avait perdu quinze hommes pendant l'engagement. »

Faire la guerre pour échapper au Hongo, serait donc un assez mauvais calcul. Outre que cette guerre-là coûterait plus que le tribut à acquitter, elle ne pourrait avoir que des résultats à la Pyrrhus. « Il y a quelques années, dit M. Storms, un Arabe essaya de traverser un district de l'Ou-Gogo, sans payer le tribut régalien. Aussitôt attaqué, il soutint bravement la lutte et campa, victorieux, sur le champ de bataille. Mais quel ne fut pas son étonnement lorsque, le matin, il ne vit plus autour de lui qu'une quinzaine de ses hommes. Trois à quatre cents porteurs avaient déserté, à la faveur de la nuit, craignant une nouvelle attaque pour le lendemain. Il ne resta à l'Arabe que la ressource d'abandonner, sur place, toutes ses charges et de décamper les mains vides.

« Il est vrai qu'on peut échapper parfois au Hongo, par la ruse, ajoute notre compatriote, homme d'expédients et de résolution par excellence. Voici ce qui m'est arrivé personnellement, lorsque ma patience n'avait pas encore affronté les rudes épreuves qu'elle eut à endurer par la suite. J'avais à traverser le territoire d'Ouséké, où les percepteurs du Hongo avaient la réputation de se montrer intraitables. Je résolus de contourner ce maudit pays par le Nord. Dès le second jour de marche, le Chef fut informé de mon projet. J'appris qu'il avait donné l'ordre de me barrer, pendant la nuit, toutes les routes conduisant vers l'Ouest. Mon parti fut pris aussitôt. Vers le soir, je fis allumer, comme de coutume, de grands feux dans mon camp, et à la faveur de l'obscurité, je délogeai sans tambours ni trompettes. J'étais déjà bien loin, que le pauvre Sultan d'Ouséké méditait encore la sauce à laquelle il m'accommoderait. »

M. Storms, qui s'est trouvé en relations étroites avec les Rougas-Rougas, — auxquels il a dû avoir recours pour protéger sa Station de Mpala, — entre dans d'intéressants détails au sujet de ces aventuriers à gages, assez semblables aux troupes mercenaires de la Renaissance.

« Contrairement à ce que l'on a cru d'abord, a-t-il dit, les Rougas-Rougas ne forment point une tribu pillarde. Dans l'acception la plus large du mot, Rougas-Rougas signifie non pas brigands, mais guerriers et soldats. Recrutés dans l'élite de la population, ils constituent, à proprement parler, les troupes permanentes des chefs militants.

« Les Rougas-Rougas se refusent à toute autre besogne que celle de la construction de la demeure du Chef. Ils ont le droit de vivre sur le pays. Seulement, dans le but d'épargner des vexations à leurs sujets, les Sultans donnent aux Rougas-Rougas un certain nombre de femmes, qui cultivent pour eux. Loin de se composer exclusivement d'éléments locaux, les bandes de Rougas-Rougas comptent toujours un grand nombre d'aventuriers d'autres tribus, voisines ou lointaines.

« Leur armement consiste en un fusil et en une lance de main, et leur costume est en rapport avec les ressources des Chefs qui les emploient. Ce costume se compose habituellement d'un pagne et d'un carré d'étoffe rouge, attaché au col et flottant sur le dos, en guise de manteau. Un turban de même couleur le complète souvent. Les ornements les plus appréciés par eux, sont de gros bracelets d'ivoire, des anneaux de fer ou de cuivre, qu'ils portent au poignet ou à la cheville, et, en guise de coiffure, des plumes d'oiseaux et des crinières de zèbres. Ils aiment surtout les grelots. Leur chevelure, longue et finement tressée, leur descend jusqu'aux épaules. Ceux qui ont les cheveux courts se coiffent d'une perruque faite de menues ficelles, simulant des tresses de cheveux.

« En temps de paix, ils tuent le temps à boire, à fumer et à danser. Je ne parle point de manger, attendu qu'ils se nourrissent presque exclusivement de la drèche produite par la fermentation du Pombé. Les Rougas-Rougas fument le chanvre, qui produit sur eux l'effet de l'opium sur les rêveurs de l'extrême Orient. La danse est leur délassement favori. Ils exécutent la leur, entre guerriers, revêtus de leur tenue de combat, avec accompagnement de deux ou trois tambours, placés au centre du chœur chorégraphique. Tout Rouga-Rouga qui peut justifier d'un ennemi tué à la guerre, a droit d'arborer une plume rouge à sa coiffure. De plus, en entrant dans la danse, il touche, de sa lance levée, le tambour suspendu à cet effet. Cet honneur est vivement brigué par ces guerriers noirs.

« Souvent, à un signal convenu, les danseurs se lancent à toutes jambes dans une direction indiquée, et simulent une attaque. Des coups de fusil sont tirés. Après une victoire fictive, toute la bande de forcénés revient en boitant et en hurlant, se remettre en cercle autour des tambours. Ils ne terminent ce manège enragé que lorsqu'ils tombent de fatigue.

« Il ne suffit pas à ces mercenaires d'avoir à boire et à manger aux frais du pays. Il leur faut encore certaines richesses d'échange, que les Sultans nègres ne peuvent leur procurer qu'en faisant la guerre et en leur accordant une part du butin enlevé à l'ennemi. La guerre est donc imposée aux Chefs. S'ils ne la faisaient pas, ils perdraient leurs Rougas-Rougas, qui iraient se mettre au service d'un chef voisin plus belliqueux. C'est ainsi que le fameux Mirambo, surnommé le Bonaparte noir, le Nègre civilisé, etc., faisait, au moment de mon arrivée, sa guerre annuelle, dans le seul but de retenir ses Rougas-Rougas dans ses cadres permanents.

« A côté de ces guerriers, qui obéissent à des souverains indigènes, il y en a d'autres, opérant pour leur compte personnel. Réunis en petites bandes, ils s'embusquent dans les environs des villages, pour épier les femmes et les enfants. Aussitôt qu'ils ont fait une capture, ils disparaissent à travers bois. Ces écumeurs de route attaquent tout ce qui leur offre quelque chance de succès et de profit. Agissant toujours par surprise, ils se cachent le long des sentiers, et lancent leurs balles ou leurs flèches, au moment où leurs victimes s'y attendent le moins. Leur but n'est pas toujours un riche butin. La convoitise de quelques misérables coudées d'étoffe leur fait souvent commettre des crimes atroces. D'autres de ces brigands se mêlent, sous différents prétextes, aux caravanes, en s'insinuant dans la fin de la colonne. Dès qu'ils voient un retardataire, ils l'attaquent lâchement à la lance, pour ne pas donner l'éveil, et disparaissent avec la charge de leur victime. »

M Storms quitta l'Ou-Gogo, à la date du 1er août, pour entrer dans les solitudes, autrefois prospères et peuplées, du Mgonda-Mkali, où l'Anglais Penrose fut massacré avec quelques hommes de sa caravane.

Arrivé un peu au-dessus de Tabora, notre compatriote fit la rencontre de M. Toeppen, négociant allemand, qui se disposait à fonder dans la capitale de l'Ou-Nyaniembé un comptoir, appelé à prospérer « si les Arabes voulaient bien le permettre. » Il devait y être rejoint, par M. Harders, son associé, affrontant témérairement, comme lui, les embûches dont le marseillais Sergère venait d'être victime.

Le chef de la 4ᵐᵉ expédition belge évalue à 20,000 fusils le nombre des armes à feu dont dispose le Sultan de l'Ou-Nyaniembé. Ce chiffre, estime-t-il, se majore considérablement d'année en année, par suite du grand nombre de porteurs qui, arrivés à la Côte, exigent, pour prix de leurs services, des armes à feu dont la valeur est très grande dans l'Intérieur.

M. Storms ne trouve point que Tabora soit un centre de civilisation bien considérable, au point de vue européen. « En plein marché, dit-il, on y vole des femmes et des enfants. A l'égard des mœurs, la localité laisse également fort à désirer. Ainsi, une caravane vient-elle de la Côte, les Askaris et les porteurs, riches d'un peu d'étoffe, s'empressent de dépenser leurs économies de voyage. De leur côté, les maris indigènes ont soin de s'absenter pour la circonstance, afin de laisser les coudées franches à leurs moitiés. Mais quelques jours après, on est certain de les voir revenir pour partager les bénéfices de leur fugue complaisante. »

Il restait, dans les magasins de M. Van den Heuvel, bon nombre de colis, et M. Storms se chargeant de les transporter à Karéma, enrôla des porteurs à cet effet. « J'avais à remplacer, en outre, dit-il, une quarantaine d'hommes, perdus pendant la première moitié de la route, tant par maladie que par désertion. Cette opération était terminée au bout de six jours ; mais il est difficile de faire quitter Tabora à une escorte, tant que ses membres ont encore une coudée d'étoffe à dépenser. Ce ne fut qu'au bout d'une quinzaine de jours que je parvins à reprendre la marche. Mon effectif s'élevait alors à 160 hommes. »

M. Storms partit de Tabora le 27 août, pour se diriger vers Karéma, par l'Ou-Gonda, gouverné par la nouvelle Sultane Ndisia, baptisée par nous du nom de Madame Barbe-Bleue.

A propos de la succession à la Couronne, de parents d'un Sultan défunt, notre compatriote entre dans quelques traits de mœurs politiques, dont je n'ai pas eu l'occasion de contrôler l'exactitude. Selon lui, et contrairement à ce qu'on m'avait assuré, les femmes du sang royal n'héritent du pouvoir suprême que faute d'enfants en âge de l'exercer. On dérogerait même fréquemment à ce principe. Ainsi, à la mort de Mirambo, c'est le propre frère du Bonaparte Noir qui a pris le commandement de l'Ou-Nyamouézi.

D'après M. Storms, les nouvelles sultanes secoueraient, *ipso facto*, les chaînes du mariage, attendu qu'il est inadmissible de voir une Reine en puissance d'un de ses sujets. En revanche, elle aurait droit de pacha sur toute la contrée. Les Nobles de sa Cour tiendraient à grand honneur de ramasser le mouchoir échappé de ses mains souveraines, et les enfants issus de ces unions libres, seraient considérés comme les plus beaux fleurons de la Couronne. Quand une Princesse succède à un Chef, elle hériterait, en même temps, du Sérail du défunt, à charge de l'entretenir, voire de le compléter, pour le remettre en état convenable à son successeur. Pendant toute la durée du règne féminin, considéré comme un simple intérim, ces dames seraient astreintes au plus rigoureux veuvage. Elles paieraient de la tête la moindre incartade, voire apparente. « Mais, dit M. Storms, grâce à des charmes particuliers, elles parviennent quelquefois à éluder le règlement. »

Du reste, en fait de mœurs conjugales, l'Afrique est un pays assez tolérant et l'adultère y fleurit... comme partout ailleurs. « Lorsqu'il s'agit du Sérail d'un Chef, dit M. Storms, la chose est grave, et il ne s'en va de rien moins que de la vie du coupable. Mais lorsqu'il se produit entre gens de même condition, un arrangement à l'amiable aplanit toutes les difficultés. Celui qui a été trompé, considère même son accident comme une excellente affaire, et en profite pour extorquer au séducteur tout ce qu'il en peut tirer. La plupart du temps, il se fait délivrer une femme de rechange, en conservant, bien entendu, celle dont il a à se plaindre. Et ne croyez pas que sa considération pour elle soit amoindrie. Bien au contraire. Aussitôt les conditions arrêtées, on immole une chèvre, dont le sang est affecté à une cérémonie, soit-disant purificatrice, et dont la chair fait les frais du repas de conciliation, auquel assiste le trio en cause. »

La naissance d'un enfant n'est point, non plus, dans ces contrées, un évènement d'importance. « Lors de notre marche à travers l'Ou-Gonda, raconte M. Storms, je vis sortir des rangs et s'accroupir, le long du chemin, une femme de l'escorte, qui me précédait de quelques pas. Je la rejoignis et pus constater que l'effectif de la caravane s'était augmenté d'un gros garçon. Se lier l'enfant à la poitrine et reprendre sa place dans la colonne, fut pour elle l'affaire d'un moment. La mère et l'enfant, d'ailleurs, se portaient bien. »

Dans les immenses et giboyeuses plaines de Katavi, M. Storms est frappé de les trouver quasi-désertes. « Comparativement aux pays les moins peuplés de l'Europe, dit-il, cette partie de l'Afrique est d'une infériorité manifeste. Si par-ci, par-là, on trouve un centre relativement habité, par contre, on reste souvent pendant trois ou quatre journées de marche sans y rencontrer un être humain.

M. Storms attribue cette faible densité de population à la polygamie d'abord ; ensuite aux guerres d'extermination, pendant lesquelles tous les prisonniers mâles, adultes, sont impitoyablement massacrés ; à la superstition, encore, vouant à la mort les enfants nés sous certaines lunes néfastes ou dont la dentition a lieu d'une façon irrégulière ; enfin, à la traite qui, il y a *une quinzaine d'années,* fournissait bon an, mal an, pour la seule Côte Orientale, 45,000 esclaves au marché de Zanzibar. Il compte aussi, comme cause de dépeuplement, la croyance déjà signalée par nous, attribuant au mauvais gré tout décès survenu autrement qu'à la guerre, et qui double le nombre des morts naturelles d'autant d'assassinats, dérisoirement juridiques, qu'il plaît au sorcier officiel de dénoncer de prétendus meurtriers.

M. Storms atteignit Karéma le 27 septembre, à 3 heures de l'après-midi, après une marche de 105 jours, allègrement fournie. Comme il l'a dit dans sa Conférence, dès la première poignée de mains nous fûmes amis. Nos lecteurs n'ont qu'à se reporter au chapitre XXXV de notre livre, pour tous les détails de cette première entrevue et des bonnes journées d'intimité et d'émulation au travail que nous vécûmes ensemble, au Fort Léopold, en attendant mon retour en Europe.

Esquissons maintenant, à larges traits, les améliorations et modifications apportées à Karéma, par notre successeur, impatient d'aller fonder, de l'autre côté du Lac, une Station à laquelle il put attacher son nom.

Comme nous l'avons vu, un de ses premiers soins fut d'exhausser les murs de la Maison Centrale, et d'en renouveler la toiture, gâtée par les pluies. Il l'entoura, de plus, d'un mur de 50 cent. d'élévation, couronné d'un grillage en bambou, pour la prémunir contre les visites clandestines du personnel nègre, en général très friand de ce qu'on laisse à sa portée, et même de ce qu'on cherche à soustraire à ses instincts fripons. M. Storms ajouta encore deux ailes à la façade Sud, pour y installer de nouveaux ateliers, une cuisine et des magasins.

Sur ses indications, ce bâtiment, devenu complètement indépendant de la grande enceinte, aux murs également exhaussés et pourvus de terrasses neuves, fut garni d'un mobilier complet, chaises, tables, bureau, bibliothèque, établis dans les meilleures conditions.

Aujourd'hui, l'ancien Barza s'étend sur tout le pourtour intérieur et, grâce au transfert des cuisines dans la Maison Centrale, les bâtiments restent affectés aux logements des Askaris, qui s'y trouvent à l'aise, les gens mariés d'un côté, les célibataires de l'autre, à l'abri des attentats, à la Makenndé, fruit de l'ancienne et inévitable promiscuité.

Le Boma Maroungou, au lieu de n'avoir pour défense qu'une simple palissade, est protégé aujourd'hui par un mur crénelé en adobes, flanqué de deux bastions, aux angles de la façade Sud. Les huttes de branchages ont disparu, et les ménages indigènes occupent les cases de pierre du pourtour intérieur, s'ouvrant, à la façon de nos cités ouvrières, sur un vaste préau central, planté d'arbres fruitiers.

Quant au cottage, il a conservé sa place primitive et sert à loger les voyageurs européens, de passage à Karéma.

Les faces intérieures, formant bonnet de prêtre, et précédant les habitations des Colons, ont été converties en étables, abritant un bétail considérablement augmenté.

Dans la plaine, à la bifurcation des deux routes que nous avons fait tracer, avant notre départ, s'est élevé un village d'Oua-Fipas, attirés par la sécurité attachée au voisinage des Blancs et par les bénéfices qui en résultent. Naturellement, ce Boma, d'initiative toute privée, est construit à la manière africaine, en huttes couvertes de chaume, entourées d'une palissade rustique.

Tout le terrain, depuis la plage jusqu'à l'hémicycle de montagnes, est en culture et divisé par lots entre nos Colons Maroungous, si contents de leur sort qu'ils se laissent même, paraît-il, un peu amollir, sous l'influence d'un bien-être jusqu'à présent inconnu pour eux.

Le Fort Léopold est décidément devenu le centre d'une agglomération indigène, aux intérêts communs, pouvant défier les convoitises des sultans pillards, qui auparavant, rançonnaient librement la contrée. Prenant au pied de la lettre la donation, à nous faite par Mirambo, du territoire de Karéma, le capitaine Storms s'est fait payer tribut par Yassagoula, par Tchiata et même par Siranda, pour éviter qu'ils ne songent à le lui réclamer à lui-même. Et cette mesure qui, en Europe, semblerait friser l'arbitraire, a eu pour résultat, non seulement d'assurer une paix générale, mais d'entretenir la prospérité au sein des villages tributaires, faisant fond sur notre alliance et redoublant d'activité dans la certitude de faciles et fructueux échanges.

Ce qui prouve que la force peut engendrer parfois la justice et le droit.

Néanmoins, quelques actes d'hostilité se sont encore produits. MM. Böhm et Reichard, de l'Expédition allemande, se trouvaient, le 24 avril 1883, à Karéma, lorsqu'un courrier fut capturé par les gens de Katakoi, les mêmes qui, lors de notre arrivée, s'étaient emparés d'un de nos fourrageurs, d'ailleurs aussitôt réclamé et rendu, sur la menace d'une attaque à main armée. Le capitaine Storms contraignit Tchiata à lui fournir des hommes, pour marcher contre le village qui fut détruit et rasé ; mais M. Böhm, qui assistait à l'engagement, reçut deux balles dans la cuisse. On le rapporta sur une civière, à la Station, où il fut soigné de façon à se trouver bientôt sur pied.

Cependant, M. Storms, après avoir obtenu de M. Böhm qu'il le remplaçât provisoirement dans le commandement de Karéma, songea à explorer la rive occidentale du Lac, pour y établir le poste, recommandé spécialement par l'Association, et qui formait le but principal de son envoi en Afrique.

Le 27 avril, il s'embarqua sur le *Popelin* en compagnie de M. Reichard, de 26 de ses Askaris et de quelques hommes attachés au service de l'Expédition allemande. Nos voyageurs emportaient, outre une quantité suffisante de vivres, de munitions et d'étoffes d'échange, tous les instruments nécessaires pour construire immédiatement.

Après avoir longé quelque temps la rive, notre compatriote porta son choix sur l'ancien village de Mompara, portant alors le nom de son nouveau souverain, le Sultan Mpala.

« Restait, dit M. Storms, à déterminer le point fixe où je pourrais commencer les travaux. En conséquence, je priai le Chef du village de venir me trouver et lui communiquai l'intention où j'étais de m'établir sur son territoire. Entouré d'une nombreuse escorte, Mpala prit place devant ma tente, au seuil de laquelle je me tenais, suivant la coutume :
— « Homme Blanc, me dit-il, à en juger par toutes les choses que tu as débarquées, je vois bien que tu veux bâtir ici. Comme tu es plus fort que moi, si je te refuse l'autorisation que tu me demandes, tu n'en tiendras nul compte. Il vaut donc mieux nous entendre. Toutefois, je ne suis pas seul maître du pays et il faut que j'en réfère à mes voisins. » — « Chef de Mpala, lui répondis-je, sur le même ton, d'après tes paroles, je vois que tu es un monarque sage et entendu. Loin de moi la pensée de venir ici pour te combattre ! Bien au contraire, je désire vivre en paix avec tout le monde, si on en use de même à mon égard. Mais dis bien à tes collègues que, quelle que soit leur décision, j'entends bâtir sur le Cap. » Et en même temps, j'étendis le bras dans la direction de l'emplacement que j'avais étudié et choisi.

« Deux jours après, eut lieu le Chaouri. Mpala, et les Chefs, ses voisins, venaient me faire part de leur décision. Des nattes furent étendues sur le sol, et ils y prirent place, ayant derrière eux leurs escortes particulières, composées de nombreux guerriers armés de lances, d'arcs et de flèches empoisonnées. Seul, Mpala, en qualité de Suzerain du pays, s'assit sur un escabeau. Ainsi l'exige le cérémonial indigène. D'après la même étiquette, nous dûmes recourir, comme intermédiaires, à nos Nyamparas respectifs, pour échanger les termes de notre protocole. Les propositions furent traduites, à tour de rôle, par les truchemen attitrés, sur un signe de l'orateur qui venait de parler, signe consistant en un petit clappement de main. Avant d'entrer en conférence, les Chefs, sous prétexte de se délier la langue, me demandèrent à fumer. Je fis distribuer du tabac, et les pipes s'allumèrent. Enfin, au bout de trois heures de fastidieux pourparlers, il fut convenu qu'on m'abandonnerait, en toute propriété, le Cap, sur lequel je désirais construire et vers lequel nous nous acheminâmes de compagnie.

« Dès le lendemain, j'y établis mes baraquements provisoires, et trois jours après, je mis la main à la construction définitive de la seconde Station de l'Association internationale africaine, sur la Côte occidentale. Sept mois furent exigés pour l'achèvement des établissements. Ma demeure, proprement dite, fut construite de façon à pouvoir servir de réduit en cas d'attaque. Sa superficie atteignait 900 mètres carrés. Dans le périmètre extérieur se trouvaient dix-sept grandes pièces, précédées, à l'intérieur d'une large galerie couverte, soutenue par douze colonnes. Au centre, s'ouvrait une cour à ciel ouvert. Les murs, construits en briques cuites au soleil, avaient 60 centimètres d'épaisseur.

« Il ne nous fallut abattre pas moins de 5,000 arbres pour les charpentes et les toitures. La chaux nous était fournie par les coquillages du Lac. Cependant on trouve des pierres calcaires à Mtaoua, dans l'Ou-Goua. Mais, me trouvant seul, je ne pouvais abandonner mes travaux pour chercher au loin ces précieux matériaux. Si j'en fais mention, c'est parce que l'on a mis en doute l'existence de roches calcaires en Afrique. »

« Me trouvant seul » dit M. Storms. En effet, presque aussitôt après l'installation du capitaine sur la Côte occidentale, M. Reichard était retourné à Karéma, pour assister son compagnon de voyage dans le commandement et la gestion de cette importante Colonie. Il s'agissait aussi d'établir des communications régulières, pour l'envoi d'hommes, de vivres et d'étoffes. Le Nyampara Raschid fit la navette entre l'ancienne et la nouvelle Station.

Cependant le Tanganika est farouche dans ses colères. Dans un de ses voyages, le *Popelin* coula, à la hauteur de Katamba, heureusement sans entraîner de perte d'hommes. Une autre embarcation, achetée à Oudjidji, eut le même sort.

Mais laissons le capitaine Storms nous communiquer lui-même ses observations sur le terrible Lac, en même temps que ses travaux et ses désastres maritimes.

« Au large, on ne rencontre point d'écueils, mais la profondeur du Tanganika est telle que même des sondes de 400 mètres n'ont pu donner de résultats. En de nombreux endroits, les montagnes plongent à pic dans les eaux, ce qui rend les points d'ancrage assez rares.

« Les vents dominants sont, pendant la saison sèche, celui du N.-E. et, pendant la Massika, celui du S. E. Vers cette dernière époque, les orages se déchaînent avec violence, et lorsque souffle le vent du N.-E, des bourasques se produisent très fréquemment. Les embarcations dont nous disposions ne sont pas pontées, et leurs parois n'ont que peu d'élévation pour faciliter le jeu des rames; aussi, par les gros temps, embarquions-nous de grands paquets d'eau. Ajoutons que les vagues du Lac sont fortes et courtes, que le vent s'y montre d'une inconstance perpétuelle et l'on comprendra combien la navigation devient périlleuse sur cette vaste mer intérieure, équivalant, comme superficie, à la Belgique tout entière.

« Devant me rendre à Karéma, j'avais quitté Mpala avec deux embarcations, longeant, pour profiter du vent, qui soufflait justement du Sud-Est, la côte pendant trois jours entiers. Le quatrième, seulement, je pus mettre le cap sur Karéma, mais arrivés en vue de la rive opposée, nous fûmes assaillis par une tempête effrayante. Aucun point de refuge ne s'offrant dans ces parages, nous dûmes garder le large et fuir devant la tourmente. Bientôt nos embarcations se perdirent de vue. Ce ne fut qu'après deux nouvelles journées, passées à lutter contre les éléments déchaînés, que nous entrâmes au port. Pendant plus de douze heures, nous avions embarqué des quantités d'eau si considérables, qu'à chaque instant nous nous attendions à sombrer. Mes gens, sous le coup d'une terreur folle, jetaient sans relâche dans le Lac des offrandes à Mousamouéra, pour fléchir son courroux, et j'avais eu toutes les peines du monde à les maintenir à la manœuvre.

« Quant à l'embarcation, confiée à Khamise, un de mes Nyamparas, elle était si bien considérée comme perdue, avec son équipage, que mes gens avaient déjà célébré, à l'intention de ce dernier, les rites funèbres prescrits par le Coran. Jugez de leur étonnement, lorsque douze jours après leur propre débarquement, ils découvrirent, au lointain, le canot égaré. L'étonnement se changea en allégresse, en voyant que tout à bord était pour le mieux et que les prétendus naufragés jouissaient tous d'une santé parfaite.

« Cette année de 1883 me fut, d'ailleurs, particulièrement fatale, sous le rapport nautique. Coup sur coup, je perdis les deux seules embarcations que je possédais.

« Au moment où se produisit le dernier accident, je me trouvais à Karéma. Or, la nouvelle Station de Mpala n'avait plus que pour deux mois de vivres. Que faire ? Coûte que coûte, je devais m'y transporter ! Il me restait bien le petit canot à vapeur, le *Cambier*, mais il se trouvait démonté, et d'ailleurs ses dimensions ne permettaient guères de le hasarder sur les eaux inconstantes du Lac. N'ayant point à ma disposition d'autre moyen de transport, force me fut d'en tirer le meilleur parti possible. Monter et consolider le dit canot, exhausser ses parois de 20 centimètres et le pourvoir d'une voilure, fut le travail d'un long mois. La présence, à Liendoué, d'un mécanicien anglais, chargé de monter un steamer pour la London Missionary Society, me suggéra l'idée de recourir à son obligeance pour installer à mon bord une machine à vapeur. J'embarquai toutes les pièces de la machine sans usage, ainsi que les approvisionnements destinés à ravitailler le port de Mpala et, ayant mis à voile pour Liendoué, je rejoignis M. Roxburgh, après dix jours de navigation. Grâce à ses services et à ceux de M. Swann, son collègue, je pus mettre sous vapeur, dix jours plus tard, lançant, sur le Tanganika, le premier steamer, battant le pavillon bleu étoilé d'or ! Moins de deux jours après j'atteignais Mpala. Il était temps !

« Ma première préoccupation fut d'assurer de nouveau les communications entre les deux stations. J'eus le rare bonheur de mettre la main sur une grande pirogue indigène. L'exhausser, l'élargir et la pourvoir d'une mâture fut l'affaire d'une vingtaine de jours de besogne. Toutefois, cette nouvelle embarcation ne pouvait suffire, car pour opérer mes transports, il me fallait un bateau d'un tonnage plus considérable. Je me mis en devoir de combler cette lacune. Après un an de travail, je parvins à lancer sur le Lac un deux-mâts, mesurant 13m.50 de long sur 3 m. de large et d'un tonnage de dix-sept tonnes. J'y avais adapté une voilure en rapport avec les difficultés de la navigation, dans ces parages. Le grand mât portait une voile de cutter et l'arrière-mât une voile aurique. L'avant était garni d'une voile de beaupré et d'une trinquette.

« Particularité curieuse : ce bateau fut construit uniquement avec des matériaux pris sur les lieux. De tous les débris de pioche que je pus ramasser chez les indigènes, je fabriquai les clous et les ferrailles. Il ne me fallut pas moins de 7,000 clous, forgés à raison d'une vingtaine par jour. Je me procurai les planches, en faisant fendre des arbres par le milieu, et chaque moitié d'arbre, taillée à coups de hache, ne m'en fournissait qu'une seule. Des fibres de mauve me servirent à tresser mes cordages, et j'employai pour calfater du coton enduit d'huile de palme. A l'arrière, je construisis une cabine confortablement organisée, pourvu d'un lit, d'une table et de chaises. Enfin, en souvenir du dévoué secrétaire général de l'Association internationale africaine, je donnai le nom de *Strauch* à mon embarcation improvisée. »

A Mpala, la position n'était pas toujours couleur de rose, car, en dépit de l'inaltérable bonne volonté du Sultan, et des assurances de ses feudataires, les tribus voisines avaient l'air de méditer quelque mauvais coup. M. Storms fit revenir à Karéma une partie de ses Askaris et pour les suppléer, engagea 150 Rougas-Rougas, pour tenir en bride les appétits de ses nouveaux voisins. Cette garnison extraordinaire, qui avait déjà produit son effet sur les indigènes de Karéma, fut embarquée sur le *Strauch* et aussitôt son arrivée s'employa à faire place nette. Il y eut des balles de fusil et des flèches échangées. Les maraudeurs furent vigoureusement pourchassés. Un chef des environs, nommé

Lousinga, grand brigand s'il en fût, et dont la spécialité était de fournir des esclaves aux traitants arabes, ayant attaqué un village, placé sous le protectorat de la Station européenne, fût battu et tué. Bref, au bout de fort peu de temps la paix était rétablie. Les indigènes se rallièrent au Mouzoungou, justement parce qu'il s'était mis dans le cas de ne se laisser ni berner ni molester par eux. Nous le répétons, en Afrique, celui qui n'oppose point la force à la violence et à la trahison, est infailliblement perdu. Or, le capitaine Storms ne badine point sur certains chapitres et, pour employer une ancienne expression militaire, n'est pas homme à se laisser emberlificoter dans les feux de file.

A part ces difficultés des premiers débuts, notre compatriote n'eut point trop à se plaindre des Oua-Embas, qu'il préfère même aux Maroungous, probablement parce que leurs allures décidées et leur vivacité d'action cadre davantage avec sa propre nature, tout en exubérance et en spontanéité.

Il a gardé du Sultan Mpala, son grand et fidèle ami, les meilleurs souvenirs. « C'était, dit-il, certainement le nègre le plus sympathique que j'ai rencontré ici. D'une taille au-dessus de la moyenne, il avait une figure avenante, encadrée d'une barbe portée en collier. Et une barbe bien fournie est rare parmi les nègres d'Afrique.

« A peine fus-je arrivé chez lui, qu'il insista pour devenir mon Frère de Sang. Je me soumis volontiers à cette cérémonie, et déclare que jamais je n'eus lieu de le regretter. A plusieurs reprises, Mpala me rendit de grands services. Grâce à sa bienveillante entremise, de nombreuses peuplades sont venues, petit à petit, se ranger sous mon autorité. Dans toutes les palabres que j'ai eues avec mes nouveaux alliés, Mpala avait toujours à faire valoir un argument décisif pour dissiper leur méfiance: « Mon Frère, disait-il, n'a jamais menti *à ses enfants*. Il a toujours tenu sa parole et constamment agi dans notre intérêt. »

« Mpala avait un frère unique qui mourut de la variole. Depuis lors, son affection pour moi s'accrut encore. Il ne manquait jamais de me faire sa visite quotidienne. Souvent il me répétait : « Mon Frère, que deviendrai-je quand tu seras parti ? Je n'aurai plus aucun parent ! »

« Un mois avant mon départ, Mpala fut, à son tour, atteint de l'inexorable maladie. Se voyant perdu, il réunit autour de sa couche les anciens du village et leur dit : « Mes amis, je sens que je me meurs. L'Homme Blanc, mon Frère, vous désignera un autre Chef. Celui qui me remplacera, devra suivre mes traditions, et obéir à l'Homme Blanc, comme je l'ai fait moi-même. Parfois il m'a *grondé*. Mais s'il m'avait fait appeler, pendant la nuit, pour me trancher la tête, je serais allé sans hésiter vers sa tente. Tout ce qu'il a fait a été pour notre bien. Si mon successeur ne veut pas suivre mon exemple, vous quitterez tous le village et irez vivre chez ma sœur. »

« La nuit même, le bon Mpala expirait. Le lendemain, une députation de ses sujets les plus influents vint m'annoncer sa mort et, après m'avoir redit ses dernières volontés, me fit présent d'une chèvre. Quelques jours plus tard, j'installai un nouveau Chef, cousin du défunt, et me chargeai de répartir l'héritage, consistant en quelques fusils que je laissai entre les mains des familiers.

« La moitié du Sérail revint à la sœur du défunt, et à son successeur. L'autre moitié me fut attribuée, en qualité d'exécuteur testamentaire. Je me hâte de déclarer, qu'aussitôt après le partage, je rendis la liberté aux négresses qui m'étaient échues. »

M. Storms resta deux ans et demi à Mpala, tout en accomplissant, entre temps, de fréquents voyages au Fort Léopold. C'est dans l'une de ses visites, qu'il rapporta du Maroungou quantité de plants de bananes qui prirent admirablement. Grâce à lui, de fraîches et vertes allées de bananiers mènent de la plage et du Fort, au bourg Maroungou.

Ainsi que Karéma, Mpala a ses Colons libres, composés de nègres de Mpimboué, de Gongoué, de Saroma, de Kallialya et de différents villages Ki-Fipas, accourus au premier appel de l'énergique et actif officier belge. Quant aux Rougas-Rougas, engagés sans solde, ils habitaient un Boma particulier et gardaient aristocratiquement leurs distances, à l'égard de la population, simplement industrieuse ou agricole.

Le village de Mpala est beaucoup plus important que celui de Karéma. Il est coupé d'une rue de 30 mètres de largeur, plantée d'une double rangée de bananiers. Les ressources agricoles de la Colonie consistent principalement en manioc et en patates douces.

Un potager, où viennent les légumes d'Europe, a été établi près du Tembé, mesurant 30 mètres de côté. Mais ses produits sont affectés aux seuls voyageurs blancs, attendu que les indigènes s'en tiennent opiniâtrément à leurs anciennes cultures.

Déjà, à Mpala, commence à se résoudre une partie du grand problème, poursuivi depuis si longtemps par les promoteurs de la question africaine : le nègre, à l'état libre, conquis, sans pression tyrannique, à la paix, à l'union et au travail.

Les nombreuses peuplades, jadis exposées à des attaques incessantes, sont venues se ranger sous le protectorat belge. Une à une, elles ont brigué une précieuse alliance. Les Chefs les plus turbulents ont fini par se soumettre, moyennant paiement régulier d'un léger tribut. Bientôt, M. Storms était devenu, lui-même, le véritable suzerain d'un pays, comprenant une étendue de mille lieues carrées. Il présida, sans opposition, à l'investiture des trois Sultans indigènes les plus influents et les astreignit à une politique redevance, gage de leur soumission. Seul, aussi, il avait revendiqué et conservé le droit de décider souverainement de la paix et de la guerre. Plus précieuse conquête, il était parvenu à supprimer les sacrifices barbares, entraînant, auparavant, la mort de tant d'innocentes victimes. Enfin, il avait rendu impossible les razzias d'esclaves, dans le rayon de son obédience et, si la traite n'y est point complètement abolie, du moins ne s'y exerce-t-elle plus que clandestinement.

Nous croyons être agréable à nos lecteurs, en détachant de la Conférence de M. Storms un nouvel et important passage, ayant trait aux coutumes des primitives peuplades de l'autre côté du Lac.

« Au point de vue des mœurs, le Maroungou diffère considérablement des régions situées à l'Est du Lac. Si, sur cette rive, on trouve de grands centres de populations et des gouvernements autocratiques solidement établis, ici on ne rencontre que de petits centres habités, mais fort nombreux et où, partout, le système patriarcal est en vigueur.

« Toutes ces petites agglomérations tiennent à leur autonomie. Les questions y sont tranchées par les Anciens, présidés par le Chef du village. En ce qui concerne la contrée même, les affaires se débattent dans une réunion de Chefs de village, présidée par le Suzerain. La population se compose de nobles, de gens libres et d'esclaves. Partout règne la polygamie. Les gens libres se marient entre eux et ne prennent des femmes esclaves que comme concubines. Les nobles, issus de femmes libres, ont seuls des droits à la Couronne.

« La plus grande richesse du Maroungou, consistant principalement dans les produits du sol, et les travaux de culture étant en grande partie accomplis par les femmes, celles-ci représentent, en réalité, le véritable élément de production et de prospérité.

« Les filles se marient généralement dès qu'elles sont nubiles. Lorsqu'une jeune fille atteint l'âge de puberté, tout le village est en fête. Un jeune homme désire-t-il se fiancer, il s'adresse à son futur beau-père, et convient avec lui de la dot qu'il aura à lui payer. Or, la valeur de cette dot est en rapport avec la fortune du gendre et le prix moyen de 4 bêches et de 1 ou 2 haches. Une fois le prix débattu, le promis est admis à faire sa cour, ce dont il s'acquitte en apportant à sa belle force petits cadeaux, tels que perles, bracelets, etc.

« Le jour du mariage fixé, la fiancée, escortée de ses amies, se rend à la hutte du fiancé, mais avant de franchir le seuil de sa demeure, elle réclame à son cortège féminin un des présents composant la corbeille. A mi-chemin, nouvelle pause et nouvelle exigence. Parfois la belle répète cette manœuvre à satiété. Enfin, avant de pénétrer dans le domicile conjugal, elle se fait remettre un dernier cadeau de noces, mis en réserve. Les compagnes antérieures de l'époux, s'il n'en est pas à sa première union, accueillent gracieusement leur rivale, et lui prescrivent ses nouveaux devoirs. Cela fait, le Maître recouvre d'une pièce d'étoffe la mariée qui, en signe d'union, se borne à allumer le feu de la case.

« Les femmes des Chefs de village n'habitent point avec lui. Chacune a sa hutte particulière. Quant à lui, il occupe un enclos séparé, situé au centre de Boma. L'heureuse créature qui a l'honneur d'héberger son Seigneur et Maître, se voit obligée de pourvoir à son entretien pendant la durée entière de son glorieux séjour. Elle est tenue encore à garder constamment sur elle un fétiche, soit qu'elle aille puiser de l'eau, prépare les aliments ou se livre à toute autre obligation de son exigeant hyménée. Et, comme une femme ne peut décemment faire cuire sa nourriture sur le même feu que celui de son mari, elle en allume deux à la fois.

« Un chef ne boit pas, non plus, comme le commun des mortels. Il apporte à cette opération tous les raffinements de l'art. A ses côtés, se tiennent deux négrillons, faisant office de pages, dont l'un muni d'un tambour minuscule et l'autre d'une planchette attachée à une lanière. Pendant que le Roi boit, le tambour bat et la planchette, vivement agitée au bout de la lanière, produit un ronflement. La boisson ingurgitée, une des favorites du Chef introduit entre les dents de ce dernier le bois d'un petit arc, dont elle fait vibrer la corde, pour faciliter, dit-on, la descente du liquide. Cette cérémonie est souvent répétée, car un Maroungou qui se respecte, ne recule pas devant une dose journalière de 50 litres de Pombé!

« L'habillement des indigènes est des plus primitifs; les hommes vont les reins ceints d'une étoffe faite d'écorce d'arbre. Les étoffes de tissu indigène, extrêmement rares, reviennent seulement aux gens de haute condition. En général, le costume des femmes est plus sommaire encore. — Depuis mon arrivée, les étoffes, colportées par les caravanes, ont conquis quelque faveur.

« Les Maroungous ont les dents limées en pointes. Les femmes se trouent les lobes des oreilles, qu'elles cherchent constamment à développer davantage. Dans leurs lèvres, également trouées, s'enchâssent de petits cylindres en ivoire ou en fer.

« Les indigènes se rasent le devant de la tête, et leur coiffure se compose d'un amas de boucles, roulées en petites boules et enduites de graisse et de terre. On dirait des cordons de noisettes, rangées par lignes symétriques. Une couche de couleur rouge donne le coup de fion à ce galant attirail. »

M. Storms s'étend aussi sur les croyances religieuses, ou plutôt anti-religieuses, de ces peuplades; mais ses observations se rapprochent trop des nôtres pour qu'il soit nécessaire d'en reproduire le détail déjà connu.

Comme presque partout, en Afrique, les Oua-Maroungous attribuent à la malveillance, tout décès survenu autrement qu'en combattant. Au premier passage de notre compatriote à Zoungoué, le Chef du village venait de mourir et avait été enterré avec vingt de ses familiers. Sachant son horreur pour ces barbares hécatombes, lors de la mort du Sultan Mpala les indigènes s'abstinrent de tout sacrifice humain. Et il en fut de même dans tous les cas où M. Storms intervint pour installer des Chefs nouveaux. A propos de ces sacrifices, il ne sera pas sans intérêt de rapporter l'étrange explication qu'en donnent les nègres, considérant la possession de l'homme par l'homme, comme une propriété indiscutable : « Il n'est que juste, disent-il, qu'en s'en allant, on emporte avec soi une partie de son bien ! »

Le capitaine Storms s'occupe encore longuement de l'esclavage, et il le fait à un point de vue diamétralement opposé à celui auquel nous sommes arrivés à nous placer, pendant notre séjour en Afrique. Justement parce que sa thèse et ses renseignements forment la contre-partie des nôtres, l'impartialité nous impose le devoir de les exposer :

« La possession d'esclaves, dit notre ancien collègue et ami, constitue une force et une somme de richesses; aussi les Chefs de quelque importance, loin de songer à vendre ceux qui leur sont attachés, ne cherchent, au contraire, qu'à s'en procurer de nouveaux. Le bétail n'existant pas dans ce pays, et l'ivoire n'y étant point abondant, l'esclave, si je puis m'exprimer ainsi, peut y être considéré comme la seule grosse monnaie courante, dont les propriétaires se servent pour se procurer des armes, de la poudre et des étoffes. Il s'ensuit que les chefs turbulents ont constamment les armes à la main pour capturer des esclaves qu'ils revendent aux Arabes. Il en résulte aussi que la paix est constamment troublée, au point que plusieurs tribus, pourchassées par les chasseurs d'hommes, ne peuvent s'occuper de culture et sont décimées par la famine.

« Les rafles d'esclaves se font habituellement par surprise, et pendant la nuit. On massacre les mâles adultes et on emporte femmes et enfants. Ceux-ci sont achetés par les Arabes et par des gens de la Côte, établis à Oudjiji et à Kilando. Ces infâmes trafiquants arrivent en pirogues, séjournent sur la rive du Lac, et de là envoient dans l'Intérieur des détachements armés, qui sont chargés de ramener la marchandise humaine, dans les petits centres, soit par violence, soit au moyen d'échanges avec les chefs puissants, qui en ont toujours un stock en réserve.

« La valeur de l'esclave varie dans ces parages de 4 à 20 brasses d'étoffe, ce qui équivaut à une somme de 10 à 50 francs de notre monnaie.

« En temps de famine, on trouve souvent à acheter un esclave pour un panier de farine. *A plusieurs reprises, j'ai vu des mères vendre leurs propres enfants.* Lorsqu'il m'arrivait d'exprimer mon étonnement à ce sujet, on me répondait : « *Imo nginé toumboni yaké !* » Ce qui veut dire, à peu près, en traduction fantaisiste : « On en retrouvera d'autres dans les choux ! »

« Une chose particulièrement odieuse, c'est la façon de convoyer les esclaves capturés. Enchaînés l'un à l'autre, par groupe de dix ou douze, ils sont dirigés vers la Côte. Or, la variole sévissant à l'état chronique dans tous les centres d'esclaves, et les malheureux qui en sont frappés manquant totalement de soins, il arrive fatalement qu'une bande est réduite de moitié après deux ou trois mois de marche.

« Au fur et à mesure qu'un esclave se rapproche de la Côte, il augmente rapidement de valeur. Celui qui ne représente que 5 piastres, sur la rive occidentale du Lac, atteint déjà une valeur triple à Oudjidji et sextuple à Tabora. A Zanzibar, un bon esclave ne vaut pas moins de 60 à 100 piastres. J'ajouterai que ce commerce ne se fait plus à Zanzibar que clandestinement.

« Le commerce d'esclaves n'est pas toujours très lucratif; mais il le devient pour les marchands d'ivoire, qui s'en servent pour le transport de leurs marchandises. Ce procédé donne un transport gratuit, plus un bénéfice sur les porteurs.

« Il n'y a plus nulle part de marché public d'esclaves, pas même à Tabora et à Oudjidji. Lorsqu'un individu a un nègre à vendre, il le charge d'une dent d'éléphant ou d'un panier de farine et promène sa marchandise de maison en maison. En réalité, c'est le porteur qui est en vente, — souvent l'un et l'autre.

« Un esclave qui a des qualités réelles passe rarement par plusieurs mains. Aussitôt qu'acheté, il est mis à la chaîne *et relâché au bout de quelques jours. Il se résigne facilement à son sort et, ordinairement, ne cherche pas à s'évader*.

« Contrairement à ce que l'on croit communément en Europe, l'esclave est loin d'être maltraité à l'intérieur du Continent. Il partage le sort de son maître, il travaille, boit, mange et dort comme lui. A la Côte, il est loin d'en être ainsi. Là, l'esclave est soumis aux plus durs travaux. La raison en est toute simple : la civilisation, qui s'est introduite dans cette partie de l'Afrique, pousse les maîtres à de grandes dépenses. Heureusement, depuis quelques années déjà, la traite est abolie à Zanzibar. Il n'y a plus que les anciens esclaves, acquis avant l'abolition de la traite, et ceux que les négriers parviennent à faire passer dans l'île, en trompant la vigilance de la croisière, qui soient maintenus encore dans cette pénible situation. »

Ce n'est plus le moment d'engager une longue controverse sur un sujet scabreux, que nous avons étudié en toute conscience et apprécié en toute sincérité. Quoique nous pourrions nous contenter de renvoyer nos lecteurs au chapitre que nous y avons spécialement consacré, sans mettre un instant en doute la bonne foi de notre ami Storms, nous lui opposerons, cependant, les objections suivantes :

Jamais, même à Zanzibar, où les propriétaires, sans vergogne, de bétail nègre, surmènent justement leurs hommes dans l'impossibilité de s'en procurer de rechange, par suite des édits, nous n'avons entendu d'esclaves manifester le désir de quitter leurs Maîtres, pour lesquels ils nourrissent, au contraire, un respect et un attachement presque filiaux. N'avons-nous point vu à Tabora ce dévouement poussé jusqu'au fanatisme? Jamais, non plus, nous n'avons entendu un nègre, transporté récemment à la Côte, ou dans les centres arabes agricoles ou commerciaux, exprimer le moindre désir de regagner sa tribu.

Toujours, au contraire, les nouveaux prisonniers que nous avons eu l'occasion de confesser, nous ont exprimé la plus vive horreur pour leurs anciens souverains et pour leurs propres congénères, devenus plus féroces et plus haïssables, à leurs yeux, que les fauves redoutés des Poris. Et ce n'auraient plus été eux, qui, soumis à une tutelle sévère et bienveillante à la fois, et astreints à la *moralité* arabe, auraient vendu leurs propres enfants, comme les malheureuses ilotes, en liberté, dont parle M. Storms.

J'admets que les chefs sanguinaires de l'Intérieur,—et ils le sont presque tous, à l'exception des petits Sultans agricoles, trop couards pour faire la guerre — j'admets, dis-je, que les chefs de l'Intérieur attaquent les villages pour se procurer des esclaves, à échanger contre de la poudre et des étoffes. Mais leurs massacres traditionnels et invétérés, auraient tout aussi bien lieu, pour quelques linndos de sorgho ou quelques mètres d'étoffe. Si les chefs nègres n'avaient plus la ressource de vendre leurs prisonniers, leur détresse les pousserait à bien d'autres excès! J'en ai la conviction, l'abolition de la traite n'a pas épargné une goutte de sang en Afrique, depuis sa proclamation, sournoisement et généralement éludée.

Que les Hommes de la Côte, acheteurs et convoyeurs d'esclaves, exercent un triste et répugnant métier, je l'accorde. Mais il n'en est pas moins avéré, pour moi, que leur trafic, tout odieux qu'il paraisse, constitue un dérivatif aux hécatombes qui font se ruer les uns sur les autres, les nègres cannibales et guerriers. Les femmes et les enfants qu'ils rachètent, sont, eux du moins, sauvés de l'abjection, de la famine et du supplice. Je le répète, chaque esclave, passé de la tyrannie africaine sous la tutelle arabe, représente actuellement, quoi qu'on en dise, une force arrachée à la barbarie pour être reportée du côté du travail et du progrès.

Du reste, je persiste à considérer comme singulièrement grossis, les faits d'inhumanité mis à la charge des courtiers d'esclaves. Ce sont là, à mon avis, des légendes qui remontent aux temps, peu éloignés, où des aventuriers européens et américains menaient secrètement l'exécrable danse de la Chasse à l'Homme. La cruauté, chez les marchands de bétail noir, irait, d'ailleurs, sottement à l'encontre de leurs intérêts les plus directs. Et, quant à la variole qui, d'après M. Storms, décimerait les troupes d'esclaves épuisés — que j'ai rencontrées, moi, s'acheminant joyeusement vers la Côte, objet de leurs aspirations, — on sait qu'elle exerce indistinctement ses ravages sur toute la surface du Continent africain.

Cela dit, fermons cette longue parenthèse, et revenons-en à la Station de Mpala,

Un moment, M. Storms put croire son œuvre compromise. L'incendie se déchaîna dans les bâtiments élevés au prix de si vaillants efforts. Les toits flambèrent et il ne resta de la vaste construction que les murs crevassés et fumants. Malheureusement, aussi, toutes les collections scientifiques, jalousement rassemblées par notre compatriote, furent perdues. Mais avec un nouveau courage, M. Storms se remit à l'œuvre, et, avant son départ pour l'Europe, la Station de Mpala, comme l'oiseau Phénix, renaissait glorieusement de ses cendres.

Ce fut sur ses entrefaites qu'arriva, de Bruxelles, l'autorisation du retour. Le jeune commandant remit les deux Stations belges aux Pères Algériens, qui s'étaient offerts à l'Association pour y faire l'intérim. Dans les derniers jours de juillet 1885, M. Storms s'embarquait pour Karéma qu'il quittait, à son tour, le mois suivant, pour s'acheminer par étapes vers la Côte.

Revenu au pays, notre compatriote y a reçu l'accueil dont il s'est rendu digne par ses longs et méritants travaux sur le sol Africain. Peut-être, reposé et enflammé d'une ardeur nouvelle, le verrons-nous apporter à l'Etat Indépendant du Congo, qui a ouvert la seconde et capitale phase de la question Africaine, le précieux concours de son courage, de son activité et de l'expérience acquise sur les bords du Tanganika.

B.

TABLE DES PLANCHES
du second volume.

	PAGES
PORTRAIT DE L'AUTEUR, en costume de Station, photogravure d'après un portrait de Léon HERBO	8
LE TEMBÉ DU DOCTEUR VAN DEN HEUVEL, dessin de A. HEINS	13
LE CIMETIÈRE EUROPÉEN A TABORA, dessin de A. HEINS	25
TIPO TIPO, AU MARCHÉ DE TABORA, dessin de A. HEINS	40
RISIKI, ma femme de charge, dessin de A. HEINS	49
LA VÉGÉTATION A TABORA, dessin de R. WYTSMAN	55
M. STOKES, de la Church Missonary Society, dessin de A. HEINS	61
LA COUR DU TEMBÉ DE TCHEM-TCHEM, dessin de A. HEINS	65
POUR CINQUANTE AUNES DE COTONNADE, dessin de A. HEINS	75
UN GAOUÉ (Homme noble) de Séki, et sa Femme, dessin de E. SIMONS	85
BRULÉS VIFS, dessin de E. BROERMAN	89
SOUÉTOU, le frère de Séki, (Hors texte) dessin de CAMILLE VAN CAMP	96-97
LE GARDIEN DES MOISSONS, dessin de J. DIERICKX	97
LE PORI AFRICAIN, EN TEMPS DE KIPOI (saison sèche), dessin de F. SIMONS	112
MÊME PAYSAGE, EN TEMPS DE MASSIKA (saison humide), dessin de F. SIMONS	113
MASTER JOSEPH THOMPSON, d'après un croquis, pris à Zanzibar	125
UN PATRE DE L'OU-NYANIEMBÉ, dessin de A. HEINS	139
CHEZ TIPO TIPO — Le deuxième repas des funérailles, dessin de A. HEINS	145
LE DOCTEUR SOUTHON, d'après une photographie	153
LE BONAPARTE NOIR, dessin de CÉSARE DELL'ACQUA	161
CHEZ MIRAMBO, dessin de OMER DIERICKX	169
EN REVENANT D'OURAMBO, dessin de FRANS VAN LEEMPUTTEN	175
UN PIÈGE A GROS GIBIER, dessin de CHARLES VERLAT	185
CAMPEMENT AU BORD DE L'OUGALLA, dessin de R. WYTSMAN	193
RÉCEPTION A KARÉMA, d'après une grisaille de Léon HERBO	205
LA MOISSON, dessin de FRANS VAN KUYCK	207
EN PLEIN TRAVAIL, dessin de A. HEINS	217
LE RÉVEIL, dessin de E. DUYCK	225
SNATI, REVENANT DU MARCHÉ, dessin de E. BERTRAND	229
LA CURÉE DE L'HIPPOPOTAME, dessin de A. HEINS	233
MASKAM, L'IMPROVISATEUR, dessin de LÉON HERBO	243
INAUGURATION DE LA NOUVELLE PORTE, dessin de A. HEINS	249
VENDEURS INDIGÈNES AU FORT LÉOPOLD, dessin de FRANS VAN LEEMPUTTEN	257
ARRIVÉE DES COLONS MAROUNGOUS, dessin de A. HEINS	269
INSPECTION D'ARMES, dessin de L. ABRY	275
CONSTRUCTION DU BOMA INDIGÈNE, dessin de A. HEINS	281
LES DÉFRICHEMENTS, dessin de A. HEINS	293
GYNÉCÉE MAROUNGOU, dessin de A. HEINS, d'après une photographie	297
TROPHÉE AFRICAIN, dessin de A. HEINS	301
A LA CORRECTION, dessin de E. BROERMAN	307

	PAGES
Le Djémadar en prière, dessin de E. Duyck	313
Panorama de Karéma, en 1883, dessin de A. Heins, d'après les indications de l'auteur	321
L'Union des trois Races, dessin allégorique de E. Broerman	329
Karéma, vu du Tanganika. (Hors texte)	344-345
Notre bétail, dessin de A. Heins	320
Pélerinage au Mausolée Ramaeckers, dessin de A. Heins	353
Pendant que les hommes sont au travail, dessin de A. Heins	361
Veuf et orphelins, dessin de A. Heins	369
Les quatre commandants de Karéma, dessin de G. Vanaise	385
L'Ane et le Singe, dessin de A. Heins	393
La récolte du Maïs, dessin de Charles Verlat	401
Le Passage du mtoni, dessin de Charles Verlat	411
Rhinocéros Africain, dessin de A. Heins	417
Mon dernier campement, dessin de E. Duyck	425
A l'affût des crocodiles, dessin de Charles Verlat	429
Notre Bagala, dessin de Robert Mols	441
Une Reine Somali, dessin de G. Vanaise	445
Tipo Tipo, dessin de A. Hubert	449
Triage du Girofle, dessin de J. Smits	457
Chez M. Stockes, (environs de Zanzibar), dessin de E. Van Engelen	465
L'Afrique dans l'avenir. — Introduction de la charrue. — Dessin allégorique de Charles Verlat	473
A Suez, croquis de Jean Portaels	480
A Suez, croquis de Jean Portaels	481

TABLE DES MATIÈRES

du second volume.

CHAPITRE XXII.

PAGES

Déconvenue ! — *All's well that ends well* ! — La revanche de M. Sergère. — Les Pères de la Mission Algérienne. — La tombe d'Albert de Leu au cimetière européen de Tabora. — Tchiano et Songoro, le Balafré. — Capitani et Férouzi. — Je vais habiter le tembé de M. Sergère. — Départ du docteur Van den Heuvel. — Double disparition. — L'âne retrouvé. — *Sikoukou*, ou jour d'étrennes. — Barouti. — Un homme libre pour 75 francs! — Mon personnel. — Bien-être. — L'inventaire. — Héros et mendiant. — Détails de ménage. — Les odeurs de Tabora. — Désordre. — *Similla* ! *Similléni* ! — Le marché Phœnix. — Cuisine. — Les Oua-Nyamouézis chez eux. — Patte de velours. — *Lété kahaoua* ! — Soultan Bin Ali, l'ancien. — Me voilà médecin. — Zeid bin Djouma, le riche marchand. — Salim bin Sef, l'amphytrion. — Les ânes. — Arabes et Européens. — Les deux bouillons. — Un revenant et un argument. 9

CHAPITRE XXIII.

Hamed bin Hamed. — Un héros de légende. — Visite de Tipo Tipo. — Deux mille dents d'ivoire. — Guerre à l'Ou-Roundi! — Caméron et Stanley. — Le bout de l'oreille. — Je vends mes 40 mousquetons. — Le commerce des armes. — Simplement gâcheurs de poudre. — Le Boma de *Souétou*. — Chez le père de Tipo Tipo. — Mohamed Massoudi. — Emancipées du harem. - Sur l'esclavage, la liberté, la traite, la domesticité et bien d'autres choses encore. — Le dîner. — Pratiques musulmanes. — Sur l'Association Internationa'e Africaine. — Hommage au Roi des Belges. — Deux chèvres et... une femme de charge. — Envoi d'un revolver. — Médecine de cognac. — Chassé-croisé de fusils. — Je suis maître d'école. — *Ba, Bé, Bi, Bo... Bou !* — Le Ki-Souahili et les langues Bantoues. — Noms, verbes et proverbes. — Les trois couleurs. 34

CHAPITRE XXIV.

Tout un matériel de guerre sans emploi. — Arrivée du seigneur Double-Face. — *Ante margaritas*. — M. Stokes, résident de la Mission anglaise. — *Ouyouy*. — Les deux courriers — Pensionnaires nouveaux. — Un cordon... noir. — Engagement de porteurs pour l'Expédition Allemande. — Ethnographie. — Bilan du mois. — L'autruche. — Dix mètres de corde dans le jabot! — Demi-civilisation et sauvagerie. — Est-ce un Claude? — Levain de révolte. — Belles promesses! — Lettre du docteur. — Complément de la ménagerie. — Le voleur de chiens. — Les Pères Algériens vengés! — Deux émules de Vert-Vert. — Horloger et armurier. — Le Kyste. — Je passe chirurgien. — L'enfant abandonné. — A Ouyouy. — Singeries et coup de Soleil. — Stations anglaises et Missions catholiques. — Chez M. Stokes. — Le Sultan d'Ouyouy. — L'homme à l'oreille cassée. — Roger s'ennuie! — Fabrication de savon. — Les mendiants. — Mirambo menace Karéma. — Achat de bétail 59

CHAPITRE XXV.

M. Hutley de la London Missionary Society. — Assani. — Le Jeu de Bao. — Travaux au potager. — Quand le chat est sorti les souris dansent.

— Vendetta d'esclaves. — La déclaration de guerre. — Le combat. — Résistance héroïque. — Brûlés vifs. — Les blessés. — Consternation générale. — Nouvelles de la caravane de ravitaillement. — Renfort pour la Mission Française. — Simba est battu. — Ruse de guerre. — Les trésors d'ivoire. — Travaux de défense. — A chacun son étoile. — Un avertissement. — Les Oua-Gaoués de Séki. — Lettres de Karéma. — Nouveaux détails sur l'affaire de Simba. — Serons-nous assiégés ? — La fête de Léopold II à Karéma. — Une accalmie. — Réconciliation de Séki et de Souétou. — Une visite de ce dernier. — Encore un homme intelligent ! — Les gardiens des Moissons. — Arrivée de M. Reichard. — Les massacre de Igonda. — Mme Barbe-Bleue. — Investiture sanglante. — Seconde déconvenue de Magohé. — Sans rancune. — Trop d'alcool ! — Pour chauffer la situation. — Le 1er janvier 1882 — Visites. — Retour des Pères Blanc et Ménard. — Nouvel amenagement. — La caravane de ravitaillement 80

CHAPITRE XXVI.

Pressentiments de départ.— Eclaireurs, mais non marchands. — La grande pierre d'achoppement.—Production et consommation sur place.—L'ivoire, l'or, les minerais, les bois, les gommes, les céréales. — Des colonies ! — Exodes religieux, agricoles et industriels. – Où a passé la femme arabe, l'Européenne doit pouvoir passer. — Courrier de Zanzibar. — M. Cambier marié, le docteur Van den Heuvel en destination de l'Europe et Roger s'embarquant pour le Haut-Congo. — Mort du capitaine Brownrique — Capture d'un négrier. — Master Joseph Thompson. — Une charretée d'ordures. — Exécution de l'insulteur. — *Sitaki-Mousoungou Ya-Kofi*. — Une figure à claques. 102

CHAPITRE XXVII.

Pendant les pluies. — *Home sweet home* ! — Saint-Estèphe et Médoc. — Sucre et sel.— La question du beurre.— Ces laitiers, tous fripons.— Mort du père de Tipo Tipo. — Le deuxième repas des funérailles. —*Sabalgheir et Yambo* ! — Hi han ! -- La politique. — Effet de la mort du capitaine Brownrique. — Vœux pour Arabi Pacha. — L'Ingrézi. — Saïd Bargash achète deux navires de guerre. — Dernière démarche. — L'énigme. — Le métis Ghamis bin Nouvi. — Cognac perdu ! — Plus de tabac ! — Nouvelles de la Station. — L'odyssée de l'expédition allemande. — Aux îles de boue. — Sommation des Rougas-Rougas. — Refus de payer le Hongo. — Les fugitifs. — Dans l'expectative. — Achèvement de la Maison Centrale. — Défrichements. — Offres d'alliance, — Relevant de maladie ! — Mort du Sultan Kangoa. — Exécution d'une sorcière. — En chasse ! — L'orphelinat des Pères Algériens. — Le Père Blanc, mordu par un chien enragé. — L'opération. — Adieux de Tipo Tipo. — 1500 hommes, morts de faim ou de maladie. —La fatale échéance. — Je me rends chez Mirambo. — Parti de nuit.—Arrivée chez le docteur Southon. — La Mission anglaise d'Ourambo. — Echange rassurant de présents. 136

CHAPITRE XXVIII.

Sellz Magazi, la terre de sang. — La grande digne. — Ordre et abondance. — Konongo et son marché. — Le palais du Mouami. — Le Bonaparte noir. — En toilette du matin. — Le Chaouri — *Ad hominem*. — Hiii ! — « Je suis l'ami des blancs ! » — Ordre d'exécution. — Joie immense ! — Ouvertures. — Théorie héréditaire de Mirambo. — Pessimisme africain. — Conférence sur le Progrès. — Plus de poudre ! — Le vrai sens politique. — Un point scabreux. — Contrat et parole. — Notre Station l'échappe belle ! — Le Faiseur de Cadavres. — Généalogie de Mirambo. — Plus d'hécatombes humaines. — A la liberté par la servitude ! — Mange-Tout. — *Les Cinq Flambeaux*. — Visite de Mirambo à la Mission anglaise. — Encore à Konongo. — «Il faudra en revenir aux flèches.» Amour paternel. — Les femmes du Mouami.— La chambre à coucher. — Un triste souvenir.— « Chacun doit se défendre. » — Artillerie. — Adieux. — Derniers présents. 156

TABLE DES MATIÈRES

CHAPITRE XXIX.

Une chute. — Changement de gamme. — « Il n'a pas de force ! » — Les deux ambassades. — Le Scheik au lit. — Au poids de l'ivoire. — Visite à Igonda. — L'albinos. — Tonnerre et éclairs. — La chaîne. — Approvisionnements et premières récoltes. — L'autruche frite. — Vêtements, bijoux et tatouages — Armes. — Au moment d'aboutir. — L'agriculture sur les différents points de l'Afrique Centrale. — Petites industries. — Un coup de foudre. — Seul survivant ! — La mort de M. Ramaeckers. — Désordres à Karéma. — Retour de Sefbin Raschid. — Départ. — Traversée du Mtoni de Kasséghèra. — Effets de la pluie sur les porteurs. — A Igonda. — Maladie du docteur Kaizer. — L'épreuve des porteurs. — L'Ougalla, en temps de Massika. — Les maux de la guerre. — Le nouvel Ourambo. — Exécution des ordres du Mouami. — Bon accueil. — Nouveau courrier du Djémadar. — Kaloungou. — Les ruines de Ohanda. — Coup de main. — Arrêtés par l'inondation 180

CHAPITRE XXX.

Arrivée à Karéma. — Après neuf mois d'absence ! — Réception triomphale. — Tristes et joyeux souvenirs. — Tout rentre dans l'ordre. — Achèvement de la Maison centrale. — Un séjour mortel ! — Je retourne à mon ancienne cellule. — Sur les hauteurs. — La hutte où est mort M. Ramaeckers. — Dans la direction de la Patrie ! — Encore les xylophages — Une rizière. — Le Moisson. — Bamboula va dans l'Ou-Nyaniembé. — Ses trahisons dévoilées. — A la marocaine ! — Situation extérieure et intérieure. — Le Rafiki de Mirambo. — Tchiata et son vœu. — La chèvre de Mousamouéra. — Autorité. — Garnison et colonie. — Il nous faut des bras. — Le puits. — Travaux de charpente. — Les essences de Karéma. — Nos bûcherons. — Ouleïdi, le forgeron. — Kanghérennghèré, homme d'Etat, sorcier et Foundi. — Où va-t-il chercher son minerai ? — Du fer à suffisance. — Les forges de l'Ou-Soukouma. — Extraction, fonte et fabrication du fer. — Le charbon du Mkouloungou. — Service de pêche. — Notre flotte. — Redoute palissadée. — En vue des cultures. — Le futur Boma indigène. Hamici Mbouzi, promu vivandier. — Prime forestière. — Cottage européen. — L'enclos au bétail 202

CHAPITRE XXXI.

Sef bin Raschid va chercher des colons. — Son équipage. — *Le Popelin*. — La pacotille. — Monument à la mémoire du capitaine Ramaeckers. — La chapelle et le dais funèbre. — « L'Europe et l'Afrique vénèreront sa mémoire. » — La diane. — Ma maisonnée. — L'œil du maître. — Une journée à Karéma. — Observations météorologiques. — Inspection des travaux. — Visite à la forge. — Emulation culinaire. — Snati, doyenne des cordons bleus. — La Rivière des Anglais et son Esprit. — Au bois. — Gros et petits gibiers. — Le rassemblement. — Repas commun. — Chasses. — Le Paria de l'îlot de Mousamouéra. — Marqué par l'Esprit. — « Les Hommes Blancs sont bons ! » — Souvenirs. — La ville engloutie. — Fondements de l'ancien Boma. — La desserte sacrée — Un hippopotame qui a la vie dure. — Le serpent à sonnettes et à houppes. — La curée de l'hippopotame. — Pièges à feu. — Un rôti de Sultan. — Ornithologie. — Le fanal — Vendredi dominical. — Campo ! — Le moulin à mélodies. — Inspection d'armes. — Une chouka par cartouche. — Avances de solde. — Chants et danses. — Improvisations nègres. — Mis en musique ! — Le refrain des bateliers. — De l'encre et du papier ! — Farandoles au tambour. — Cordes, bois et instruments à percussion. — Défis chorégraphiques . . 222

CHAPITRE XXXII.

Fables, légendes et contes Souahilis. — Mohamed Maskam et son répertoire. — Le Trompeur trompé, ou les trois conseils. — Le Lapin. — *Hé ! Soungourrou !* — Amitié d'un singe et d'un requin. — Trahison et ruse. — Un cœur dans les branches. — L'Anesse du Blanchisseur. — Noces sanglantes. — Moralité. — Approvisionnements. — Inauguration de la

TABLE DES MATIÈRES

nouvelle porte. — L'offre et la demande. — Cote officielle. — Le *Marfouk*. — Le nouveau Sultan de Karéma. — Parti jeune et vieux parti. — A la piste du minerai. — Le vieux renard. — Mauvaise rencontre. — Le grand Posho. — A deux râteliers. — Courriers de Tabora, d'Europe et de Zanzibar. — Mort du père Ménard. — MM. Storms et Constant viendront peut-être me remplacer. — Katamba rebâti. — Le cottage est sous toit. — Festin et réjouissances. — Les Oua-Kaouendis. — Un canot de pêche. — Du vrai beurre! — Le Lapin, l'Hyène et le Lion. — Le prince Hindi. — Naufrage. — Le boucher Bédouin, vendeur de chair humaine. — L'esclave fidèle. 240

CHAPITRE XXXIII.

Inquiétudes. — Retour du *Popelin*. — Nos colons. — Rachetés de l'esclavage et du supplice. — Lousinnga, le Sultan vaincu. — *In puris naturalibus*. — En pays de connaissance. — Un bout de toilette — Ravissement. — Au bois. — — A la gamelle. — Un voleur. — Les trafics de maître Férouzi. — Chassé de la Station. — Pour solde de compte. — Le rappel des vivres. — En fourrageurs. — Chasse libre. — Ils engraissent. — Tir à la cible. — Les défiances du Djémadar. — Construction des huttes. — Les retardataires. — Second voyage au Maroungou. — Désertion. — Retour au bercail. — Pierre qui roule n'amasse pas mousse. — La Polygamie engendrant la Polyandrie. — Communauté des femmes. — Licence et fidélité. — Combien la fiancée? — A coups de poings. — « Le lion a traîné la brebis dans son antre! » — Dernière épreuve. — Les parias du mariage. — J'interdis la Polygamie et institue le Mariage obligatoire. — Cérémonie civile. — Cadeaux de noces. — *Crescite et multiplicamini*. — L'avenir d'une race. 266

CHAPITRE XXXIV.

Un accident de chasse: — Mort du docteur Southou. — Une perte pour l'Europe.— Défrichements. — Grillades de gibier. — A chacun son coin de terre. — Déception des voisins. — L'interprète de Mousamouéra, — Sorcier contre Sorcier. — L'Esprit en cage. — Un Ruggièri nègre. — L'intérieur du Mganga. — Causeries. — Croyances et superstitions africaines. — Ex-votos. — Mausolées et Cairns rustiques. — Ce qui reste d'un nègre mort. — L'ombre vivante. — Rêves et réalités. — Les Mouzimous. — La peur des revenants. — Avatars dans le corps des lions. — Baobabs-tombeaux. — Les ombres souterraines. — Fétichisme. — Sacrifices aux Esprits. — « L'homme est bon, les Esprits sont mauvais. » — Exorcismes. — Les animaux sacrés. — Les Daouas. — Epreuve du poison. — Hypnotisme judiciaire. — Bons et mauvais sorciers. — Corps pour corps. — Idolâtrie. — Les premiers hommes. — O Darwin! — Le cap Kabogo. — Père et Mère. — L'Esprit du Lac, sa voix et ses manifestations. — Les frais du culte. — Sorcières. — Prestige de l'Islam. — Prière arabe. — Un don Juan nègre. — A la chaîne. — Des bonbons de sel. — Mounié Koumba.— Le guet-apens. — Remontrances au Sultan de Karéma. — Restitutions. — Fièvres, dysenteries, ophtalmies. — En plein hôpital! — Médecine et pharmacie. — Remèdes indigènes. — Le reste de nos écus. 289

CHAPITRE XXXV.

De l'esclavage arabe. — Théories et faits. — « Veux-tu de la liberté? »— « Non! ». — Un doux exil. — La possession de l'homme par l'homme. — Abondance et sécurité. — Tous esclaves! — Tyrans et tortionnaires. — Essorillés. — La natte sacrée. — Supplice des adultères. — Les hécatombes de Mtéça, le converti. — Pas de prisonniers inutiles! — La Traite rachetant de la mort. — A la chaîne. — Joyeux de leur sort! — Le missionnaire incompris. — Les caravanes actuelles. — La servitude arabe est un bienfait pour l'Africain. — L'ancienne Chasse à l'Homme. — Rôle de l'Islam en Afrique. — Allures patriarcales. — Hommes libres et esclaves. — La main qui récompense et qui châtie. — Royauté

TABLE DES MATIÈRES

forcée. — Dangers d'une émancipation prématurée. — Les fauves en liberté. — Etapes du progrès. — L'exploitation personnelle du sol, sa culture au moyen d'esclaves, le métayage et le fermage. — La charrue en Afrique. — Acclimatation de bétail. — Les Mouches-Vampires. — Entre le servage russe et le travail forcé. — Comment se fait la besogne à Karéma. — Indigènes, hommes de la Côte et ouvriers d'Europe. — Quelques chiffres comparatifs. — Briquetiers et bûcherons. — Impossibilités de l'embauchage. — « Cultiver, c'est travail d'esclave. » — Tableau de la population de la Station de Karéma, au mois de septembre 1882. — Noms et sobriquets 319

CHAPITRE XXXVI.

Sœur Anne, ne vois-tu rien venir ? — Départ de Sef bin Raschid. — Les distinguos du Coran. — Voyage à Kilando. — Le lieutenant Storms arrive. — Retour de M. Constant. — Fièvre et gale africaine. — Au galop ! — Une escorte modèle. — Mon successeur. — L'Afrique rêvée et l'Afrique réelle. — *Nil mirari.* — Changement de front. — Visite au tombeau de M. Ramaeckers. — La fin de ma tâche. — Le *Popelin*, transformé en cutter. — M. Storms attaque le taureau par les cornes. — Exhaussement des murs. — Toujours les ravitaillements. — Les hommes ! — Les femmes ! — Trop timides pour rien refuser ! — A la chaîne ! — Nos Ménélas. — Nouveaux hôtes. — Seconde attaque des gens de Karéma. — Nous partirons en corps. — Lancement du *Popelin*, transformé. — Service de pêche. — Les deux Lions. — Honneurs funèbres rendus à la reine du désert. — Superstitions arabes et indigènes. — Veuf et orphelins. — Mort du Paria. — Les choses se gâtent à Karéma. — Quatre Askaris blessés et leurs fusils volés. — Demande d'explications. — Insolente réponse de Yassagoula. — Deuxième et troisième sommations. — L'assaut. — Victoire. — Aux flammes de Bengale. — Feu sur les maraudeurs! — Mort de Réhani. — Les prisonnières. — Démarche de conciliation de Kanghérennghèré. — « Ce sont des jeunes gens ! » — Pardon conditionnel. — Le Chaouri. — Plates excuses et remontrances. — La paix est faite. — Indemnité de guerre. — Kanghérennghèré remonte au pinacle. — Sans rançon. — Effronterie. — Derniers apprêts. — En route pour l'Europe! 350

CHAPITRE XXXVII.

A pied. — Mes fidèles. — Les terreurs de Tchiata. — Un martyr de la Science. — Mort du docteur Kaizer. — La grêle ! — Guéris par les fourmis. — Au nouvel Ourambo. — Les difficultés pour l'ivoire. — L'expédition allemande va à Karéma. — Incendie de Waidmansheil et de ses collections. — Incivilisables. — Un loustic à quatre mains. — Double départ. — L'âne et le singe. — Labourage en musique. — Chirurgie. — Aux approches d'Ourambo. — Mes Askaris se rassurent. — Les Révérends Willougby, Dane et Shaw. — Mirambo est à la chasse. — Visite du Mouami. — « Vous avez été trop bon ! » — L'ivoire de Mirambo. — A Tabora. — Les fourberies de Scapin-Bamboula. — La caravane de Mohamed Biri. — Fausses traites — Aucun secours. — Rentrée flatteuse. — Les anciens amis. — A la Mission Française. — Mariage de Risiki et de Madenngué. — La bande rouge. — Encore l'ivoire. — Six pains de froment. — Les ivrognes d'Ouyouy. — Hardiesse prudente. — Les Révérends Edmunds et Blackburn. — Réclamations. — Ivre-mort et malades. — *Christmas day.* — Désertions et renforts. — Le désert devenu Oasis. — Le Capitaine Hore et ses compagnons. — En détresse 380

CHAPITRE XXXVIII.

Thompson jugé par son ancien compagnon de voyage — Secours à la caravane en détresse. — Un doti par bourrade. — Mes photographies à l'eau. — Orage. — Itoura. — La tombe du lieutenant Wautier. — Ravages d'un léopard. — Le Baobab solitaire. — La lionne. —

Changement de route. — A Moalala. — La seringue à l'oreille — A travers le fertile Ou-Gogo. — Nous sommes égarés. — Tué un rhinocéros. — De nouveau sur la piste. — Mkombola. — Exploit de Nyoko. — Je fais tomber la pluie. — A tâtons. — Disette. — Encore des lions. — Mbuighiri. — Des chèvres pour un collyre. — Le Pori de Tchounio, pendant la Massika. — Les restes d'un courrier. — Une adoption. — Le nourrisson de Nyoko. — Mission de Kisokoué. — M. et Mme Coal. — A Mpouapoua. — Caravanes et Chaouris. — Les courtiers d'ivoire et leur tactique. — Chasseurs d'éléphants de Mlali. — Toujours la montagne. — Premier poste douanier. — Rapatriement d'une jeune négresse. — Lettres du Consul de Belgique et de l'Association. — En l'absence de M. Cambier, je dirigerai l'Agence de Zanzibar. — Deuxième garnison douanière. — Le passage du *Ouamé*. — Piastres et pessas. — Des Harpagons nègres. — Le Mont *Pongoué*.— Nous approchons. — Esclave volé. — Chez Brahimo le Béloutchi.— Le Kingani. — Sef bid Raschid et ses fruits. — A Bagamoyo 408

CHAPITRE XXXIX.

Avant-dernière installation. — A la Mission du Saint-Esprit. — Un sur quatre ! — En noce ! — Les hâbleries.— Impatiences de maître Tchiano. — Le *Cœur de l'Afrique*. — Contraste. — *Anavaa mail*. — Petits présents de départ. — Chez le gouverneur de Bagamoyo. — Visite de Séwa. — *Biashara ni Biashara*. — Vers Zanzibar. — Où flottent nos couleurs ! — L'agence belge. — En famille. — Tous malades ! — *So early in the morning!* — L'atrium des Askaris. — Arrivée de Bamboula. -- Sa fable. — Pas d'argent ! — A l'hôtel — Encore une dupe. — Audience du Saïd. — Un terrain brûlant. — Mort d'Abdallah bin Nassib et du Scheik.— Mohamed Massoudi, gouverneur de l'Ou-Nyaniembé, et Tipo Tipo, gouverneur de Nyangoué. — Nouvelles instances. — « Envoyez-moi des Européens. » — La tâche commune. — Pèlerinage au cimetière européen. — Les tombes du capitaine Crespel et du docteur Maes. — Présents officiels et privés. — Règlement des Askaris. — Deux auxiliaires modèles. — Une Zénobie africaine. — Les Somalis. — La haine des Blancs. — Traques de fauves.— Retour à la vie civilisée. — Visites. — M. Stokes à Zanzibar. — Retour du père Bauer. — Etudes de mœurs indigènes. — Le précieux girofle. — Nattes et vanneries. — Les petits métiers à Zanzibar. — Joailliers, cordonniers, chaudronniers, revendeurs. — Cannes de peau de rhinocéros. — Le Soko. — Kali-Hadji. — L'Européen du Désert. — Bamboula s'embarque. — Il manque d'être arrêté. — Arrivée de M. Maluin. — Il tombe malade et retourne en Europe. Les incendies. — Chez les Arabes. — Chars à Zébus. — Les blanchisseurs. — Le palais de campagne du Sultan. — Le harem saïdial. — Concerts publics. — Les grandes écuries. — L'heure du bain.— Nostalgie. — Arrivée du capitaine Cambier. — Départ de Zanzibar.— Le *Malacca*. — A Bombay. — Les espiègleries de Nyoko. — Suez. — A Marseille. — Une fugue. — Le sol natal 435

APPENDICES

Gymnases d'Exploration et de Colonisation, projet présenté par l'auteur au *Congrès d'Hygiène et d'acclimatement* de Berlin (1886). . 489
La 4ème Expédition belge dans l'Afrique Orientale. — Fondation de Mpala, commandant Emile Storms 505

Fin de la table du second et dernier volume.

www.ingramcontent.com/pod-product-compliance
Lightning Source LLC
Chambersburg PA
CBHW051354230426
43669CB00011B/1634